偉人の誕生日366名言集

～人生が豊かになる一日一言～

久恒啓一［編著］

まえがき

私は2004年9月28日からブログを書き続けており、2017年6月7日に連続5000日になった。このブログは自らつくったデータベースであり、知的インフラに育ってきたことを実感している。

また2005年1月から本格的に始めた全国の人物記念館を巡る旅は、800館を超えた。この旅では、偉人たちが発した珠玉の名言を蒐集しブログ上で蓄積を重ねてきた。

この延長線上に、2015年に「名言の暦」というテーマで、その日が命日と生誕日の偉人の遺した言葉をブログに毎日書き留めるということをやってみた。2016年にはnoteというサービスを使って、その日に亡くなった偉人の言葉を選び、生涯の解説と触発された感想を記す「名言との対話」という試みに挑戦し、幸い1年間続けることができた。その結果を2017年に『偉人の命日366名言集』（日本地域社会研究所）にまとめることができた。

続けて2017年は、その日が誕生日の偉人の言葉を選び、同じく生涯の解説と触発された感想を記そうと考え、幸いこれも1年間続けることができた。この本はそれをまとめたものである。この2冊で「命日」と「誕生日」の上下巻がそろったことになる。

以下の方針は、「命日編」と同じである。

・人選については生存中の人は省いている。「なべて人の一生は棺をおほふて後定むべければ也」だからだ。

・人物選定にあたっては、近代・現代の日本の偉人を中心とすることとした。そして、人物記念館の旅で、訪れた馴染みのある人を優先的に選んでいる。適当な人が見つからない場合は、歴史をさかのぼる。それでもいない場合は、外国にまで対象を広げた。

・日本人の誕生日については、原則として明治5年（1872年）9月までは旧暦（太陰暦）、明治6年以降は新暦（太陽暦）に拠っている。

この数年で急に「人生100年時代」のかけ声が大きくなった。この上下巻に登場する人物732人の中には、その生き方のモデルが多数存在することがわかった。人生100年はリスクではなく、チャンスであることを彼らは教えてくれる。

早朝の偉人と対話するこの「業」は、私にとってかけがえのない充実した時間であった。改めて彼らに感謝を申し述べたい。

2018年6月

久恒啓一

1月

1月1日　クーベルタン …… 34

オリンピックで最も重要なことは、勝つことではなく参加することである。同様に、人生において最も重要なことは、勝つことではなく奮励努力することである。肝要なのは、勝利者になったということではなく健気に戦ったということである。

1月2日　斎藤秀三郎 …… 35

語学修得は第一に多読である。分からんでもよろしいから無茶苦茶に読むのである。元来人生は分からんことばかりではないか。それでも広く世を渡っているうちには処世の妙諦がだんだんと会得されてくる。語学もこれと同じである。広く読んでいるうちに自然と妙味が分かり、面白みが出て来て、しまいには愉快で愉快でたまらなくなるのだ。

1月3日　三岸節子 …… 36

絵を描くことは、長く果てしない孤独との戦いである。

1月4日　夢野久作 …… 37

五十、七十、百まで生きても、アッという間の一生涯だよ。何が何やらわからんまんまに。会うて別れて生まれて死に行く。

1月5日　夏目漱石 …… 38

世の中は根気の前に頭を下げる事を知っていますが、火花の前には一瞬の記憶しか与えて呉れません。

1月6日　シュリーマン …… 40

目的の大きさに比例して努力・精進しなければならないのは、人生の鉄則だ。

1月7日　森茉莉 …… 41

辛いことがあっても、明日また太陽が出ると思えば堪えられる。

1月8日　岩崎弥之助 …… 43

三菱の事業は一門のために経営するのではない。お前たちの中に国家のことを考えず、岩崎家のみを考える者があったなら、三菱は潰したほうがよい。このことを、しっかり腹に入れておくがよい。

1月9日　リチャード・ニクソン …… 44

自分が大統領を狙わず、大統領職に自分を狙わせる。これこそ大統領になる最大のコツではないだろうか。

目次

1月10日　高山樗牛……46
己の立てるところを深く掘れ、そこには必ず泉あらむ。
1月11日　きだみのる……47
一番重要なことは長生きだ。……長生きすれば、いま生きている連中の正誤がわかる。
1月12日　岡田三郎助……48
残るものは絵だけだよ。絵かきはそれで能《よ》いのだよ。
1月13日　大森実……49
日本はまだ、米国から完全に独立していない。戦争の清算は済んでいないんだ。そろそろ真の独立をするべきだね。
1月14日　三鬼隆……50
自分たちの目の黒いうちに必ずまた合同しようではないか。
1月15日　平櫛田中……51
六十、七十洟垂れ小僧、男盛りは百から百から。
1月16日　伊藤整……53
真実な人間とは自己の青春を終えることのできない人間だと言ってもいい。
1月17日　ベンジャミン・フランクリン……54
汝の仕事を追え。さもなくば仕事が汝を追うであろう。
1月18日　森田正馬……56
生きとし生けるものには生命の力と向上発展の欲望がある。
1月19日　水原茂……57
問題があるときに必要とされるのは、利口者ではなく信頼できる人。
1月20日　中村八大……58
中村八大は他から作られず、自分で完成させる物也。よってすべての環境は、彼にとって生かされる。中村八大が送る生涯は自分が製作する人生也。中村八大は永遠に生きねばならない。中村八大は誰よりも苦しく、誰よりも幸せでなければならない。中村八大は今日から決定的に作られて行く。1953年10月21日　右の通り決定する。
1月21日　永田雅一……60
喜怒哀楽をもって人を楽しませるというのは素晴らしいことだと考えます。
1月22日　鳥井信一郎……61
生活文化企業
1月23日　スタンダール……62

愛情には一つの法則しかない。それは愛する人を幸福にすることだ。

1月24日　ホフマン …… 63
才能を疑い出すのがまさしく才能のあかしなんだよ。

1月25日　樋口廣太郎 …… 64
悩みがないのは仕事をしていない証拠だ。

1月26日　藤本義一 …… 66
女性が魅かれるのは、仕事をしている男であって、仕事をさせられている男ではない。

1月27日　モーツァルト …… 67
私は生涯で一度も、独創的なメロディーを作ったことがない。

1月28日　西堀栄三郎 …… 68
石橋は叩けば渡れない。

1月29日　大賀典雄 …… 70
私がソニーに入って、得をしたのはソニーです。

1月30日　鳥井信治郎 …… 71
なんでもやってみなはれ。やらなわからしまへんで。

1月31日　ジャッキー・ロビンソン …… 72
一流になれ、そうすればものが言える。

2月

2月1日　沢村栄治 …… 74
どんな球でも一投、これすべて創造だと思います。この球は自分にとってはじめて投げる球だと思うと、なんともいえぬ感動が胸にこみ上げ投球に熱がはいりました。

2月2日　菅茶山 …… 76
雪は山堂を擁して　樹影深し　檐鈴動かず　夜沈沈　閑かに乱帙を収めて疑義を思えば　一穂の青灯　万古の心

2月3日　田辺元 …… 77
懺悔とは、私の為せる所の過てるを悔い、その償ひ難き罪を身に負ひて悩み、自らの無力不能を慚ぢ、絶望的に自らを抛ち棄てる事を意味する。

2月4日　井上円了 …… 78
諸学の基礎は哲学にあり。

2月5日　尾崎士郎 …… 79
あれもいい、これもいいという生き方はどこにもねえや。あっちがよけりゃこっちが悪いに決まっているのだから、これだと思ったときに盲滅法に進まなけりゃ嘘で

す。
2月6日　岩佐凱実 ……80
人間、「運鈍根」と言われるが、三つのうちどれが大切かと言われたら、それはやっぱり「根」だろう。運が開かれることも必要だが、それを深め、広げるのは「鈍」であり「根」。真打ちは「根」だ。
2月7日　高碕達之助 ……81
競争者が多くいることはいいことだ。自分がどんなに勉強しているか本当に批評してくれるのは、競争者以外にはない。
2月8日　伊藤若冲 ……82
具眼の士を千年待つ。
2月9日　双葉山定次 ……83
稽古は本場所のごとく、本場所は稽古のごとく。
2月10日　田河水泡 ……85
見栄をはらずに、自分には自分なりの力があることを自覚しましょう。それが真理なのです。
2月11日　エジソン ……86
私は一日たりとも、いわゆる労働などしたことがない。何をやっても楽しくてたまらないから。
2月12日　田辺茂一 ……88
自分にしか歩けない道を自分で探しながらマイペースで歩け。
2月13日　河合栄治郎 ……89
職業にあるものは多かれ少なかれ、分業の害悪をなめねばならない。彼は一生を通じて細かに切り刻まれた仕事に没頭して、一部分としてしか成長し得ない危険に瀕する。
2月14日　小林正樹 ……90
将来の事は東京の地を踏んでから、ただただ先生の学規にそくした生活に一生をささげる覚悟で居ります。
2月15日　三浦敬三 ……91
好きなことだけ自然体で続ける。
2月16日　大岡信 ……93
成功も悪くはない。悪いのはただ、飲めば飲むほど渇きを産む塩水なのだ、成功は。
2月17日　シーボルト ……94
日本人は広々とした自然にひたって楽しむことを心から愛している。
2月18日　高村光雲 ……96

芸術というものは、時には嘘でもよいのだ。その嘘を承知の上で作った方がかえって本当に見えるんだ。

2月19日　コペルニクス …… 97
太陽は宇宙の中心であって不動であり、太陽の運動と見えるものは全て実は地球の運動である。

2月20日　石川啄木 …… 98
詩はいわゆる詩であってはいけない。人間の感情生活の変化の厳密なる報告、正直なる日記でなければならぬ。

2月21日　永田耕衣 …… 100
大したことは、一身の晩年をいかに立体的に充実して生きつらぬくかということだけである。一切のムダを排除し、秀れた人物に接し、秀れた書を読み、秀れた芸術を教えられ、かつ発見してゆく以外、充実の道はない。

2月22日　高浜虚子 …… 101
春風や　闘志抱きて　丘に立つ

2月23日　本多光太郎 …… 103
産業は学問の道場なり。

2月24日　スティーブ・ジョブス …… 104
ベストを尽くして失敗したら、ベストを尽くしたってことさ。

2月25日　ジョン・フォスター・ダレス …… 106
成功の程度を測る尺度は、どんなむずかしい問題を解決したかではない。去年と同じ問題が今年もまた持ち上がっていないかどうかである。

2月26日　ヴィクトル・ユーゴー …… 107
第一歩は何でもない。困難なのは、最後の一歩だ。

2月27日　白鳥省吾 …… 108
万巻の書を読み　千里の道を行き　生死をを天に任じ
世界の山河に放吟す

2月28日　モンテーニュ …… 109
「考える」ということばを聞くが、私は何か書いているときのほか考えたことはない。

2月29日　ロッシーニ …… 110
じゃあいいですよ、今晩もう一度オペラを聞いて覚えて、好きなところから書きます。それをお見せしますよ。

3月

3月1日　菊田一夫 …… 112
これが一生の仕事だと思うこと。舞台こそが我が命の場であると思うこと。
3月2日　渡辺晋……114
いいよ。好きにしなさい。ただこれだけは覚えておいてくれ。人間は金で生きているんじゃない。人間は心で生きているんだよ。
3月3日　正宗白鳥……115
私も青春のことを懐かしみ、若い人を羨むことがあるが、しかし、もう一度若くなって世の中を渡ってこなければならぬと思うと、何よりも先に煩わしい思いがする。
3月4日　有島武郎……116
小さき者よ。不幸な而して同時に幸福なお前たちの父と母との祝福を胸にしめて人の世の旅に登れる前途は遠い。而して暗い。然し恐れてはならぬ。恐れない者の前に道は開ける。行け。勇んで。小さき者よ。
3月5日　奥村綱雄……117
運と災難は紙一重である。
3月6日　ミケランジェロ……118
最大の危険は、目標が高すぎて、達成出来ないことではない。目標が低すぎて、その低い目標を、達成してしまうことだ。
3月7日　中江藤樹……119
苦しみを去って楽しみを求むる道はいかん。答えて曰く、学問なり。
3月8日　水上勉……120
西方浄土などはなくて、永遠にここは地獄である。それなら、地獄の泥を吸って滋養となし、私は長生きしたい。
3月9日　梅原龍三郎……121
葬式の類は一切無用のこと。弔問、供物の類はすべて固辞すること。生者は死者のためにわずらわさるべきにあらず。
3月10日　原安三郎……122
いつでも平常心を持って急迫の事態にも冷静に対応し、判断せよ。
3月11日　徳川斉昭……124
何事にても、我より先なる者あらば、聴くことを恥じず。
3月12日　植村甲午郎……126
何事も付け焼刃ではモノにはならない。
3月13日　大山康晴……127
賞はごほうびではなく、激励のしるしである。
3月14日　島津斉彬……128

西洋人も人なり、佐賀人も人なり、薩摩人も人なり、くじけずに研究せよ。

3月15日 伊波普猷 …… 129

深く掘れ己の胸中の泉、余所たゆて水や汲まぬごとに。

3月16日 初代 若乃花 …… 130

相撲道は辛抱して自分で切り開いていくもの、誰も手とり足とり教えてくれはしない。15尺の土俵。あの中にはなんでも落ちている。女房、金、ダイヤモンド、全てがある。全人生がある。

3月17日 三木武夫 …… 131

信なくば立たず。

3月18日 石田波郷 …… 132

俳句の魅力は、一口にいふと、複雑な対象を極度に単純化して、叙述を接してひと息に表現することにあると思ふ。

3月19日 小野田寛郎 …… 133

(世論では)私は「軍人精神の権化」か、「軍国主義の亡霊」かのどちらかに色分けされていた。私はそのどちらでもないと思っていた。私は平凡で、小さな男である。命じられるまま戦って、死に残った一人の敗軍の兵である。私はただ、少し遅れて帰ってきただけの男である。

3月20日 前原一誠 …… 134

吾今国の為に死す、死すとも君恩に背かず。人事通塞《つうそく》あり、乾坤我が魂を弔さん。

3月21日 斎藤茂太 …… 135

人を集めよう。幸福が集まる。

3月22日 中山晋平 …… 136

らしく……というのはいい言葉だよ。誰でもその人らしく振る舞えばいいのさ。

3月23日 川上哲治 …… 137

中途半端だと、愚痴が出る。いい加減だと、言い訳がでる。真剣にやれば、知恵が出る。

3月24日 スティーブ・マックイーン …… 139

できるだけ台詞を短くして皆の記憶に残るようにするんだ。

3月25日 佐伯勇 …… 140

果報は練って待て。

3月26日 李承晩 …… 141

一つになれば生き延び、ばらばらになれば死ぬ。

3月27日 高峰秀子 …… 142

現場で働く人間にとって、何より嬉しいのは、同じ現場の人間に慕われること。
3月28日　色川武大 …… 143
9勝6敗を狙え。
3月29日　羽仁五郎 …… 144
自分の国だから我々は日本を批判するのだ。批判するのはよりよい日本をつくるためなのだ。批判の無いところに未来はない。
3月30日　堤清二 …… 145
愚直さが相手の心を打つ。
3月31日　横井庄一 …… 146
恥ずかしながら、生きながらえて帰ってまいりました。

4月

4月1日　親鸞 …… 148
善人なおもて往生をとぐ、いわんや悪人をや。
4月2日　熊谷守一 …… 149
自分を生かす自然な絵をかけばいい。下品な人は下品な絵。ばかな人はばかな絵。下手な人は下手な絵をかきなさい。結局、絵などは、自分を出して生かすしかないのだと思います。
4月3日　金田一春彦 …… 150
春風秋雨是人生。
4月4日　山本五十六 …… 151
やってみせ、言って聞かせて、させてみせ、ほめてやらねば、人は動かじ。
4月5日　ヘルベルト・フォン・カラヤン …… 153
学ぶんだ、学ぶんだ、見聞きするものについて、なにも言うな。ともかく口を閉ざして、仕事をしろ、そして学ぶんだ。
4月6日　ラファエロ・サンティ …… 154
我らの時代こそ、かつて最も偉大だった古代ギリシャの時代と肩を並べるほど素晴らしい時代なのだ。
4月7日　フランシスコ・ザビエル …… 156
熟した実は多くとも、それをもぎ取る人間が少なすぎる。
4月8日　福原有信 …… 158
随所作主（随所に主となる）。
4月9日　野間省一 …… 159
もっぱら万人の魂に生ずる初発的かつ根本的な問題をと

らえ、掘り起こし、手引きし、しかも最新の知識への展
望を万人に確立させる書物を、新しく世の中に送り出し
たいと念願しています。
4月10日　永六輔 …… 161
人と一時間話をすれば、厚い本を一冊読んだのと同じく
らい何かを得るものだ。
4月11日　小林秀雄 …… 162
人はその性格に合った事件にしか出遭わない。
4月12日　頭山満 …… 164
人間は火のついた線香じゃ。それに気がつけば誰でも何
時かは発憤する気になるじゃろう。老若誠に一瞬の間
じゃ、気を許すな。
4月13日　吉行淳之介 …… 166
私は自分の持病と一生連れ添う覚悟を決めています。で
きるだけ病気を飼い慣らしておとなしくさせるという方
針を立てました。
4月14日　アーノルド・トインビー …… 167
国家の衰亡につながる一番厄介な要因は、自分で自分の
事を決めることができなくなったときだ。
4月15日　山本丘人 …… 168
個性を生かしぬく人。それを深く掘り下げて行く人は、
何よりも立派である。
4月16日　坂上二郎 …… 169
夢は諦めたら消えちゃう。だから諦めたらいけない。
4月17日　フルシチョフ …… 170
人生は短い。大いに楽しめ。
4月18日　中山みき …… 171
難儀は節だ、節から芽がでる。
4月19日　西田幾多郎 …… 172
世界を見ようとする時、世界もこちらを見ています。「井
戸」をのぞくと「井戸」もあなたをみています。
4月20日　明菴栄西 …… 174
天地は我れを待って覆載し　日月は我れを待って運行し
四時は我れを待って変化し　万物は我れを待って発生す
大なる哉心や
4月21日　三船久蔵 …… 176
小さいから大を倒せる。そこに日本武道としての柔道の
意義がある。
4月22日　冨田勲 …… 177
つも「これが最後」と思って曲を書いているんです。

……子どもの心を忘れず、常に「今」に夢中でいたいですから。
4月23日　上村松園……179
一途に、努力精進をしている人にのみ、天の啓示は降るのであります。
4月24日　山本為三郎……180
その人になりきってしまって、その人が怒るときには私も怒り、その人が泣くときは私もまた泣いて、ものを考えているのである。
4月25日　西本幸雄……181
いわしも大群となると力が出る。みんなが心底から力を合わせることによって、何かが可能になるんや。
4月26日　シェイクスピア……182
「今が最悪の事態だ」と言える間は最悪ではない。
4月27日　グラント……183
君に合戦計画を与えるつもりはない。達成してもらいたいことを計画しただけであり、それをどのように達成するかは君の自由だ。
4月28日　藤田喬平……184
作家というのは本当は六十からが勝負。自分の持ち味を出せるようになるんだ。
4月29日　仰木彬……185
イチローをつくったのは俺だ！
4月30日　川喜多長政……186
人は祖国を離れたとたんに、愛国者となる。

5月

5月1日　吉村昭……190
事実を主にしても、私は小説を書いている。
5月2日　松本望……191
無鉄砲なくらいのチャレンジをさせなくては企業の若さは保てない。
5月3日　柴五郎……192
中国人は友としてつき合うべき国で、けっして敵に廻してはなりません。
5月4日　森繁久彌……194
芸人とは、芸の人でなく芸と人ということではないか……。
5月5日　塙保己一……195

命かぎりにはげめば、などて業の成らざらんや。
5月6日　井上靖 …… 196
努力する人は希望を語り、怠ける人は不満を語る。
5月7日　本居宣長 …… 197
志として奉ずるところをきめて、かならずその奥をきわめつくそうと、はじめより志を大きく立ててつとめ学ばなくてはならぬ。
5月8日　高山彦九郎 …… 198
朽ちはてて身は土となり墓なくも　心は国を守らんものを
5月9日　金子鷗亭 …… 199
術には進化はないんです。芸術は変化があるのみです。
5月10日　桑原武夫 …… 200
汚い金をきれいに使うのが文化ちゅうもんや。
5月11日　川喜田二郎 …… 201
創造的行為の三カ条　自発性　モデルのなさ　切実性
5月12日　青木昆陽 …… 202
金銀、平日は至宝なれども、饑寒（飢饉や酷寒）の用をなさざれば、金銀を集むるは何の為にや。
5月13日　芹沢銈介 …… 203
もうひとつの創造。
5月14日　前川國男 …… 204
建築の理論を最後の一歩まで推し進める力は、口でもない手でもない、やはり建築家それ自身の生活力または生活意識そのものであります。
5月15日　井上光晴 …… 205
四月長崎花の町。八月長崎灰の町。十月カラスが死にまする。正月障子が破れ果て、三月淋しい母の墓。
5月16日　永谷嘉男 …… 206
小規模な企業が生き残るには、局地戦に勝て。
5月17日　安井曾太郎 …… 207
人ならば、話し、動き、生活する人を描きたい。その人の性格、場合によっては職業までも充分あらわしたい。
5月18日　ヨハネ・パウロ2世 …… 208
未来は今日始まる。明日始まるのではない。
5月19日　賀来龍三郎 …… 209
情報化社会にあっては独創力こそ人間としての存在理由になる。
5月20日　ジョン・スチュワート・ミル …… 211
自己教育の真の方法は、すべてのことを疑ってみることである。
5月21日　弘世現……213
流れに逆らっちゃいかん。しかし流れに流されてもいかん。
5月22日　リヒャルト・ワーグナー……214
仕事をするときは上機嫌でやれ、そうすると仕事もはかどるし、身体も疲れない。
5月23日　サトウハチロー……215
母という字を書いてごらん。やさしいように見えてむずかしい字です。恰好のとれない字です。やせすぎたり、太りすぎたり、ゆがんだり、泣きくずれたり……笑ってしまったり。
5月24日　結城豊太郎……217
忘年の交わり。
5月25日　エマーソン……218
その日、その日が「一年で最高の一日である」と心に刻め。
5月26日　マイルス・デイビス……219
創造し続けようと思う人間には、変化しかあり得ない。
5月27日　広瀬武夫……220
人生は変化であり、挑戦だ。
杉野はいずこ。
5月28日　浜井信三……221
重い障害とともに歩んできたあなたの生き方は、懸命に生きることの大切さを教えてくれます。私達はあなたが歩んでこられた道から学んでその道をたどって参りたいと思います。
5月29日　ジョン・F・ケネディ……222
プレッシャーの下で優雅さを保てるかどうかが、真のリーダーであるかを決める。
5月30日　安岡章太郎……224
人生に悩みはつきもの、特に人生の転換点で、その後の人生に知恵と勇気を与えてくれる名言はあるものです。
5月31日　ホイットマン……225
あなたの道を他人が歩むことはできない。その道はあなた自身で歩まなければならないものだ。

6月

6月1日　原阿佐緒……228
生きながら針にぬかれし蝶のごと悶へつつなほ飛ばんと

ぞする。
6月2日　小田実……229
人間古今東西みなチョボチョボや。
6月3日　石坂泰三……231
青年はすべからく素直たるべし。壮年はすべからく狸芸でであるべし。老人はすべからく、いよいよ横着に構えて、憎まれることを覚悟するべし。
6月4日　木下順庵……233
胡霜漠月照刀環。百戰沙場久不還。萬馬夜嘶青海戍。孤鴻秋度玉門關。
6月5日　富本憲吉……234
作品こそわが墓なり。
6月6日　川端龍子……236
画人生涯筆一管。
6月7日　梅田雲浜……237
君が代を　おもふ心の　一筋に　我が身ありとも　思はざりけり
6月8日　岩田専太郎……238
一日5人。3万数千人の女がいつのまにかできる。
6月9日　滝沢馬琴……240
物はとかく時節をまたねば、願うことも成就せず、短慮は功をなさず。
6月10日　田能村竹田……241
筆を用いて工みならざるを患えず、精神の到らざるを患う。
6月11日　豊田喜一郎……242
技術者は実地が基本であらねばならぬ。その手が昼間はいつも油に汚れている技術者こそ、真に日本の工業の再建をなし得る人である。
6月12日　大田昌秀……243
日本本土の「民主改革」は沖縄を米軍政下に置くことが前提で成立したものであり、その立場から日本の戦後を問わなければならない。
6月13日　白瀬矗……245
酒を飲まない。煙草を喫わない。茶を飲まない。寒中でも火にあたらない。
6月14日　藤沢秀行……247
定石どおりの人生を生きて何がおもしろいのか。
6月15日　空海……248
物の興廃は必ず人に由る。人の昇沈は定めて道に在り。

目次

6月16日　松本良順……250
病人を救うのは医師としての義務である。
6月17日　臼井吉見……251
教育の中軸は自己教育だと思いますが、その自己教育の中核は、自分と異質の人間との対話です。
6月18日　古賀春江……252
空想だ、想像だといっても追想だ。だから私は自然にふれる事を第一としてそれから否それが全部だ。
6月19日　太宰治……253
きょう一日を、よろこび、務め、人には優しくして暮らしたい。
6月20日　丸木位里……255
人間、腹が立つこと、これじゃいけんと思うこと、いっぱいあるでしょう。日々、それと闘うことで、死ぬまで生きていける。腹が立たなくなったら人間おしまい。生ける屍です。
6月21日　林子平……256
親もなし妻なし子なし板木なし　金もなければ死にたくもなし
6月22日　フンボルト……257
人間が幸せか不幸せかは、人生に起きる出来事をその人がどうとらえるかであり、起きた出来事自体はそれほど関係はない。
6月23日　成瀬仁蔵……258
聴くことを多くし、語ることを少なくし、行うことに力を注ぐべし。
6月24日　加藤清正……259
人は一代、名は末代。天晴武士の心かな。
6月25日　菅原道真……260
東風吹かばにほひおこせよ梅の花　主なしとて春なわすれそ
6月26日　柴生田稔……261
社会意識や政治意識が目に立たなくとも、地味で手堅い「自然観照と身辺詠」の中にも、時代の影はおのづから映るのである。
6月27日　小泉八雲……263
外国人の旅行者にとっては、古いものだけが新しいのであって、それだけがその人の心を、ひきつけるのである。
6月28日　細井平洲……264
勇なるかな、勇なるかな、勇にあらずして何をもっておこなわんや。

6月29日　伊沢修二 …… 265
万難千苦を嘗め尽くし、業若し成らずんば、異郷に客死するもうらむべきにあらず。

6月30日　アーネスト・サトウ …… 267
当時の私たちは一語も英語を知らぬその国の人間を相手にして勉強したのだ。文章の意味を知る方法は、小説家のポーの『黄金虫』の中の暗号文の判読について述べているのと、ほとんど同様のものであった。

7月

7月1日　酒井抱一 …… 270
我等迄　流れをくむや　苔清水

7月2日　石川達三 …… 271
幸福は常に努力する生活の中にのみある。

7月3日　カフカ …… 272
ぼくは自分の弱さによって、ぼくの時代のネガティブな面をもくもくと掘り起こしてきた。現代は、ぼくに非常に近い。だから、ぼくは時代を代表する権利を持っている。

7月4日　中谷宇吉郎 …… 273
すべての事物を、ものと見て、そのものの本体、およびその間にある関係をさぐるのが、科学である。

7月5日　円谷英二 …… 274
特撮っていうのは、貧乏の中から生まれたんだ。

7月6日　鈴木常司 …… 275
美と健康の事業を通じて、豊かで平和な社会の繁栄と文化の向上の寄与する。

7月7日　栗林忠道 …… 277
予は常に諸子の先頭にあり。

7月8日　ジョン・ロックフェラー …… 278
よし、金銭の奴隷になるのはもうやめた。ひとつ、金銭を奴隷にしてやろう。

7月9日　神谷正太郎 …… 280
経営者には六段階の時期がある。社長個人でお金を儲けようとする時期。会社として利益を生み、蓄積を考える時期。売上高や社員を含めて、会社全体を大きくしたいと願う時期。人や組織作りに一生懸命になる時期。業界や、世のため、人の為に尽くす時期。死んだとき悪口をいわれないように務める時期。

7月10日　今和次郎 …… 281

考現学は、時間的には考古学と対立し、空間的には民族学と対立するものであって、もっぱら現代の文化人の生活を対象として研究せんとするものである。

7月11日　ユル・ブリンナー …… 283

頭に毛があろうと無かろうと肝心なのは頭の中身なんだ。

7月12日　西竹一 …… 284

We won.

7月13日　青木繁 …… 285

われは丹精によって男子たらん。

7月14日　緒方洪庵 …… 287

返す返すも六かしき字を弄ぶ勿れ。

7月15日　国木田独歩 …… 288

道に迷うことを苦にしてはならない。どの路でも足の向く方へゆけば、必ずそこに見るべく、聞くべき、感ずべき獲物がある。

7月16日　クーデンホーフ＝カレルギー光子 …… 289

私が死んだら日本の国旗に包んでちょうだい。

7月17日　山川健次郎 …… 290

己が専門の蘊奥を極め、合わせて他の凡てのことに対して一応の知識を有して居らんで、即ち修養が広くなければ完全な士と云う可からず。

7月18日　川上貞奴 …… 291

兎も角も隠れすむべく野菊かな。

7月19日　野依秀市 …… 293

不屈生

7月20日　糸川英夫 …… 295

人生でもっとも大切なのは失敗の歴史である。

7月21日　宇沢弘文 …… 297

制度は人間のためにあるものであって、人間が制度の犠牲になってはいけない。

7月22日　浜口庫之助 …… 299

流行歌はつくるものではなく生まれてくるものである。

7月23日　幸田露伴 …… 300

福を惜しむ人はけだし福を保つを得ん、能く福を分かつ人はけだし福を致すを得ん、福を植うる人に至っては即ち福を造るのである。植福なる哉、植福なる哉。

7月24日　谷崎潤一郎 …… 302

筋の面白さは、言ひ換えれば物の組み立て方、構造の面白さ、建築的の美しさである。

7月25日　中村紘子……303
ピアニストはバレリーナや体操選手と同じ筋肉労働者でもあるんです。

7月26日　バーナード・ショー……304
もう半分しか残っていないと嘆くのが悲観主義者、まだ半分残っていると喜ぶのが楽観主義者である。

7月27日　高橋是清……305
その職務は運命によって授かったものと観念し精神をこめ誠心誠意をもってその職務に向かって奮戦激闘しなければならぬ。いやいやながら従事するようでは到底成功するものではない。その職務と同化し一生懸命に真剣になって奮闘努力することではじめてそこに輝ける成功を望み得るのである。

7月28日　大原孫三郎……307
仕事は三割の賛同者があれば着手すべきだ。五割も賛成者がいればもう手遅れだよ。

7月29日　重光葵……309
願わくは御国の末の栄え行き　我が名さけすむ人の多きを

7月30日　ヘンリー・フォード……311
年寄りは若い時に貯金をしろと言うが、それは間違っている。最後の一銭まで貯めようと考えたらいけない。自分に投資しなさい。私は40歳になるまで、1ドルたりとも貯金したことがない。

7月31日　小谷正一……312
いつだって時代は過渡期だし、キャンパスは真っ白なんだよ。

8月

8月1日　宮本常一……316
人の見のこしたものを見るようにせよ。その中にいつも大事なものがあるはずだ。あせることはない。自分の選んだ道をしっかり歩いていくことだ。

8月2日　中坊公平……317
世の中で一番大切なもの、人間にとって最も大切なもの、それは「思い出」ではないか。

8月3日　岩崎小弥太……318

資本家は利潤追求を目的とするが、経営者は利潤追求を越えた目標を持つべきである。それは国家への奉仕と、国民利福の実現と、一人一人の社員の人間としての完成である。
8月4日　シェリー …… 319
人は前を見、後ろを見、ないものに恋い焦がれる。
8月5日　壺井栄 …… 320
桃栗3年　柿8年　柚の大馬鹿18年。
8月6日　テニスン …… 321
自分に対する尊敬、自分についての知識、自分に対する抑制、この三つだけが人生を導き、生活に絶対の力をもたらす。
8月7日　武見太郎 …… 322
次のような人は順番にかかわりなく、直ぐに診察します。
一、特に苦しい人
一、現役の国務大臣
一、80歳以上の高齢の人
一、戦時職務にある軍人
8月8日　植草甚一 …… 323
一冊でもよけいに外国の本を読んで、出来るだけ覚え書きをつくり出来たら、いつかこれを整理して、まとまったものにして残したいのが私の唯一の野心である
8月9日　後藤田正晴 …… 326
嫌いな人間だが、一緒に仕事はする。
8月10日　ハーバート・フーバー …… 328
政府に誠実さが欠けていれば、全国民の道徳も毒される。
8月11日　古関裕而 …… 329
テーマや詩を前にして、その情景を思い浮かべる。音楽がどんどん頭の中に湧いてくる。
8月12日　淡谷のり子 …… 330
あたしはね、やれるところまでやりますよ。歌と一緒に死んで行かなきゃいけない、と昔から思ってるんだ。
8月13日　横井小楠 …… 331
人必死の地に入れば、心必ず決す。
8月14日　藤井康男 …… 332
問題を絶えず追求する人間にとって、オフ・ビジネスの時にひらめきを見いだす例が多い。
8月15日　ウォルター・スコット …… 333
最良の教育とは、人が自分自身に与える教育である。
8月16日　菅原文太 …… 334

人間、急いでおったらあんまりいいことない。足元見てマイペースを守っておったら、蹴躓くこともないわな。

8月17日　後藤静香……335

本気ですればたいていな事はできる。本気ですれば何でも面白い。本気でしていると誰かが助けてくれる。人間を幸福にするために、本気で働いているものは、みんなで幸福で、みんな偉い。

8月18日　伊藤左千夫……336

吾々が時代の人間になるのではない、吾々即時代なのだ。吾々以外に時代など云うものがあって堪るものか。吾々の精神、吾々の趣味、それが即時代の精神、時代の趣味だよ。

8月19日　オーヴィル・ライト……338

ウィルと私は夢中になれるものがあったので、朝が待ち遠しくて仕方がなかった。それが幸せというものさ。

8月20日　高杉晋作……340

男子というものは、困ったということは、決していうものじゃない。

8月21日　遠山啓……342

偏るのがなぜ悪いのでしょう。過去において「何か」をやった人はたいてい何かひとつの事で優れて偏った人です。

8月22日　出光佐三……343

愚痴をやめよ。ただちに建設にかかれ。

8月23日　木川田一隆……344

内部情報を正しく把握するためには待っていてはダメだ。自分で取りに行くことが大事なんだよ。

8月24日　平田篤胤……345

上見れば及ばぬことの多かれど　笠脱ぎてみよ　及ぶ限りを

8月25日　福田恆存……346

教育と教養とは別物です。教養を身につけた人間は、知識階級よりも職人や百姓のうちに多く見いだされる。

8月26日　コロンブス……347

0から1を創るのは、難しい。1から2を作ることは、易しい。

8月27日　阿部次郎……348

死は生の自然の継続である。最も良き生の後に、最も悪しき死が来る理由がない。死に対する最良の準備が最もよく生きることにあるのは疑いがない。

8月28日　ゲーテ……350
仕事は仲間をつくる。
8月29日　ジョン・ロック……352
収入は、靴のようなものである。小さすぎれば、われわれを締めつけ、わずらわす。大きすぎれば、つまずきや踏み外しの原因となるのだ。
8月30日　アーネスト・ラザフォード……353
物理の原理をバーのウエイトレスに説明できないのであれば、それはウエイトレスではなく、その原理に問題があるのだ。
8月31日　岡田紅陽……354
一生に一度でいいから会心の一枚を撮ってみたい。

9月

9月1日　国吉康雄……358
教育を受ける機会を与えてくれたアメリカで、アメリカオリジナルの絵を生み出して描いてやろうと決める。
9月2日　柳田誠二郎……360
結局、思想です。思想が人間を支配するんだ。
9月3日　広岡浅子……362
犠牲的精神を発揮して男子を感化する者とならねばなりません。
9月4日　丹下健三……364
機能的なものが美しいのではない。美しいもののみ機能的である。
9月5日　棟方志功……365
わだばゴッホになる。
9月6日　岩城宏之……367
生きがいというものは、目前の仕事を自分にとってやりがいのあるものに変えようという実に個人的な努力から生まれるはず。
9月7日　エリザベス1世……369
私はイギリスと結婚したのです。
9月8日　木下尚江……370
人は実に事業の糸によってのみ、自己を世界に織り込むことが出来る。
9月9日　小室直樹……371
学問とは驚く能力です。はじめに楽しむことを覚えるべきです。

9月10日　木村政彦……373
人の二倍努力する者は必ずどこかにいる。三倍努力すれば少しは安心できるというもんだ。
9月11日　神吉拓郎……374
怒れば怒るほど、それが自分に向かってはね返って来て、無数の破片のように自分を傷つける。
9月12日　豊田英二……375
モノの値段はお客様が決める。利益はコストの削減で決まる。コストダウンは、モノづくりの根本のところから追求することによって決まる。
9月13日　杉田玄白……377
一に泰平に生まれたること。二に都下に長じたること。三に貴賤に交わりたること。四に長寿を保ちたること。五に有禄を食んだること。六にいまだ貧を全くせざること。七に四海に名たること。八に子孫の多きこと。九に老いてますます壮なること。
9月14日　赤塚不二夫……379
自分が最低だと思っていればいいのよ。一番劣ると思っていればいいの。そしたらね、みんなの言ってることがちゃんと頭に入ってくる。自分が偉いと思っていると、他人は何も言ってくれない。そしたらダメなんだよ。てめぇが一番バカになればいいの。
9月15日　石田梅岩……381
自ら徳に至る道を実行せず、ただ文字の瑣末にのみ拘泥しているのは、「文字芸者」という者なり。
9月16日　ケンペル……382
日本人ほど丁重に礼儀正しく振舞う国民は世界中どこにも無い。世界中のいかなる国民でも、礼儀という点で、日本人に勝るものはない。彼らの行状は百姓から大名に至るまで大変礼儀正しいので、我々は国全体を礼儀作法を教える高等学校と呼んでもよかろう。
9月17日　塚本幸一……384
リーダーというものは、下に対して俺を信頼しろというのではなく、まず自らが下を信頼すること。すべてはそこからはじまります。
9月18日　土屋文明……386
我にことばあり。
9月19日　小畑勇二郎……388
亨けし命をうべないて。
9月20日　大野伴睦……390

猿は木から落ちても猿だが、代議士は選挙に落ちればただの人だ。
9月21日　樫山純三 …… 391
実行力に増して先見性やアイデアが重要なのだ。
9月22日　明治天皇 …… 392
卿等は辞表を出せば済むも、朕は辞表を出されず。
9月23日　吉田秀和 …… 394
自分のいるところから見えるものを、自分の持つ方法で書くという態度は、変わらずにきたつもりである。
9月24日　玉木文之進 …… 396
一日勉学を怠れば国家（藩）の武は一日遅れることになる。
9月25日　田中光顕 …… 397
死すべき時に死し、生べき時に生くるは、英雄豪傑のなすところである。
9月26日　ハイデッガー …… 399
人は死から目を背けているうちは、自己の存在に気を遣えない。死というものを自覚できるかどうかが、自分の可能性を見つめて生きる生き方につながる。
9月27日　武市瑞山 …… 400
ふたたびひと　返らぬ歳をはかなくも　今は惜しまぬ身となりにけり
9月28日　大槻玄沢 …… 401
およそ、事業は、みだりに興すことあるべからず。思いさだめて興すことあらば、遂げずばやまじ、の精神なかるべからず。
9月29日　セルバンテス …… 402
お前が誰と一緒にいるか、いってみな。そうしたら、お前がどんな人間かいってやる。
9月30日　朴正熙 …… 404
百の理論より一つの実践が要望され、楽しい分裂より苦しい団結がなければならず、他をくじくことよりも助けることを知り、惜しむことを知らねばならぬ。

10月

10月1日　川口松太郎 …… 408
このくり返しが自分の人生であり、悔いはない。悔いはむしろおびただしい作品の中にある。
10月2日　良寛 …… 409

災難にあう時節には災難にあうがよく候。死ぬる時節には死ぬがよく候。これは災難をのがるる妙法にて候。
10月3日　平林たい子……410
私は生きる。
10月4日　日野原重明……411
しかし、人間は生き方を変えることが出来る。
10月5日　大濱信泉……413
人の価値は、生まれた場所によって決まるものではない。いかに努力し、自分を磨くかによってきまるものである。
10月6日　ル・コルビュジェ……414
家は生活の宝石箱でなくてはならない。
10月7日　久保田一竹……416
伝統は軽んじてはならない。伝統にとらわれてもならない。
10月8日　武満徹……418
作曲家にとって一番大事なことは〝聴く〟ことさ。
10月9日　ジョン・レノン……420
ぼくが　これまで　どうやってきたかは　おしえられるけど　きみが　これからどうするかは　じぶんで　かんがえなきゃ
10月10日　清河八郎……422
回天。
10月11日　榎本健一……424
喜劇を演ろうと思ってやっても、喜劇にはならないよ。
10月12日　馬越恭平……425
元気、勇気、長生き、腹のおちつき。
10月13日　サッチャー……426
私は意見の一致を求める政治家ではない。信念の政治家だ。
10月14日　アイゼンハワー……428
指揮官はまず楽観的であることが重要である。指揮に自信と情熱と楽観の匂いがなければ、勝利はおぼつかない。
10月15日　渡部昇一……429
儒教の教えでも仏教の教えでも神道の教えでも何だって構わない。あらゆるものが磨き砂になるんだ。
10月16日　オスカー・ワイルド……431
落款主義者はドーナツを見るが、悲観主義者はドーナツの穴を見る。

目次

10月17日　益田孝……433
眼前の利に迷い、永遠の利を忘れるごときことなく、遠大な希望を抱かれることを望む。
10月18日　アンリ・ベルクソン……434
生存するということは変化することであり、変化するということは経験を積むことであり、経験を積むということはかぎりなく己れ自身を創造していくことである。
10月19日　高橋荒太郎……435
私は機会があれば何度でも経営方針を話します。なぜなら経営方針というものは、一度聞いただけではわからず、何回も何十回も聞いて分かるからです。
10月20日　河上肇……436
人はパンのみに生きるものに非ず、されどまたパンなくして生きるものに非ず。
10月21日　江戸川乱歩……438
運命の鬼は、甘い獲物を与えて、人の心を試すのだ。そして、ちょっとでも心に隙があったなら、大きな真っ黒な口を開いて、ガブリと人を呑んでしまうのだ。
10月22日　清水達夫……440
みんなが賛成するのは危険だ。それは新しくない。みんなが反対するから新しいのだ。
10月23日　土井晩翠……442
天上影は替らねど　栄枯は移る世の姿　写さんとてか今もなほ　嗚呼荒城のよはの月
10月24日　渡辺淳一……444
鈍さも見方を変えれば才能で、それこそが誠実や、一途さ、信念といったものを生み出す原動力となるはずである。
10月25日　花森安治……446
美しいものは、いつの世でもお金やヒマとは関係がない。みがかれた感覚と、まいにちの暮らしへの、しっかりした眼と、そして絶えず努力する手だけが、一番うつくしいものを、いつも作り上げる。
10月26日　ミッテラン……448
あらゆる権力に、対抗勢力が必要だ。
10月27日　ジェームズ・クック……449
これまでの誰よりも遠くへ、それどころか、人間が行ける果てまで私は行きたい。
10月28日　嘉納治五郎……450
人に勝つより、自分に勝ちなさい。

10月29日　井伊直弼 …… 452
一期一会
10月30日　ドストエフスキー …… 454
他人のために自分を忘れること、そうすればその人たちはあなたを思い出してくれます。
10月31日　蒋介石 …… 456
他人のために自分を忘れること、そうすればその人たちはあなたを思い出してくれます。

11月

11月1日　中江兆民 …… 458
民主の主の字を解剖すれば、王の頭に釘を打つ。
11月2日　岸田國士 …… 459
一人では何も出来ぬ。だが、まず誰かがはじめねばならぬ。
11月3日　武田信玄 …… 460
一日ひとつずつの教訓を聞いていったとしても、ひと月で三十カ条になるのだ。これを一年にすれば三百六十カ条ものことを知ることになるのではないか。
11月4日　泉鏡花 …… 462
恨めしいって化けて出るのは田舎のお化けに限る。……江戸っ子の幽霊は、好いた奴の処のほか出やしない。
11月5日　入江泰吉 …… 464
花は究極の美。
11月6日　川喜田半泥子 …… 465
陶芸は余技だから売る必要がない。ゆえに自分の理想とするものを、他人のことなど気にせずに自由に自分の好きなように作ることができる。
11月7日　久保田万太郎 …… 467
湯豆腐や　いのちのはての　うすあかり
11月8日　団藤重光 …… 469
死刑の存続は一国の文化水準を占う目安である。
11月9日　ツルゲーネフ …… 470
時が過ぎるのが早いか遅いか、それに気づくこともないような時期に、人はとりわけ幸福なのである。
11月10日　マルティン・ルター …… 471
たとえ明日、世界が滅びようとも、私は今日、リンゴの木を植える。
11月11日　乃木希典 …… 473

うつし世を神さりまし大君のみあとしたひて我は行くなり。
11月12日　ロダン……475
天才？　そんなものは決してない。ただ勉強です。方法です。不断に計画しているということです。
11月13日　細川忠興……477
家中の者どもは将棋の駒と思え。
11月14日　力道山……478
男が人の上に立って成功するには、方法はたったひとつしかないぞ。それは過去に誰もやったことのないことを、一生懸命やることだ。
11月15日　歌川国芳……479
西洋画は真の画なり。世は常にこれに倣わんと欲すれども得ず嘆息の至りなり。
11月16日　石田退三……480
金ができたら設備の方へ回せ。人間で能率を上げてはいかん。機械で能率をあげよ。
11月17日　イサム・ノグチ……481
自然が最大の彫刻である。
11月18日　古賀政男……483
一言も褒めることなく、またけなすことなくして、私の曲を口ずさんで下さる人々だけが私の心の支え。
11月19日　ピーター・ドラッカー……485
21世紀に重要視される唯一のスキルは、新しいものを学ぶスキルである。それ以外はすべて時間と共にすたれてゆく。
11月20日　林達夫……487
人は先ず何よりも自分自身であらねばならぬ。人のなすべきことは、自己実現であり自己拡大である。
11月21日　伊藤昌哉……488
優れたリーダーには、三人のブレーンがいるということです。この三人というのは、一人はジャーナリスト、二人めは医者。そして三人めは宗教家なんです。
11月22日　アンドレ・ジッド……489
人の一生は長い旅行だ。書物や人間や国々を通ってゆく長い旅だ。
11月23日　久米正雄……490
微苦笑
11月24日　川合玉堂……492
日曜も絵を描くし、遊ぼうと思えばやはり絵を描く。

11月25日　銭屋五兵衛……493
世人の信を受くるべし。機を見るに敏かるべし。果断勇決なるべし。

11月26日　梅屋庄吉……494
君は兵を挙げたまえ。我は財を挙げて支援す。

11月27日　藤田嗣治……496
今までの日本人画家は、パリに勉強にきただけだ。俺は、パリで一流と認められるような仕事をしたい。

11月28日　桂太郎……498
天が私を試しているのだ。

11月29日　柏戸剛……499
阪神・柏戸・目玉焼き。

11月30日　ウィンストン・チャーチル……500
凧が一番高く上がるのは、風に向かっている時である。風に流されている時ではない。

12月

12月1日　荻原碌山……504
愛は芸術なり。相克は美なり。

12月2日　ヴェルニー……505
政治的事件のとばっちりを受けたものの、事業中断はできない。

12月3日　津田梅子……507
何かを始めるのはやさしいが、それを継続するのは難しい。成功させるのはなお難しい。

12月4日　リルケ……508
現在持っている最上の力より以下の仕事をしてはならない。

12月5日　吉本せい……509
笑わせなあきまへんで。

12月6日　仁科芳雄……510
環境は人を創り、人は環境を創る。

12月7日　俵萠子……511
肝心なのは、より高く高くと、自ら求めて変わっていくこと。

12月8日　嵐寛壽郎……512
この世界には、一つきり思想あらしまへん、ウンおもろいやないか、よっしゃ、それゆこう、と。

12月9日　濱田庄司……513

目次

願は大きく立てよ。立てたら向きは変えるな。あとは非妥協一本やりでいけ。
12月10日 武智鉄二 …… 515
芸術は表現であるが、表現は制約があって初めて成り立つ。制約のないところに表現はありえない。
12月11日 小田野直武 …… 517
下手ですが、断り切れないので描きました。
12月12日 エドヴァルド・ムンク …… 519
私は病気を遠ざけたくはない。私の芸術が病気に負うところは、実は大きいのだ。
12月13日 大谷竹次郎 …… 520
わが刻はすべて演劇。
12月14日 板東妻三郎 …… 521
ツケ髭では演技もウソ髭になる。
12月15日 いわさきちひろ …… 523
自分がやりかけた仕事を一歩づつたゆみなく進んでいくのが不思議なことだけれど、この世の生き甲斐なんです。
12月16日 島木赤彦 …… 526
歌の境地は山、川であり、材料は雲・樹・鳥である。
12月17日 勅使河原蒼風 …… 528
花は、いけたら、花でなくなるのだ。いけたら、花は、人になるのだ。
12月18日 志賀潔 …… 529
なにごともまじめに しんぼう強く元気よく やりとおせば きっと りっぱなしごとを なしとげることができます。
12月19日 井上成美 …… 530
日露戦争で勝った発想で、現在の軍備を考えているとは、時代錯誤そのものである。
12月20日 藤本定義 …… 532
おい哲（川上哲治監督）！ うちの豊（江夏豊投手）を乱暴に使いやがって！ この馬鹿野郎！
12月21日 松本清張 …… 533
疑いだね。体制や学問を鵜呑みにしない。上から見ないで底辺から見上げる。
12月22日 神永昭夫 …… 536
人並みにやっていたら、人並みにしかならない。
12月23日 森戸辰男 …… 537
何といっても教育の中心は教師です。いかによい制度ができても、いくらよい指導精神が紙の上でき上がりましても、いくらよいカリキュラムや教育方法が考案されましても、よい教師がいなければよい教育は行えません。

12月24日　鈴木貫太郎 …………538
永遠の平和、永遠の平和。

12月25日　白隠慧鶴 …………539
煩悩即菩提

12月26日　五代友厚 …………541
仕事は命がけや。死んでも仕事は残る。そういう仕事をせなあかん。

12月27日　松平定信 …………542
いや、こういう時こそ、人心を一新する絶好の機会だ。不幸をかえって幸いとすべきだ。

12月28日　石原裕次郎 …………543
美しき者に微笑を　淋しき者に優しさを　逞しき者に更に力を　全ての友に思い出を　愛する者に永遠を　心の夢醒める事無く

12月29日　グラッドストン …………544
いつまでも若くありたいと思うなら、青年の心をもって心としなければならない。

12月30日　小杉放庵 …………545
東洋にとって古いものは、西洋や世界にとっては新しい。

12月31日　林芙美子 …………547
花の命は短くて苦しきことのみ多かりき。

1月

睦月

1月1日

クーベルタン

オリンピックで最も重要なことは、勝つことではなく参加することである。同様に、人生において最も重要なことは、勝つことではなく奮励努力することである。肝要なのは、勝利者になったということではなく健気に戦ったということである。

クーベルタン男爵ピエール・ド・フレディは、フランスの教育者であり、古代オリンピックを復興させ、近代オリンピックの基礎を築いた創立者である。近代オリンピックの父。

1863.1.1 ～ 1937.9.2

歴史書のオリンピアの祭典に感銘を受け、近代オリンピックを提唱し、国際オリンピックが設立され、1896年の古代オリンピア発祥の地アテネでオリンピックが開催された。五輪マークはクーベルタンの考案である。

各国が覇権を争っていた帝国主義時代に「スポーツを通して心身を向上させ、さらには文化・国籍など様々な差異を超え、友情、連帯感、フェアプレーの精神をもって理解し合うことで、平和でよりよい世界の実現に貢献する」というオリンピズムは画期的なことだった。

オリンピックは勝つことではなく参加することが最も重要である。クーベルタンは人生も同様で、努力すること、戦うことが肝心だと言っている。「自己を知る、自己を律する、自己に打ち克つ、これこそがアスリートの義務であり、最も大切なことである」として、人生においても自己に打ち勝とうとするアスリートの精神を発揮せよという。オリンピック選手たちは自己に勝利した人々であり、毎回のオリンピックでは平和への希求だけでなく、彼らの姿に世界中の人々が励まされている。クーベルタンの遺した遺産は限りなく大きいものがある。

1月2日

斎藤秀三郎（さいとう・ひでさぶろう）

語学修得は第一に多読である。分からんでもよろしいから無茶苦茶に読むのである。元来人生は分からんことばかりではないか。それでも広く世を渡っているうちには処世の妙諦がだんだんと会得されてくる。語学もこれと同じである。広く読んでいるうちに自然と妙味が分かり、面白みが出て来て、しまいには愉快で愉快でたまらなくなるのだ。

慶応2.1.2（1866.2.16）～1929.11.9

明治・大正期を代表する英語学者・教育者。第一高等学校教授。宮城県仙台市出身。

斎藤秀三郎の英語勉強は常軌を逸していた。自分の研究は戦争だと語っており、寝ても覚めても暗記にいそしんだ。斎藤和英大辞典の「犠牲」の項には、自分は自国語を犠牲にして英語を学んだと説明していた。

斉藤の仙台英語塾には、吉野作造も参加したが、あまりの短気に恐れをなして一日で辞めてしまったというエピソードも残っている。訳語を求める一徹な姿勢は日本の英語教育に大きな影響を与え、詩人の土井晩翠がバイロンの翻訳をしたのは斉藤の影響だった。

語学修得は多読がいいと斉藤は言う。どのような分野でも量をこなさなければものにはならない。量をこなすと興味が湧いてくる。奥の深さが分かって面白くなってくる。そして知識が広くなり洞察が深まってくると、学習自体が愉快になってくる。何ごとにも斉藤秀三郎のような取り組みをすればいいということはわかる。

1月3日

三岸節子（みぎし・せつこ）

絵を描くことは、長く果てしない孤独との戦いである。

1905.1.3 〜 1999.4.18

洋画家。新制作協会会員。この画家には一宮市三岸節子記念美術館があるが、夫の好太郎にも北海道立三岸好太郎美術館がある。夫婦揃って美術館がある画家夫婦も珍しい。好太郎美術館は札幌にあり訪れたことがある。立派な美術館だった。そのとき31歳で亡くなった画家にこんな立派な美術館があることを不思議に感じた。この美術館は節子の62歳の時に開館している。また節子自身の美術館は93歳という亡くなる直前に開館している。節子は89歳で女性画家としては初の文化功労者となった。好太郎は夭折しているが、妻の節子は94歳まで画業を続けているというように対照的な人生だった。

64歳「私の運命は好んで困難な道を歩む。なんというむずかしい世界か、しかししやり遂げねば。カーニュに死すともよし」

68歳「もっともっと深く掘り下げて、根元の自己をつかみだしてもっと根の深い作品を描きたい。広野の一本の大木のように何百年も生き続け生命力が得たい」

72歳「新鮮な、シャープな、繊細な、ピリピリした花を描きたい……痺れるような美しい花の絵を描きたい」

73歳「私には才能がない。ただ努力と根と運があるだけで今日まで歩いてきた。……才能である。才能の不足である」

92歳「私は人物が描きたい。最後の仕事は人物とゆきたい」

「家族近親の面倒を見てそれが満足だというのか、なんと味気ないことだろう」という三岸節子は、「世に謂う安穏な暮らしというのが、私にとって一番の敵なのである。身を棄ててかかっているのである」と語っている。

長く果てしない孤独との戦いを続けた画家・三岸節子の最後のテーマは「人物」であった。最後には、風景よりも人間という不思議な存在に関心が向かったのだろうか。

1月4日

夢野久作（ゆめの・きゅうさく）

五十、七十、百まで生きても、アッという間の一生涯だよ。
何が何やらわからんまんまに。
会うて別れて生まれて死に行く。

1889.1.4 〜 1936.3.11

日本の禅僧、陸軍少尉、郵便局長、小説家、詩人、SF作家、探偵小説家、幻想文学作家。

日本探偵小説三大奇書の一つに数えられる畢生の奇書『ドグラ・マグラ』をはじめ、怪奇色と幻想性の色濃い作風で名高い。父は玄洋社系の国家主義者の大物、杉山茂丸である。

彼の作品を読んだ父親が「夢の久作が書いたごたる小説じゃねー」と評し、それを使って夢野久作というペンネームにした。「夢の久作」とは九州では「夢ばかり見る変人」の意味である。

一人の人物が話し言葉で事件の顛末を語る独白形式と、書簡をそのまま地の文として羅列し作品とする書簡形式という独特の文体を用いた。

アッという間、夢、幻、このように一生を懐古するする人は多い。その間に経験することは、年齢も、出会いも、すべてが初めてのことだから、うまくたちまわることはなかなかできない。生まれて死ぬ間は、会って別れての連続であるという夢野久作の感慨には共感を覚える。いつだれとどのような場所で出会うか。人の運命は出会いによって変わることは確かだ。

1月5日

夏目漱石（なつめ・そうせき）

世の中は根気の前に頭を下げる事を知っていますが、火花の前には一瞬の記憶しか与えて呉れません。

慶応3.1.5（1867.2.9）〜1916.12.9

日本の小説家、評論家、英文学者。

「大学に職業学という講座があって、職業は学理的にどういうように発展するものである。またどういう時世にはどんな職業が自然の進化の原則として出て来るものである。と一々明細に説明してやって、例えば東京市の地図が牛込区とか小石川区とか何区とかハッキリ分かっているように、職業の分化発展の意味も区域も盛衰も一目の下にりょう然会得出来るような仕掛けにして、そうして自分の好きな所へ飛び込ましたらまことに便利じゃないかと思う」続けて、これは空想であって、こういう講座はできないだろうが、あれば非常に経済的だろうと述べている。現在、全国の大学がやっている「キャリア」に関する科目は、漱石が空想したものが実現していると言ってもよいだろう。

そして職業について語る。道楽である間は面白いに決まっているが、その道楽が職業と変化するとたんに今まで自分本位であったはずが、一気に他人にゆだねることが多くなる。道楽は快楽をもたらすが、同じことをしているようにみえても職業となれば苦痛を伴うことになる。職業というものは、一般社会が本尊になるのだから、この本尊の鼻息をうかがいながら生活を送らざるを得ない、という見立てだ。

「牛のように図々しく進んで行くのが大事です。文壇にもっと心持の好い愉快な空気を輸入したいと思います。それから無闇にカタカナに平伏するくせをやめさせてやりたいと思います」

「則天去私」

「面目とはね、君、真剣勝負の意味だよ」

『夏目漱石周辺人物事典』という書物がある。580ページあり、漱石の親族・恩師・友人知己・教え子・門下生・

同時代の文学者、１３８名の来歴、業績以外に、漱石との出会い、接触、交流、受けた影響、与えた影響などを記している労作である。編者の原武哲が40年間の資料収集をもとに82歳で完成させたライフワークだ。確かに根気の前には世間は頭を下げざるを得ない。

意外なことだが、漱石記念館は東京にはなかった。ようやく新宿区立漱石山房記念館が２０１７年9月にオープンした。

建築家になろうと思った若き漱石は、今からピラミッドを建てられるわけではないと友人に諭され、志望を文学に変える。以後の日本文学の基礎となるべき書物を著すという「天下の志」を実現すべく、根気を持って少しずつ牛のように取り組んでいった。わずか50年の生涯であったが、その書物群によって今なお文豪として日本近代文学の祖としての命脈を保っている。「文章も職業になるとあまりありがたくない。また職業になるくらいでないと、張合いがない。厄介なものです」とも述べてはいるが、「職業と道楽」についての優れた洞察にもみるように何ごとにも一家言を持っていた漱石は一種の起業家だったのだ。その「天下の志」は見事に開花している。

1月6日

シュリーマン

目的の大きさに比例して努力・精進しなければならないのは、人生の鉄則だ。

1822.1.6 ～ 1890.12.26

ドイツの考古学者、実業家。

幼少期に聞かされたギリシャ神話に登場する伝説の都市トロイアが実在すると考え、実際にそれを発掘によって実在していたものと証明した。

シュリーマンは、人生の前半を志の実現のための手段として金を稼ぎ、それがなるときっぱりと実業を清算し、49歳からの人生の後半をトロイアの発掘にかけていく。たった一人の少年が抱いた志が生涯をかけて形になっていき、歴史を塗り替える。奇跡の人である。

シュリーマンは12歳から68歳で没するまで、50年以上にわたって日記をつけ、ノートを残している。

「私はつねに5時に起床し、5時半に朝食、6時に仕事をはじめて、10時まで休まず」

「床に入る前に日記をつける」

50歳を前にして志の実現のために立ち上がる。そして伝説を、実在の物語として証拠立てる遺跡を発掘することに成功する。小さな志ではなく大いなる志を身に宿したシュリーマンは、50年以上にわたる日記の習慣に代表されるようい大なる努力と精進の人であった。小さな志の人は小さな努力、大きな志の人は大きな精進を。冒頭の言葉によって後世の私たちは頭をガツンとなぐられる。

1月7日

森茉莉（もり・まり）

辛いことがあっても、明日また太陽が出ると思えば堪えられる。

1903.1.7 〜 1987.6.6

日本の小説家、エッセイスト。翻訳も行なっている。

森茉莉は明治の文豪・森鴎外の娘である。鴎外は於菟、類、杏奴、そして茉莉と子どもたちに外国でも通用する名前をつけた。茉莉の16歳までの揺籃期。28歳までの現実に関わった自己発見の時代。53歳までの自己の文学の模索と助走の時代。『父の帽子』以降84歳までの30年にわたる作家時代。以上が森茉莉の人生の概括だ。

日本エッセイスト・クラブ賞を受賞した54歳の処女出版『父の帽子』以降、鴎外から受け継いだ文才を縦横無尽に発揮していく。この本を読むとやはり父・鴎外についての記述に関心が向かう。

「父の頭は大きかった」

「学問や芸術に対して、山の頂を極める人のような、きれいな熱情を持っていた人のように、見えた」

「烈しくて、さかんな、そのために寂しかった父の一生」

「父の人間には詩がある」

「父の中には一匹の獅子がいて、その獅子は父の心で、あった」

「高い、ロマンティックな世界に、遊んでいた」

「父は大事件ということのあまりない人であった」

「父の顔には不愉快な影がない。浅ましい人間の心が覗いていた事がない。父は人間の『よさ』を持った稀な人間だった」

「父はものに偏するということがなかった」

「父には執念がなく、すべてに恬淡だった。人間にも、家にも、金銭にも、名誉にも、すべてに恬淡であった」

人間・鴎外を間近にみた娘の観察であり、鴎外という人間の見事さを改めて思う。

深い教養。高度の美のセンス。濃密で香気を含んだ文体。鋭い感覚。優れた観察眼。言葉の魔術師。観察・分析・批評による多彩な言葉の築城。

『贅沢貧乏』というエッセイを読むと、森茉莉の人間観察の確かさを感じる。川端康成、池田満寿夫、久保田万太郎、吉行淳之介、宮城まり子、高見順、深沢七郎、岡本太郎、藤田嗣治、福田恒存……など同時代の文人たちの人となりの描写には引き込まれる。

裂ける程、嘴を開けて文章を吐く気迫あふれる野人室生犀星。

なめくじ小説家の自分に近い北杜夫。

森茉莉が「パッパが今いて、三島（由紀夫）さんが会っていたら、死ななくて済んだかもしれないと思うと、それが残念なの」と嘆いた三島由紀夫。

奔放不羈、独創の冴えと面白さをみせる森茉莉の世界を堪能した。

貧乏による恐るべき見すぼらしさの中で、王侯貴族のように意気軒昂さを堅持する楽観的で強靭な精神は、「文学者は、のたれ死にの覚悟がなければ」の決意の賜物であった。

1月8日

岩崎弥之助（いわさき・やのすけ）

三菱の事業は一門のために経営するのではない。お前たちの中に国家のことを考えず、岩崎家のみを考える者があったなら、三菱は潰したほうがよい。このことを、しっかり腹に入れておくがよい。

日本の実業家で、三菱財閥の二代目総帥。男爵。三菱の創業者・岩崎弥太郎の弟にあたる。

嘉永 4.1.8（1851.2.8）～ 1908.3.25

岩崎弥太郎（1834年生まれ）は、海運から始めて鉱業、造船業、保険、為替など事業の「多角化」を図った。17歳年下の二代目の弟・弥之助は海から陸へと事業「領域を広げ」、丸の内・神田に10万坪の土地を買った。

その後、弥太郎の息子の久弥を経て、弥之助の息子・岩崎小彌太（1899年生まれ）は30年の長きにわたり社長業を続け、部門毎の「分社化」に取り組み、重工（造船）、商事、銀行、地所と優れた企業をつくっていった。弥太郎が創業し、弥之助が財閥にし、小彌太が大きく拡大していった。

世田谷の静嘉堂文庫には、20万冊の古書籍と6500点の東洋古美術品が収納されている。その文庫百周年記念事業として美術館が建てられた。静嘉堂とは弥之助の堂号で、祖先の霊前への供物が立派に整うという意味である。

弥之助は焼け野原の土地を政府から高い価格で押しつけられた丸の内の土地を買ったとき「竹でも植えて虎でも飼うさ」と嘘ぶいていたという。冒頭の言葉は常に国家とともにあった三菱の神髄を示すものである。

1月9日

リチャード・ニクソン

自分が大統領を狙わず、大統領職に自分を狙わせる。これこそ大統領になる最大のコツではないだろうか。

リチャード・ミルハウス・ニクソンは、アメリカ合衆国の政治家。第37代アメリカ合衆国大統領。ニクソン大統領は、ベトナム戦争からの完全撤退、冷戦下のソ連とのデタント（緊張緩和）、中国との国交樹立などに尽力した。

1913.1.9. ～ 1994.4.22

ニクソンの著書『指導者とは』（文春学藝ライブラリー）は20世紀リーダー論の最高峰だ。この中に同時代の世界のリーダーたちが出てくる。政治家になって35年間でニクソンは世界80カ国を旅し、指導者たちと会っている。戦後の大指導者たちの中で会っていないのはスターリンくらいだった。

多くの指導者を観察したニクソンは「人間が老けるのは、みずからが老けるのを許容する場合が多い」という。戦う英国を率いたチャーチルは66歳だった。ドゴールは67歳で第五共和制をつくった。アデナウアーは73歳で首相になった。そしてドゴールは78歳でも大統領であり、チャーチルは80歳でも首相、アデナウアーは87歳でも首相だった。

ポリティシャン（政治屋）が多く、ステイツマン（政治家）がいない。これがよく聞く慨嘆であるが、ニクソンは「ステイツマンになろうと志す者は、まずポリティシャンでなければならない」と言っている。政治屋が政治家になっていく。順序があるのだ。

　指導者にとって、もっとも大切なのは時間である、とも言う。つまらぬことに時間を割くことはできない。自分でやることを決めることと部下を選ぶことが大切な仕事になる。また私情を殺し公益を優先しなければ成果はでない。超重要事項は自分でやり、重要事項は部下にやらせる我慢が必要になる。リーダーにとって時間こそ最大の資源なのだ。

　ニクソンは「文章を書くのにテープに口述筆記をするのが一番だ。重要な演説の原稿をまとめるのが自己を鍛える。決断の検証と思考を磨くことになるからだ」とも語っている。考えをまとめるときに、考えがまとまるのだ。

　１９６０年の大統領選では、選挙人の多い州を重点に回る選挙戦略をとったライバルのケネディに敗れたニクソンは、臥薪嘗胆の日々を送り、大統領職が自分をターゲットにするまでに自分を鍛えていった。１９６８年の大統領選で当選し第37代の大統領に当選する。ポストにふさわしい実力をつけることが、ポストにつくための戦略ということになるだろうか。

1月10日

高山樗牛（たかやま・ちょぎゅう）

己の立てるところを深く掘れ、そこには必ず泉あらむ。

明治 4.1.10（1871.2.28）～1902.12.24

明治時代の日本の文芸評論家、思想家。東京大学講師。文学博士。明治30年代の言論を先導した。31歳で夭折。鶴岡出身。一高不合格、二高仮入学と、二度にわたって志望校に合格できなかった。この経験が優等生を続けてきた樗牛に及ぼした影響は、小さくなかったろう。

1900年には文部省から美学研究のため海外留学を命じられ、帰国後は京都帝大の教授が内定していた。しかし洋行の送別会後に喀血、療養生活に入り、洋行を辞退する。1902年、文学博士。日本主義、ロマン主義、ニーチェ主義、日蓮主義など主張の変遷が甚だしいのだが、明治思想史を駆け抜けたともいえる。

4歳年上の夏目漱石が「高山の林公」呼ばわりして、ライバル視した。「樗牛なにものぞ。……只覇気を弄して一時の名を貪るのみ。後世もし樗牛の名を記憶するものあらば仙台人の一部ならん」と門下の小宮豊隆宛の手紙に書いている。樗牛に押されていた門下生を鼓舞したのだろう。

「天にありては星、地にありては花、人にありては愛、これ世に美しきものの最たらずや」

「偉人と凡人の別は一言にして尽くすべきのみ。彼は人生を簡単にする者なり。此は人生を複雑にする者なり」

「大いなる人となるの道は唯二つあるのみである。己の小さきを悟るのは其の一つである。己の大いなるを信ずるは他の一つである」

谷崎「何一つとして独創性の認められるものはないではないか」「案外俗才があり、世渡りが巧かった」。また鴎外、逍遥らとの論争が多く、短い生涯のほとんどが論争の連続だった。

狷介でなかなかの難物だった高山樗牛だが、冒頭の言葉には惹かれる。己の立っている場所しか掘ることはできない。そこを深く、深く掘り進める。地下水に到達すると、その水はあらゆる分野につながっていることを発見する。それがわかるか、わからないかが勝負なのだ。

1月11日

きだみのる

一番重要なことは長生きだ。……長生きすれば、いま生きている連中の正誤がわかる。

1895.1.11 〜 1975.7.25

本名・山田吉彦、鹿児島県奄美大島出身の小説家、翻訳者。代表作『気違い部落』シリーズは映画化もされた。

エッセイストの嵐山光三郎（元平凡社『太陽』編集部員）による師匠・きだみのるの伝記によると、以下のようになる。面白いが、やっかいな人物である。

きだは翻訳家、旅行家、詩人、作家、コスモポリタン、社会学者、という多面体であった。生涯をかけて漂流に身をまかせた怪人。酒飲みで、勇敢。威張っていたが、知力は緻密で不純物がない。ギリシャ語とフランス語の達人。眼光鋭く、太い背骨がまっすぐにたち、肩も胸も厚い。単純生活者と言いつつ哲学を語り、幸福論をぶちあげ、つきあったアナーキストとの思い出を語る。フランス趣味と知識人への嫌悪。反国家、反警察、反左翼、反文壇で女好き。果てることのない食い意地。人間のさまざまな欲望がからみあった冒険者。

1895年奄美大島生まれ。35歳、ファーブル『昆虫記』の翻訳を始める。48歳、『モロッコ紀行』（日光書院）。53歳、『気違い部落周遊紀行』（毎日出版文化賞）。62歳、『気違い部落』が松竹で映画化。80歳、死去。

「共産主義者はすべてに先だって、マルクスの『資本論』より、ファーブルの『昆虫記』を読まなくちゃならない。現実探求のリアルな目は、これで養うのだ」

「日本人は降伏を終戦と言い直した。占領軍を進駐軍と言った。自尊心のオブラートで現実を包んで、ファクトを見ようとしない」

当時日本も前のめりになったイラク戦争は後になって大義のないことが判明した。２０１７年に１００年を迎えたロシア革命によるソ連邦の崩壊も意外な結末だった。中国の文化大革命の評価も同様だ。時間の経過とともにしだいに真実がわかってくる。生きているわずかの時間では事件の意味や正誤はなかなか分からない。どのような分野においても歴史の審判を見届けるには時間がかかる。

岡田三郎助（おかだ・さぶろうすけ）

残るものは絵だけだよ。
絵かきはそれで能《よ》いのだよ。

明治2.1.12（1869.1.22）～1939.9.23

佐賀県に生まれ、明治～昭和にかけて活躍した洋画家である。女性像を得意とし、日本的な感覚の洋画に秀作を残している。東京美術学校（現・東京藝術大学）教授。第１回文化勲章を受章。妻・岡田八千代は小説家・劇作家で、小山内薫の妹である。

藤島武二（１８６７～１９４３）と岡田三郎助は、１８６８年の明治維新を挟んで生まれており、同世代だ。藤島は横顔の女性像、岡田は気品あふれる画風で知られている。２人とも近代洋画の世界で大きな足跡を残しているのだが、その人生行路が全くと言ってよいほど似通っていることに驚く。藤島は薩摩藩、岡田は佐賀藩の出身で、同時に西洋画を志した。ともにフランスに留学した。１９３４年、藤島67歳、岡田65歳、帝室技芸員。１９３６年、岡田67歳、勲二等瑞宝章。１９３７年、藤島70歳、岡田68歳、同時に第一回文化勲章を受章。日本画は横山大観と竹内栖鳳だった。

岡田は、寡黙な人だったらしい。その岡田は、骨董、美術品を愛好する傑出した工芸コレクターだった。

藤島は男性美、岡田は女性美という中沢弘光の対比もある。また「武二の剛に対して三郎助の柔」とも対比される。永遠のライバル藤島が岡田を語り、「上品さ何を描いてもついて廻っていた」「殊に美人画に興味を持っていて美しい絵を沢山描いた」と語っている。

画家、小説家など作品を創りあげる仕事は、その人の言動よりも、残した作品が重要だ。長く残り後世にも影響を与えるのは、画家の場合は絵である。岡田の寡黙はそういう考えの発露であろう。研究者として書籍を書くのも同じことが言える。後世に残る作品をものしたかという問いをかみしめたい。

1月13日

大森実（おおもり・みのる）

日本はまだ、米国から完全に独立していない。戦争の清算は済んでいないんだ。そろそろ真の独立をするべきだね。

1922.1.13～2010.3.25

日本のジャーナリスト。兵庫県神戸市出身。ボーン国際記者賞（1960年）、UCLA国際ジャーナリスト賞、日本新聞協会賞を受賞。

ベトナム戦争が激化した1965年、外信部長として現地に乗り込み、エネルギッシュな取材をもとに長文のスクープを次々に打電した。この時の連載『炎と泥のインドシナ』は大きな評判を呼んで、新聞協会賞を受賞している。その記事に対するライシャワー大使の抗議を受けての新聞社の対応を不満として退職する。

大森と毎日新聞大阪本社時代に机を並べた間柄の山崎豊子（元毎日新聞記者）は「『お豊さん、お先に』と逝かれるとは思ってもみませんでした。最後に会話したのは約10年前。私がパリから米カリフォルニア州の大森さん宅へ電話をしたら、『持つべきものは友だな』と懐かしがってくれました。ベトナム戦争の報道で米政府の怒りを買い、最後は憤然と退社したが、戦争批判のペンを止めなかった。真のジャーナリストでした」と言っている。

国際ジャーナリストの魁であった大森実は、毎日新聞のスター記者として、また独立ジャーナリストとして、そしてカルフォルニア大学の教授として、日本とアメリカの関係をみつめていた。冒頭の言葉は最晩年に友人に語った言葉だ。遺言である。

1月14日

三鬼隆（みき・たかし）

自分たちの目の黒いうちに必ずまた合同しようではないか。

1892.1.14 〜 1952.4.9

日本製鐵・八幡製鐵（現・新日鐵住金）元社長。鉄鋼業界の大御所だった。第二代日本経営者団体連盟会長。岩手県花巻市出身。父は実業家・政治家の三鬼鑑太郎。

長男は元新日本製鐵会長の三鬼彰。

戦後の農地改革・労働運動の解放と並んで占領軍によって打ち出された財閥解体によって、四大財閥を筆頭に80以上の組織が解体された。三井物産と三菱商事は中小商社に分割された。１９５０年に日本製鐵は八幡製鐵と富士製鐵等に分割させられるなど日本の経済界に激震が走った。その財閥解体から統合までを三鬼隆は疾走している。

後に三鬼が航空事故死した時に15歳だった娘は4年後に日本航空のスチュワーデスとなった。娘は父の航空事故死を乗り越えて、スチュワーデスを「女性の立派な職業」と語り、女性の自活のための仕事選択と家族の不幸を混同しなかったことが話題を呼んだ。

冒頭の言葉は、三鬼が分割された八幡製鐵初代社長となった時に発した言葉である。三鬼の目が黒いうちには叶わなかったが１９７０年、八幡製鐵と富士製鐵が合併し、新日本製鐵株式會社となった。三井物産の統合を志した水上達三も同じだが、統合という志が人々を結びつけ奮い起こした。リーダーの発する志が組織の命運を握っている。

1月15日

平櫛田中（ひらくし・でんちゅう）

六十、七十洟垂れ小僧、男盛りは百から百から。

明治5.1.15（1872.2.23）〜1979.12.30

日本の彫刻家。本名は平櫛倬太郎。旧姓は田中。井原市名誉市民（1958年）、福山市名誉市民（1965年）、小平市名誉市民（1972年）。

98歳から移り住んだ東京・小平市の邸宅は現在、記念館となっている。庭には直径1・9mのクスノキの巨木がある。100歳の時に田中が、さらに20年、30年と創作活動に取り組めるよう、取り寄せたものだ。

現在、国立劇場のロビーに展示されている代表作の「鏡獅子」、小平市平櫛田中彫刻美術館では、彩色豊かな「源頼朝像」、そして「良寛和尚」、「月琴」（陶淵明）、「聖徳太子像」、「聖観世音」、「降魔」、「気楽坊」、「釣隠」。そして岡山県の田中美術館でも一休、獅子頭、湊川神社狛犬、西行、西山公、五浦釣人など多くの傑作が展示されている。

平櫛田中は東京芸大を退官するまで、登校のたびに、大学構内に置かれた自身の作品「岡倉天心像」に最敬礼したという。彼が、師と仰ぐ天心から指導を受けた期間はわずかであった。しかし「田中は一日として師恩を忘れなかった」。

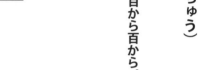

年表によると、72歳で東京美術学校の教授になり、77歳で東京芸術大学の教授。そして93歳で名誉教授、という不思議な肩書と年齢の関係がみえる。70歳を超えて母校の教授になり、90歳で文化勲章をもらったこともあり、その3年後に名誉教授に推薦されている。

残っている映像で100歳を超えた日常が紹介されていた。彫刻の題材を探すためもあって、ハサミを片手に新聞を切り抜く姿があった。とにかく興味が多岐にわたり、好奇心とバイタリティに溢れた人だったらしいことがわかる。家族の証言によると、早起きで午前2時には起きて、本や新聞を読み、6時から着物を着て洗面、朝食。その後、庭での30分間の散歩。午前中は居間で本を読み、手紙を書く。午後は書道。就寝は午後9時、という充実した日常だった。

「実践、実践、また実践。挑戦、挑戦、また挑戦。修練、修練、また修練。やってやれないことはない。やらずにできるわけがない。今やらずしていつできる。やってやってやり通せ」

98歳で小平市に転居し、向こう30年間は創作活動を続けられるよう原木を用意してあった。ということは、130歳まで仕事の予定があったということになる。それを証明するような逸話もある。同じく天心の薫陶を受けた日本画の横山大観、地唄舞の武原はん、そして画家・丸木スマの彫刻をつくろうとしていたのだ。

「男盛りは百から、百から」はともかく、「六十、七十、洟垂れ小僧」は、現在の高齢時代に生きる私たちに「喝」を入れてくれる。この気概を見習いたい。

1月16日

伊藤整（いとう・せい）

真実な人間とは自己の青春を終えることのできない人間だと言ってもいい。

1905.1.16～1969.11.15

日本の小説家、詩人、文芸評論家、翻訳家。本名は伊藤整（いとう・ひとし）。日本芸術院会員。社団法人日本文藝家協会理事、東京工業大学教授、社団法人日本ペンクラブ副会長、財団法人日本近代文学館理事長などを歴任した。

戦前・戦中は詩壇・文壇でのみ知られた存在だったが、戦後は旺盛な著作活動に加え、『女性に関する十二章』や小説『火の鳥』などがベストセラーになる。また伊藤が翻訳した『チャタレイ夫人の恋人』がわいせつ文書にあたるかというチャタレイ裁判で有罪となった影響もあり、もっとも著名な評論家の一人となった。

小説家の渡辺淳一は「君ね、できたら一度でいいから、ベストセラー作家になりなさい。ベストセラーを出すと人が寄ってきて、『書いてくれ、書いてくれ』とせかされ、追われて、そこで初めて隠れていた自分の能力を引き出される。ベストセラーを出した人間とその経験のない人間では力のつき方が違う」「だから、一度はスターに、時代の寵児になりなさい」と言われた。渡辺はその通りの人生を送っている。

「勉強の仕方さえ教えればそれでよい。後は自分でやれるはず」

「いつも自分を少しだけ無理な状態の中に置くようにしなさい」

「家庭という宝物は壊れて失われる時に、はじめてその真の価値を当事者に認識させる」

伊藤整の人生遍歴を眺めると、東京商科大学中退後は、金星道編集部、日大講師、新潮社文化企画部長、帝国産金（株）工場、北海道帝大予科講師、日本文芸協会理事、早稲田大講師、東京工大専任講師、教授、日本ペンクラブ副会長、日本文学館理事長……など常に変化していることがわかる。自己の青春を終えることのない真実の人間であった。

1月17日

ベンジャミン・フランクリン

汝の仕事を追え。さもなくば仕事が汝を追うであろう。

アメリカ合衆国の政治家、外交官、著述家、物理学者、気象学者。

グレゴリオ暦 1706.1.17 ～ 1790.4.17

印刷業で成功を収めた後、政界に進出しアメリカ独立に多大な貢献をした。現在の米１００ドル紙幣に肖像が描かれている他、ハーフダラー銀貨にも１９６３年まで彼の肖像が使われていた。

勤勉性、探究心の強さ、合理主義、社会活動への参加という18世紀における近代的人間像を象徴する人物である。己を含めて権力の集中を嫌った人間性は、個人崇拝を敬遠するアメリカの国民性を超え、アメリカ合衆国建国の父の一人として讃えられる。

ベストセラー『フランクリン自伝』は『福翁自伝』と並んで世界の2大自伝と称されている。

84歳で没している。葬儀は国葬だった。アメリカ独立宣言の起草委員の一人で、独立建国の父であり、「すべてのヤンキーの父」と讃えられた人物で、政治家、外交官、著述家、物理学者、気象学者、発明家と多くの分野で指導的な役割を果たした。

雷の中で糸にライデン瓶をつけて凧をあげ、わざと落雷させるという実験を行なった。この瓶が帯電していることから、雷が電気であることを証明してみせたという逸話は知っている人が多いだろう。

新渡戸稲造が「高き学理を日常に実施し、深き哲理をわが身に体せる人である」と評したように大変すぐれた人物だった。子どもの頃、この人物の伝記を読んだ記憶がある。

「不満を募らせる人間に、居心地のよい椅子は決して見つからない」

「人間の幸福というのは、滅多にやってこないような、大きなチャンスではなく、いつでもあるような、小さな日常の積み重ねで生まれる」

「本当に豊かなのは誰か？　それは、自分に満足している者である」

「明日やらなければならないことは、今日の内にやってしまうこと。之が人生の秘訣である」

「規則正しい生活は、人に健康と富、そして賢明さを与えてくれる」

「相手を説得するために、正論など持ち出してはいけない。相手にどのような利益があるかを、話すだけでいい」

　時間に追われ、仕事に追われる。そこから逃れる道は、時間を使いこなし、仕事を追いかけることだ。受け身からの脱却である。

森田正馬（もりた・まさたけ）

生きとし生けるものには生命の力と向上発展の欲望がある。

1874.1.18 〜 1938.4.12

日本の医学者、精神科神経科医。通称：しょうま。

神経症に対する精神療法である「森田療法」を創始した。高知県野市町（現・香南市）生まれ。高知県立第一中学、第五高等学校、東京帝国大学医科大学を卒業。東京帝国大学では呉秀三門下。巣鴨病院に勤務。東京慈恵会医科大学教授を務める。自らも神経症に悩んだ経験を持つ。心理学、法学、経済学についても精通していたといわれる。

創始した森田療法は神経症に対する精神療法で、神経症になりやすい性格を陶冶鍛錬し、頭痛などの自覚症状に注意が向くと克服しようとしてますます自覚症状が強まるという悪循環を断ち切る療法であり、多面的なアプローチをもつ総合的精神療法である。

苦悶と凄絶に満ちた生き様を探り、開高健賞を受賞した渡辺利夫著『神経症の時代　わが内なる森田正馬』（１９９６年・ＴＢＳブリタニカ）では、日本医学界から黙殺されたが、作家の倉田百三らも救われたことを指摘している。

神経症者は不快な感情や恐怖心から行動を逡巡してしまい、なかなか行動に移れない。森田療法では、「恐怖突入」と言って、恐怖を感じながら行動することを指導し効果をあげ、多くの人を救っている。

「自然に服従し境遇に従順なれ」

「我々の最も根本の恐怖は死の恐怖であって、それは表から見れば、生きたいという欲望である」

「生物はみなそれぞれの分に応じ、心身ともに念々刻々、その最良の方法による活動と営々の努力によって、実に永遠無窮の進化発展をしているように思われる」という森田は、常によき未来に向かって向上発展するというＤＮＡが生物には存在していると確信していたのであろう。それは種でも、個体でも同じである。「ただ向上一路」あるのみだ。

1月19日

水原茂（みずはら・しげる）

問題があるときに必要とされるのは、利口者ではなく信頼できる人。

1909.1.19 ～ 1982.3.26

香川県高松市出身のプロ野球選手（内野手）・監督・野球解説者・野球評論家。

現役時代は東京巨人軍（１９４７年より読売ジャイアンツ）で活躍し、引退後は巨人、東映フライヤーズ、中日ドラゴンズの監督を歴任した。巨人監督時代の在任11年間で8度のリーグ優勝、4度の日本一に輝き、セントラル・パシフィック両リーグでチームを日本一に導いた（セ：巨人、パ：東映）。日本プロ野球史上の名監督だ。

現役選手であった１９４２年に兵隊に取られ、シベリア抑留を経験した。７年後にようやく帰国。巨人・大映戦が行なわれた後楽園球場で観客に「水原茂、ただいま帰ってまいりました」と感動的な挨拶をした。７年間のブランクのため、選手としての記録はあまりないが、水原は野球を熟知しており、監督としての記録は輝いている。

水原茂と三原侑の二人は水原小次郎と三原武蔵と並び称された、いわれた永遠のライバルだった。実力の拮抗した好敵手の存在がプロ野球を盛り上げた。

プロ野球に人はなぜ熱狂するのだろうか。猛者ばかりの集団が織りなす戦国の世は人生の縮図である。そこには実力と運に支えられた栄光と敗北の物語がある。この集団を率いる監督たちは日本的リーダーのあり方を教えてくれる。問題が起こったとき、誰と心を割って相談するか。頭がよいアイデアマンか、そうではない。心から信頼する人である。水原はその機微を知っていた。

1月20日

中村八大（なかむら・はちだい）

中村八大は他から作られず、自分で完成させる物也。よってすべての環境は、彼にとって生かされる。中村八大が送る生涯は自分が製作する人生也。中村八大は永遠に生きねばならない。中村八大は誰よりも苦しく、誰よりも幸せでなければならない。中村八大は今日から決定的に作られて行く。
１９５３年10月21日　右の通り決定する。

1931.1.20 ～ 1992.6.10

「上を向いて歩こう」、「こんにちは赤ちゃん」、「遠くへ行きたい」、「明日があるさ」など、１９５０年代末から１９６０年代にかけての数々のヒット曲を作曲した。

「上を向いて歩こう」は、永六輔作詞・中村八大作曲・坂本九歌の、日本が生んだ世界的大ヒットである。１９６１年に発表され、「ＳＵＫＩＹＡＫＩ」と命名されて１９６３年にはビルボードランキングで1位になり、3週続いた。翌年にはアメリカで１００万枚に達し、ゴールドディスクをもらうという栄誉をもらう。こういう歌は日本からはその後も出ていない。空前絶後の出来事だった。現在この歌は70カ国で歌われている。

「上を向いて歩こう」は、１９８５年の日航機事故で坂本九が亡くなった後も日本人に愛されて歌い継がれてきた。そして２００４年の台風23号による水害でバスの屋根で一晩過ごした乗客がこの歌を歌って互いに励まし合うという事件も起こる。２０１１年の東日本大震災でも、復興の歌として毎月3月11日に全国でこの歌を歌う運動が続いている。不思議な力を持った歌だ。

中村八大は１９３１年中国青島生まれ。私の母とは幼なじみで、私も子供頃に「はっちゃん」に会ったことも

日本の作曲家、ジャズピアニスト。青島（当時は中華民国、現在の中華人民共和国）出身。

ある。10歳の時、「荒城の月」と「さくらさくら」を聞いて、「涙をとめどもなく流し、このときに初めて生涯をかけて、大音楽家になろうと、心に誓ったことを覚えている」と述懐している。1954年に早稲田に入るために久留米から上京する。「いよいよ僕自身の人生が、僕自身の未来が、僕自身の手で限りなく開けてゆくのだ」と記している。

いずみたくは1万5千曲。古賀政男5千曲。浜口庫之助5千曲。服部良一3千5百曲。ところが中村八大は意外に少なく5百曲にも満たない。しかし「黒い花びら」「こんにちは赤ちゃん」などレコード大賞をとった曲も多い。

10代の後半には「多数の霊との条約：願望達成の瞬間までの絶対的禁煙。週1回を越えない変質量。飲酒は家庭で主に小量。生活規律化の実行。金銭の倹約。基本的学（楽）門。適度の運動。眼前の仕事を直ちに処理する実行力」と計画した。

そして22歳の日記では冒頭の決意を示している。自分自身の人生を形づくっていき、人々の心に残る名曲を創り、そして永遠に生きることになった。中村八大は決意と計画と、そして実行の人であった。

1月21日

永田雅一（ながた・まさいち）

喜怒哀楽をもって人を楽しませるというのは素晴らしいことだと考えます。

1906.1.21 〜 1985.10.24

日本の実業家、映画プロデューサー、プロ野球オーナー、馬主。昭和初期から後期（１９３０年代後半〜１９８０年代前半）にかけて活動していた。大言壮語な語り口から、「永田ラッパ」の愛称でも知られていた。

映画プロデューサーとして永田はヴェネツィア国際映画祭グランプリをとった「羅生門」（黒澤明監督）をはじめ「源氏物語」「雨月物語」「地獄門」など国際的に名声を得た大作を手がけた。そして、大映社長、大毎オリオンズオーナー、日本ダービーで優勝した名馬トキノミノルの馬主など波乱に満ちた人生を送る。

日蓮宗の熱心な信者でもあり「人一倍雑念的存在であるわしが、殊勝にも信仰の道に入ったのは、全て母の信仰心に負うものなんじゃ」とも言っている。

永田雅一の映画観は、社会主義にかぶれ家を追放されて日活に入った時の冒頭の言葉に表れている。「喜怒哀楽」は中庸の第一章に出てくる人間の感情を表現する言葉であるが、中国では他に怨みも加わる。また愛憎という感情もある。そういった人間の持つ感情を生き生きと表現する映画の道に入った永田雅一の波瀾万丈の人生も喜怒哀楽に満ちていた。

1月22日

鳥井信一郎（とりい・しんいちろう）

1938.1.22 〜 2004.7.5

生活文化企業

日本の実業家でサントリー（現サントリーホールディングス）元社長・元会長。元関西経済連合会副会長。サントリー（壽屋）を創業した鳥井信治郎の孫。

1956年大阪府立池田高等学校卒業。1960年ノースウェスタン大学卒。1963年神戸大学法学部卒業。住友銀行（現・三井住友銀行）を経て、1967年にサントリーに入社。国際本部長を経て1972年取締役となり、1990年三代目の創業家社長に就任する。「サントリーホップス」「マグナムドライ」といった発泡酒のジャンルを切り開くキーパーソンとなった。

日常生活に密着した文化を生活文化と呼んだ鳥井信一郎は、洋酒の寿屋を生活文化企業へ変えていく。企業内文化を土台に、生活文化を顧客へ届け、純粋文化を社会へ届ける企業である。このような考え方にたって、ウイスキーを育てた文化を知ってもらうために、トリスバーなどの場を設け、ソーダ割りなどの飲み方を提案し、『洋酒天国』（「夜の岩波文庫」と呼ばれるほどの評判）というPR雑誌を配布する。サントリーの定評のある宣伝広告で、ウイスキーのある新しい生活様式を広めた。

サントリーは生産の論理から消費の論理への転換を主導した。「時は流れない、それは積み重なる」「一日に一時間は美しい時間を持ちたい」などの広告は人々の心を打った。

赤坂のサントリーホールで、私も多くのコンサートを楽しんだし、六本木ミッドタウンに新しくサントリー美術館ができ、名画を何度も観賞し、恩恵を受けている。

「常に時代の先端を走りたいと願う企業にとって、文化支援活動は必要条件といえるものではないでしょうか。文化支援活動は純粋文化とかかわることによって、次の時代の生活文化を探索する大きな糧となるからです」と『まかせて伸ばす　サントリーの連星経営』の中で鳥井信一郎は語っている。

「生活文化企業」というキーワードは、多くの企業が参考にし、経営の新しい流れを創りだしたのだ。

1月23日

スタンダール

愛情には一つの法則しかない。それは愛する人を幸福にすることだ。

フランス、グルノーブル出身の小説家。

1783.1.23 ～ 1842.3.23

パリに着いたとき「女の誘惑者になろう」という計画を持っており、女遊びと観劇にうつつを抜かしたスタンダールには、恋愛に関する語録は多い。

一方で、ナポレオン指揮下の軍隊、イタリアの地方の領事などもいくつか経験していることもあり、「天才の特徴は、凡人がひいたレールに自分の思想をのせないことだ」「最も賢明なことは、自分を己れの打ち明け相手にすることである」「イタリア人の勇気は怒りの発作であり、ドイツ人の勇気は一瞬の陶酔であり、スペイン人の勇気は自尊心の現れである」などの言葉も残している。

スタンダールは１８２２年、39歳の時に『恋愛論』、１８３０年に『赤と黒』を発表している。不思議なことに現在ではバルザックと並び、近代小説の祖と称されるスタンダールだが生前は同時代人からは認められなかった。同時代の作家からは「話にならん、――門番の文章だ、等々」と言われている。代表作となる『恋愛論』が出たとき、みんな我がちに嘲笑したのである。

スタンダールの鋭い観察に基づく恋愛に関する客観的な言葉には真実を感じる。しかし冒頭の言葉からは、愛情の本質がみえる。

1月24日

ホフマン

才能を疑い出すのがまさしく才能のあかしなんだよ。

1776.1.24 ～ 1822.6.25

ドイツの作家、作曲家、音楽評論家、画家、法律家。文学、音楽、絵画と多彩な分野で才能を発揮したが、現在では主に後期ロマン派を代表する幻想文学の奇才として知られている。

１８１５年４月からは大審院判事に就任し、ホフマンは裁判官の仕事をしながら売れっ子作家として小説を書き、舞台を手がけ、作曲を行ない、また多くの芸術家との社交にいそしむ多忙な生活を送った。裁判官と作家との二重生活を送り、病に倒れるまで旺盛な作家活動を続けた。

ホフマンには文学、音楽、絵画などあらゆる才能があったように感じられる。冒頭の言葉からは、自分の才能を疑い続けながら、活動を続けたことがわかる。

まったく才能が無い人は才能があるのではないかとは考えない。才能があるに違いないと思ってはいるが、時々自分には才能がないのではないかとの疑いがふっと脳裏をかすめる。そんなはずはないと工夫を重ねる。その繰り返しで才能は姿を現す。ホフマンはそういう過程を忍耐強く進んだ人だったのだろう。

1月25日

樋口廣太郎（ひぐち・ひろたろう）

1926.1.25 〜 2012.9.16

悩みがないのは仕事をしていない証拠だ。

日本の実業家。アサヒビール中興の祖。

仕事十訓

①基本に忠実であれ。基本とは困難に直面したとき、志を高く持ち初心を貫くこと、常に他人に対する思いやりの心を忘れないこと。
②口先や頭の中で商売をするな。心で商売をせよ。
③生きた金を使え。死に金を使うな。
④約束は守れ。守れないことは約束するな。
⑤できることと、できないことをはっきりさせ、ＹＥＳ、ＮＯを明確にせよ。
⑥期限のつかない仕事は「仕事」ではない。
⑦他人の悪口は言うな。他人の悪口が始まったら耳休みせよ。
⑧毎日の仕事をこなしていくとき、いま何をするが一番大事かということを常に考えよ。
⑨最後までやりぬけるか否かは、最後の一歩をどう克服するかにかかっている。それは集中力をどれだけ発揮できるかによって決まる。
⑩二人で同じ仕事をするな。お互いに相手がやってくれると思うから「抜け」ができる。一人であれば緊張感が高まり、集中力が生まれてよい仕事ができる。

管理職十訓

①組織を活性化しようと思ったら、その職場で困っていることを一つずつつぶしていけばよい。人間は本来努力して浮かび上がろうとしているのだから、頭の上でつかえているものを取り除いてやれば自ずと浮上するものだ。
②職位とは、仕事のための呼称であり、役割分担を明確にするためにあるものだと考えれば、管理職とは何かがキチンと出てくる。
③先例がない、だからやるのが管理職ではないか。
④部下の管理は易しい。むしろ上級者を管理することに意を用いるべきである。

⑤リーダーシップとは、部下を管理することではない。発想を豊かに持ち、部下の能力を存分に描き出すことである。

⑥ＹＥＳは部下だけで返事をしてもよいが、ＮＯの返事を顧客に出すときは、上司として知っていなければならない。

⑦人間を個人として認めれば、若い社員が喜んで働ける環境が自らできてくる。

⑧若い人は、我々自身の鏡であり、若い人がもし動かないならば、それは我々が悪いからだと思わなければならない。

⑨若い人の話を聞くには、喜んで批判を受ける雅量が必要である。

⑩結局、職場とは、人間としての切磋琢磨の場であり、錬成のための道場である。

「仕事十訓」と「管理職十訓」にはアサヒビール中興である樋口広太郎の仕事に関する叡智がつまっている。その樋口が絞り出した仕事人へのアドバイスは、「悩め！」である。

1月26日

藤本義一（ふじもと・ぎいち）

女性が魅かれるのは、仕事をしている男であって、仕事をさせられている男ではない。

1933.1.26 〜 2012.10.30

日本の小説家、放送作家。大阪を舞台にした作品を書き、エッセイも数多い。

「プロを意識したとたんに、すべての物事に対して貪欲になるはずだ。すべてを吸収しようとする。吸収するためには、人は独自の工夫をするものである」

大学在学中からラジオドラマの脚本を書き、「東の井上ひさし、西の藤本義一」と言われていた。この人の白髪の顔と名前を有名にしたのが１９６５年から始まったテレビの「11ＰＭ」で、軽妙な司会で人気を集めた。４回目のノミネートで、１９７４年に上方落語家の半生を描いた『鬼の詩』で直木賞を受賞。膨大な量の仕事をした人物で「ライティングマシーン」とも揶揄されている。『やさぐれ青春記』という自伝がある。

「一日に十枚だけ原稿用紙に書こう。……そして、五十ページ、本を読んでやろう」という決心をしたことが、多彩で膨大な仕事量につながっていく。

交遊が広く、世の中とそこで生きる人を見る目があったのは、冒頭の名言でわかる。仕事をさせられている男に魅力はない。仕事に挑戦している男の姿に女が惚れるのだ。

1月27日

モーツァルト

私は生涯で一度も、独創的なメロディーを作ったことがない。

1756.1.27～1791.12.5

ヴォルフガング・アマデウス・モーツァルトはオーストリアの音楽家である。古典派音楽の代表であり、ハイドン、ベートーヴェンと並んでウィーン古典派三大巨匠の一人である。

三枝成彰が「ベートーヴェンは革命児。『音楽は芸術だ』と主張した。このことで功罪はあるが音楽の地位が高くなった。必ず正門から入った。14歳上のモーツァルトはベートーヴェンと違い技術者だった。使用人として裏口から入った」と語っているのを聴いたこともある。

「この男（ベートーヴェン）に注意したまえ！　彼は将来、ウィーンを騒がせるすばらしい音楽家になるだろう」とモーツァルトは語った。

一方、ベートーヴェンは「ヘンデルとバッハとグルッグとモーツァルトとハイドンの肖像を私は自分の部屋に置いている。それらは私の忍耐力を強めてくれる」と語っている。天才は天才を知るのである。

「音楽は、決して不快感を与えてはなりません。楽しみを与える、つまり常に『音楽』でなくてはなりません」

「多くのことをなす近道は、一度にひとつのことだけすることだ」

「旅をしない音楽家は不幸だ」

「私は人の賞賛や非難をまったく気に留めない。ただ自分の感じるままに行うんだ」

「オリジナルな曲を書こうなんて、これっぽっちも考えたことはない」

「みなさんが私に認めてくれる才能は、あるお守りのおかげだと思っています。そのお守り、それは勉強です」ともいうモーツァルトの言葉は「独創」とは何かを考えさせる。まったくの独創、オリジナルは存在しない。大天才・モーツァルトにしてこの言葉なのだ。過去の人々の積み上げの上に、勉強してさらに少し積み上げることを独創というのだろう。

1月28日

西堀栄三郎（にしぼり・えいざぶろう）

石橋は叩けば渡れない。

日本の登山家、無機化学者、技術者。

1903.1.28 ～ 1989.4.13

京大講師、助教授を歴任した後、東京電気（東芝）に移り、東芝技術本部長時代に真空管「ソラ」を開発し、技術院賞を受賞。戦後は統計的品質管理手法を日本の産業界に持ち込み、デミング賞や電電公社総裁賞を受賞。戦後日本の飛躍的な工業発展の礎をつくった。京大に助教授、教授として復帰。第一次南極観測隊の副隊長兼越冬隊長や日本山岳協会会長を務める。滋賀県東近江市に西堀榮三郎記念探検の殿堂がある。

京大の学生時代から旧制中学以来の親友である桑原武夫（フランス文学の研究で文化勲章を受章）や今西錦司（生態学の研究で文化勲章を受章）と共に登山家として活躍した。山岳部時代に、鹿沢温泉で仲間と、「雪よ岩よ　われ等が宿り　俺たちゃ　街には　住めないからに」から始まる「雪山讃歌」を作詞した。正式には【訳詞】西堀栄三郎・（社）京都大学学士山岳会【作曲】アメリカ民謡」となっている。

ノーベル賞受賞を日本への船中で知ったアインシュタインの京都案内の通訳を3日間つとめたのは、当時三高生であり語学堪能な西堀であった。

「石橋を叩いて渡れ」は用心に用心を重ねよという意味

である。「石橋を叩いても渡らない」は慎重すぎて結局実行しない人を揶揄する言葉である。また「石橋を叩いて壊す」は用心深く成りすぎて失敗する意味で使う。

西堀栄三郎は、そういう慎重居士に対して強固で崩れるはずのない石橋を叩いて安全性を確かめるようなことをしておったのでは、独創は生まれないと１９９９年に刊行された『石橋を叩けば渡れない』（生産性出版）で喝破して、世間の度肝を抜いた。この本は２０１０年現在で９刷りとなるベストセラーとなった。私も西堀の創造的生き方を記したこの本をわくわくしながら読んだ記憶がある。

「キノコは１０００人の股をくぐる」

「性格は変えられないが、能力は変えられる」

「目的は絶対、手段は自由」

「統率は教育と同義語である」

「育てるということは、『成功』の味をしめさせ、『失敗』に学ばせることとです」

「専門のないのが私の専門です」

以上、６つの言葉を書き抜いて紹介してみたが、西堀栄三郎の探検精神に深く感じ入る。

1月29日

大賀典雄（おおが・のりお）

私がソニーに入って、得をしたのはソニーです。

1930.1.29 ～ 2011.4.23

日本の実業家、指揮者、声楽家。

CBS・ソニーレコード株式会社社長（初代）、ソニー商事株式会社社長、東京商工会議所副会頭、ソニー株式会社社長・最高経営責任者（初代）、社団法人経済団体連合会副会長などを歴任した。

当時ソニーの社長だった大賀典雄がカラヤンの自宅を訪ねた時、カラヤンは「左胸のあたりが調子悪いから、自宅の温水プールで泳いだ」と語った。大賀は、カラヤンに次世代のデジタルビデオ・カメラを出来るだけ早く納品する約束と、カラヤンがLDでの発売しか認めていなかったレガシー・シリーズの映像作品を8ミリのソフトで発売しないかという営業に来ていた。エリエッテ夫人がシャワーを浴びている時に、カラヤンが突然ぐったりとなり（心不全）、大賀の腕に抱かれたまま心停止となった。緊急のヘリコプターが呼ばれたが間に合わなかった。それは、カラヤンがDGからソニーに移籍する直前の死去だった。

「ユーザーの琴線に触れる製品でなければ､ダメなんだ」

ソニーが役員出張用の飛行機を購入した時、自ら飛行機の免許を取得し操縦して海外出張に出かけていた。雑誌などでもよくその姿は紹介されていたのを記憶している。

身長178㎝の大賀には独自の睡眠理論があり、9時半か10時ぐらいに一度寝て、午前2時ぐらいに目が覚めると、指揮の楽譜を覚えたり、地図を見たり、飛行機の操作方法を学習するなど勉強をし、午前4時ごろ再び就寝する。

冒頭の「私がソニーに入って、得をしたのはソニーです」の後には、「私は声楽家としてその名声を確立するかわり、ソニーで芸術面からソニーの製品に磨きを掛けた。それによりソニーのブランドが確立できた」が続く。ウィンウィンの関係ではあったが、ソニーのブランド確立がより効果が大だったのだろう。こういう刺激的な言葉を、自信を持って言えることは凄いことだ。

1月30日

鳥井信治郎（とりい・しんじろう）

なんでもやってみなはれ。やらなわからしまへんで。

1879.1.30〜1962.2.20

日本の実業家、サントリー（現サントリーホールディングス株式会社）の創業者である。

２０１４年度ＮＨＫ連続テレビ小説・竹鶴政孝夫妻をモデルとした「マッサン」で、主人公の大きな影響を与える鴨居欣次郎として登場している。

鳥井は、13歳で丁稚になり、20歳で鳥井商店（後に寿屋、サントリー）を創業し、赤玉ポートワイン、サントリーオールドなどのヒット商品を生み出した。

「60何年、酒、酒、酒で苦労してきとる。なんぼバカでも、60年もやればものも分かりまっせ。お金もちいとばかりはできまっせ」

「人生はとどのつまり賭けや。やってみなはれ」

トップの仕事は後継者に心得を語ることではない。イノベーションこそが企業や組織の成長の源であるから、その種が内部から出てくるようにしかけをつくることがトップの役割だ。自由闊達な風土がアイデを生む。議論と評価から始めるではなく、まずやってみる、やらせてみることから始めよう。

1月31日

ジャッキー・ロビンソン

一流になれ、そうすればものが言える。

1919.1.31 ～ 1972.10.24

ジャック・ルーズベルト・ロビンソン（Jack Roosevelt "Jackie" Robinson）は、アメリカ合衆国のプロ野球選手（内野手）。１８９０年頃以降、有色人種排除の方針が確立されていたＭＬＢで、アフリカ系アメリカ人選手としてデビューし活躍。

ニグロリーグ、マイナーリーグを経て、１９４７年メジャーリーグデビューし通算10年プレー。ナショナルリーグＭＶＰ1回。１９４９年新人王。首位打者1回、１９４９年盗塁王2回、ＭＬＢオールスターゲーム選出6回。

１９６２年には１９３９年のルー・ゲーリッグ以来となる有資格初年度で野球殿堂入り。１９９７年にはロビンソンの背番号42が全球団共通の永久欠番となった。

２０１３年4月12日、彼を題材とした伝記映画『42～世界を変えた男～』が公開され、4月第2週の全米映画興行収入ランキングで初登場首位を飾り、野球映画史上最高のオープニング記録を打ち立てた。

「『不可能』の反対は、『可能』ではない。『挑戦』だ!!」

「もし、他人に何かのインパクトを与えるような、生き方が出来なかったとしたら、人生などそれほど重要なものではないと思う」

ロビンソンは有色人種のメジャーリーグ参加の道を開いた。その道のりは苦難をきわめた。しかし敵を実績と人柄で黙らせて尊敬を勝ち取って一流の人物になっていく。ものがいえる、ということは人が意見を聞いてくれるということである。人に影響を与える。それが高い価値のある人生なのだ。

2月

如月

2月1日

沢村栄治（さわむら・えいじ）

どんな球でも一投、これすべて創造だと思います。この球は自分にとってはじめて投げる球だと思うと、なんともいえぬ感動が胸にこみ上げ投球に熱がはいりました。

1917.2.1 ～ 1944.12.2

三重県出身のプロ野球選手（投手）。日本プロ野球史上に残る伝説の選手の一人でもあり、戦前のプロ野球界でさまざまな記録を打ち立てた。

１９３４年の日米野球で沢村はベーブルース・ルー・ゲーリッグら大リーグ選抜の強打者を相手に投げ、きりきり舞いさせた９つの三振を奪ったが、１点に泣いている。

「わしは、まっつぐ（真っ直ぐ）が好きや」が口グセの沢村は、中京大スポーツ科学部の湯浅景元教授の解析によると、急速は１６０キロとしており、当時の水準では途方もないスピードだったようである。

戦前、職業野球の黎明期に東京巨人軍のエースとして活躍し、戦争に散った剛速球投手・沢村栄治の名前は、最も好成績をあげた先発完投型の投手に与えれる「沢村賞」にその名を留めている。２０１７年の巨人の菅野智之、大リーグに移った投手では、広島の前田健太、楽天の岩隈久志、楽天の田中将大、日本ハムのダルビッシュ、巨人の上原浩治、西武の松坂大輔が受賞している。

１９３６年にノーヒットノーランを達成。翌年にも２度目を達成。徴兵によって手榴弾を投げさせられたため肩を負傷し、左手の銃弾の貫通、マラリアなどで、復帰後はサイドスローに転向し、技巧投球で3度目のノーヒットノーランを達成。その後、予備役で軍隊に戻り、復帰後はアンダースローに転向するが、成績は残せなかった。現役引退後は3度目の軍隊生活で、フィリピン防衛戦に向かう途中、屋久島沖で戦死。享年27。沢村の背番号14はプロ野球史上初めての永久欠番となった。

沢村ほどの名投手が通算3度も兵役について、身体の故障に悩まされるようになったこと、そして27歳の若さでの戦死という衝撃的な事実は、戦争の悲惨さについて考えさせる。一球一球が「創造」であり、その一球を投げることに沢村は感動している。沢村賞を取り上げるときには、このような沢村の言葉や、沢村と戦争の関係などの情報も知らせて欲しいものだ。

2月2日

菅茶山（かん・ちゃざん）

雪は山堂を擁して
樹影深し
檐鈴動かず
夜沈沈
閑かに乱帙を収めて疑義を思えば
一穂の青灯
万古の心

延享5.2.2（1748.2.29）～1827.10.3

かん・ちゃざん（さざん）は、江戸時代後期の儒学者・漢詩人。藩校弘道館教授、藩校誠之館教授。備後国安那郡川北村（現広島県福山市神辺町）の出身。

34歳で、私塾「黄葉夕陽村舎」（こうようせきようそんしゃ）を開き、村の子ども達に学問を教える。この私塾を福山藩の郷校とするよう願い出て許可された。後に廉塾と呼ばれる。廉塾は文化文政期に最盛期を迎え、累計では入舎生数は３３０名余にのぼると推定されている。塾生は四国、九州、奥羽まで及んだ。１年余り頼山陽が塾頭として活動している。

茶山は謙虚で礼儀正しい人で、さまざまの分野の人と交わった。菅茶山の詩は有名で、平淡な作風は当時の詩壇に大きな影響を与えた。その漢詩の一つが冒頭に掲げた詩である。しんしんと降る雪の中の書斎で書物を読み込み、腑に落ちない部分を改めて考えてみると、部屋の灯りを通して先人の姿と心が見えてくる。書物を読む楽しみを静かにうたっていて、心に沁みる詩である。

2月3日

田辺元（たなべ・はじめ）

懺悔とは、私の為せる所の過てるを悔い、その償ひ難き罪を身に負ひて悩み、自らの無力不能を慚ぢ、絶望的に自らを抛ち棄てる事を意味する。

1885.2.3 ～ 1962.4.29

日本の哲学者。西田幾多郎とともに京都学派を代表する思想家。元京都大学教授、京都大学名誉教授。１９４７年帝国学士院会員、１９５０年文化勲章受章。自然科学の哲学的研究から出発し、「絶対弁証法」をとなえ、「種の論理」で西田幾多郎を批判、田辺を京大に招くにあたって尽力した西田とともに京都学派の双璧となった。田辺は「類」を全体とする西田を批判し、全体（類）と個をつなぐ「種」を提唱した。種は民族や国家であり国家を絶対化する傾向も含み、戦争を正当化する論理となった。終戦後は「懺悔道としての哲学」で自己批判し、親鸞の他力に共感する立場から著作を書いた。

小説家・野上弥生子の日記を読むと、68歳の日記には「ある特定の対象とこれほど深い知的な、また愛情をもっての繋がりが出来ることを夢にも考へたらうか」とある。ある特定の対象とは、京大退官後に隠棲した北軽井沢の地で生活する同年の哲学者・田辺元である。軽井沢の別荘で執筆する弥生子は田辺の講義を有り難く拝聴していた。「こんな愛人同士といふものがかつて日本に存在したであらうか」と日記に記した老いらくの恋である。

戦争を煽った有力者の中で、文学の高村光太郎は岩手の山荘で懺悔の厳しい生活を送ったし、徳富蘇峰も隠遁したが、その心境は同じく思想面で国家主義を推進した田辺元のこの厳しい懺悔の言葉と同じであったろう。田辺も軽井沢で隠遁生活を送るのだが、「日本民主主義」を提唱するなど、その思想は進化していったようである。

2月4日

井上円了（いのうえ・えんりょう）

諸学の基礎は哲学にあり。

安政 5.2.4（1858.3.18）～ 1919.6.6

仏教哲学者、教育者。多様な視点を育てる学問としての哲学に着目し、哲学館（現：東洋大学）を設立した。また迷信を打破する立場から妖怪を研究し『妖怪学講義』などを著し、一方で「お化け博士」、「妖怪博士」などと呼ばれた。

「余は世間の学者を貴族的と称し、余自身をば百姓的と唱えている。かつて福沢翁は平民的学者を持って任ぜられたが、余はそれよりも一段下りて土百姓的学者である」これが井上のいう「田楽」であった。

白山の東洋大学・井上円了の記念博物館を訪問したことがある。あいにく閉まっていた。井上円了は東洋大学の創立者である。キャンパスの建物群の前に塩川正十郎氏の銅像があった。小泉政権で「塩爺」と呼ばれた塩川氏は、この大学の中興の祖であった。文部大臣を辞した後、東洋大学理事長、総長として、平成元年に白山キャンパス再開発事業を決定し、平成17年に文系五学部の白山キャンパスを完成させている。平成24年は１２５周年。

哲学というと難解な近寄りがたい感じがするが、先入観や偏見にとらわれることなく、物事の本質に迫ることであり、また自らの問題として深く考えることだろう。その延長線上に社会の問題・課題に主体的に取り組む行為が出てくる。哲学することなしに、つまり自らの問題として本質に迫ることなしに、学問は成り立たない。だから、諸学の基礎は哲学なのだ。

2月5日

尾崎士郎（おざき・しろう）

あれもいい、これもいいという生き方はどこにもねえや。あっちがよけりゃこっちが悪いに決まっているのだから、これだと思ったときに盲滅法に進まなけりゃ嘘です。

1898.2.5～1964.2.19

日本の小説家。

相撲にも詳しく、長編小説『雷電』など相撲関係の著作もあり、横綱審議委員を務めた。酒豪でもあった。大腸癌により66歳で亡くなったが、その直前に闘病記を遺した。死後、文化功労者が追贈された。弔辞は川端康成が読み、哀悼の意を表した。

「一人ですっと立っていけ、やりてえことがあったら、こっそりやらねえで大っぴらにやれよ」

１９３３年から都新聞に『人生劇場』を連載し、これが大ベストセラーとなって、以後20年以上も執筆し続ける大長編となる。

数多くの著名な男たちと浮名を流した宇野千代が、その男たちの中で最高だと折り紙をつけたのが尾崎士郎だった。その魅力は右顧左眄せずに盲滅法に一直線に向かっていく迫力にあったのではないだろうか。

2月6日

岩佐凱実（いわさ・よしざね）

人間、「運鈍根」と言われるが、三つのうちどれが大切かと言われたら、それはやっぱり「根」だろう。運が開かれることも必要だが、それを深め、広げるのは「鈍」であり「根」。真打ちは「根」だ。

1906.2.6 〜 2001.10.14

日本の実業家、銀行家。経済同友会代表幹事、安田銀行常務、富士銀行頭取、経団連副会長。（財）日本心臓財団会長。

岩佐は１９６６年の芙蓉グループ結成にあたって中心的役割を果たし、このグループの中心人物として活躍。丸紅と高島屋飯田の合併を行なう。１９６５年の山一証券の経営危機を救った日銀特融の主役の一人。

「運・鈍・根」という言葉はよく知られいるが、この3つの関係を語ったのが岩佐の慧眼である。生涯に誰にも訪れる「運」をつかむことができるか。次にその運を生かすためには、「鈍」つまり打たれ強さが要る。ここまではなんとかできるかも知れないが、最後の「根」がなかなか続かない。根は粘り強さと理解したい。岩佐はこの関係を解きほぐしてくれた。

2月7日

高碕達之助（たかさき・たつのすけ）

競争者が多くいることはいいことだ。自分がどんなに勉強しているか本当に批評してくれるのは、競争者以外にはない。

1885.2.7 ～ 1964.2.24

日本の政治家・実業家。満州重工業開発株式会社総裁、電源開発初代総裁、通商産業大臣、初代経済企画庁長官などを歴任した。

１９５５年のアジア・アフリカ会議（バンドン会議）には鳩山首相の代理で日本政府代表として出席し、ネルー、ナセルや周恩来などと親交を深めた。１９５６年には日比賠償協定の首席全権として日比国交正常化の実現にあたった。１９５８年には第２次岸内閣の通商産業大臣に就任し、全ての会社の重役を辞任。同年、日ソ漁業交渉の政府代表となり、北方領土付近の漁の安全操業のために尽力した。１９６２年､中華人民共和国を訪問。廖承志との間で日中総合貿易（ＬＴ貿易）に関する覚え書きに調印した。死去に際して、親交の深かった周恩来は「このような人物は二度と現れまい」と哀悼の言葉を述べた。経済人として大成した高碕は、政治の世界でも戦後のアジアを中心とした外交でも重要な役割を果たしている。

「事業の目的は第一に人類の将来を幸福ならしめるものでなければならぬ。第二に事業というものは営利を目的とすべきではない。自分が働いて奉仕の精神を発揮するということが、モダン・マーチャント・スピリットだ」

通常の会話では競争相手のことをライバルというが、本来の意味は同等もしくはそれ以上の実力を持つ競争相手の事だ。日本語では好敵手という意味合いである。実力が明らかに上の人はさらに上の人物をライバル視する。この言葉は少し下の人が少し上の人を意識する言葉のようだ。さて、日中のＬＴ貿易で名前が残っている高碕達之助の冒頭の言葉は、競争者を歓迎する言葉だ。確かに自分の実力を本当に知ってくれるのは、同じ分野でしのぎを削る競争者である。

2月8日

伊藤若冲（いとう・じゃくちゅう）

具眼の士を千年待つ。

近世日本の画家の一人。江戸時代中期の京にて活躍した絵師。写実と想像を巧みに融合させた「奇想の画家」

正徳6.2.8（1716.3.1）～1800.10.27

として曾我蕭白、長沢芦雪と並び称せられる。

伊藤若冲は１７１６年生まれ、１８００年没。享年85歳。与謝蕪村は１７１６年生まれ、１７８３年没。享年68歳。この二人は同い年である。「蕪村は文の人、若冲は画の人」といわれるが、蕪村は文と画の両刀遣いだった。蕪村は多才の天才であるが、若冲は発想の天才で人を驚かす奇抜なアイデアを実現している。

日本美術史上のライバル、師弟、好対照の二人の傑作展で、若冲と蕭白を比較した企画を観たことがある。この時には、画狂・画仙・画魔という言葉が浮かんだ。

若冲に人気が出たのは近年である。西洋の新印象派の技法を２００年早く生み出していた画家であり、現代のデジタル・アーツの技法も先取りしていたと評価されるようになった。２０１６年は生誕３００年であり、若冲の作品を堪能する機会が多く、今では著名な画家となっている。

この若冲は生前はさほど評価されてはいなかったが、千年のスケールでは自分の絵を正しく評価する人が現れると自負していたのだ。どうもその予言は当たったようである。

2月9日

双葉山定次（ふたばやま・さだじ）

稽古は本場所のごとく、本場所は稽古のごとく。

1912.2.9～1968.12.16

大分県宇佐郡天津村布津部（現：大分県宇佐市下庄）出身の元大相撲力士。第35代横綱。

大分県宇佐市には日本一が三つあると市長が記念館「双葉の里」の入り口で語っている。宇佐神宮、双葉山、いいちこ、である。焼酎のいいちこはともかく他の二つにはリアリティがある。双葉山は中津市の隣の宇佐市の天津というところで生まれた。

69連勝、12回の優勝のうち8回の全勝優勝の大横綱である。昭和11年の1月7日目から14年の1月の3日目まで、当時は年2場所だったから24歳から27歳まで双葉山は丸3年間勝ち続けている。まさに偉業である。しかも、この偉業は、現役時代は固く秘密にしていたが、右目の失明状況の中での快挙であった。

双葉山の四股名は、16歳で立浪部屋に入門したときの紹介者であった大分県警察部長の双川喜一の一字をもらってつけたものである。双川は双葉山にとっての生涯の恩師であった。

69連勝で破れたとき「我いまだ木鶏たり得ず」と師事していたインド洋航海中の安岡正篤に打電した大横綱・双葉山は、立派な体、端正な顔だちだったが、さらにこの横綱は何よりも優れた人格者だった。そのことは44歳から56歳で、劇症肝炎で没するまで日本相撲協会理事長を7期つとめたことでもわかる。在任中には部屋別総当たり制など数々の改革を行なった。

一流の仕事師（職人）たちは、人間を磨くと業績があがる、と異口同音に語っている。小ざかしい論理や議論はこういう言葉の前では空しい。まず人間を磨くことが第一なのかもしれない。双葉山は、人間を磨き、恵まれた天性にさらに磨きをかけて大横綱になったのだ。

双葉の里の双葉山の胸像も見事な彫刻だ。求道者のような顔、厚く見事な胸。これは朝倉文夫の作であった。

双葉山の立ち合いは、相手が立てば自分も立つというものであった。そしてその立ち合いは「後手の先」と呼ばれた。先に相手が立つが、それより先に自分の形にしてしまうという意味である。これが本当の横綱相撲だろう。本番のごとく稽古し、本番は平常心で稽古のように取る。大横綱のこの教訓は、あらゆる人に当てはまる。

2月10日

田河水泡（たがわ・すいほう）

見栄をはらずに、自分には自分なりの力があることを自覚しましょう。それが真理なのです。

1899.2.10 〜 1989.12.12

日本の漫画家、落語作家。昭和初期の子供漫画を代表する漫画家であり、代表作『のらくろ』ではキャラクター人気が大人社会にも波及し、鉛筆、弁当箱、帽子、靴などさまざまなキャラクターグッズが作られるなど社会現象となるほどの人気を獲得した。手塚治虫に始まるストーリー漫画の先駆者である。

深川の芭蕉記念館から徒歩で少し歩くと、田河水泡・のらくろ館がある。のらくろとは、家も親もない野良猫の黒の略である。高見沢仲太郎（本名）は、成績では図画が悪かった。当時の図画はお手本に忠実に描くことが要求されたからだ。田河水泡は、人気漫画『のらくろ』を1931年から少年倶楽部に連載を始め、1981年まで実に50年にわたって描き続けている。

田河水泡の影響を受けた漫画家は、手塚治虫、赤塚不二夫、石ノ森章太郎、サトウサンペイ、里中満智子、ちばてつや、藤子・F・不二雄などがいる。弟子には、「さざえさん」の長谷川町子がいる。

90歳の卒寿では、「田河水泡鳩寿とおたまじゃくしの還暦を祝う会」を開いた。田河のサインはおたまじゃくしで、サインが成長する。この会ではついにおたまじゃくしは蛙になっていた。

東中野に住んでいる家の向かいの富士子と結婚したのだが、その兄は文藝評論の小林秀雄だった。「のらくろというのは、実は、兄貴、ありゃ、みんな俺の事を書いたものだ」と水泡がいうのを聞いて、小林秀雄は「私は、一種の感動を受けて、目がさめる思いがした」と書いている。

自分の身の丈にしっくり合った主人公「のらくろ」を創りだしたから、50年続いた超長寿作品になったのだろう。見栄をはらずに、自分なりの仕事をした。その結果、オタマジャクシが蛙になったのである。見事な人生というべきだろう。

2月11日

エジソン

私は一日たりとも、いわゆる労働などしたことがない。何をやっても楽しくてたまらないから。

1847.2.11 ～ 1931.10.18

トーマス・アルバ・エジソンは、アメリカ合衆国の発明家、起業家。

１８６９年に発明家を志してニューヨークに乗り込む。幾多の曲折を経てエジソンは、蓄音機、白熱電灯、映画、電信・電話、送配電、化学工業など多方面の発明を行った。生涯の特許数は１０９３点と空前絶後であった。発明王、メロンパークの魔術師、映画の父などと呼ばれて尊敬を集めたが、自分の発明の権利を守るために多くの訴訟を行なったため、訴訟王の異名もある。異常なほどの好奇心の持ち主だった。努力の人、不屈の人でもあった。

「失敗したわけではない。それを誤りだと言ってはいけない。勉強したのだと言いたまえ」

「私は失敗したことがない。ただ、1万通りの、うまく行かない方法を見つけただけだ」

自動車王ヘンリー・フォードは16歳年上のエジソンとは、一時エジソンの会社で部下的存在として働いていたこともあり、友人関係にあった。T型フォードで大富豪になった後には、いくつかのエジソンの危機に際して援助している。

同世代の野口英世もアメリカでエジソンと知り合い、子供の頃の貧しい境遇が同じであり意気投合している。

100億年の時を刻んでも1秒も狂わない時計を開発した朝日賞受賞の香取秀俊（物理工学者）は魔法波長の光格子を使った光格子時計を実現して、国際的な「秒」の定義の有力候補になっている。その香取も「エジソンになりたかった」と述懐している。エジソンは科学者だけでなく、成功のモデルとして今なお多くの人々に影響を与え続けている。

「自分は毎日、18時間働くことにしている」というエジソンは、労働をしなかった。全ての時間が楽しみだった。そして「困るということは、次の新しい世界を発見する扉である」といったエジソンは常に新しい世界の扉を開いていった。「1％のひらめきと99％の汗」で天才エジソンがつくられたのである。

2月12日

田辺茂一（たなべ・もいち）

自分にしか歩けない道を自分で探しながらマイペースで歩け。

1905.2.12 ～ 1981.12.11

田辺茂一（本名：しげいち）は、東京府出身の出版事業家、文化人。紀伊國屋書店創業者。

紀州備長炭を商う「紀伊國屋」の跡取りであったが、書店経営を志し１９２７年に紀伊國屋書店を創業する。経営が安定した１９５０年以降は、経営に関与せず、銀座を中心に飲み歩き、華麗な女性遍歴を重ね「夜の市長」と呼ばれている。

「何でも時代のせいにしていれば、そりゃ楽だ」

「僕は経済も経営も分からない。分かろうとも思わない。女性を通じて社会を理解するのがライフワークだ」

「囃（はや）されたら踊れ」

冒頭の言葉では、「マイペースで歩け」が気に入っている。足早に追い抜いてくライバルと無闇に競争せずに、自分の領域をじっくり時間をかけて歩いていけばいいんだよ、と田辺茂一は教えてくれる。

2月13日

河合栄治郎（かわい・えいじろう）

職業にあるものは多かれ少なかれ、分業の害悪をなめねばならない。彼は一生を通じて細かに切り刻まれた仕事に没頭して、一部分としてしか成長し得ない危険に瀕する。

1891.2.13～1944.2.15

日本の社会思想家、経済学者。第二次世界大戦前夜における、著名な自由主義知識人の一人。

河合は帝大卒業後、農商務省に入る。第1回ＩＬＯ会議に対する日本政府案を起草したが、上司と対立し退官する。この時、朝日新聞に「官を辞するに際して」と題して公開状を発表する。その結びは「官吏生活と云うものは決して若い青年の踏むべき路では無いと云う事である」であった。門下生には官途につくことを決して勧めなかった。

東大では社会政策を担当。「帝大新聞」に「二・二六事件の批判」を発表する。反マルキシズムと同時に反ファシズムの立場で著書を刊行。右翼勢力の圧迫を受けて、東大教授休職を命ぜられ起訴され最終的に有罪となる。

理想主義者、人格主義者、教養主義者にして自由主義者であった河合は戦後忘れられたが、その河合は分業による職業生活の危険性を語っている。分業とは専門化のことである。全体的視野の喪失を指摘している。現代社会での分業化は避けられないが、専門を持った上で、全体観を常に意識することが重要であろう。

小林正樹（こばやし・まさき）

将来の事は東京の地を踏んでから、ただただ先生の学規にそくした生活に一生をささげる覚悟で居ります。

1916.2.14~1996.10.4

日本の映画監督。

31歳から木下恵介監督について助監督をつとめる。1952年、36歳で「息子の青春」で監督デビュー。その後は、「日本の青春」「壁あつき部屋」「切腹」「上意討ち」「怪談」「人間の条件」「東京裁判」「化石」「燃える秋」「食卓のない家」など名作をつくり、1991年のカンヌ国際映画祭ではチャプリンと並んで世界10大監督に選ばれる。小林は生涯で22本の作品を残した。寡作であった。

冒頭の学規とは、会津八一が弟子と認めた人にだけ書きおくる書である。

1．ふかくこの生を愛すべし
1．かへりみて己を知るべし
1．学芸を以て性を養うべし
1．日日新面目あるべし

小林はこの学規を座右の銘として、深く心に刻み、学規に恥じない映画を創ろうと歩んだのである。

会津八一の教えを自身の美意識の根幹とし、「敦煌」をつくった。1996年、小林は監修者として「会津八一の世界　奈良の仏たち」の制作を開始する。この作品は10月13日、NHKハイビジョンで放送される。しかし、小林は10月4日に自宅で永眠していて、作品を味わうことはできなかった。

また、又従姉でありお世話になった田中絹代の晩年の面倒をみて、「田中絹代賞」の実現や記念館（下関）の設立にも力を尽くしている。

小林正樹は若くして私淑する師の至言に影響を受け、その精神をまもり、自己を表現する映画監督という仕事にそれを活かし、毎日を新たな気持ちで過ごしたのであろう。

2月15日

三浦敬三（みうら・けいぞう）

好きなことだけ自然体で続ける。

1904.2.15～2006.1.5

日本のプロスキーヤー。享年101。

『百寿百語　生き方上手の生活法』（前坂俊之）には、百歳という長寿を超えた人々の言葉が載っている。

泉重千代（120歳）

　お天道さまと人間は縄で結ばれている。

中村重兵衛（116歳）

　長生きの秘訣は「食・心・動」。

蟹江ぎん（108歳）

　人間、大事なのは気力。朝ごはんを美味しく食べる。

南光坊天海（108歳）

　長命には粗食、正直、湯、陀羅尼、御下風あそばさるべし。

平櫛田中（107歳）

　いまやらねば　いつできる　わしがやらねば　たれがやる。

大西良慶（107歳）

　人間おおむね「漸機」と「頓知」近道を考えると大怪我をする。

近藤康男（106歳）

　「活到老」「学到老」、70歳は一生の節目。

物集高量（106歳）

　神経は細やかすぎず粗すぎず、中間の神経でいけ。

今岡信一良（106歳）

　60歳までは準備期間、60歳からが本当の人生。

大宮良平（106歳）

　何も考えずに走ってみる、歩いてみなさい。

塩谷信男（105歳）
常に前向きに考え、感謝を忘れず、愚痴をいわない。
小倉遊亀（105歳）
老いて輝く、60代までは修業、70代でデビュー。
小林ハル（105歳）
すべては神様、仏様のお導き。
中川牧三（105歳）
好きなことを好きなようにやってきただけ。
加藤シヅエ（104歳）
一日に10回は感謝する、感謝、感動、健康。
飯田深雪（104歳）
毎日を創造する気持ちで過ごす。
片岡球子（103歳）
勉強はちょっとやそっとではできない、死ぬまで努力。
岩谷直治（102歳）
元気の秘密はボウリング。早寝、早起き、体操、読経。
東久邇稔彦（102歳）
生涯、自由人として生きる。
北村西望（102歳）
たゆまざる歩みおそろし、かたつむり。

高木東六（102歳）
ストレスという毒を腹にためない。
昇地三郎（101歳）
1口30回噛み、常に頭を使う。
奥むめお（101歳）
台所の声を政治に反映させる。
大野一雄（101歳）
年齢を意識せず好物を食べる。
奥村土牛（101歳）
「牛のあゆみ」のごとく。
内藤寿七郎（101歳）
天職を、ただ一生懸命に。
岡野喜太郎（101歳）
欲を離れるのが長寿の妙薬。
石井桃子（101歳）
「静かなこと、小さいこと」を愛する。
松原泰道（100歳）
優しい言葉、笑顔、挨拶を配る。
小島政二郎（100歳）
足るを知って分に安んずる。

２月16日

大岡信（おおおか・まこと）

成功も悪くはない。悪いのはただ、飲めば飲むほど渇きを産む塩水なのだ、成功は。

1931.2.16 ～ 2017.4.5

日本の詩人、評論家。東京芸術大学名誉教授。日本ペンクラブ元会長。

三島駅前のビルの一階と二階に、大岡信ことば館（現在は閉館）がある。全著作が並べてある書棚をみたが、詩集、文庫、全集、批評・評論、紀行・エッセイ、折々の歌、編纂、その他と分類してある。数百冊あった。

大岡信は朝日新聞に29年間６７６２回連載した「折々の歌」が有名だ。短歌、俳句、漢詩、歌謡、川柳、近現代詩を１８０字で解説した。母の歌も取り上げてもらったことがある。２０１４年12月18日「十年余の看とり辛からむと友は言ふ独りになるはもっと恐ろし　久恒啓子」である。

「私は古今の詩句を借りて、それらをあるゆるやかな連結方法によってつなぎとめながら、全体として一枚の大きな詩の織物ができ上がるように、それらを編んでみたいと思ったのである」と大岡信は代表作・ライフワークともいえる「折々の歌」の意図を語っている。

小さい成功をすると脳にドーパミンがでる。そして他人から小さく賞賛される。ドーパミンの量を増やしたくなってより大きな成功を欲しくなる。その繰り返しは悪くはないはずだが、大岡はその連鎖には気をつけろという。いつまでもその環のなかであがき続けることはやめて、本当にやるべきことに集中すべきなのだ。人々の反応には反応せずに、ひたすら仕事を続けよう。

2月17日

シーボルト

日本人は広々とした自然にひたって楽しむことを心から愛している。

1796.2.17 ～ 1866.10.18

フィリップ・フランツ・バルタザール・フォン・シーボルトは、ドイツの医師・博物学者。

鳴滝という町の細い「シーボルト通り」を登って行くと、鳴滝塾と言われた自宅跡が目に入る。旧居跡、書斎跡、倉庫跡などがある２００坪ほどの土地である。その斜め上に地上３階、半地下１階の赤レンガ風の瀟洒な洋館が見える。それがシーボルト記念館だった。

１７９６年に医学の名門の子として現在のドイツに生れたシーボルトはヴュルツブルク大学で医学以外にも動物学、植物学、地理学、民族学など広範な知識を学び、外科・産科・内科の博士号を得る。１８２３年に27歳でバタビアのオランダ領東インド政庁から長崎出島のオランダ商館医師兼自然調査官として日本に派遣される。目的は日本に関する情報収集だった。オランダ人以外の西洋人は渡来を禁止されていたためシーボルトはオランダ人になりすまして入国を果たす。

出島の4千坪の土地には10人の商館員たちが住んでいた。シーボルトは医学や植物学の講義、医療活動を始め名声をあげる。シーボルトの決意は「日本博物館をつくるための資料を集め、日本植物誌を出す準備をする」ことであった。その後、シーボルトは日本研究に没頭する。シーボルトは例外的に病人の往診や薬用植物採取のため市中への立ち入りを許可され、その後鳴滝に民家を買い求め活動の拠点とする。これが後に鳴滝塾と呼ばれる。鳴滝塾には全国から門弟が集まる。美馬順三(阿波)、岡研介(周防)、高良斎(阿波)、二宮敬作(伊予)、石井宗謙（美作）、高野長英（陸奥）などの多数の門弟にと情報の交換を精力的に行なっている。彼らの多くは幕府や藩の医師として活躍する。

シーボルトは日本に関するあらゆるものを凄まじい気迫で研究している。実物、標本や剥製、模型、絵などあらゆる手段を通じて入手する。この費用はバタビアの東インド政庁が負担していた。

１４３日間に及ぶオランダ商館長一行の江戸参府にシーボルトは同行し、幕府医師の桂川甫賢、石坂宗哲、土生玄碩、仙台藩の医師大槻玄沢らと江戸で会っている。最上徳内からは蝦夷・樺太の地図や資料を借りている。このとき、幕府の天文方で書物奉行の高橋景保に日本・蝦夷・千島・樺太の地図を提供してもらった。これが後のシーボルト事件につながっていく。

５年の任期を終えて帰国にあたって入手した資料をハウトマン号に積み込んだが、猛烈な台風が襲い座礁する。検査すると、禁制品である徳川家の家紋や武者・武具の絵、日本地図などがみつかりすべてが没収される。高橋景保ら55名が罰せられた大事件になった。シーボルトは1年の取調べを受け、国外追放となった。

妻の滝と、2歳のイネを残して日本を去ったシーボルトは日本研究の成果を次々に公開していく。『日本』『日本植物誌』『日本動物誌』の三部作を出版し、ヨーロッパにおける日本研究の第一人者になる。またシーボルトは日本を去って15年後の49歳のときにドイツ貴族令嬢と結婚する。シーボルトは日本を平和的に開国させようと様々な活動を行なっている。

１８５９年、日本を去って約30年後に追放令を解かれたシーボルトは長男を伴って再来日する。イネは32歳で日本初の産科医となっていた。日本では幕府の顧問となってアドバイスをするなど3年滞在している。長男はそのまま日本に残っている。シーボルトは帰国後も日本のために様々な計画を練っている。70歳で没する前「わたしは平和の国へ行く」とつぶやいたという。それは日本のことだろう。亡くなったのは１８６６年だから明治維新の直前である。

生涯を日本研究にささげ、日本のことを心配し続けたシーボルトの使命感と飽くなき行動力に心を打たれる。

シーボルトの像は鋭い目を持ち、引き締まった口元など意志の強さを示す風貌である。

高村光雲（たかむら・こううん）

芸術というものは、時には嘘でもよいのだ。その嘘を承知の上で作った方がかえって本当に見えるんだ。

嘉永5.2.18（1852.3.8）～1934.10.10

日本の仏師、彫刻家。高村光太郎、高村豊周は息子。明治維新以後は、廃仏毀釈運動の影響で、仏師としての仕事は無くなり生活困窮したが、光雲は木彫に専念し、西洋の写実主義も取り入れ木彫を復活させた。東京美術学校の教授をつとめ、江戸時代までの木彫技術の伝統を近代につなげる功績があった。

代表作は上野恩賜公園の「西郷隆盛像」、皇居前広場の「楠公像」、東京国立博物館の「老猿」など。

本日、横浜美術館の「篠山紀信　写真力」をみたが、その篠山紀信は人物写真では「仮面の上に仮面をつけることこそ、その人のリアリティを獲得することだと思っている」と語っている。そして「いや、（写真は）芸術よりももっと上にあるものでしょう、写真はもっともっと大きなものです」と信じ、現代を疾走する写真家・篠山紀信。嘘を承知で創るほうが、リアリティがでて本当になる。明治の木彫のトップ・高村光雲は同じことを言っている。

2月19日

コペルニクス

太陽は宇宙の中心であって不動であり、太陽の運動と見えるものは全て実は地球の運動である。

ニコラウス・コペルニクスは、ポーランド出身の天文学者、カトリック司祭である。当時主流だった地球中心説（天動説）を覆す太陽中心説（地動説）を唱えた。これは天文学史上最も重要な発見とされる。

1473.2.19 ～ 1543.5.24

１５１２年には太陽中心の宇宙観を周囲に述べていたが、表だって公表はしなかった。コペルニクスは聖堂参事会員というカトリックの側の人でもあったからである。30年後の息を引き取る数時間前に6巻の著書『天球回転論』が枕元に届いた。その後、地動説は旧教・新教双方から非難を浴びた。コペルニクスは極めて慎重で臆病な人だったのだ。

一世代後に地動説を唱えたブルーノは火あぶりの刑、天文学の父・ガリレイは宗教裁判で有罪となり地動説を抛棄する。宗教改革の立役者・ルターもコペルニクスを阿呆と呼んでいた。地動説が実践的に証明されるのはコペルニクスの後3世紀を要するのである。

今となっては、「太陽は宇宙の中心であって不動であり」は間違いであった。しかし地動説は常識となった。後にカントが対象の認識は主観の構成によって初めて可能だとする自らの哲学を天動説から地動説への転回にたとえコペルニクス的転回と呼んだ。40歳前に地動説を確信し、70歳で亡くなるまでその説を深化させ大部の書物にまとめあげる。そして死と同時に、衝撃の書を発表するコペルニクスの人生戦略にも驚かされる。

石川啄木（いしかわ・たくぼく）

詩はいわゆる詩であってはいけない。人間の感情生活の変化の厳密なる報告、正直なる日記でなければならぬ。

日本の歌人、詩人。

函館近郊の大森海岸沿いに、石川啄木が和服姿で頬杖をついてもの思いにふけるブロンズ（青銅）像がある。歌集『あこがれ』を持ち、下駄履きの袴姿である。この小公園は海岸沿い、道路沿いに長いのだが、ちょうどカモメが飛ぶルート上にあるようでひっきりなしにカモメが啄木の頭の上を優雅に飛んでいく。

「潮かをる北の近辺の砂山の　かの浜なすよ　今年も咲けるや」

「砂山の砂に腹這ひ初恋の　いたみを遠くおもひ出ずる日」

この小公園の脇に「函館記念館　土方・啄木浪漫館」が建っている。この記念館は株式会社味の豊の設立二十周年記念で建立したものである。2階が啄木、1階が土方歳三関係の資料を展示してある。小劇場があり、故郷の渋民村の代用教員だった時代の石川啄木の先生姿と数人の子どもたちのほぼ等身大の人形姿をした人形が動くというしかけである。啄木はなかなかの好男子である。その啄木の紹介で短い映画をみることができる。

1886.2.20 ～ 1912.4.13

　啄木は三行歌を発明し、その器に多くの名歌を盛り込んでいる。

「頬《ほ》につたふ
なみだのごはず
一握の砂を示しし人を忘れず」

「函館の青柳町こそかなしけれ
友の恋歌
矢ぐるまの花」

「東海の小島の磯の白砂に
われ泣きぬれて
蟹とたはむる」

「しらなみの寄せて騒げる
函館の大森浜に

思ひしことども」

啄木が愛した大森浜は、やわらかい風、潮騒、白い砂、カモメの飛翔、そして子どもをはさんで両親が左右で手を握っている姿など、印象に残る浜だった。啄木の生涯は短く26歳でこの世を去っている。

岩手県の啄木記念館。書籍は現地でしか手にはいらないものが面白い。近親者の書いたものや周辺者の感想などが面白い。宮沢賢治記念館と比較すると、石川啄木記念館は粗末だ。啄木は借金を踏み倒す、浮気はする、友人の金田一京助に迷惑はかけるで地元の評判はあまり芳しくなかったことが伺われる。

盛岡中学時代には「あめつちの酸素の神の恋成りて、水素は終に水となりけり」と詠んで皆を驚かせている。

ピカソが絵を描くのと同じように、啄木にとっての詩は日記であった。詩は短いから人々の印象に強く残る。「俳句はやっぱり『小さすぎ』ないだろうか」と言ってた寺山修司が晩年にはもっと俳句をやっていればよかったと後悔したように、短詩は長い時間を生き抜いていく。26歳の短い人生であった啄木が書いた日々の日記は長い命を保っている。

2月21日

永田耕衣（ながた・こうい）

大したことは、一身の晩年をいかに立体的に充実して生きつらぬくかということだけである。一切のムダを排除し、秀れた人物に接し、秀れた書を読み、秀れた芸術を教えられ、かつ発見してゆく以外、充実の道はない。

1900.2.21 ～ 1997.8.25

俳人。禅的思想に導かれた独自の俳句理念に基づき句作。また諸芸に通じ書画にも個性を発揮、90歳を超えた最晩年に至るまで旺盛な創作活動を行なった。

三菱製紙高砂工場のナンバー3の部長で終えた永田耕衣は若い時から俳人であった。55歳で定年を迎え、毎日が日曜日の40年以上に及ぶ「晩年」の時間を俳句や書にたっぷりと注ぎ、そして97歳で大往生する。「毎日が日曜日」を豊かに生きた人物である。

この人は芸術や宗教に徹した人々と深く付き合い、評価される創作活動に励む。一方会社員としてはハンディキャップを背負いながらかなりの昇進を果たし、1955年の定年までつとめあげている。二つの世界が共存し、大いなる晩年に向かって人物が大きくなっていく。その姿は城山三郎の『部長の大晩年』（新潮文庫）に生き生きと描かれている。

「亜晩年、重晩年、秘晩年、露晩年、和晩年、是晩年、呂晩年、綾晩年、些晩年」

「朝顔に百たび問はば母死なむ」

「衰老は水のごと来る夏の海」

「無花果を盛る老妻を一廻り」

「コーヒー店永遠に在り秋の月」

「秋雪やいづこ行きても在らぬ人」

「強秋や我に残んの一死在り」

「白梅や天没地没虚空没」

「枯草や住居無くんば命熱し」

「死神と逢う娯しさも杜若」

俳人・永田耕衣の晩年は職業生活よりも長く40年以上もあった。余生などではまったくない。本舞台だった。55歳まではそのための準備期間ともいえる。ここに大いなる晩年を生きた先達の姿がある。

2月22日

高浜虚子（たかはま・きょし）

春風や　闘志抱きて　丘に立つ

1874.2.22 ～ 1959.4.8

明治・昭和期の俳人・小説家（本名：高浜清）。俳誌『ホトトギス』の理念となる「客観写生」「花鳥諷詠」を提唱したことでも知られる。

虚子は正岡子規の「写生」を一歩進めて俳句人口を広げた功労者であり、「花鳥諷詠」を説いた。虚子によれば「春夏秋冬四時の移り変りに依って起る自然界の現象、並にそれに伴ふ人事界の現象を諷詠するの謂であります」である。

大勢の子を育て来し雑煮かな
一つ根に離れ浮く葉や春の水
春の山屍を生めて空しかり

信州小諸に高浜虚子記念館がある。戦時中、虚子は76歳からの4年間をこの小諸で疎開した。晩年の小諸での虚子の句は秀句ぞろいだった。

秋晴れの名残の小諸杖ついて
俳諧の旅に日焼けし汝仲哉
虹たちて忽ち君のあるごとし
山国の蝶を荒らしと思はずや

虚子は喜寿の年に77句を自選自書して『喜寿艶』と題し、刊行した。後半生は俳壇に君臨し、多くの俳人を育てた。若い頃は酒豪であったが、47歳で軽い脳障害で臥床し、以後は一滴も飲まなかった意志の人であった。小諸疎開あたりから少しだけ飲み始め、86歳で亡くなるまで楽しんだ。

文化勲章の日には同じく文化勲章を受ける日本画の鏑木清方夫妻と偶然会い、連れだって宮内庁に向かう。

我のみの菊日和とはゆめ思はじ

虚子には名句は多いが、冒頭に紹介した「春風や　闘志抱きて　丘に立つ」が私は好きだ。俳句改革に向けての決意がみなぎるいい句だ。自らの人生も、仕事も、こういう覚悟と闘志で臨みたいものである。

2月23日

本多光太郎（ほんだ・こうたろう）

産業は学問の道場なり。

日本の物理学者、金属工学者（冶金学者）。東北帝大総長。東京理科大初代学長。鉄鋼及び金属に関する冶金学・材料物性学の研究を、日本はもとより世界に先駆けて創始した。磁性鋼であるＫＳ鋼、新ＫＳ鋼の発明者として知られる。第一回文化勲章受章者。「鉄の神様」「鉄鋼の父」などとも呼ばれ鉄鋼の世界的権威者として知られる。１９３２年に日本人初のノーベル物理学賞の候補に挙がっていた。

明治 3.2.23（1870.3.24）～ 1954.2.12

「今日のことを今日できない者は、明日のことがまた明日できないのです」

「人間には待機の時代と断行の時代とがあります。潜伏の時代と飛躍の時代とがあります。じっと好機の到来を待つ間も大事ですが、ひとたび好機到来となれば機敏にチャンスをつかまえる気力がなくてはなりません」

　本多光太郎は並外れて高い身長で五尺八寸（１７８センチ）あり、あせらず、いそがず、坂道をのぼっていく牝牛のようであったらしい。「ナァ」という接尾語（？）をつけるクセがあった。「待遇など問題でないわナァ」、外人にも同じだった。This is ナァ　a pen ナァ　という具合だった。相手はわかったのだろうか。外観などは無頓着だったから、本多総長は小使いさんに間違われたとのエピソードもある。

　実学の伝統のある東北大学の土台をつくった本多光太郎は、「産業は学問の道場なり」との含蓄のある名言を吐いている。現実の産業界の問題を解決しようと努力する過程で学問が磨かれていくのだ。学界と産業界のあるべき関係を見事に言い当てている。産学連携の場は、学問を志す者を鍛える道場である。

2月24日

スティーブ・ジョブス

ベストを尽くして失敗したら、ベストを尽くしたってことさ。

1955.2.24 〜 2011.10.5

スティーブン・ポール・スティーブ・ジョブズは、アメリカ合衆国の実業家、資産家、作家、教育者である。アップル社の共同設立者の一人である。アメリカ国家技術賞を受賞している。

「毎日を人生最後の日だと思って生きてみなさい」

「我々は宇宙に衝撃を与えるためにここにいる」

「人は見せてもらうまで、何が欲しいかわからないものだ」

「前進し続けられたのは、自分がやることを愛していたから。自分が愛せるものを見つけなければならない」

「素晴らしい仕事をする唯一の道は、それを好きになること」

「将来を見据えて点と点をつなぐことはできない。できるのは後からつなぐだけ。だから、いつか点がつながることを信じなければならない」

「iPad のような製品をアップルが作れるのは、テクノロジーとリベラルアーツの交差点に立ちたいといつも考えているからだ」

「進み続けよ、決して安住してしまってはいけない」

「絶対にマネのできない、マネしようとすら思わないレベルのイノベーションを続けろ」

「ユーザーは体験から始めて、そしてテクノロジーにさかのぼるんだ」

「もし今日が自分の人生最後の日だとしたら、今日やる予定を私は本当にやりたいだろうか？」

「成功者であることの重さが、再び創始者になることの身軽さに置き換わったのだ」

「イノベーションは誰がリーダーで、誰が追随者かをはっきりとさせる。自分がクオリティの基準となりなさい」

「とにかくつくってみんなに見せ、どう思う？　と聞くしかありません」

「残りの人生も砂糖水を売ることに費やしたいか、それとも世界を変えるチャンスが欲しいか？」

「イノベーションは、研究開発費の額とは関係がない。……大事なのは金ではない。抱えている人材、いかに導いていくか、どれだけ目標を理解しているかが重要だ」

「仏教には『初心』という言葉があるそうです。初心をもっているのは、すばらしいことだ」

　iPod、iPad、iPhone の発明者・スティーブ・ジョブスは名言の宝庫だ。

2月25日

ジョン・フォスター・ダレス

成功の程度を測る尺度は、どんなむずかしい問題を解決したかではない。去年と同じ問題が今年もまた持ち上がっていないかどうかである。

1888.2.25 〜 1959.5.24

アメリカ合衆国の政治家。日米安保条約の生みの親とされる。1952年から1959年までアイゼンハワー大統領の下で国務長官をつとめた。

「他のアジアの国々に対して日本人が、しばしば持っていた優越感と、西側陣営の『エリート・アングロサクソン・クラブ』に入る、という憧れを満たすことで、日本人のアメリカやイギリスなど西側陣営に対する忠誠をつなぎ止めさせるべきだ。日本を再軍備させ、自分たち西側陣営に組み入れるということと、一方、日本人を信頼し切れないというジレンマを日米安全保障同盟、それは永続的に軍事的に日本をアメリカに従属させるというものを構築することで解決した」と述べていると、ジョン・ダワーはその著『容赦なき戦争　太平洋戦争における人種差別』で書いている。永続敗戦論……。

国務長官の兄とCIA長官の弟という秀才兄弟は、表と裏で、第二次大戦後の世界を強権で制圧した。二人の根底には、「アメリカは特別な国だ」という信念と「永遠の真実」を信じる宣教師的信条があった。現代にも通ずる徹底した善悪二元論と国益を追求するアメリカの行動原理の推進者であった。

歴史のなかで賛否両論の評価はあるが、ダレスは稀にみる仕事師であったことは間違いない。冒頭の言葉には、ダレスの仕事ぶりの真髄が垣間見える。難問の解決で喝采を浴びるのではなく、眼前にあらわれる問題に対応し解いて、1年後にまた同じ問題が登場しないように、踏み固めていくのが組織の進歩を意味するのだ。

2月26日

ヴィクトル・ユーゴー

第一歩は何でもない。
困難なのは、最後の一歩だ。

1802.2.26 ～ 1885.5.22

　ヴィクトル＝マリー・ユーゴーはフランス・ロマン主義の詩人、小説家。七月王政時代からフランス第二共和政時代の政治家。１９５９年から１９６５年まで発行されていた5フラン紙幣に肖像画が採用されていた。

　フランスのロマン主義の指導者として多くの傑作を書いた文豪ユーゴーは、民主主義者としてナポレオン三世の野心を攻撃し、19年にわたる亡命生活を余儀なくされた。その間に傑作小説『レ・ミゼラブル』や多くの詩集を刊行し、世界的文豪となった。そしてナポレオン三世が普仏戦争で斃《たお》れると民衆の大歓迎を受けてパリに戻った。

「あと千人しか残らなくなっても、よし、私は踏みとどまろう！　あと百人しか残らなくなっても、私はなおスラ（古代ローマの独裁官）に刃向かおう。十人残ったら、私は、十番目の者となろう。そして、たったひとりしか残らなくなったら、そのひとりこそはこの私だ！」

　冒頭の言葉は、文豪ユーゴーではなく、民主主義者としての政治家ユーゴーの絞り出した言葉である。難しいのは長い間戦い続けることであり、勝利に向かう最後の一歩である。19年に及ぶ亡命生活を送り、その境遇の中でも大いに敵に立ち向かった人の気迫の言葉であり、心打たれるものがある。

2月27日

白鳥省吾（しろとり・せいご）

万巻の書を読み
千里の道を行き
生死をを天に任じ
世界の山河に放吟す

1890.2.27 〜 1973.8.27

日本の詩人・文人。ウォルト・ホイットマンの詩の翻訳者としても著名。

81歳で、生涯の師であるホイットマン（近代の思想と科学を詩に取り入れほめたたえた詩人）の詩蹟を訪ねて長男東吾のいるアメリカへ旅行をする。

ロッキーの残雪超えて開眼す
白亜館《ホワイトハウス》の噴水噴出し花紅し

築館町の白鳥省吾記念館を訪問した日に、隣に建っている図書館に「白鳥省吾賞授賞式」という張り紙があった。何と2月27日はこの人物の誕生日で、賞の受賞式典がある日だったのだ。偶然に驚く。99歳の娘の白鳥園枝も詩人で、受賞式のために文章を寄せていた。この人の作った詩では千昌夫が歌ってヒットした「星影のワルツ」が有名だ。

在籍した早稲田大学では坪内逍遥、島村抱月らが教鞭をとっていた。卒業時の総長は大隈重信だ。藤村・晩翠の新体詩に影響を受ける。生涯の著作は、80冊。詩以外に随筆、民謡、同様、校歌作詞なども手がけた。郷里宮城県のかなりの数の校歌は省吾の作品が多い。築館町民歌、岩出山町民歌、塩釜町民歌、岩出山小唄、鳴子温泉小唄、中新田小唄、厳美渓小唄、若柳小唄、高清水音頭、栗駒音頭、松島甚句、女皮小唄……。

「真の詩とは実生活を鮮やかに感じ、自分の生活をよくするために存在するのである」という白鳥省吾は民衆派詩人と呼ばれた。

冒頭の詩では、万巻、千里、生死、天、世界と、大いなる世界の中で詩を詠む姿が浮かんでくる。意気軒昂な大柄な人物を思わせる。

2月28日

モンテーニュ

「考える」ということばを聞くが、私は何か書いているときのほか考えたことはない。

1533.2.28 〜 1592.9.13

ミシェル・エケム・ド・モンテーニュは、16世紀ルネサンス期のフランスを代表する哲学者。モラリスト、懐疑論者、人文主義者。

『エセー Essais（随想録）』は、フランスのモラリスト文学の基礎を築いたとも評され、モンテーニュの主著である。モンテーニュは『エセー』を自己の判断力を試し、磨き上げる場として使った。決して気楽な随想を書いたのではなかった。やがて「随筆」という文学ジャンルが確立し、モンテーニュはこのジャンルの創始者となった。

10代の頃からの『エセー』の愛読者・グルネ嬢があらわれて、それ以後、10版以上の『エセー』を刊行してくれた。こういう生前からのファンの存在もモンテーニュの偉大さを支えるものとなった。

「他人のために暮らすのはもうたくさんだ。せめて、このわずかな余生を、みずからのために生きようではないか」

「愚者の最も確かな証拠は、自説を固守して興奮することである」

「王国を統治するよりも、家庭内を治めることのほうがむずかしい」

ものを書いている時に、考えることになる。表現しようとした時に、考えが出てくるのであって、その逆ではない。モンテーニュは「食べているうちに食欲は起こるのだ」とも言っており、このあたりの事情は同じだ。表現する習慣が考える力を伸ばす。

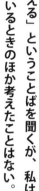

2月29日

ロッシーニ

じゃあいいですよ、今晩もう一度オペラを聞いて覚えて、好きなところから書きます。それをお見せしますよ。

1792.2.29 〜 1868.11.13

ジョアキーノ・アントーニオ・ロッシーニは、イタリアの作曲家。美食家としても知られる。「セビリャの理髪師」「ウィリアム・テル序曲」など、後世に残る名曲を作曲している。

イタリアの副王、ナポリ王、フランス王、イギリス王、スペイン王らに仕えた人。銀行家たちに囲まれていた人。バルザックの情人を妻にした人。君主の保護を受け、その君主を打倒しようとする側からも保護を受けている不思議な人物であった。ロッシーニは謎めいた男だった。

劇場の支配人であり、作曲家でもあったロッシーニは、12歳で「6つの四重奏ソナタ」を作曲し、18歳からはオペラ作曲家として立っていく。ベネチア、ミラノ、ローマ、ナポリなどで自身作曲のオペラを上演・指揮する。オペラは生涯で40作品を作っている。さらにカンタータ、賛歌と合唱曲、宗教曲、声楽曲、器楽曲、作品集「老いの過ち」など、多彩な才能があったことをうかがわせる。

「ウィリアム・テル」を見たベルリオーズは、「テルの第1幕と第3幕はロッシーニが作った。第2幕は、神が作った」と絶賛している。『ロッシーニ伝』において、スタンダールは「ナポレオンは死んだが、別の男が現れた」と絶賛している。一方で、フランス料理のメインである「〜のロッシーニ風」は肉とフォアグラとトリュフを贅沢に組み合わせた料理であるが、これはロッシーニに由来している。

怠惰、快楽、無関心、色男、食通、高慢、保守、進歩、などの顔を持ったロッシーニは、何をしても、どこに行っても成功が彼を待っていたが、自身の才能、知性、作品に苦しめられる。

常に新しいものを求めたロッシーニは、「洗濯物のリストを見せてくれ。それに曲をつけてやるぞ」と言ったそうだ。どんな注文にも応える才能と好奇心にあふれた人物であった。

3月

弥生

3月1日

菊田一夫（きくた・かずお）

これが一生の仕事だと思うこと。舞台こそが我が命の場であると思うこと。

1908.3.1 〜 1973.4.4

日本の劇作家。

菊田一夫の少年時代は悲惨だった。小学校6年で退学させられ義父から丁稚奉公に出される。その上、借金のカタに二重に売られる。東京に出たが、小僧時代に貯めた金を盗まれる。それ以外にも散々であったが、雑誌の雑用をやって知り合ったサトウハチローの家に居候する。しかし、菊田はペン一本で商業演劇のトップに登りつめる奇跡を起こす。

新カジノ座に入座して、サトウハチローから「脚本を書いてみないか」と勧められ、芝居が当たり、二作目も旋風を巻き起こす。23歳の菊田は座付き作者となり「先生」と呼ばれる。どの作品に対しても捨て身の除熱を注ぐ菊田は火野葦平「ロッパと兵隊」の舞台で火野が泣いているのをみて「一生を劇作に捧げよう」と決心した。どんな芝居を書いても水準以上の作品を書くことができた不思議な人物だった。

戦時中に疎開していた岩手県奥州市には記念館がある。「君の名は」で有名になった「東京の数寄屋橋公園には数寄屋橋　此処にありき」との自筆の碑がある。戦後は、戦争のない世の中になるように念願したものだけを書こうとした。世話になった小林一三の引きで東宝に入り、演劇担当の取締役に就任。47歳だった。「がめつい奴」「放浪記」「風とともに去りぬ」……などの代表作を連発して、菊田一夫は「天皇」とまで呼ばれるようになる。人口に膾炙した「忘却とは忘れ去ることなり。忘れ得ずして忘却を誓ふ心のかなしさよ」は、ラジオドラマ「君の名は」で一世を風靡した。放送時間には女湯が空になったほどの人気だった。

菊田は「役者殺すにゃ刃物はいらぬ　ものの三度も褒めりゃよい」と言ったのだが、女優の草笛光子は菊田は偉ぶるところはまったくない人であるとし、無理難題を言って「おれは猿回し、お前さんは猿だ。猿は猿回しの言うことを聞かなきゃいけないんだぞ」と説得され、吹き出してしまい「やります」と答えてしまったという。菊田は「かわいい方だった」と日経「私の履歴書」（2018年1月）で回想している。

商業演劇が光を放った昭和30年代後半から40年にかけては、まさに菊田一夫の時代であった。菊田は、舞台という一生の仕事に命をかけ、命を削った。数奇な運命をたどった菊田一夫は65歳で没した。

3月2日

渡辺晋（わたなべ・しん）

いいよ。好きにしなさい。ただこれだけは覚えておいてくれ。人間は金で生きているんじゃない。人間は心で生きているんだよ。

日本の実業家・芸能プロモーター。ベーシスト。日本の芸能事務所の草分け的存在にあたる渡辺プロダクション（通称：ナベプロ）の創業者。

1927.3.2 〜 1987.1.31

早稲田大時代にはピアノの中村八大らと「渡辺晋とシックス・ジョーズ」を結成に人気を集めた。歌手や作曲家などの収入の不安定さを解消するために、プロダクションを設立し月給制を導入した。仕事には厳格だったが、面倒見がよいことでも知られている。またテレビ案組への進出も果たし、レコード会社に握られていた原盤製作で莫大な利益を得て、ナベプロ帝国を築く。

「音楽性、芸術性を高めるよりも大衆受けを高めろ」

「タレントは偶像であるべし」

「晋は新である……、新は進である……」

ホリプロ、ジャニーズ事務所、吉本興業などの台頭、伊東ゆかり、森進一、布施明など人気タレントの独立、そして運営方針違いで大里洋吉(後にアミューズを創業)らも去り、社内でも次第に孤立化していく。

冒頭の「人間は金で生きているんじゃない。人間は心で生きているんだよ」は、人気タレントが去るときの言葉である。「シャボン玉ホリデー」や「ザ・ヒットパレード」、「スーダラ節」の成功などでわかるように、先見性と大衆の心を読み取るセンスがあり一時代を画したナベプロの渡辺晋の伝説は生きている。

3月3日

正宗白鳥（まさむね・はくちょう）

私も青春のことを懐かしみ、若い人を羨むことがあるが、しかし、もう一度若くなって世の中を渡ってこなければならぬと思うと、何よりも先に煩わしい思いがする。

1879.3.3 〜 1962.10.28

明治から昭和にかけて活躍した小説家、劇作家、文学評論家。

１９３５年、外務省文化事業部の呼びかけに応えて島崎藤村・徳田秋声らと日本ペンクラブを設立。１９４３年11月3日から１９４７年2月12日まで会長（二代目）。１９５０年、文化勲章受章。

早稲田大学時代の白鳥は教壇に立っていた高山樗牛の誤訳を指摘するなど樗牛から「秀才」と言われていた。卒業後は読売新聞に入社し、美術・文芸・教育関係の記事を担当。妥協をゆるさぬなかなかの硬骨漢だった。「妻から受けた感化が最も重要」だと述べて、臨終に際してはつね夫人の身の振り方を心配していた。

若い時代に戻りたいという人はいる。しかし、あの先の見えない、疾風怒濤の、迷いの多い、そして無数の選択を突きつけられた、あの時代に本当に戻りたいだろうか。煩わしい、そして怖い感じもある。それだけ世の中を渡ることは危険に満ちている。白鳥の告白に私も共感する。

有島武郎（ありしま・たけお）

小さき者よ。不幸な而して同時に幸福なお前たちの父と母との祝福を胸にしめて人の世の旅に登れる前途は遠い。而して暗い。然し恐れてはならぬ。恐れない者の前に道は開ける。行け。勇んで。小さき者よ。

1878.3.4 〜 1923.6.9

日本の小説家。代表作に『カインの末裔』『或る女』や、評論『惜みなく愛は奪ふ』がある。

札幌農学校を出て、東北帝大農科大学教授もつとめたことのある有島武郎は、「我が真生命の生まれし故郷は実に札幌なりき」と言っている。

「明日知らぬ命の際に思ふこと　色に出ずらむあじさいの花」（絶筆）

「我児等よ　御空を仰げ今宵より　汝を見守る星出づ」（妻・安子追悼歌）

「書冊の形でする私の創作感想の発表は、この『著作集』のみに依ることとします。私の生活を投入するものはこの集の外にありません」（著作集刊行の言葉）

有島武郎は軽井沢の別荘・浄月庵で人妻である婦人公論の記者・波多野秋子と心中して45歳で亡くなっているのだが、27歳で亡くなった妻・安子との間に設けた子らに冒頭の言葉を示している。人の世の旅を照らす灯りはなく暗い、そして遠いが、勇気を携えて恐れずに行け、その先に道がある。

3月5日

奥村綱雄（おくむら・つなお）

運と災難は紙一重である。

1903.3.5〜1972.11.7

昭和期の実業家。野村證券元社長・会長。野村證券中興の祖と言われる。

「ひとつ上の仕事をやれ。社員は主任、主任は課長の、課長は部長の、部長は役員の、それで初めて大きな仕事ができる」

「会長ほど難しい仕事はない。だいたい仕事を抱えるのは容易であり、仕事を離れるのは難しい。忙しい忙しいといえるのは結構な話で、仕事から浮いてしかも仕事をつかんでいることはなかなか凡人には無理なことである。だがこの難しさをやってのけなければ、本当の会長にはなれぬ」

「ダイヤモンドは中央の面を囲み、多くの面が多角的に集まって底知れぬ光を放つ。会社経営もまたかくありたい。一人の独裁でもいけないし、多数の悪平等でもいけない。個が集まって全を形成するが、個は全あっての個であり、個あっての全ではない」

１９４６年の公職追放で経営陣が退陣することになり、出世が遅れていた奥村は追放を免れ、専務を経て、２年後には45歳の若さで社長に就任する。まさに運命は紙一重である。トップにならんとして討ち死にした人には未練が残るが、たまたまその役割がまわってきて名経営になることがある。奥村もそうだが、そういう人はその運を全体のために思い切って使ったのだろう。

3月6日

ミケランジェロ

最大の危険は、目標が高すぎて、達成出来ないことではない。目標が低すぎて、その低い目標を、達成してしまうことだ。

1475.3.6 〜 1564.2.18

ミケランジェロ・ディ・ロドヴィーコ・ブオナローティ・シモーニは、イタリア盛期ルネサンス期の彫刻家、画家、建築家、詩人。

西洋美術史上のあらゆる分野に、大きな影響を与えた芸術家である。ミケランジェロ自身が本業と考えていた彫刻分野以外の作品は決して多くはないにもかかわらず、様々な分野で優れた芸術作品を残したその多才さから、レオナルド・ダ・ヴィンチと同じく、ルネサンス期の典型的な「万能（の）人」と呼ばれる。

15歳から89歳まで芸術を創造し続けた天才。彫刻家、建築家、画家、詩人。本人は「彫刻家」だと名乗っていた。深い教養と並はずれた洞察力をもって、構想に具体的な説得力あるかたちを与えた。人間の肉体は神が与えたもっとも美しい創造物であると信じていた。彫刻も絵画も「像をつくる」ことが目的であると述べていた。実際につくったものの大半は、人物の単独像や群像である。この人はまた手紙における模範的名文家でもあった。また多数の助手を統率する能力にも長けていた。

人づきあいを避け質素な生活を送り、孤独を好み生涯独身だった。この多作の天才は手紙で「貧乏と戦い、……多くの悩みの中で一人孤独で……あまりに悩みが多いため、芸術を作るよりそちらの方にとらわれています」と語ってもいる。自分自身は肖像に描かれることは好まなかった。

目標が高すぎることは悪くない。なぜなら達成が難しいからだ。目標が低すぎるのは危険だ。やすやすと達成してしまうからだ。低すぎず、高すぎない目標、そういうレベルの目標を設定することだ。低い目標を掲げるのは最も危険である。万能の人の仕事論がここにある。

3月7日

中江藤樹（なかえ・とうじゅ）

苦しみを去って楽しみを求むる道はいかん。答えて曰く、学問なり。

慶長13.3.7（1608.4.21）～1648.10.11

内村鑑三が英文で書き西欧社会に紹介した名著『代表的日本人』には、西郷隆盛・上杉鷹山・二宮尊徳・日蓮と並んで中江藤樹も紹介されている。

「父母の恩徳は天よりもたかく、海よりもふかし」

「このたから（真理）は天にありては、天の道となり、地にありては、地の道となり、人にありては、人の道となるものなり」

「天地の間に、己一人生きてあると思ふべし。天を師とし、神明を友とすれば外人に頼る心なし」

「それ人心の病は、満より大なるはなし」

藤樹の屋敷に藤の巨木があったことから、門下生から「藤樹先生」と呼ばれるようになる。塾の名は、藤樹書院という。

朱子学を学んだ後に王陽明の「知行合一」説に傾倒し、わが国で初めて陽明学を唱えた中江藤樹は生涯、民間にあって身を終わっている。盗賊を感化し、また山で薪をとる者も、田畑を耕す者も、遠村から老若男女が訪れて市井の聖人・藤樹の話に聞き入った。

中江藤樹は人の道を説く学問の楽しみを庶民に伝えようとしたのである。

近江国（滋賀県）出身の江戸時代初期の陽明学者。近江聖人と称えられた。

中江藤樹の門下生に、熊沢蕃山がいる。その弟子が大塩平八郎であり、佐藤一斎、幕末の藤田東湖、吉田松陰などに受け継がれていった。戦前の小・中学校の修身の教科書には「近江聖人、中江藤樹」の名前が必ず出ていた。藤樹の思想は、戦前までの日本には確かに受け継がれてきた。

3月8日

水上勉（みずかみ・つとむ）

西方浄土などはなくて、永遠にここは地獄である。それなら、地獄の泥を吸って滋養となし、私は長生きしたい。

1919.3.8〜2004.9.8

日本の小説家。

ある編集者が「文壇へわらじ履きで登場してきた観がある」といったそうだ。中学をやっと出て、後は多くの職業遍歴を重ねている。日本農林新聞、報知新聞、学芸社、三笠書房、日本電気協会、小学校助教、虹書房を起業、文潮社、日本繊維新聞、東京服飾新聞、洋服行商人。『霧と影』『不知火海沿岸』『海の牙』を経て中山義秀から「お前、人間を書け。人間を書くしかないぞ」と諭されて、『雁の寺』を書き、42歳で直木賞を受賞する。その後、亡くなるまで膨大な量の作品を書き続ける。

自伝を読んだ。20数年間電燈がなかったほどの貧乏。禅寺へ小僧として出家。食べ物の差別と兄弟子たちからの隠微な集団的いじめ。脱走。禅宗坊主の虚偽世界。京都府庁の雇として満蒙開拓少年義勇軍の募集と自らの応募。奉天で中国人虐待の生活。肺病となって帰国。多くの女たちとのこと。まことに不幸な日々である。壮絶な前半生の記録だ。

「若州一滴文庫」は水上が故郷の若狭に私財を投じて建てた文庫で、故郷の田園のど真ん中に広い敷地を買い取り、自分の集めた本や資料、自著や生原稿のすべてを収めている。それをふるさとの子どもたちに「本を読め」という思いをこめて贈った。私家版の水上勉記念館である。

水上勉がたどり着いたのは、冒頭の地獄論の心境である。生きることと死ぬことを対立的に考えず、今、ここにあることが生命の全体だとも語っている。壮絶な人生を生きたこの苦労人は、「ただひたすら生きよ」と教えてくれる。

３月９日

梅原龍三郎（うめはら・りゅうざぶろう）

葬式の類は一切無用のこと。弔問、供物の類はすべて固辞すること。生者は死者のためにわずらわさるべきにあらず。

1888.3.9 〜 1986.1.16

日本の洋画家。ヨーロッパで学んだ油彩画に、桃山美術・琳派・南画といった日本の伝統的な美術を自由奔放に取り入れ、絢爛な色彩と豪放なタッチが織り成す装飾的な世界を展開。昭和の一時代を通じて日本洋画界の重鎮として君臨した。

日本近代洋画を代表する梅原龍三郎は20世紀初頭にフランスの国民的画家となっていたルノワール（１８４１〜１９１９）と出会い、終生彼に師事していた。20歳で渡仏した梅原は南フランスのルノワールの自宅・アトリエを訪問し親しくなる。その時「さあさあ奮発せん。私は彼に見られるに値する。彼はそれを知らねばならぬ。私は彼の芸術をあまりに愛する。」と自身を励ましている。

５年間の留学中、世界的巨匠に学ぶという得がたい経験をする。そして帰国後も梅原は日本にルノワールを紹介し、またルノワールと手紙のやりとりを続けている。37歳の年齢差であったルノワールと梅原の師弟関係は、魂の触れあった美しいものであった。

「個性がないと絵もそれを見る人間の目を引かない。個性を出した絵でないと人を打たぬし売れもしない。とはいっても、私はどんな小さな作品でも商品だと思って描いてはいないけどね」

梅原は帰国後、東洋（桃山・琳派・南画）と西洋（油彩画）の美の融合を目指し、絢爛な色彩と豪放な筆さばきでで装飾的な独自の画境を拓き、日本洋画界の重鎮となった。

家族だけの葬儀ですますことを遺言した偉人はいるが、その理由まで記した人はみかけない。遺言における葬儀の指示には、その人の人生観があらわれる。

3月10日

原安三郎（はら・やすさぶろう）

いつでも平常心を持って急迫の事態にも冷静に対応し、判断せよ。

日本の実業家。日本化薬会長、東洋火災海上保険株式会社（現・セコム損害保険）初代会長、日本化学工業協

1884.3.10 〜 1982.10.21

会会長、政府税制調査会会長などを歴任し、日本財界の重鎮として活躍した。

１９０９年早稲田大学商科を最優秀で卒業。肢体不自由のため就職がうまくいかない。当時三井物産常務の山本条太郎（衆議院議員。政友会幹事長。貴族院議員）の知遇を得て、日本火薬（株）に入社。１９３５年日本化薬社長（51歳）に。70余の企業群の総帥。軍用火薬を製造せず、産業用に徹するなど、軍部の圧力に抗す。不屈の精神を示すエピソードが多い。戦後、公職追放を免れ経済の復興と再建に尽くす。東京放送（ＴＢＳ）の設立にも関与。教科書専門大手の出版社・金港堂の再建など幾多の経営不振の会社再建に手腕を発揮することとなり「会社更生の名医」と賞賛された。１９７３年（89歳）、38年間の社長を経て会長。１９８２年会長在籍のまま98歳の天寿を全う。

原は浮世絵収集に力を入れた。揃い物が多く、また保存状態がよい。２００５年に初公開されるまで秘蔵されていた。北斎や広重の名所絵は質・量ともに抜きんでている。江戸の彫摺技術が最上の状態で仕上げた時期のものなので、秀逸の作品群である。

原安三郎の「長寿十カ条」

・時間は短くてもよく眠れ
・食事は少なくせよ—朝はパンとオートミールと野菜と牛乳。昼はヌキ。夕食は米を一碗
・酒、タバコは呑まない
・物事をすべてその場で処理せよ
・心配はしても心痛はするな
・決して物にとらわれるな、物に支配されるな
・60歳過ぎると義理や見栄、メンツで頭や身体を使わぬこと。少しでも気にそわぬこと、いやだと思うことをあえてするな
・会合や人の依頼も気持ちにそわぬことはドシドシ断れ
・物事を正直に、いつも良心に照らして遺憾のないように
・思いついたことは遠慮しないでドシドシしゃべれ

いかなる場合でも平常心を維持し、常に冷静な判断ができる。それはよほど人物ができていないとむずかしい。人生に処す原理原則、座右の銘、プリンシプル、そういうもので自らを常に磨き上げていく、それが大人物への道であろう。

3月11日

徳川斉昭（とくがわ・なりあき）

何事にても、我より先なる者あらば、聴くことを恥じず。

寛政12.3.11（1800.4.4）〜1860.9.29

江戸時代後期の大名（親藩）。常陸水戸藩の第9代藩主。江戸幕府第15代（最後）の将軍・徳川慶喜の実父である。

1800年、斉昭は部屋住みから、一転御三家の第8代水戸藩主となった。諡号の「烈公」にもあるように、まさに幕末をその荒々しい気性で生き抜いてきた人物であった。藤田東湖を側用人としていた。

検地を2年4カ月かかり断行。儒学よりも神学や武芸を優先する藩校・弘道館の設立。偕楽園の建設。こういった事業のために100石以上の上級藩士が3年間の半知を強制された。つまり年収の半分を費用に回したのである。

斉昭は「領国の治めかたが気随であった」との理由で強制隠居させられ、東湖は幽閉の身となった。しかし、2年後に謹慎を解除され、その3年後には藩政関与が許されている。

西洋文物の導入には熱心であったが開国反対の斉昭は水戸で行った改革を「世の中」に押し広めていく。「巨砲を鋳造すべし、巨艦をつくるべし！」「国防のための蝦夷地開拓をすべし！」「アメリカに派遣してもらい開国はしないと説得する！」。「大国のちから見せばや、わが手もて、石のカラフト開けんぞと思う」と詠んだ。影響力は幕府のみならず全国に及んだ。

条約締結問題、将軍世子問題は、幕府が独自に決めて構わないものだったが、堀田老中は調印勅許を奏請したため混乱した。反対の斉昭は朝廷工作に奔走する直弼は安政の大獄で、「水戸で永蟄居すべし」と処分を断行する。それから5カ月後に斉昭は没した。死後、カリスマを失った水戸藩は天狗党と書生党の血なまぐさい陰惨な内戦にあけくれっていく。

徳川光圀と共に、茨城県の常磐神社に祭神として祀られている斉昭は、進取の気象に富んでいた。茨城名産のコンニャクは斉昭の勧めで始められたものであるし、また農民を語る時には「お百姓」と呼んで大事にしていた。斉昭は新知識獲得のためには、プライドを捨てて教えを請うた。生涯に男女あわせて37人の子供を設けている精力的な斉昭の活動は豊富な知識量と強い信念に支えられていたから迫力があり、幕末に光芒を放ったのである。

3月12日

植村甲午郎（うえむら・こうごろう）

何事も付け焼刃ではモノにはならない。

1894.3.12 ～ 1978.8.1

昭和初期から後期の財界人、官僚。札幌オリンピック組織委員会会長。第3代経済団体連合会（経団連）会長。東京府立一中、第一高等学校を経て、1918年、東京帝国大学法学部政治学科を卒業。農商務省に入省。大臣秘書官、資源局調査課長を務めた後、企画院調査部長となり、国家総動員法策定の指揮を執る。1940年、企画院次長。

1941年に九州の石炭王・松本健次郎に請われて、「石炭統制会」の理事長となる。戦後も松本の引きにより、1945年経団連の前身である「日本経済連合委員会」の副委員長兼事務局長となり、1946年に経団連が発足すると引き続き事務局長に就任した。翌1947年に公職追放。

1951年、追放が解除されると経団連に復帰し、相談役を経て副会長に就任。1955年には植村が中心となって「経済再建懇談会」を立ち上げ、これまでの個々の企業による献金、戦前からの岸信介ら商工省・企画院人脈との深い繋がりから、今に至る画期的な献金システム（俗にいう奉加帳方式）を整備した。1968年、石坂泰三の後を継いで経団連会長に就任すると、副会長を5人から7人に増員し、集団指導体制の下で調整力を発揮しながら、石油ショック・日米繊維交渉など内外の経済問題に対処していった。業界内・間の調整にその威力を発揮した。1974年には会長を土光敏夫に引継ぎ、名誉会長となる。享年84。

経歴をみると非の打ち所の無いように見えるが、そうでもなかった。慶應幼稚舎→普通部コースではなく、府立一中に入学。勉学に身が入らなかったが、中学四年次に将来展望に焦りを感じ、勉学に邁進。一高受験で失敗し一年間浪人した。一高入学試験の論作文に、山の手・お坊っちゃん育ちの薄弱な人生経験不足を痛感し、「何事も付け焼刃ではモノにはならない」との教訓を得て、その教訓を生かしたのである。松本清張の小説『深層海流』のモデルは植村甲五郎である。

3月13日

大山康晴（おおやま・やすはる）

賞はごほうびではなく、激励のしるしである。

1923.3.13〜1992.7.26

将棋棋士。

主な記録としては、公式タイトル獲得80期（歴代2位）、一般棋戦優勝44回（歴代1位）、通算１４３３勝（歴代1位）等がある。十五世名人、および、永世十段・永世王位・永世棋聖・永世王将という、５つの永世称号を保持。倉敷市および青森県百石町の名誉市民・名誉町民。

「一時の栄光を求めるより、長く続けることが大切」

「人が真似できない芸を持つことが一流の条件である」

「無冠となって、気持ちが軽くなった。あとは、どうして立ち直ろうかと、その点にしぼってゆけばよいと自分を慰めた」

「立ち直るためには、一刻も早く以前の立場を忘れることである」

「こんどは、新しいものを身につけなければいけない」

「五十の手習いという。私の場合もそれと同じで、五十歳で再出発をしなければならないということであった」

もらう賞はごほうびではない。激励にこたえてさらに磨きをかけていこう。この心構え、恐るべし。こういう人には誰もかなわない。29歳で名人位に就いた天才棋士という華やかな経歴にももちろん尊敬の念を覚えるが、むしろ、50歳で無冠になってからの大山の心構え、心掛け、そしてその後の棋士としての生き方に興味を覚える。若い時代の黄金の輝きとは違った、燻し銀の重厚な輝きこそ偉大である。大山の50代以降の仕事と人生への対処は、現代に生きる私たちに大いなる勇気を与えてくれる。

3月14日

島津斉彬（しまづ・なりあきら）

西洋人も人なり、佐賀人も人なり、薩摩人も人なり、くじけずに研究せよ。

文化6.3.14（1809.4.28）～1858.8.24

江戸時代後期から幕末の外様大名で、薩摩藩の第11代藩主。

西洋事情に明るく進取の気性に富み、大規模な藩政改革を実施。集成館を興し、反射炉、ガラス工場、洋式紡績所などを設置。西洋式軍艦・昇平丸を幕府に献上した。将軍後継問題では一橋派に属し、井伊直弼と対立。享年50。

40歳を過ぎても部屋住みであったが、密貿易のデータを幕閣に渡すという非常手段に訴えて藩主のポストを奪取した。「勇断なき人は事を為すこと能はず」と言った斉彬は、卒兵上京を控えて洋式兵法の訓練中、父・斉興の密命で毒殺される。藩主となってわずか10年であった。

斉彬は洋物への異常な好奇心と研究心があり、ダゲール法の写真機をオランダから買い、自分の娘を撮影した。これが日本人の手になる最初の写真であった。

斉彬は無名の青年を重要ポストに登用した。その青年が後の西郷隆盛である。

冒頭の言葉は薩摩藩が反射炉建設にあたって言ったとされる言葉である。人ができたことは、自分たちにできないはずはない。こういって部下を激励し、そこで培った勢力が明治維新を断行した。「君主は愛憎で人を判断してはならない」とも言ったのだが、そのため薩摩藩は多くの人材を維新と明治時代に供給できたのである。

3月15日

伊波普猷（いは・ふゆう）

深く掘れ己の胸中の泉、余所たゆて水や汲まぬごとに。

沖縄県那覇市出身の民俗学者、言語学者、沖縄学の父として知られる。

伊波の研究は沖縄研究を中心に言語学、民俗学、文化人類学、歴史学、宗教学など多岐に渡る。その学問体系よって、後に「沖縄学」が発展したため、「沖縄学の父」とも称された。『おもろさうし』研究への貢献は多大で、琉球と日本とをつなぐ研究を行うと共に、琉球人のアイデンティティの形成を模索した。「日琉同祖論」はその探究の一つである。『沖縄歴史物語』で、日本の帝国主義と中国の夢の真ん中に沖縄があるとも語っている。伊波普猷は琉球は言語などにみえるように日本文化の古層であり同じ民族であると主張し、民族の統一を積極的に進めるべきだと説いた。そして琉球の伝統文化の保存が行なわれた。この沖縄学の影響が強いが、同化に力を貸す手先となったとの評価もある。

1876.3.15 ～ 1947.8.13

沖縄県立図書館長であった伊波普猷は「自覚しない存在は悲惨である」と語っている。歴史を学ばない民族の未来は暗澹としているということであろう。

浦添城跡の顕彰碑に「彼ほど沖縄を識った人はいない　彼ほど沖縄を愛した人はいない　彼ほど沖縄を憂えた人はいない　彼は識ったが為に愛し愛したために憂えた　彼は学者であり愛郷者であり予言者でもあった」と刻まれている。

冒頭の言葉はニーチェの警句「汝の立つ所を深く掘れ、其處処には泉あり」を愛した伊波普猷が沖縄語に翻案した琉歌である。自分の源を深く深く掘れ。己の立つ場所を深く掘りきった人の言である。

3月16日

初代　若乃花（わかのはな）

相撲道は辛抱して自分で切り開いていくもの、誰も手とり足とり教えてくれはしない。15尺の土俵。あの中にはなんでも落ちている。女房、金、ダイヤモンド、全てがある。全人生がある。

1928.3.16～2010.9.1

初代　若乃花幹士（わかのはな・かんじ）本名：花田勝治（はなだ・かつじ）は、第45代横綱。身長１７９㎝、体重１０７㎏。土俵の鬼と呼ばれた。戦後最軽量横綱である。引退後二子山部屋を創設し、弟である大関・初代貴ノ花、横綱・二代若乃花、横綱・隆の里、大関・若嶋津らを育て、日本相撲協会の理事長もつとめた。第65代横綱貴乃花、第66代横綱若乃花は甥。

　青森武道館の「花田勝治展示コーナー」では、「土俵のけがは土俵の砂でなおしてゆくんですよ。けがをするたびに休んでいたんでは勝負師にはなれませんね」という言葉を見つけた。

　子どもの頃、相撲の巡業が故郷に来たことがある。小学生だった私は、若乃花のファンだった。横綱栃錦と横綱若乃花の相撲を見て興奮して応援したことを思い出す。

　土俵の鬼・若乃花は、小さな土俵には人生の全てがつまっているという。土俵のけがを土俵の砂でなおしながら、すべてを摘み取った男の名言である。

3月17日

三木武夫（みき・たけお）

信なくば立たず。

1907.3.17 〜 1988.11.14

徳島県出身の日本の政治家である。内閣総理大臣（第66代）などを歴任。衆議院議員当選19回、在職51年。

田中角栄の首相退陣にあたって、行司役となった副総裁・椎名悦三郎は「私は国家、国民のために神に祈る気持ちで考え抜きました……私は新総裁にはこの際、政界の長老である三木武夫君が最も適任であると確信し、ここにご推挙申し上げます」。いわゆる椎名裁定である。三木は「青天の霹靂《へきれき》だ。予想だにしなかった」との言葉で受諾した。

「私は何も恐れない。ただ大衆のみを恐れる」

「信なくば立たず」。国の存立のためには軍備、経済、信頼が必要だ。やむを得ない場合は軍備を捨て、次に経済を捨てよと孔子は『論語』で語っている。そして、「民、信なくんば立たず」と結んでいる。周囲からの信頼がなければ、目的成就はできない。私は今まで、リーダーとして決起するには、周囲の支持がなければならない、信がなければ立つべきではない、と理解してきた。本来の意味とは違うかもしれないが、そういう意味でこの三木武夫の言葉を理解したい。

石田波郷（いしだ・はきょう）

俳句の魅力は、一口にいふと、複雑な対象を極度に単純化して、叙述を接してひと息に表現することにあると思ふ。

1913.3.18 〜 1969.11.21

愛媛県出身の俳人。本名は哲大（てつお）。水原秋桜子に師事、「馬酔木」に拠ったのち、『鶴』を創刊・主宰。初期の青春性のあふれる叙情句からはじまり、自己の生活を見つめる、人間性に深く根ざした作風を追求、加藤楸邨、中村草田男らとともに人間探求派と呼ばれた。

松山に生まれた波郷は、中学4年の時に友人・中富正三（後の大友柳太朗）のすすめで句作を始める。水原秋桜子率いる「馬酔木」に参加し、24歳で俳誌『鶴』を主宰、31歳から入隊し中国にゆく。33歳から江東の地に住む。39歳、出版社「竹頭社」を起こす。41歳、『定本石田波郷全句集』。翌年読売文学賞。46歳、朝日新聞俳諧選者。55歳、句集『酒中花』。翌年芸術選奨文部大臣賞。56歳死去。

波郷の病気療養を詠んだ句は「療養俳句の金字塔」とも言われた。

はこべやら　焦土のいろの　すずめども

雁や　のこるものはみな　美しき

浅間山　空の左手に　眠りけり

12年間住んだ江東区は昭和20年3月9日から10日にかけて空襲で町が焼失し、波郷はそのことをよく詠んだため「波郷の焦土俳句」とも言われている。

「風切宣言」では、「俳句の韻文精神の徹底」「豊穣なる自然と剛直なる生活表現」「時局社会が俳句に要求するものを高々と掲出すること」、と俳句をつくる意味を語っている。その上で、対象を単純化しひと息に表現する。それが波郷の俳句であった。

3月19日

小野田寛郎（おのだ・ひろお）

（世論では）私は「軍人精神の権化」か、「軍国主義の亡霊」かのどちらかに色分けされていた。私はそのどちらでもないと思っていた。私は平凡で、小さな男である。命じられるまま戦って、死に残った一人の敗軍の兵である。私はただ、少し遅れて帰ってきただけの男である。

1922.3.19～2014.1.16

大日本帝国の陸軍軍人、実業家。

最終階級は予備陸軍少尉。旧制海南中学校・久留米第一陸軍予備士官学校・陸軍中野学校二俣分校卒。情報将校として太平洋戦争に従軍し遊撃戦（ゲリラ戦）を展開、第二次世界大戦終結から29年の時を経て、フィリピンのルバング島から1974年日本へ帰還を果たした。

昭和20年8月を過ぎても任務解除の命令が届かなかったため戦闘を継続し、情報収集や諜報活動を続ける。フィリピン政府を「アメリカの傀儡政権」と解釈した小野田は日本が繁栄している事は知っていた。士官教育を受けた小野田は、捜索隊が残した日本の新聞や雑誌で情報を得ていたが、日本はアメリカの傀儡政権であり、満州に亡命政権があると考えていた。かつての上官である谷口義美元陸軍少佐から、文語文による山下奉文陸軍大将名の「尚武集団作戦命令」と、口達による「参謀部別班命令」で任務解除・帰国命令が下り、ようやく降伏する。

大きく変貌した日本になじめなかった小野田は帰国の半年後に、帰国後に結婚した妻の町枝と共に次兄のいるブラジルに移住して、10年を経て牧場経営を成功させた。「祖国のため健全な日本人を育成したい」と、サバイバル塾「小野田自然塾」を主宰。

「何をやるにも3つの『ど』。努力、度胸、度量」「貧しくたっていいじゃないか。乏しくたっていいじゃないか。卑しくなければ」

何がないからできないというのは自分の能力のなさだ、自分の不備不明の致すところと心得よと中野学校で教えられていた小野田は、あらゆる手段を講じて生き延びた。30年近く戦い続ける意志と能力を形づくった教育というものの影響力の大きさを思わざるをえない。

3月20日

前原一誠（まえばら・いっせい）

吾今国の為に死す、死すとも君恩に背かず。人事通塞《つうそく》あり、乾坤我が魂を弔さん。

天保5.3.20（1834.4.28）～1876.12.3

日本の武士（長州藩士）。諱は一誠。通称は八十郎、彦太郎。倒幕運動の志士として活躍したが、明治維新後、萩の乱の首謀者として処刑された。位階は贈従四位。維新の十傑の1人。

師の吉田松陰は人を見る眼力に優れていた。「一誠は勇あり智あり、誠実人に過ぐ。……其の才は玄瑞に及ばず、その識は高杉に及ばず、しかれども其人物の完全なる、二子も亦八十に及ばざること遠し……」と評した。

松陰は「歴史を読んで賢人や豪傑の言動を知り、それによって志気を激発するのが最高である」とした。学問は志を養うためにあるというのが松下村塾の精神であった。

一誠は高杉らと下関に挙兵して藩権力を奪取し、用所役右筆や干城隊頭取として倒幕活動に尽力した。長州征伐では小倉口の参謀心得として参戦、明治元年（１８６８年）の戊辰戦争では北越戦争に出兵し、参謀として長岡城攻略戦など会津戦線で活躍する。明治３年（１８７０年）、戦功を賞されて賞典禄６００石を賜る。維新後は越後府判事（次官）や参議を勤める。大村益次郎の死後は兵部大輔を兼ねた。大村の方針である「国民皆兵」路線（徴兵令）に反対して木戸孝允と対立する。

１８６８年に成った明治維新は、１８７４年の江藤新平の佐賀の乱、１８７６年の太田黒伴雄らの熊本神風連の乱、１８７６年の宮崎車之助らの秋月の乱、１８７６年の前原一誠の乱、を経て、１８７７年の西郷隆盛を押し立てた西南戦争の10年で不平士族の乱は終結する。

越後府判事時代には年貢半減令と信濃川の分水計画で執拗に新政府に迫った。直情径行であるが、動き出すときは私心がない。佐久間象山が言う「西洋の芸、東洋の道徳」の東洋の道徳、つまり東方の道を前原一誠は実現しようとしたのである。もう一つの維新がそこにあった。

3月21日

斉藤茂太（さいとう・しげた）

人を集めよう。幸福が集まる。

日本の精神科医、随筆家である。斉藤茂吉の長男。次男は北杜夫。

米寿を迎えた頃から足が悪くなり、講演や旅行は減ったのだが、作家活動に力を入れ、多くの書を書いた生涯現役の人だった。

1916.3.21 ～ 2006.11.20

「腕を上げるにはネをあげないことだ」

「あきらめないことだ。一度あきらめると習慣になる」

「頑張るべきときだけ１００パーセント、１２０パーセントの力を出し、あとは80パーセントぐらいをキープする。それが、心身共に健康で、いい仕事を長く続けていくコツなんですよ」

「人の顔を美しくする最高の美容術は、笑いである」

「できるだけたくさんの本を読み、美しいものに触れ、思いやりを持って人に接する。当たり前のことを言っていると思うでしょうが、そういうことの積み重ねが、本当に人を美しくするんです。90年も世の中を観察してきた僕が言うんだから、間違いない（笑）」

「焦らない。でも、あきらめない」

「感動こそがストレスに負けない最大の秘訣。そして、長生きのコツでもある」

斉藤茂太はモタさんが愛称だ。精神科医であったモタさんはあたたかく励ます言葉を発表して人々に生きる勇気を与えた。多くの人と幸せを分かちあうことが、自分が幸せになる道だ。人と接し、人と集う。人の集まるところに幸せがある。

3月22日

中山晋平（なかやま・しんぺい）

らしく……というのはいい言葉だよ。誰でもその人らしく振る舞えばいいのさ。

1887.3.22 ～ 1952.12.30

日本の作曲家。

多くの傑作といわれる童謡・流行歌・新民謡などを残した。作品は多岐にわたり、童謡823曲、新民謡287曲、流行歌468曲、その他学校の校歌・社歌等217曲あり、判明しているだけで1795曲ある。

新民謡（創作民謡）では、野口雨情、西条八十、北原白秋等の作詞で多くの曲をつくった。晋平が苦心したのは民謡や民謡調の歌のはやし言葉だった。「証城寺の狸囃子」では～ポンポコポンのポン～、「東京音頭」の～ヤットナー、ソレヨイヨイヨイ～、「波浮の港」の～ヤレ、ホンイサ～……など枚挙に暇がない。

「しゃぼん玉」は、作詞した野口雨情が生後まもなく死んでしまった長女に捧げた鎮魂歌だったとも云われている。我が子の死を悲しみ、はかないシャボン玉にそれを託し、最後に「風風吹くなシャボン玉とばそ」と我が子の魂が天国で幸せにという気持ちを込めた詩に、中山晋平が、優しく曲をつけている。

中山晋平は楽器なしで作曲したようで、仕事場は文人並の書斎だった。

職業に真剣に取り組むと、その職業らしい人になってくる。立ち振る舞い、目つき、そして人生観なども長い時間を経ると影響を受ける。しかし晋平の「らしく」は、日常の振る舞い、多くのエピソード、そういうものが人の個性を形づくるという意味だろう。「その人らしく振る舞えばいいのさ」は、肩の力を抜いて、気負いを捨てて生きることを肯定してくれる。しかし同時に「自分らしく」どう振る舞うべきか、という決断を試されるという逆の面もある。「自分らしく」を常に自分に問いかけよう。

3月23日

川上哲治（かわかみ・てつはる）

中途半端だと、愚痴が出る。いい加減だと、言い訳がでる。真剣にやれば、知恵が出る。

1920.3.23 〜 2013.10.28

現役時代は「てつじ」は、熊本県球磨郡大村（現・人吉市）出身のプロ野球選手・監督、野球解説者。

現役時代より、その卓越した打撃技術から「打撃の神様」の異名を取り、日本プロ野球史上初の２０００安打を達成した。王貞治・長嶋茂雄らを率いて読売ジャイアンツの黄金時代を築き上げ、プロ野球史上唯一の「Ｖ９」（９年連続セ・リーグ優勝・日本一）を達成するなど多大なる功績を残し、「プロ野球界の生き神様」とまで呼ばれる伝説的な存在となった

「リーダーは人をリードできるだけの人物に早くならなくてはいけないと思う」

「チームの目標にどうやっていくかと考える選手たちをうまく育てていくことですね。だからものの考え方の基本というものが相当大きな問題になってくるような気がします」

「チームのためにやることがおれのプラスになるというようなことをかぶらせながら率いていくリーダーでなければ、なかなか選手をうまく働かすことができないという時代になっていくんじゃないでしょうか。根底はデータ、セオリーだと思いますけどね」

「プロ野球では監督が代わるのは弱い時なんです。新しい監督というのは経験もないうえに弱いチームを引き受けなければいけないんですから非常に過酷なんですね」

「〝勝負〟の二字には、文字通り〝勝ち〟と〝負け〟しかない」

「勝負に強いか弱いかは、執念の差」

「組織のリーダーは、自らが良く思われたいという我執、とらわれの気持ちを捨てねばなりません」

「ときに部下や周囲の不興を買うことがあったとしても、大義を表現するために成すべきことを成す。そういう強い信念を持った人間でなければ、リーダーは務まりません」

「周囲からどう評価されるか、という不安や心配から自らを解き放って、自分の想念を『無の境地』に置けば、問題の所在が良く見えるようになります。あとは、その問題を淡々と解決していく。こうすると自分も楽になるし、不思議なもので、だんだんと勘も冴えてくる」

「成功する人とは、この冷や飯を上手に食べた人であるといってよい」

「疲れるまで練習するのは普通の人。倒れるまで練習しても並のプロ。疲れたとか、このままでは倒れるというレベルを超え、我を忘れて練習する、つまり三昧境（さんまいきょう＝無我の境地）に入った人が本当のプロだ」

　巨人軍の4番打者のとき「ボールがとまって見える」という境地にまで達した川上哲治は、日本一9連覇という空前絶技の偉業を成し遂げ、監督としてもその境地に達した。ここにあげた言葉を眺めると、人間集団を率いるマネジメントの大家であったとの感を深くする。

３月24日

スティーブ・マックイーン

できるだけ台詞を短くして皆の記憶に残るようにするんだ。

1930.3.24 〜 1980.11.7

アメリカの俳優。

　１９６０年代から70年代にかけてトップ俳優としての地位を確立した。スタント・パーソンに頼らない本格的アクション俳優として一時代を築き、世界中の映画ファンを熱狂させた。

「傷だらけの栄光」、「マックイーンの絶対の危機」、「戦雲」、「荒野の七人」、「ガールハント」、「戦う翼」、「大脱走」、「マンハッタン物語」、「ハイウエイ」、「シンシナティ・キッド」……。

「他の役者に必要な筋書きを喋らせて、君はここぞという重要な時にだけ口を開くんだ」

「本物のスターとは、観客が感情移入できる俳優を言うんだ」

　台詞が長いと観客は深い印象を持たない。説明は不要で、本質だけを短い言葉で刺すように語る。それがマックイーンの魅力の源だった。世界最短の詩といわれる俳句、17文字の和歌、これらの命は長い。１００年はおろか、１０００年の後の人にも影響を与えているのは、短いからだ。映画や芝居の台詞も、式典やパーティでも挨拶も、短い方がよろしい。

3月25日

佐伯勇（さえき・いさむ）

果報は練って待て。

1903.3.25 ～ 1989.10.5

実業家。近畿日本鉄道（近鉄）の元社長、会長、名誉会長で、近鉄グループの総帥。

プロ野球・近鉄バファローズのオーナーでもあった。アメリカの大陸横断鉄道の2階建てドームカーを参考にした、世界で初めての2階建電車による特急車のビスタカーの生みの親でもある。近鉄中興の祖。

奈良の自宅は現在では上村松園ら3代の日本画家の松柏美術館になって解放されていて訪問したことがある。旧佐伯邸の伯泉亭で抹茶と茶菓を堪能しながら、美しい庭を鑑賞した。

「社外の専門家の意見も十分に聞く。一つの意見に飛びつき足る事は絶対にしない。そして熟慮してひとたび決断すればいかなる決断も逡巡も許さず断行する。こうした覚悟で下した決断はまず十中八九成功する。トップの決断とその成功の積み重ねが社員との間の信頼関係を生むことになる」

「運命の神は公平で、だれにでも一様に、公平に機会を与えてくれる。この機会をつかむか、つかまないかということが事業の成否の分かれ目になる。だからこそ、常に意欲し、常に用意しておることが大切なのだ」

問題にぶつかったら、それからあわてて考えるのではない。問題の把握と対処策は日頃から常に用意しておくことが大事だ。ひとりよがりで問題を暴き立てて性急に解決しようとして失敗することを戒めた言葉だ。時機を待ち、好機が訪れたら一気に抱負を実現する。それがものごとの実現のための急所であることこの仕事師は教えてくれる。

3月26日

李承晩（り・しょうばん、イ・スンマン）

一つになれば生き延び、ばらばらになれば死ぬ。

1875.3.26 ～ 1965.7.19

朝鮮の独立運動家で、大韓民国の初代大統領（在任１９４８年～１９６０年）。

日本の植民地時代、アメリカを拠点に独立運動を展開した。戦後、大韓民国を建設し大統領に就任。北朝鮮の金日成を意識しており、「北進統一」を掲げる親米反共主義者であった。１９５２年に李承晩ラインを宣言し、日本に強硬姿勢を取り、13年後の１９６５年の日韓基本条約まで、日本漁船拿捕が続いた。

李承晩には毀誉褒貶があるが、植民地、独立闘争、建国、朝鮮戦争……など幾多の困難に立ち向かった人であることは間違いない。民族が内部で争うことは筆舌に尽くしがたい悲劇であり、統一こそが民族を前に進ませる道である。内部対立の克服が繁栄への道である。それは民族、国家だけではない。あらゆる団体、組織にもあてはまる道理だ。ばらばらになれば生き延びられない。

3月27日

高峰秀子（たかみね・ひでこ）

現場で働く人間にとって、何より嬉しいのは、同じ現場の人間に慕われること。

1924.3.27 〜 2010.12.28

日本の女優、歌手、エッセイスト。

天才子役スターから始まり、木下恵介、小津安二郎など日本映画界の巨匠の作品に数多く出演。女優引退後はエッセイストとして活躍した。『わたしの渡世日記』では第24回日本エッセイスト・クラブ賞を受賞しているほどの名手でもあった。

熱心に本を読む人だった。高峰は小学校に通算して一カ月余りしか通っておらず、学校教育というものを受けることが出来なかった。「劣等感」をバネに勉強した人である。

高峰秀子は「二十四の瞳」「喜びも悲しみも幾歳月」「名もなく貧しく美しく」などの映画の主演女優として活躍したのだが、人を見る目、本質をつかむ力がそれを支えていたのだろう。冒頭の「現場」の真実を言い当てる言葉には、高峰秀子の知性と人間性が垣間みれる。現場に問題があり、現場に仲間があり、そして現場に答えがあるのだ。

3月28日

色川武大（いろかわ・たけひろ）

9勝6敗を狙え。

日本の小説家、エッセイスト、雀士。阿佐田哲也という名前では麻雀小説作家として知られる。

色川武大という名前で純文学を書いた。１９６１年に『黒い布』で中央公論新人賞、１９７７年に『怪しい来客簿』で泉鏡花賞の翌年に『離婚』で直木賞、１９８２年『百』で川端康成文学賞、１９８９年『狂人日記』で読売文学賞を受賞。

一方の麻雀で使った、阿佐田哲也という名前は、「朝だ！徹夜だ！」に由来している。麻雀の玄人であったことがばれないよう、トップにはならず「いつも、少しだけ浮く」という麻雀を打っていた。後に麻雀の牌の並びが小説中に記載されている「麻雀小説」を発明する。自伝的小説『麻雀放浪記』シリーズで若い読者の圧倒的人気を得て脚光を浴び、麻雀ブームを生んだ。麻雀エンターテインメントグループ「麻雀新撰組」の局長に就任。麻雀メディアに大きな影響を及ぼす。阿佐田を尊敬する雀士達からは「雀聖」と呼ばれた。

1929.3.28 ～ 1989.4.10

「長く生きるというのは素晴らしいことなんだ。だけど長く生きるためには術《すべ》がいる。術をマスターしなくてはね」

「幹線道路を行くようなコースで競争したってしょうがない。自分だけの生き方を作らないとしょうがないだろう」

８勝７敗では寂しい、10勝を狙うと無理がでるから、「9勝6敗を狙え」がギャンブル人生から得た人生哲学であった。幸運が続くと危ないから不運を消化しておくとも語っている。二つの顔を持っていたこの人のギャンブラー哲学は聞く価値がある。

羽仁五郎（はに・ごろう）

自分の国だから我々は日本を批判するのだ。批判するのはよりよい日本をつくるためなのだ。批判の無いところに未来はない。

日本の歴史家（マルクス主義歴史学・歴史哲学・現代史）。参議院議員。日本学術会議議員。

1901.3.29 ～ 1983.6.8

　自由学園創立者の羽仁もと子の長女説子は教育者だが、結婚した相手の森五郎が後のマルクス主義者であり一世を風靡した羽仁五郎である。その子供は映画監督の羽仁進であり、その子供が１９６４年生まれのジャーナリスト・羽仁未央である。時代の先駆者として啓蒙的な人々が多いのが羽仁家の特徴である。

「『愛国心という言葉は悪党の最後の隠れ家』とは英国の哲学者の名言だが、『法と秩序』は腐敗政治家が人民の批判を非合法視するときの常用句だ。法と秩序と言い、法治国家と言うが、その実態は警察国家なのだ」

「言論の責任を取ることになってくれれば、言論の自由なんていうものは保証できないんですよ」

　私は大学時代『都市の論理』という羽仁五郎の著作に親しんだことがあるが、卒業後「知的生産の技術」研究会の講師としてお呼びして謦咳に接したことがある。冒頭の言葉には、「無批判に日本の良さなどと言うのはナルシズムだ。鏡の中の自分の顔をながめていい気分になっているような馬鹿と同じだ」が続く。組織も同じだ。人も同じだ。自己満足をやめよ、自己に厳しくあれ。

3月30日

堤清二（つつみ・せいじ）

愚直さが相手の心を打つ。

1927.3.30～2013.11.25

日本の実業家（セゾングループ総帥）、小説家、詩人。小説家としては、辻井喬を名乗っている。

一世を風靡した西武セゾンの総帥という経済人。「消費社会批判」で経済学博士を取得した学者。引退後の90年代には高見順賞、谷崎潤一郎賞、藤村記念歴程賞、野間文芸賞、現代詩花椿賞、読売文学賞、現代詩人賞などを総なめした詩人・小説家。

昭和2年会で一緒だった同世代の野田一夫先生が「仲間には『ちゃん』といえるが堤清二には『さん』としかいえないね」と私に語ってくれたことがある。そうそうたる人物群の中でも異彩を放っていたのだろう。

生涯を眺めると才能の華々しさを感じるが、「挫けない、無茶をする、率直、個性、尊重、多様性、自分の言葉、複眼、批判者」など堤清二の言葉を追うと、高い知性と穏やかな風貌（パーティの挨拶を一度聞いたことがある）とは縁遠い心持ちが見えてくる。本人は自身を愚直であると考えていたとは意外である。優れた資質を背負いながら愚直にものごとに取りくもうとしていたことが堤清二の真骨頂だったのであろう。

3月31日

横井庄一（よこい・しょういち）

恥ずかしながら、生きながらえて帰ってまいりました。

1915.3.31 ～ 1997.9.22

日本の陸軍軍人、評論家。最終階級は陸軍軍曹。アメリカ領グアムで敗戦を知らずに28年間の逃亡生活後、1972年1月24日にグアム島で島民に発見される。その時、56歳。2月2日グアム島から東京へ。4月25日帰郷。11月3日結婚、57歳。1997年永眠。享年82。横井さんは私の大学生時代に大ニュースとなった伝説の人物だ。

横井さんのお母さんは、ずっと「庄一は生きている」と言っていたそうだが、帰国する13年前に亡くなっている。母の言葉が正しかったわけだ。名古屋の記念館は、25年ほど住んだ自宅の一階の二間である。館長は12歳年下の妻の美保子さん。品の良い奥様は1927年生まれだから私の母と同じ年である。奥様の美保子さんは「六十路越え喜寿も米寿もなんのその白寿も迎えて尚生きたまへ」という歌を詠んでいる。

28年間の逃亡生活を続けられたのはなぜか。捕虜になれば国に不忠、死ねば親に不忠となる。どちらも大事だから、自分の力で生きていけばいいと横井軍曹は考えたのである。1m50㎝ほどの深さ、幅は4m50㎝の穴倉での想像を絶する生活を支えたのは、手先の器用さと聡明さ、そして生き抜くという意志だったと思う。機織り機、ボタン、針、など生活上のあらゆるモノを作りだしていることに感動を覚えた。

「私はこれから、失われた日本人の心を探し求めたいと思います。……勤勉な心を失った国民が本当に繁栄したためしはありません。……食糧の大半を輸入に頼っているようでは独立国家と申せません。……子が親を大切にしないような教育、生徒が先生を尊敬しないような教育などあってたまるもんですか。そんなものがあれば、それは教育と言えません。」

戦争時に国に忠を尽くした横井庄一の目には、戦後日本は「国あって、国なし」とみえた。横井庄一は、国とは何か、重い課題を日本に突きつけている。

4月

卯月

4月1日

親鸞（しんらん）

善人なおもて往生をとぐ、いわんや悪人をや。

承安 3.4.1 ～弘長 2.11.28

鎌倉時代前半から中期にかけての日本の僧。浄土真宗の宗祖とされる。

『教行信証』には、「苦しみを抜くことを『慈』といい、楽しみを与えることを『悲』という」「どんな徳もすべて具えているものを涅槃といい、どんな道にもすべて通じているものを菩薩と名づけ、どんな智もすべてを収めているものを仏陀と称するのである」とある。

幕府が念仏禁止の挙に出たため、20年を過ごした常陸を捨て京都に帰る。このとき62歳。このあとさらに30年という寿命を生きる。75歳で『教行信証』を完成、76歳で『浄土和讃』と『高僧和讃』、85歳ごろに最後の『正像末浄土和讃』を書いている。60代の初めはやっと人生の峠を越えたばかりであり、その後の30年近くは著書の執筆に膨大なエネルギーを注いでいることにも驚く。

宗教家の没年齢という資料がある。イエス31歳。フランシスコ・ザビエル46歳。一遍50歳。道元53歳。カリヴァン55歳。最澄55歳。日蓮60歳。空海61歳。マホメット62歳。ルター63歳。孔子73歳。法然78歳。仏陀80歳。親鸞90歳。親鸞は世界でも稀な長寿であった。

親鸞の他力本願と日蓮の法華信仰とは正反対の教えである。浄土は死後にあるとし、ひたすら南無阿弥陀仏を唱えよという真宗。この世を浄土にしようと願い、南無妙法蓮華経を唱えながら現世の改革にあたろうとする日蓮宗。宮沢賢治とその父の相克はこの点にあった。

親鸞の「善人なおもて往生をとぐ、いわんや悪人をや」という悪人正機説の悪人とは、庶民、つまり小人と考えればよくわかるように思う。君子はもちろん浄土に行ける。そして小人も仏によって救われる。小人を救えない仏教などに意味はないという絶対平等の思想である。キリスト教に近い。浄土の真実の心を意味する浄土真宗は、国家鎮護の仏教から庶民を救う仏教への一大宗教革命であった。

4月2日

熊谷守一（くまがい・もりかず）

自分を生かす自然な絵をかけばいい。下品な人は下品な絵。ばかな人はばかな絵。下手な人は下手な絵をかきなさい。結局、絵などは、自分を出して生かすしかないのだと思います。

1880.4.2～1977.8.1

日本の画家。

日本の美術史においてフォービズムの画家と位置づけられている。しかし作風は徐々にシンプルになり、晩年は抽象絵画に接近した。極度の芸術家気質で貧乏生活を送った。

豊島区千早にある熊谷守一美術館には知的な感じの老夫婦らがゆっくりと訪れていた。この画家がようやく売れ始めたのは1964年頃というから84歳頃と、随分と貧乏な時代が続く。好きな小さな子供と鳥と虫を題材に絵を描いて楽しんで97歳で没している。「画壇の仙人」の自然体の暮らし方に共感するファンは多い。

「たとえ乞食になっても絵かきになろう」と絵かきを志す。「もし神様がいたらこんな姿では」とアイヌが思った絵をかいた。「これ以上人が来るようになっては困る」と文化勲章を辞退した。こういうエピソードは熊谷の人柄と志をよくあらわしている。

「自分で何かを考え出したりつくったりするのは平気だし好きなのだが、人のマネというのが不得手なのです」

「絵を描くのは、初めから自分にも何を描くのかわからないのが自分にも新しい。描くことによって自分にないものが出てくるのがおもしろい」

「大好きなのは、世の中にいっぱいあります。特に小さな子供と、鳥と虫には目がありません」

熊谷守一の好きな言葉は「独楽」「人生無根帯」「無一物」「五風十雨」であり、嫌いな言葉は「日々是好日」「謹厳」だった。この人は自然体の人だった。下品な人、ばかな人、下手な人、それぞれの人にふさわしいものしか描けないから、それに徹せよということか。表現されたものには表現者の姿がうつる。それを突きつめるしかない。

4月3日

金田一春彦（きんだいち・はるひこ）

1913.4.3 ～ 2004.5.19

春風秋雨是人生。

日本の言語学者、国語学者。国語辞典などの編纂、日本語の方言におけるアクセント研究でよく知られている。

東京・本郷生まれの金田一春彦博士の記念図書館は、意外なことに山梨県北杜市にある。。図書館の前の道は、金田一春彦通りと命名されており、この地の人々にいかに愛されたがよくわかる。

１９６３年、吉展ちゃん誘拐事件が発生した。自宅のテレビで犯人の身代金要求電話の録音を聴き、何気なく「この発音は茨城か栃木か福島だよ」と呟いたところ、夫人がＮＨＫに電話しこの発言を伝え、その後、逮捕された犯人が茨城県と栃木県に境を接する福島県南部の出身だったため、的確な分析が話題を呼んだ。

大学で教鞭をとる傍ら、ＮＨＫで日本語についての番組に多く出演する。ＮＨＫ用語委員、ＮＨＫ放送研修センター評議委員、日本ペンクラブ理事、（株）シャープ顧問、国語学会代表理事、東洋音楽学会副会長、図書館協議会会長、日本琵琶楽協会会長、波の会副会長、方言研究で犯罪捜査に協力、本居長世を慕う会会長、ユーフォニック合唱団顧問、日本レコード大賞選定委員……。こういう経歴を見ると、単なる学者という枠にとどまらず、多彩な興味と行動力、そして誰からも敬愛される人柄であったことがわかる。

85歳の時に書いた「春風秋雨是人生」という博士の座右の銘は、思い通りにならないのが人生という意味だろう。華やかな活躍とみえるが、父・金田一京助を永遠のライバルとした本人が望んだ方向ではなかった。「失敗は恐るるに足らない。大切なのはそのあとの処置である」とも語っている。確かに世の中は失敗しないとわからないことだらけだ。失敗しない人は本当はわかっていない。失敗を恐れない人は真実がわかる。長い目でみれば、失敗を多くした人は成功する確率は極めて高くなる。失敗を恐れ続けた人は小成に甘んじるほかはないのは当然のことである。失敗する人は成功する。

4月4日

山本五十六（やまもと・いそろく）

やってみせ、言って聞かせて、させてみせ、ほめてやらねば、人は動かじ。

1884.4.4～1943.4.18

日本の海軍軍人。第26、27代連合艦隊司令長官。最終階級は元帥海軍大将。前線視察の際、ブーゲンビル島上空で戦死（海軍甲事件）。

ハワイのアリゾナ記念館には真珠湾攻撃の指揮をとった山本五十六大将と攻撃隊の南雲忠一中将の写真が貼ってあった。ハーバードで学びワシントン駐在経験がある山本はアメリカ人とその戦い方を熟知しており、工業力の底力も知っていたとある。そして山本は当初は日米開戦に反対であったが、陸軍に牛耳られていた政府の圧力に抗しきれずに、遂に真珠湾奇襲作戦の強力な指導者となったと購入した解説書にも書いてあった。山本五十六大将にはやや同情的な書き方だった。

海軍兵学校時代は聖書を座右に置いていた。35歳から2年間のハーバード大学への留学時代にはアメリカの研究に励み、油田や自動車産業、飛行機産業に強い印象を受けた。関東大震災時には「日本人は偉大な民族であり、前より立派に復興する」と周囲を励ました。適材適所に使い、情義厚く、航空隊内では山本は偉くなるぞと評判であった。41歳、駐米大使館付武官。対立した人も「聞き上手で話やすい人。真に度胸のある、正しい素直な人。いつ論じ合っても後味の悪い事がない」と評している。「劣勢比率を押しつけられた帝国海軍としては、優秀なる米国海軍と戦う時、先ず空襲を以て敵に痛烈なる一撃を加え、然る後全軍を挙げて一挙決戦に出ずべきである」。これが後の真珠湾攻撃になる。

「苦しいこともあるだろう　言い度いこともあるだろう
不満なこともあるだろう　腹の立つこともあるだろう
泣き度いこともあるだろう　これらをじっとこらえてゆくのが　男の修行である」

上杉鷹山の「してみせて言って聞かせてさせてみる」を、後の山本五十六は「やってみせ、言って聞かせて、させてみせ、ほめてやらねば、人は動かじ。話し合い、耳を傾け、承認し、任せてやらねば、人は育たず。やっている姿を感謝で見守って、信頼せねば、人は実らず」と変えている。この山本五十六の人間観が、高い人気と強い統率力をもたらしたのだろう。改めてこの人の伝記を読みたいと思う。

4月5日

ヘルベルト・フォン・カラヤン

学ぶんだ、学ぶんだ、見聞きするものについて、なにも言うな。ともかく口を閉ざして、仕事をしろ、そして学ぶんだ。

1908.4.5 〜 1989.7.16

オーストリアの指揮者。20世紀のクラシック音楽界において最も著名な人物のひとりであり、日本では「楽壇の帝王」と称されていた。

ジェット機を乗り継ぎ世界中を飛び回って活動していた。また、無類の車好きでありスピード狂としても知られている。スキーでもスピード狂だったとか。

「与えられた仕事を着実にこなしていく。これが私のモットーです」

「落ち着け。人を恨んで自分をダメにするな」

「演奏者だけが盛り上がって聴衆が冷めているのは三流、聴衆も同じく昂奮して二流、演奏者は冷静で聴衆が昂奮して一流」

小澤征爾を弟子とし、君が代を「この曲は世界の国家のうち最も荘厳なものだ」と言い、自宅での最後をソニーの大賀典雄社長の腕に抱かれて亡くなるというように、日本と縁が深かった。

その天才カラヤンは仕事を次々とこなしながら学び続け頂点に立った。日々の仕事こそ最高の学校である。

ラファエロ・サンティ

学ぶんだ、学ぶんだ、見聞きするものについて、なにも言うな。ともかく口を閉ざして、仕事をしろ、そして学ぶんだ。

1483.4.6 〜 1520.4.6

盛期ルネサンスを代表するイタリアの画家、建築家。

上野の国立西洋美術館のラファエロ展。この美術館は松方正義の三男の松方幸次郎（１８６５〜１９５０年）の松方コレクション（浮世絵8千点を含む1万点）の保存のためにつくった美術館だ。幸次郎は川崎造船所初代社長などをつとめた産業人。１９２７年の経済恐慌による業績悪化でコレクションを売りとばし散逸したが、パリに渡った４００点は１９５１年のサンフランシスコ平和条約でフランス政府のものになった。日仏友好ということで返却され、１９５９年に国立西洋美術館が建てられた。

さて、ラファエロである。ラファエロはルネッサンス文化の代表的画家だ。宮廷画家で詩人であった父のもとに生まれ、8歳で母、11歳で父を失ったが、豊かな生涯を送る。意外に死期は早く37歳で没している。

同時代の大家・レオナルド・ダ・ヴィンチ（１４５２〜１５１９）とミケランジェロ（１４７５〜１５６４）と同時期にフィレンツェで過ごしている。当時、ダ・ヴィンチとミケランジェロは政庁者の壁画装飾で競っていた。ダ・ヴィンチは動きのあふれる構図や陰影法、肖像画のやわらかなポーズを作風としていた。ミケランジェロは、男性裸体像の動きや短縮法、姿勢のバリエーションが特色であった。ラファエロもミケランジェロとはライバル関係にあると目される。

この3人の天才の年齢関係はどうなっているか。ダ・ヴィンチよりミケランジェロは23歳年下、そのミケランジェロよりラファエロは8つ年下であった。

ローマにもどったラファエロは、教皇の居宅の装飾を行う一員になり、頭角を現す。そしてヴァチカン宮の装飾事業という一大プロジェクトの責任者となる。このラファエロの特色は、工房の運営に長けていたことである。ラファエロの工房には若く才能のある画工が集まった。彼らを熱心に指導している。能力や適性に応じて仕事を割り振った。この方法は17世紀のルーベンスの大工房へとつながっていく。ラファエロの死後、弟子たちはヨーロッパ各地に散り、それぞれラファエロを讃えながらそのＤＮＡを引き継いでいった。短い人生だったラファエロが大きな偶像的存在になったのには、こういう事情があった。

ラファエロの言う「我らが時代」は、美術界ではダ・ヴィンチ、ミケランジェロ、ボッティチェリ、アルンチンボンドら。文学のダンテ、ボッカチオ、思想のマキャベリ、そして商業のロレンツォ・デ・メディチら、絢爛豪華な才能が輩出したルネッサンスの時代だった。多彩な才能たちが刺激しあたって伝説の古代ローマに匹敵する時代だと高揚した一人がラファエロだった。

4月7日

フランシスコ・ザビエル

熟した実は多くとも、それをもぎ取る人間が少なすぎる。

1506.4.7 ～ 1552.12.3

スペインのナバラ王国生まれのカトリック教会の司祭、宣教師。イエズス会の創設メンバーの1人。

大分駅には大友宗麟像とフランシスコ・ザビエル像が立っている。大友宗麟は頼朝から、相模から豊後に移された。その大友家の21代。豊後の府内は南蛮貿易の拠点都市だった。48歳キリスト教に入信。１５８１年コレジオ建立、１５８２年伊東マンショがヨーロッパに派遣。宗麟は秀吉から豊後一国支配が認められた。ザビエルは１５４８年に日本に上陸し2年3カ月滞する。１５５１年に府内に来て、育児院、府内病院をつくっている。

キリスト教は唐の長安に景教として寺院、それを空海が見ている。７３６年に3名の景教僧が来日。高野山に景教碑が立つ。日本仏教は奈良・平安時代の国家仏教から、鎌倉時代の法然・親鸞の民衆仏教の全体平等主義へ転換。この考え方はキリスト教の愛に近い。後にザビエルは「日本人には水がしみ入るように理解できる」と書いている。

宣教師とは聖職者ではない。印刷技術、医療技術、語学を身に着けた体が丈夫な下層階級の人々。馬具職人、農民の子弟が神学校に通って海外に出た

「それがキリスト教の国であっても、そうでない国であっても、盗みについてこれほど節操のある人々を見たことがありません。この国の人々は今までに発見された国民のなかで最高であり、日本人より優れている人びとは、異教徒のあいだでは見つけられないでしょう。彼らは親しみやすく、一般に善良で、悪意がありません。驚

くほど名誉心の強い人びとで、他の何ものよりも名誉を重んじます。大部分の人は貧しいのですが、武士も、そうでない人びとも、貧しいことを不名誉と思っていません」

　足利学校については「最も大にして最も有名なる坂東の大学」で、「四方より攻学の徒雲集す」とし、「都の大学の外に5つの有名な大学がある。高野、根来寺、比叡山、近江、坂東。都を去ること、最も遠く学生の数もはるかに多い」と述べている。

　ザビエルは1552年に中国入国を試みたが果たせず上川島で急逝。ザビエルの死の日にマッテオ・リッチが誕生している。リッチは中国皇帝より滞在と一部地域の布教を許されるが、孔子廟参拝を偶像崇拝ではなく習慣であり、天帝はエホバであるとしたため、ローマ教皇庁からとがめを受け、中国からキリスト教は追放される。その後120年たって、ハドソン・テーラーが現れた。

　冒頭に掲げたザビエルの言葉は、教えを受ける者は多いが、教えを施す者はあまりにも少ないことを指摘したものだ。教えを受ける、勉強するだけでなく、教えを施す側になろう。そのためには精進が必要だ。

4月8日

福原有信（ふくはら・ありのぶ）

随所作主（随所に主となる）。

嘉永元.4.8（1848.5.10）～1924.3.30

第3代日本薬剤師会会長であり、1872年に資生堂の前身である調剤薬局を銀座に開き、1897年には化粧品を発売した、資生堂の創業者である。

一人の人物の一生を紐解くと近代が読み解けることがしばしばある。その一人が資生堂の創業者・福原有信だ。福原は西洋医学所（のちの東大医学部）で医学と薬学を学び、23歳で薬学に方向を切り、官を辞す。洋風調剤薬局（資生堂薬局）、製薬会社（大日本製薬会社）、生命保険会社（帝国生命保険会社）社長、薬科大学（東京薬科大学）、薬剤師会（会長）などの新規事業を成功させている。医薬分業を唱えた人である。

伝記の中では幕末から明治にかけての医学と薬学に関わる人が連なって出てくる。松本良順、佐藤尚中、石黒忠直、田代基徳、長与専斎……。医学と薬学は車の両輪であり、医薬分業が必要という考え方が基礎にある。今日の医薬分業は、資生堂薬局で福原が初めて実施したのだ。「医学校で国が指導する薬学には、学がありますが、術が欠けています」。民間、あるいは会社という組織は、この「術」を行なうところなのだ。

資生堂の意味するもの。至哉坤元（いたれるかなこんげん）万物資生（ばんぶつとりてしょうず）乃順承天（すなわちしたがいててんをうく）大地はすばらしい。生あるすべてのものはここに生まれる。万物は天に則り、坤の徳により命を受け継ぎ栄える。（「易経」の「乾坤」の「坤」）。堂は、大勢の人が集まる建物。

「随所作主」（随所に主となる）を信条とした福原は、新商品の化粧品の分野に50歳で挑戦を開始する。これが現在の資生堂につながっていく。福原有信は、医学、薬学、化粧品というように自分の進むべき道を選びとり、大きく育てる基礎を築き、この分野の主となった。

4月9日

野間省一（のま・しょういち）

もっぱら万人の魂に生ずる初発的かつ根本的な問題をとらえ、掘り起こし、手引きし、しかも最新の知識への展望を万人に確立させる書物を、新しく世の中に送り出したいと念願しています。

1911.4.9 〜 1984.810

日本の出版人、実業家。講談社第4代社長。日本書籍出版協会会長。出版文化国際交流会会長。日本雑誌広告協会会長。

社長在任は、1945年~1981年で、36年間という長期政権だった。以下、戦後の講談社を牽引した野間省一が創刊した主な雑誌、シリーズ。

『ぼくら』（1954年）
『なかよし』（1954年）
『若い女性』（1955年）
『たのしい幼稚園』（1956年）
『週刊現代』（1959年）
『週刊少年マガジン』（1959年）
『週刊少女フレンド』（1962年）
『小説現代』（1962年）
『ヤングレディ』（1963年）
ブルーバックス（1963年）

講談社現代新書（1964年）
『月刊現代』（1966年）
『週刊ぼくらマガジン』（1969年）
『テレビマガジン』（1971年）
講談社文庫（1971年）
『日刊ゲンダイ』（1976年）

野間は1976年の講談社学術文庫の刊行にあたっては「文庫という小さい形と、学術という壮大な城」の構築という目標を宣言している。

1964年の講談社現代新書の創刊の辞では「教養とは万人が身をもって養い創造すべきものであって、一部の専門家の占有物として、ただ一方的に人々の手もとに配布され伝達されうるものではありません」と問題を明らかにしている。冒頭の言葉は最後に結んだ言葉である。

最新知識を万人が理解できるようにやさしく解説するという文庫や新書の創刊は、志の高い事業であり、かつ難事業である。一部の専門家の専有物を公開しようとする知識の民主化は庶民の知識向上を創業の理念とする講談社にふさわしい企画だった。今もその恩恵に多くの人があずかっている。出版はまさに教育事業である。

4月10日

永六輔（えい・ろくすけ）

人と一時間話をすれば、厚い本を一冊読んだのと同じくらい何かを得るものだ。

1933.4.10 〜 2016.7.7

日本のラジオ番組パーソナリティ、タレント、随筆家。元放送作家、作詞家である。

永さんは前立腺がん、パーキンソン病で、一時ろれつが回らなくなった。人は得意なところがやられる、ということを想い出した。ビジネスマン時代に何度かお会いしているし、私の母が作曲家の中村八大と幼馴染だったことも話題になり、親しみを感じていた。永さんとは冨田勲先生との小旅行の途中の秩父駅で偶然会ったこともある。

永さんは奥様を先に亡くしていて、それを詠んだ俳句がいい。

「看取られるはずが　看取りて　寒椿」

「人間、出世したかしないか、ではありません。卑しいか卑しくないか、ですね」

「人間、今が一番若いんだよ。明日より今日の方が若いんだから。いつだって、その人にとって今が一番若いんだよ」

「いいですか。夫婦ったって、アカの他人ですよ。アカの他人どうしが起こす奇蹟。それが夫婦というものです」

「家庭というのはこんがらがった糸ですよ。こんがらがってるから家庭なんです。ほどくとバラバラになっちゃいますよ」

「人の死は二度ある。最初の死は、肉体の死。でも、死者を覚えている人がいる限り、その人の心の中で生き続けている。最後の死は、死者を覚えている人が誰もいなくなったとき。そう僕は思っています」

永六輔『大往生』は戦後の岩波新書の売上げトップに立ったことで驚いたことがある。確かに人生の機微を普通の言葉で表現する天才だった。人と話をすることで得るものは実に大きい。読書と読人で行こうか。

4月11日

小林秀雄（こばやし・ひでお）

人はその性格に合った事件にしか出遭わない。

1902.4.11 〜 1983.3.1

日本の文芸評論家、編集者、作家。

小林秀雄といえば私たちの世代のだれもが知っている文芸評論の神様で、入学試験問題はこの人の難解な文章を題材に出されることが多く、畏敬の対象であった。小林秀雄の冴えた筆にかかるとどのような権威も丸裸にされてしまうという恐怖に近い感覚を持った同世代の知識人は多かっただろう。

小林秀雄という山は大きな存在感に満ちている。一応は文芸評論家という肩書で紹介されているが、その仕事をなぞってみるとてもそのような表現で説明できる人物ではない。文芸にとどまらず、『モオツアルト』などの音楽、『ゴッホの手紙』などの絵画、などあらゆるジャンルで一流の活動をしている。音楽絵画、文学を同列に置いたマルチメディア評論家ということになる。

日本の近代批評の創始者である小林秀雄は膨大で緻密な作品群を残して圧倒的な存在感をもって時代の中に生き続けている。作家論、日本古典論、美術論、学問論と活動領域は広範であり実に多彩で、しかもいずれの分野も水準が実に高い。それは厳しい自己鍛錬の賜物であることが、新潮新書『人生の鍛錬――小林秀雄』を読むとわかる。

以下、その本の中の「仕事論」に関する言葉をあげる。小林秀雄の仕事の流儀である。

「実行をはなれて助言はない。そこで実行となれば、人間にとって元来洒落た実行もひねくれた実行もない。ことごとく実行とは平凡なものだ。平凡こそ実行の持つ最大の性格なのだ。だからこそ名助言はすべて平凡に思えるのだ」

「心掛け次第で明日からでも実行が出来、実行した以上必ず実益がある。そういう言葉を、ほんとうの助言というのである」

「天職という言葉がある。若し天という言葉を、自分の職業に対していよいよ深まっていく意識的な愛着の極限概念と解するなら、これは正しい立派な言葉であります」

「成る程、己の世界は狭いものだ。貧しく弱く不完全なものであるが、その不完全なものからひと筋に工夫を凝らすというのが、ものを本当に考える道なのである。生活に即して物を考える唯一の道なのであります」

　私たちは事件に遭遇する。この事件とは外から襲ってくるものではない。自分が、自分の性格が招くものである。小林秀雄のいう「性格論」は腑に落ちる。あるとき、この言葉を読んで苦笑しながら来し方を振り返って深く納得した。

頭山満（とうやま・みつる）

人間は火のついた線香じゃ。それに気がつけば誰でも何時かは発憤する気になるじゃろう。老若誠に一瞬の間じゃ、気を許すな。

安政2.4.12（1855.5.27）～1944.10.5

頭山（幼名：乙次郎）は、明治から昭和前期にかけて活動したアジア主義者の巨頭。玄洋社総帥でもある。明治・大正・昭和期の国家主義者。玄洋社を結成。日露開戦を主張、戦後は講和条約反対運動を展開。大アジア主義者として金玉均、孫文、ボースらの亡命者を援助。政界に隠然たる影響力を持った。

私の九州の実家の座敷には亀井南冥の「吐鳳」の書と頭山の書が飾ってある。また、頭山満は父らの会話の中で何回か耳にした記憶がある。福岡の玄洋社記念館を訪問してわかったのは、頭山は南冥の長男・亀井昭陽の息子の亀井玄谷に陽明学を学んだことだ。私の父は福岡出身だったから、この玄洋社や頭山満に関心があったということだろう。

ビルの2階に記念館はあった。商法制以前、社は志を同じくする人間が集まって研鑽をはかる士族の結社という意味を持っていた。玄洋社は「皇室を敬載すべし」「本国を愛重すべし」「人民の権利を固守すべし」との三原則を基幹とした政治結社で明治12年にこの名前になった。佐賀の大隈記念館で大隈外相を襲い条約改正を葬った来島恒喜が玄洋社社員だったことを思い出した。

玄洋社は、自由民権運動、憲法の新設、国会の開設、祖国の国力伸張に奔走する。また屈辱的外交条約の破棄、アジア主義に基づくアジア民族の自決独立の援助を行なう。孫文を助けるなど中国革命における玄洋社の存在は大きく第二次世界大戦終了直後まで日中平和工作を継続していた。記念館入り口の写真や関係者の名簿に度肝を抜かれる。頭山満、広田弘毅、中野正剛、緒方竹虎、進藤一馬などそうそうたる人材を輩出している。1946年に玄洋社は占領軍により強制的に解散される。

「ふるさと博多」シリーズという小冊子には「無位、無冠。在野の頭領。不思議な大きなひと」との評が出ている。向陽萩の乱に連座し投獄、出獄後は板垣退助と交わる。向陽社・玄洋社を組織。福稜新報を創刊し社長。大隈外相爆弾事件にかかわる。満州義軍結成を支援。浪人会を結成し大正デモクラシーの風潮と対決。純正普選運動を展開。孫文、ボースら亡命政客を保護。戦前右翼界の長老として晩年は神格化される。

「人間は魂さえ磨いて居ればよい。ほかに何も考えることはいらん。国も人も魂じゃ。魂の無い国、魂の無い人は国でも人でもない」

「反省をしなければならない。しかし、改心をしてはいけない」

「青年は圭角がなければならぬ」

火のついた線香である人間は、時限爆弾を抱えながら生きていることになる。時々刻々とその日は迫りつつある。この短い期間に気を許して時間を無駄にするな、発憤せよ、それが頭山の気概に満ちた言だ。

4月13日

吉行淳之介（よしゆき・じゅんのすけ）

私は自分の持病と一生連れ添う覚悟を決めています。できるだけ病気を飼い慣らしておとなしくさせるという方針を立てました。

1924.4.13 ～ 1994.7.26

日本の小説家。代表作に『驟雨』『砂の上の植物群』など。対談やエッセイの名手としても知られた。

静岡掛川の記念館で『サライ』の2007年3月15日号を手に取った。「ダンディズムを貫き通した機微の人」というタイトルだった。縁のあった作家たちが吉行をテーマにエッセイをかいている。瀬戸内寂聴によると健康雑誌を隅々まで読むという趣味が一致していたそうだ。「帰ってきたら、君のヒコーキの中の手紙が着いていて、胸がきゅんとなった。好きだよ」。君とは恋人の歌手・宮城まり子である。

吉行は多くの作品を書いた。『驟雨』『不意の出来事』『星と月は天の穴』『暗室』『鞄の中身』『夕暮まで』などが小説の代表作だが、エッセイの名手でもあった。『軽薄のすすめ』『悪友のすすめ』など一連のエッセイも人気があった。総計で200冊を超えている。

そして「持病というものは飼い馴らして趣味にするより仕方がない」と病弱の運命を悟った言葉も遺している。吉行は病気の宝庫だった。アトピー、喘息、腸チフス、結核、躁と鬱、白内障、乾癬、肝炎……。病気と闘い、入退院を繰り返しながら、膨大な作品を描いた。よく70歳まで生きたという感じもする。怒涛の仕事量をこなしきれたのは「病気を飼い慣らす」ことを上手に成し遂げたからだろう。この決意と実行は大したものだ。

4月14日

アーノルド・トインビー

国家の衰亡につながる一番厄介な要因は、自分で自分の事を決めることができなくなったときだ。

1889.4.14 〜 1975.10.22

イギリスの歴史学者。主著は『歴史の研究』全25巻、『試練に立つ文明』。

歴史学者らしい名言

「宗教は、宇宙の構図を示すとともに、人間の行動に指針を与える」

「文明が挫折する根本の要因は、内部の不和と分裂である」

「文明は一つの運動であり、状態ではなく、また航海であって、港ではない」

「現代社会の病根をなおすには、人間の心の内面からの精神革命による以外にない」

「人間とは歴史に学ばない生き物である」

人間の生き方へのアドバイス

「ベストを尽くせばいいんだ。それ以上のことは誰にもできはしない」

「偉大なる才能は、試練によっていっそう鋭く育まれる」

日本について

「日本人が歴史上残した最大の業績は、世界を支配していた西洋人が『不敗の神』ではない事を示した点である」

やはり、偉大な歴史学者トインビーの文明、国家、社会に関する叡智にあふれた洞察は響く。挫折の原因は外部環境ではない。内部の不和と分裂なのだ。「自分で自分の事を決めることができない」ときに、人間集団で構成される組織は衰亡する。その極点が国家であり、そして国家群が織りなす文明である。

4月15日

山本丘人（やまもと・きゅうじん）

個性を生かしぬく人。それを深く掘り下げて行く人は、何よりも立派である。

1900.4.15 〜 1986.2.10

日本画家。文化勲章受章者。

東京美術学校卒業。その後、松岡映丘に師事。1944年、東京芸術大学助教授、1947年、女子美術専門学校（現・女子美術大学）教授に就任、多数の後進を育てる。

以下、弟子である堀文子の丘人評。

「生涯、同じことを繰り返さない。立ち止まることの決してなお、驚くべき作家として存在」

「よくしつけられた弟子をお供に、威厳のある雰囲気」

「ずば抜けてスケールが大きい方」

「統率力もあったし、あたりを圧倒する風情」

「貪欲な方」

「二度と同じところに安住しない姿勢のエネルギー」

「天性の詩人」

以下、丘人の言葉。

「絵画というのは全人格的行為であり、画家の全ては作品のなかにある」

「画家は不断が大事であり、毎日のライフが大切である」

「歳月の影が折り重なって、芸（芸術）は円熟の境地に達するものらしい」

「造形する者は『ゆっくりいそげ』と古人の言葉に教えられてきた」

箱根の成川美術館は成川實が20年間に日本画を4千点集めた美術品を展示する美術館であるが、山本丘人の絵は200点ある。そこで開催された「山本丘人と堀文子」展を見た。二人とも「同じものは描かない」が信念だ。丘人は表現の方法を新しく模索して、その作品は自らの心象風景として昇華していく。個性を強く、深く掘り下げて、優れた人格にまで結晶させた山本丘人。それは今なお健在の弟子・堀文子の評でもうかがい知れる。

4月16日

坂上二郎（さかがみ・じろう）

夢は諦めたら消えちゃう。だから諦めたらいけない。

1934.4.16 ～ 2011.3.10

日本のコメディアン、俳優、歌手。通称「二郎さん」。

１９６６年、萩本と再会し、お笑いコンビ「コント55号」を結成する。たまたま麻雀のメンバーが足りず萩本に電話をかけたのが55号に繋がった。もともと即席コンビだったのが、浅草松竹演芸場・日本劇場などで人気を博し、演芸ブームに乗ってテレビに引っ張りだことなり、再度芸能界で活躍するようになった。コント55号ではボケ担当で、萩本の「タレ目」に対して「チッコイ目」で売った。「飛びます、飛びます」や「コタローね」といったギャグで人気を集める。

２００５年６月４日には、栃木県那須塩原市に転居。お笑い芸人の育成学校「那須お笑い学校」の名誉校長に就任した。また同時期に、それまで居住していた東京都練馬区（平和台駅前）にも、自らが学院長を務める「総合芸能学院キャメルアカデミー」を開校している。

一世を風靡したコント55号。萩本欽一は台本を無視して無理難題をふっかけるが、坂上はそれをすべてクリヤーし笑いを誘う。その芸は見事だった。最高の受け役だった。坂上二郎さんは、歌手を目指して上京し、さまざまな職業を経験、キャバレーの営業等で食いつないでいた。１９６６年にコント55号でようやく表舞台に立った。その二郎さんがいう「夢」の言葉には説得力がある。

4月17日

フルシチョフ

人生は短い。大いに楽しめ。

1894.4.17 ～ 1971.9.11

ニキータ・セルゲーエヴィチ・フルシチョフは、ソビエト連邦の政治家、同国の第4代最高指導者。ソビエト連邦共産党中央委員会第一書記と閣僚会議議長（首相）を兼務した。民族的にはウクライナ人。

フルシチョフは権力の座につくと、独裁と恐怖政治を世界に暴露するスターリン批判を行い世界を震撼させた。対外的には、「戦争は避けることができる。核の時代においては、平和共存こそが唯一の合理的選択なのだ」と考え、アイゼンハワー大統領のアメリカ合衆国を中心とする西側陣営と平和共存を図り「雪解け」をもたらした。1962年のキューバ危機ではケネディ大統領と対立し核戦争寸前でほこをおさめる。スプートニクやボストークの打ち上げなど、宇宙開発ではアメリカを凌駕した。

一方、社会主義国との関係はよくなかった。毛沢東の中華人民共和国はフルシチョフを修正主義と呼び中ソ対立が先鋭化した。また原理主義的なアルバニアとも激しく対立。ハンガリー動乱に際しては軍事介入を行っている。

フルシチョフは激情家だった。「あんたらを葬ってやる」と西側諸国の大使に向かって暴言を吐く。国連総会で非難されると自分の靴を脱いで机をたたき演説を妨害する。ニクソン副大統領との討論では感情的にまくしたてた。とにかく話題の多い政治家だった。

クーデターで地位を追われたあとは7年間の年金生活に入るのだが、回想記の執筆を巡って政権と緊張を生むなど、晩年も騒動を起こしている。冒頭の言葉のとおり、フルシチョフは人生を大いに楽しんだのだろうか。『フルシチョフ回想記』を読んでみたい。

4月18日

中山みき（なかやま・みき）

難儀は節だ、節から芽がでる。

寛政 10.4.18（1798.6.2）～ 1887.2.18

日本の宗教家、天理教教祖。

天理教は子ども時代に近所に集会所があり比較的馴染みがある。また青年向け機関誌『あらきとうりょう』の「コミュニケーション考」特集巻頭にインタビューを受け、取材者の立ち居振る舞いに感心したことがある。宗教団体の広報マンは身なりがきちっとしているのが特徴だ。

「人間の寿命は115歳となる。これから先はいつまでも生きていても良い。死ぬことを希望すれば、自由に死ぬこともできる。その時、来世にどういう生まれ方をするのかもわかるようになる」

あらゆる宗教の教祖に共通することは、その生涯のある時点において、「ひかり」との出合いがあることである。「われは世の光なり」と言ったキリストも、天理教の中山みき、大本教の出口なおなども、すべての教祖は「初めに光ありき」から出発した体現者であった。

木は節《ふし》から芽が出て花が咲く。人生の諸処であらわれる困難や挫折などを「節」と捉えよう。そこから花を咲かせよう。いわゆる節目だ。苦労は人を鍛えてくれる。

西田幾多郎（にしだ・きたろう）

世界を見ようとする時、世界もこちらを見ています。「井戸」をのぞくと「井戸」もあなたをみています。

明治3.4.19（1870.5.19）〜1945.6.7

日本を代表する哲学者。京都大学教授、名誉教授。京都学派の創始者。出世作であり、代表作は『善の研究』。西田幾太郎は、西田哲学という名前で知られる日本最高峰の哲学者である。禅の師である雪門から、四高教授の30歳の時、禅の修行者（居士）として「寸心」という号をもらっている。この号を西田は書を揮毫するようになる40代半ば以降、よく使っている。

絶対矛盾的自己同一という西田哲学の哲理は有名だ。矛盾しながらも自己同一を保っている。例えば昨日の私と今日の私。私と汝、仏と衆生。神と人。そうした構造を持ったものが現実の歴史的世界だ。こういうことらしい。人格とは昨日の私と今日の私は矛盾するが同一である。多はそのままで一つである、それを「一即多」と表現している。

石川県宇ノ気町の大きな公園の中に建つ西田幾多郎記

念哲学館は、入り口がわかりにくい。そして内部の展示を見てまわるのも、動線や案内板も問題も多く、何か不便で釈然としない。後でわかったのだが、哲学館なのでわざとわかりにくくし考えてもらうという設計思想で貫かれているのだった。設計者は安藤忠雄である。

「円は広大な心を表します。考えることによって、それは宇宙をも包みます」。円は始めも終わりもない。完全で広大な心に通じる究極の形であり、円相図ともいう。

「私の生涯は極めて簡単なものであった。その前半は黒板を前にして坐した。その後半は黒板を後にして立った。黒板に向かって一回転をしたと云へば、それで私の伝記は尽きるのである」と面白いユーモラスな述懐をしている。それが学者だということか。

　西田の歌を二つピックアップしてみる。「人は人、吾は吾なり　とにかくに　吾行く道を　吾は行くなり」「愛宕山　入る日のごとく　あかあかと　燃やし尽くさん残れる命」。この二つの歌は、井戸をのぞくと井戸も自分を見ているという言葉に代表される哲学の創始者たらんとする決意と意欲に充ち満ちている。思索者の心は熱い。

4月20日

明菴栄西（みょうあん・えいさい）

天地は我れを待って覆載し
日月は我れを待って運行し
四時は我れを待って変化し
万物は我れを待って発生す
大なる哉心や

永治元.4.20（1141.5.27）～1215.8.1

平安時代末期から鎌倉時代初期の僧。臨済宗の開祖、建仁寺の開山。天台密教葉上流の流祖。

臨済宗の開祖栄西は、1141年に備前岡山に生まれ、1215年に亡くなっている。13歳で当時の総合大学であった比叡山に入山し天台密教を学ぶ。28歳で、宋時代の中国に渡る。47歳、再び宋に渡り天竺を目指すが、西域ではモンゴル族の元が勃興し治安が悪く、許可が降りなかった。帰国後は九州の博多で布教を開始する。55歳、博多で聖人福寺を開く。60歳、北条政子の援助で、鎌倉に寿福寺を開基。62歳、京都に建仁寺を開く。この寺は天台、密教、禅の兼修の総合仏教寺院であった。ここでは曹洞宗の開祖道元が栄西の言葉に耳を傾けている。66歳、東大寺再建の勧進職。71歳、茶の湯の専門書「喫茶養生記」を書き、茶祖となる。

建仁寺は京都五山の第三位であった。この寺からは人材が多く出ている。11代蘭渓道隆の時に正式な禅寺になった。42代中巌円月は元に留学している。1467年から10年間続いた応仁の乱でこの寺も荒廃する。再興は安国寺恵瓊が1599年に本坊方丈を再建なる。安国寺恵瓊は毛利家の外交僧で、後に豊臣家に仕えた。謀反に倒れた信長を「たかころび」と予言したことでも有名だ。
白隠（１６８５〜１７６８）は臨済宗中興の祖である。

大いなる哉心や
天の高きは極むべからず
しかるに心は天の上に出づ地の厚きは測るべからず
しかるに心は地の下に出づ
日月の光はこゆべからず
しかるに心は日月光明の表に出づ
大千沙界は窮むべからず
しかるに心は大千沙界の外に出づ
それ太虚か
それ元気か
心はすなはち太虚を包んで元気を孕むものなり

の後に、冒頭の言葉が続く。

人間の心は世界よりも広く、歴史よりも大きい。その心は小さな肉体の脳の中に存在する。栄西が８００年以上前に喝破したように、心は不思議な世界だ。場所も形もあきらかではなく、機能もよくわからない。心、精神、意識の存在の秘密は、いなまお解けていない。

4月21日

三船久蔵（みふね・きゅうぞう）

小さいから大を倒せる。そこに日本武道としての柔道の意義がある。

1883.4.21 〜 1965.1.27

日本の柔道家。段位は講道館柔道十段、最高位。

三船十段は159㎝、55kgの小兵であった。そのため技の工夫を行ない、多くの新しい技を発明している。球車、大車、踵返し、三角固め、そして有名な空気投げ（隅落）である。スイスイと体をかわすと相手が面白いように転がるのが空気投げだ。23歳年上の「柔道の神様」嘉納治五郎の柔道理論の実践者であった。

ある記者に「嘉納先生と三船先生とでは、どちらが強いのですか？」と問われたときに、「嘉納先生は、私たちにとっては神様です。神様と人間を比較しないでください」と答えたという。なるほど、三船は「名人」だったから人間だった。

「空想は実現のもと」

「内円の動が外円を支配する」

10人ほどの6段から8段の大柄な猛者達との「かかり勝負」という連続試合で軽々と一本を取る映像を見たことがある。白髪の70代とおぼしき老三船が黒々とした髪の相手の攻撃を柳に風と受け流す。相手の技がなかなかかからない。そして自然の流れの中で軽く一本を取っていく神業には感動する。三船は「球」を原理としていた。

「引かば回れ、押さば斜めに」と説いた。

「柔よく剛を制す」という言葉もそうだが、日本柔道の本質は「小よく大を倒す」にある。技の工夫、技術の差で、大がらの体格者を凌駕する。これは縮み志向の日本のDNAでもある。

4月22日

冨田勲（とみた・いさお）

いつも「これが最後」と思って曲を書いているんです。……子どもの心を忘れず、常に「今」に夢中でいたいですから。

1932.4.22～2016.5.5

日本の作曲家、編曲家、シンセサイザー奏者。

「これからは宇宙時代。何億年前には海にしかいなかった生き物が生存不可能と思われる陸を目指したように、人類は今や宇宙を目指そうとしています。大変な困難を克服しなければなりません。しかしこれは、生き物にとって受け継がれてきた悠久のロマンではないでしょうか。それには地球全体の国々の心は一つにならなくてはならないでしょう」（２０１５年９月　国際交流基金賞受賞スピーチ）

手塚治虫は１９７１年に「冨田勲氏の音楽をひと言でたとえるなら、脱日本的な第一級の調理師とでもいうべきだろう。……グローバルなスケールで第一級の仕事をしてもらいたい」と語っている。その期待に応えた仕事ぶりだった。

長男の冨田勝は「幼少時に感動したものを、ホントに死ぬまで追い続けていたのが冨田勲なのだと思います。倒れる1時間前まで創作意欲に満ち溢れ、最後まで前のめりで亡くなっていった父の人生は、本当に幸せだったと思います」と父を述懐している。

「渡り鳥が危険をおかしてまで海を渡るように、『やらねばならぬ』ことは人それぞれにある。私の場合それが『音楽』だったのです」

冨田先生にはＪＡＬのファーストクラスに大吟醸酒を搭載する思い出深いプロジェクトを一緒にして以来、25年の長きにわたって酒友としてお付き合いいただいた。あの大吟醸を思わせる人格の尊い香りを身近で嗅いでいたことの有り難さ、幸せをかみしめている。毎年の「秩父で冨田勲先生を囲む絶品の蕎麦と大吟醸を愛でる会」で蕎麦屋「小池」での集まりを中心に、冨田先生と一緒に時間を過ごせたのは、ありがたいことだった。

冨田勲は、地球を相手に、そして宇宙を相手に、次々と音楽の世界の最先端を切り拓いた。「子どもの心」で「最後」と思って、「今」を燃焼させた見事な人生だ。あの素晴らしい音楽とやさしい言葉が甦ってくる。

4月23日

上村松園（うえむら・しょうえん）

一途に、努力精進をしている人にのみ、天の啓示は降るのであります。

日本画家。女性の目を通して「美人画」を描いた。

1948年、女性として初めて文化勲章を受章。子の上村松篁、孫の上村淳之と三代続く日本画家である。作品に「母子」「序の舞」「晩秋」など。著作に『青眉抄』。

松園は竹内栖鳳に師事した近代美人画の完成者で、女

1875.4.23 〜 1949.8.27

性初の文化勲章受章者。上村松篁は松園の嗣子で近代的な造形感覚を取り入れた花鳥画の最高峰で、文化功労者、文化勲章を受章。松園の美人画を花鳥画に置き換えた画風。上村淳之は上村松篁の長男で文化功労者。奈良の松柏美術館では、この三代の画家の作品と歴史に触れることができる。

「生命は惜しくはないが描かねばならぬ数十点の大作を完成させる必要上、私はどうしても長寿をかさねてこの棲霞軒に籠城する覚悟でいる。生きかわり何代も芸術家に生まれ来て今生で研究の出来なかったものをうんと研究する、こんな夢さえもっているのである。願わくば美の神の私に余齢を長くまもらせ給わんことを！」

「女性は美しければよい、という気持ちで描いたことは一度もない。一点の卑俗なところもなく、清聴な感じのする香高い珠玉のような絵こそ私の念願とするところのものである」

「画を描くには、いつもよほど耳と目を肥やしておかなくてはならないようでございます」

「真善美極致に達した本格的な美人画をを描きたい」

松園の天の啓示論は傾聴に値する。

4月24日

山本為三郎（やまもと・ためさぶろう）

その人になりきってしまって、その人が怒るときには私も怒り、その人が泣くときは私もまた泣いて、ものを考えているのである。

1893.4.24 〜 1966.2.4

実業家。大阪市中央区船場生まれ。朝日麦酒（現、アサヒビール）初代社長。新大阪ホテル、大阪ロイヤルホテルを設立。「ビール王」、「ホテル王」と呼ばれた。

山本為三郎は、実業家として一家をなしたが、文化芸術活動家としても後世に名を刻んでいる。柳宗悦らが取り組んだ民芸運動の支援者であった。

アサヒビール大山山荘美術館は、大阪の実業家加賀正太郎（1888〜1954）がつくったイギリスチューダー様式の洋館で、ウィンザー城から眺めるテムズ川を彷彿とさせる景色であった。加賀正太郎の建設した大山崎山荘は荒れていたのだが、加賀は死の直前にニッカの株を朝日麦酒の山本為三郎社長に譲っている。この縁でアサヒビールが美術館として復元し美術館として再生した。同時に安藤忠雄設計の「地中の宝石箱」が隣接してつくられている。この美術館には河井寛次郎、濱田正司、バーナード・リーチ、芹沢けい介らの作品1000点の山本コレクションの一部が展示されていた。

山本は大阪ロイヤル・ホテル（現在のリーガロイヤルホテル大阪）の設立にも心血を注ぎ、ホテルのメインバー「リーチ・バー」はバーナド・リーチと相談してつくった。「用の美」を味わうことができるバーとして現在も健在だ。

冒頭の言葉には「ただ、その人と私の違いは、私には感情や憎悪や利害関係がないということで、そういったものを取り除いて考えると、大抵のことはスムーズに解決できるものだ」が続く。同じ感情を抱きながら、冷静な理性で物事を解決していく山本は多くの人から信頼されたに違いない。その一つの精華がこの美術館だ。

4月25日

西本幸雄（にしもと・ゆきお）

いわしも大群となると力が出る。みんなが心底から力を合わせることによって、何かが可能になるんや。

1920.4.25 ～ 2011.11.25

和歌山県和歌山市出身のプロ野球選手（内野手）、コーチ・監督、野球解説者、野球評論家。

20年間の監督生活で8度のリーグ優勝を果たしながら、日本シリーズでは1度も日本一に就けず、「悲運の名将」と言われたが、本人は「幸運な凡将」と自らを語っている。大毎・阪急・近鉄というパ・リーグの弱小チームを一から育てて優勝させたから、西本はやはり名将であろう。

西本の教え子には阪急時代には米田哲也、梶本隆夫、足立光宏、森本潔、長池徳士、福本豊・山田久志・加藤英司、近鉄では鈴木啓示、佐々木恭介、梨田昌孝、羽田耕一、平野光泰、井本隆、栗橋茂、柳田豊などが挙げられる。人材育成の手腕は大したものだ。

「道のりは遠くとも、目標に向かって歩めば、一歩一歩近づくことだけは確かだ」

「レギュラーが決まっているチームは意外と弱い。2つか3つのポジションが決まっていないチームの方が強くなる」

鰯《いわし》という字は、魚偏に弱いと書く。弱い鰯も烏合の衆ではなく、優れたリーダーが情熱を持ち精魂を傾けることによって、生命を持った有機体としてのまとまりになっていき、それが奇跡を起こす。その創造の秘密をこの名将は知っていたに違いない。「何か」が可能になる。その何かは想像を超えるものかもしれない。

4月26日

シェイクスピア

「今が最悪の事態だ」と言える間は最悪ではない。

1564.4.26（洗礼日）～1616.4.23

ウィリアム・シェイクスピアは、イングランドの劇作家、詩人であり、イギリス・ルネサンス演劇を代表する人物でもある。

イギリスの美しいストラットフォードに生まれたシェークスピアはロンドンで劇団の役者兼座付き作者となり、二巻の叙事詩、喜劇・歴史劇・悲劇など36篇を書いた。『ハムレット』『オセロー』『リア王』『マクベス』は四大悲劇として特に有名だ。イギリスで勤務していた20代の頃、何度かストラットフォードを訪れて劇を楽しんだことがある。

「金は借りてもならず、貸してもならない。貸せば金を失うし、友も失う。借りれば倹約がばからしくなる」

「安心、それが人間の最も身近にいる敵である」

「愚者は己が賢いと考えるが、賢者は己が愚かなことを知っている」

「偉人には三種類ある。生まれたときから偉大な人、努力して偉人になった人、偉大な人間になることを強いられた人」

「簡潔こそが英知の真髄である」

などシェークスピアは人生と人間の観察の天才だ。冒頭の言葉にはいくつかの解釈があるが、「最悪の事態だ」と言葉にするときには、まだ希望が残っている、ととらえたい。

4月27日

グラント

君に合戦計画を与えるつもりはない。達成してもらいたいことを計画しただけであり、それをどのように達成するかは君の自由だ。

1822.4.27 〜 1885.7.23

ユリシーズ・S・グラントは、アメリカ合衆国の軍人、政治家。南北戦争北軍の将軍および第18代アメリカ合衆国大統領。アメリカ史上初の陸軍士官出身の大統領。

「どんな戦いにも、両者が『負けた』と思うときが訪れる。そこから攻撃を続けた者が勝利するだろう」

南北戦争では、グラントには飲酒癖があったが、実に有能であり、数々の困難を克服し、ゲティスバーグの戦いなどで戦功をあげ、最終的に南軍の名将・リー将軍を破った。

１９７９年には国賓として日本を訪れ浜離宮で明治天皇と会見。増上寺を訪れたとき、グラント大統領が植えた松を見たことがある。上野公園でも檜を植樹した。日光東照宮では天皇用の橋を渡る予定だったが、畏れ多いと辞退し、人気が出た。

グラント将軍は部下には目標を与え、達成方法いついては裁量を与えた。目標と裁量の関係を熟知しており、マネジメントの原則を自然に身につけていた。また戦争では互いに自軍が負けていると感じる時点があり、そこで弱気にならないものが勝つという微妙な真理を知っていた。戦争を行う将軍の心理戦にも精通していた。南北戦争における北軍の勝利はこの一人の天才によるところが大きい。

藤田喬平（ふじた・きょうへい）

作家というのは本当は六十からが勝負。自分の持ち味を出せるようになるんだ。

1921.4.28 ～ 2004.9.18

ガラス工芸家。イタリアで学んだ色ガラスと金箔を混ぜた飾筥《かざりばこ》で独自のガラス工芸分野を確立した。１９９７年、文化功労者。２００２年、文化勲章受章。

「宗達、光琳、彼らの素材にガラスがあったならいかなる作品を作ったであろうか」という問いを心に秘めて、桃山期の本阿弥光悦、俵屋宗達らによって始まり尾形光琳らによって江戸期に完成した琳派様式をガラスという素材を使って新たに表現するという試みに挑戦した。それは「ガラスによる琳派」の実現だった。藤田は「この作品は私がつくったのではない。ガラス自らがつくったのだ」という境地に達している。

宮城県松島の藤田喬平ガラス美術館の開館時には「ヴェネツイアと松島は似ている。この水と緑の風景は、日本における私のライフワークの源である」と述べている。美術館には飾筥、カンナ文様の花器類、オブジェ、茶道具など、ガラス工芸の粋のすべてを見ることができる。また芭蕉が「扶桑第一の好風」とたたえた松島の絶景も館内から眺めることができるのもこの美術館の素晴らしいところだ。

冒頭の言葉の後には「若いうちは自己主張が強くなるが、人間を積み重ねることによって力を抜けるようになる。手を抜いているようで手を抜かない。これが出来ないと……」と続く。藤田は１９７６年に日本ガラス工芸協会会長に就任するが、その翌年の１９７７年にはイタリアヴェネツイアに渡りガラス制作を始める。このとき、56歳。藤田は、「ベネツイアの恋」などベニス花瓶などの新作レース文様ガラス器を次々と発表して新境地を開いていく。「趣味なんか持っていたら、仕事なんかできないよ」と言いながら過去の自分の殻を破っていく姿には感動を覚える。藤田喬平は中年の危機をこのようにして乗り切って世界を相手に高みに登っていったのである。

4月29日

仰木彬（おおぎ・あきら）

イチローをつくったのは俺だ！

1935.4.29 〜 2005.12.15

「よく食べられること、よく飲めること、よく眠れることというのは、ある意味では技術以上の素質です」

「山に登るルートはたくさんあるのだから、自分の成功体験を押し付けてはいけない」

「人生において大切なのは、引く時のタイミングであり、切る時のタイミング、そして攻める時は思いきって、人目をかまわず攻めなければならないはず」

「大阪に帰ってこい。おまえの最後の花道は俺がつくってやる」（清原に対して）

「野茂に怒られるのが怖いから変えんかっただけや」（野茂英雄選手のトルネード投法に対して）

「自分が一流になれなかったのは、若い時に遊びすぎたからだ。あとから気づいても遅いんだぞ。オレが悪い見本や」と言った仰木は、恩師の三原監督をもじって「仰木マジック」といわれる奇策を成功させた名監督であるが、人を育てるマジシャン（魔術師）でもあった。野茂英雄、長谷川滋利、イチロー、田口壮などは仰木が育てた大リーガーだ。孤高の天才・イチローは「僕のただ一人の師匠」と記者の質問に答えている。確かにイチローを育てたのは仰木彬の最大の業績かも知れない。

福岡県出身のプロ野球選手、プロ野球監督（近鉄、オリックス）、野球解説者。

4月30日

川喜多長政（かわきた・ながまさ）

人は祖国を離れたとたんに、愛国者となる。

1903.4.30～1981.5.24

映画製作、外国映画の輸入。国際的映画人として、とくにアジアでは絶大な信用を有した。妻で長政以上の国際的知名度を持つ「日本映画の母」かしこ、娘の和子（伊丹十三の最初の妻）とともに「川喜多家の三人」として記憶される。

２０１０年4月にオープンした鎌倉市川喜多映画記念館はヨーロッパ映画の輸入と日本映画の海外への輸出を仕事にした夫妻を記念して建てられた記念館だ。川喜多長政は、府中四中、北京大学を経て、東ドイツに留学。東洋と西洋の和合を目指し東和商事を設立し、ヨーロッパ映画の輸入を始める。この会社が東宝・東和になり社長、会長を歴任する。妻の川喜多かしこ（１９０８年生まれ）は、「制服の処女」で大ヒットを飛ばし、以後「会議は踊る」「巴里祭」「天井桟敷の人々」などを日本に紹介する。日本映画を海外に紹介することにも尽力する。「羅生門」はベネチア国際映画祭で金獅子賞をとった。映画祭の審査員は26回に及んでいる。この夫婦は、夫は勲二等、妻は勲三等と勲章をもらっている。

48席の気持ちのいいミニシアターで夫妻を紹介する映画を観る。関係した映画祭は、カンヌ、ベルリン、クラコフ、モスクワ、ベネチア、サンパウロ、ハワイ、プサン……。交流のあった映画人は、チャプリン、ドヌーブ、黒沢明、淀川長治、尾上梅幸、大島渚、アラン・ドロン、原節子……。

かしこは、「徹子の部屋」で、師から「ビジョンを持て」「女性は美しくなければならない」と言われたこと、自身を「映画を好きすぎる、マニアみたい」と映像で語っている。

私達の観た外国映画は、この夫妻の仕事のおかげだったのだ。また日本映画が海外で日の目を見たのもこの夫妻のおかげだったことがわかった。

長政という名前は、歴史好きの父がアジアに飛躍するようにと山田長政からとったという。その名のとおりに「映画」をテーマにアジアと世界に雄飛した川喜多長政は、海外に出たらみなが愛国者になると述べている。外に目が開かれると、自身の内側に目が向かう。郷里から出る、日本から出る、このとき私たちはアイデンティティを強く意識する。そして愛郷心、愛国心が芽生えるのだ。

5月

皐月

5月1日

吉村昭（よしむら・あきら）

事実を主にしても、私は小説を書いている。

1927.5.1 〜 2006.7.31

日本の小説家。妻は作家の津村節子。

戦史、歴史、医学、動物、地震、津波を書く。入念な取材には定評がある。この人の書いた小説はずいぶん読んだ。前野良沢と杉田玄白を書いた『冬の鷹』、尾崎放哉を書いた『海も暮れきる』、小村寿太郎を描いた『ポーツマスの旗』……。『三陸海岸大津波』『関東大震災』の二つは、３・１１の後に読んでいる。「自然は、人間の想像をはるかに越えた姿をみせる」。

亡くなった２００６年の新聞には、「同世代で同じような経験をしていて、ひどい目にも遭っただろうけど、ついぞそういう話をしない人でした」（城山三郎）との談話が載っていた。

吉村昭の小説はスキがないが、講演ではユーモアあふれた話しぶりであるのは意外だった。講演テープを聴いて、ますますこの人のファンになった。「今日もまた桜の中の遅刻かな」という句を大学時代に詠んで先生を感激させた逸話が妻で小説家の津村節子のエッセイにある。厳しさと同時にやさしい目で歴史上の人物を見ていたのだろう。

18歳の１９４５年8月15日に敗戦を迎えた吉村は、「思いもかけぬことで呆然としたが、最も驚いたのは、それまで戦争を遂行と戦意高揚を唱えつづけていた新聞、ラジオ放送の論調が一変したことであった」とマスコミと軍部を痛烈に批判している。

「小説とは、文章ですべてのストーリーをつむぐ文字の芸術。小説の一文字一文字に小説家の魂が込められている。つまり小説の名言とは小説家の言霊であり、小説家の肉体は滅びても、魂は我々の中で生き続けている証でもあるのだ！」

吉村昭は丹念な取材で事実を明らかにしていくが、それはノンフィクションではなく小説であるという。事実と事実のすき間を主人公たちの想像上の名言で埋めていく、それが小説である。吉村昭の小説が読者を引き込むのは、鍛え抜かれた名言を絞り出す魂の迫力である。

5月2日

松本望（まつもと・のぞむ）

無鉄砲なくらいのチャレンジをさせなくては企業の若さは保てない。

1905.5.2 ～ 1988.7.15

音響メーカー・パイオニアの創業者。

松本望はアメリカ製のダイナミックスピーカーを聴き「いつか必ず自分の手で純国産のスピーカー（ユニット）を作りたい」と、１９３７年に初の純国産ダイナミックスピーカーを自らの手で開発した。そこからパイオニアの歴史が始まった。牧師であった父の影響を受けた松本望は、福音電機製作所をつくり、１９６６年に社名をパイオニア株式会社と命名する。

「わが社は音の専門メーカーである。音をもって社会に貢献することを忘れてはならぬ。そのためには最高の技術を生かして、大衆が喜んで利用できる価格でなければ事業の意味を失う」

レーザーディスクを世界に先駆けてつくった時、全く売れなかったが、松本望は「全くの新製品だから、売れなくて当たり前だ。あわてるな！」と当時の社長を励ましている。

「望」という名前をもらったことによって、松本はいつもひと筋の希望を持ち続けていられた。人は名前のようになることが多いが、命名の意味が大きいことの証左の一つだろう。

組織の内外には知恵を持った人は多い。この人たちに創造の喜びを感じさせることがリーダーの役割だ。松本望のいう「無鉄砲なくらいのチャレンジ」とは、パイオニア精神そのものだ。パイオニアと命名された会社は、パイオニア精神と若さにあふれた企業になっていくはずだ。

5月3日

柴五郎（しば・ごろう）

中国人は友としてつき合うべき国で、けっして敵に廻してはなりません。

万延元.5.3（1860.6.21）～1945.12.13

日本の陸軍軍人。軍事参議官・台湾軍司令官・東京衛戍総督・第12師団長を歴任し、階級は陸軍大将勲一等功二級に至る。

「扶清滅洋」を掲げた1900年の北清事変（義和団の乱）鎮圧のために英米露仏独など列強8カ国は軍を派遣する。6月21日清朝は列強に対する宣戦を布告。北京にいた外国人は籠城を余儀なくされた。2カ月後の8月に連合軍は北京を占領し、西大后は光緒帝とともに脱出する。この籠城にあたって英仏中国語に精通する北京公使館付き武官・柴五郎砲兵中佐は、実質的な指揮を担い寄り合い所帯をよくまとめ、外国人から多くの賛辞が寄せられた。

この柴五郎が維新時に故郷・会津が朝敵として嘗めた辛酸を描いた少年時代の記録が石光真人『ある明治人の記録——会津人柴五郎の遺言』（中公新書）である。

会津23万石は、1870年に3万石に減じられて下北半島に斗南藩として再興を許される。今の青森県むつ市である。恐山のふもとであり、原子力船・むつの旧母港として知られている。火山灰台地のやせた土地である。しかし、この最果ての地は気候厳しく実質7千石しかなかった。このため移住した会津の人々が嘗めた辛酸は筆舌に尽くし難いものだった。この間の事情をしたためた文書を、石光が筆写したものである。肉親の菩提を弔うために書いたもので、自らもこの文書とともに眠りにつこうと考えていた。柴五郎が肉親と自分のために書いた自分史である。

「寒けれども手を懐にせず、暑けれども扇をとらず、はだぬがず。道は目上にゆずれ片寄りて通るべし。門の敷居を踏まず、中央を通るべからず。客あらばぬ奴僕はもちろん、犬猫の類にいたるまで叱ることあるべからず。おくび、くさめ、あくびなどをすべからず、退屈の体をなすべからずと、きびしく訓練されたり」

「挙藩流罪という史上かつてなき極刑にあらざるか」

「陸奥湾より吹きつくる北風強く部屋を吹き抜け、炉辺にありても氷点下十度十五度なり。吹きたる粥も石のごとく凍り、これを解かして啜る」

「官界は薩長土肥四藩の旧藩士に要職を占められて入り込む隙間なし。会津のものにとりては、東京もまた下北の火山灰地に似て不毛の地というべきか」「人々日々の生活の業に疲れ、過ぎたること忘れがちなり」

　会津の人々の苦難を述べたものであるが、一方で明治の男子のあり方を教えられる。この人は立派な顔をしている。

　北清事変で、見事な指揮ぶりと高潔な人格で各国の尊敬を集めた柴五郎の活躍によって、英国はこのような素晴らしい軍隊を持つ日本と同盟を結ぶ。日英同盟の親とも言うべき人物だ。柴五郎は中国をよく研究していた。その柴五郎は中国を敵とせずに、友とせよと述べている。耳を傾けよう。

5月4日

森繁久彌（もりしげ・ひさや）

芸人とは、芸の人でなく芸と人ということではないか……。

日本の俳優、歌手、コメディアン、元NHKアナウンサー。昭和の芸能界を代表する国民的名優。

1913.5.4 ～ 2009.11.10

この人はただの俳優ではなく、極めつけの文化人だった。44歳で処女作を発表以来、主要著書は54冊にのぼっている。そのうち、還暦を過ぎた63歳以降の著書が43冊と多いのも特徴だ。

「女房やセガレがどんなにボヤこうが、私はあくまで一世一代で、すべてが私と共にあり、私と共に無くなるのである」

「目下開店中の八百屋のような万うけたまわりの芸術屋(アルチザン)を整理して、新しい冒険に船を漕ぎ出さねばなるまい。このまま立ち枯れるには、まだチット血の高鳴りが邪魔になる人生五十年である」

冒頭の言葉の言葉の後には、「なべて『人』を失っているかの感なきにしもあらずだ。人が人たるを失って、世の中に何があろう」と続く。映画や芝居などより、実際の人生の方がおかしく、切ない。その人生から学びながら人をつくっていく。どのような職業も「人」が重要だが、人生を表現することを生業とする役者は、見る人が役と人とがないまぜになってみているから、特に「人」が重要なのだ。遅咲きの国民的俳優・森繁久彌はその機微を知っていた。

5月5日

塙保己一（はなわ・ほきいち）

命かぎりにはげめば、などて業の成らざらんや。

延享3.5.5（1746.6.23）～1821.10.7

江戸時代の国学者。『群書類従』『続群書類従』の編纂者である。総検校。贈正四位。15歳で江戸に出て、衆分、29歳勾当、37歳検校、75歳総検校に進む。

7歳で失明。菅原道真公を守護神。賀茂真淵門下。36歳から41年かけて『群書類従』670冊（25部門）を刊行。76歳で死去。『群書類従』の完成によって貴重な書物の散逸がまぬがれたから功績は大きい。塙保己一史料館（社団法人温故学会）にある桜の版木は1万7244枚に及ぶ。彫師・刷師……。『群書類従』は塙保己一の死後200余年も事業が継続しており既に蒐集は70万冊に及ぶ。温故学会は塙保己一の遺志を継承して大成することを目的として1909年公益法人化した。渋沢栄一は発起人の一人で、この立派な温故学会会館の設立にも同郷の渋沢栄一が援助をしている。

3重苦のヘレンケラーが1937年に来館。視覚障害者教育に携わっていたグラハム・ベル博士（電話の発明者）から塙保己一のことを聴いて頑張ったという逸話がある。ヘレンは「子どもの頃母親から塙保己一先生をお手本にしなさいと励まされた」と述懐している。

『群書類従』の作成にあたり、20字×20行の400字詰に統一していた。これが後に400字詰め原稿用紙になったのだ。

塙保己一は本を人に読んでもらってそれをすべて覚えていたという。夜に講義をしているときに「目あきというのは不自由なものじゃ」と言ったいいう逸話も残っている。塙保己一は、身の不幸を嘆き自殺を考えたが、命の限り励めば、出来ないことはないと思い直し、盲目の身でハンディをものともせず大事業を完成させたのである。

5月6日

井上靖（いのうえ・やすし）

努力する人は希望を語り、怠ける人は不満を語る。

1907.5.6 ～ 1991.1.29

日本の小説家。文化功労者、文化勲章受章。代表作は『敦煌』『孔子』など。

山崎豊子は新聞記者をやりながら朝5時に起きて出社する前に小説を書いていた職場の先輩であった井上靖の情熱と姿勢に打たれている。「井上さんは午前五時に起きて、作家として世に出るまで四千枚の原稿を書きためねばならぬと、自分に課した目標に向かって、ペンを執っておられるのだと思うと、粛然とした気持ちになった」

「記憶に残る言葉といえば、『絶えず勉強しなさい』という平凡にして、至難な言葉である」

北海道旭川の自衛隊駐屯地に程近い場所に井上靖記念館があり、２００６年に訪問した。この人の姿勢には見習うべきものが多くある。

「人生は使い方によつては充分長いものであり、充分尊いものであり、充分美しいものである」

「自分で歩き、自分で処理して行かねばならぬものが、人生というものであろう」

「何でもいいから夢中になるのが、どうも、人間の生き方の中で、一番いいようだ」

「これまでとまったく違った新しい人生というのは、十五年ぐらいかけてチャレンジすると、かなり達成できるものなんですよ」

勉強家・努力家であった井上靖の言葉には深い叡智が宿っている。芥川賞で世に出たのは42歳という遅咲きだ。その受賞作『闘牛』のモデルは小谷正一である。井上靖は乏しい才能を40という年齢が補ってくれたと述懐している。15年かければ全く新しい人生をつくることができるという言葉も井上靖だから説得力がある。君は不満を語るか、希望を語るか。

5月7日

本居宣長（もとおり・のりなが）

志として奉ずるところをきめて、かならずその奥をきわめつくそうと、はじめより志を大きく立ててつとめ学ばなくてはならぬ。

享保15.5.7（1730.6.21）～1801.11.5

江戸時代の国学者・文献学者・医師。『古事記伝』44巻を完成。

本居宣長は、34歳で伊勢参りに来た賀茂真淵（67歳）と対面し、入門を許される。その後は、真淵が亡くなるまでの6年ほど手紙を通じて古代の人の心を知るために質問を出し、回答をもらうという時間を過ごす。これが有名な「松坂の一夜」である。35歳で着手した『古事記伝』全44巻を、35年の歳月をかけて70歳で完遂し、翌年亡くなっている。宣長没後に、平田篤胤が入門し後継者として国学を研究していく。これが後の明治維新の尊皇攘夷運動の原動力となっていく。

宣長は学問において、最も重要なことは「継続」であると考えていた。そのためには生活の安定が大事だと考えていた。彼の生活スタイルは、昼は町医者としての医術、夜は門人への講釈、そして深夜におよぶ書斎での学問だった。多忙な中で学問をするために、宣長は「時間管理」に傾注する。

本居宣長は五百人の門弟を抱えていたが、彼の偉い点は、「学ぶことの喜びを多くの人に教えた」ことにある。

「才のとぼしいこと、学ぶことの晩《おそ》いこと、暇のないことなんぞによって、こころくじけて、やめてはならぬ。なににしても、つとめさえすれば、事はできるとおもってよい」

日記は、自分の生まれた日まで遡って書き、亡くなる2週間前まで書き続けていて、「遺言書」を書いて葬式のやり方から墓所の位置まで一切を支持している。宣長は記録魔だった。そして継続の人だった。志を立て、うまずたゆまず進んでいけば、何ごとも達成できる。そして世界を変えることができる。そういうことを本居宣長の尊い人生は教えてくれる。

5月8日

高山彦九郎（たかやま・ひこくろう）

朽ちはてて身は土となり墓なくも心は国を守らんものを

延享4.5.8（1747.6.15）〜1793.8.4

江戸時代後期の尊皇思想家である。

13歳の頃、『太平記』を読み、南朝の遺臣が建武の中興の志を遂げられなかったのをみて憤り、尊王の志をおこす。18歳で置き手紙を残し上京。21歳、山陽道で管茶山に会い、閑谷学校を訪問。24歳、細井平洲（上杉鷹山の師）に入門。40歳、祖母りんが没し、3年間喪に服す。43歳、江戸で前野良沢に出会う。44歳、林子平。46歳、筑紫の旅で、中津に3カ月ほど滞在。47歳、久留米で自刃。27歳から47歳で亡くなるまでの21年間の日記では、蝦夷地と四国以外の日本中を旅したことが記されている。有名、無名の交遊は5千人に及ぶ。記念館では公家、儒学者、無名の人々などその交遊の広さに驚いた。高山彦九郎は今で言うネットワーカーだったのだ。ネットワークをつくり、つなげながら、自らの思想を練り上げ、日本の中に伝播していった人である。知的武者修行でもある。旅の思想家だった。

土地の歴史を調べそこで善行をした人の魂を認め、褒め、それを書き残す。その土地の優れた人を掘り起こす。親の敵を討った人、農業のやり方を発明した人、洪水を防ごうと工事をした人。……高山彦九郎は質問し、その土地のよいところを引き出す人だった。だから誰もが彼を信頼する。

細井平洲を師と仰ぐ高山彦九郎は、足利幕府以来の武断政治を仮の姿とし、朝廷による文治政治が日本本来の政治の姿であるとの確信を持っていた。そのことは徳川幕府に対する疑念となる。それは反幕の思想であった。この考え方は日本国内に深く浸透し「尊王攘夷」という思想を生んだ。高山彦九郎は冒頭の歌のとおりに生き、そして死んだ。その屍《しかばね》を乗り越えて、明治維新が成った。

5月9日

金子鷗亭（かねこ・おうてい）

芸術には進化はないんです。芸術は変化があるのみです。

1906.5.9 ～ 2001.11.5

北海道松前郡生まれの書家。近代詩文書を提唱した。文化勲章受章者。

五稜郭の近くにある北海道立美術館で「鷗亭記念室」を見学したとき、啄木の歌と水原秋桜子の歌を書いた鷗亭の書が展示されていた。ゆるやかな仮名文字、人の体の線をなぞったような漢字……。この人の書は、江戸東京博物館、井上靖記念館、史蹟松前城、国木田独歩詩碑などの題字になっている。

現代書でもっとも広く浸透したのは金子の漢字かな交じり文の近代詩文書である。現在では金子が創設した創玄展は、わが国最大級の書展となっている。

毎年の全国戦没者追悼式の標柱の揮毫はこの人の書だった。１９５２年に第一回を書き、１９６３年から１９９３年までの実に31年間にわたって書き続けた。１９５２年の57歳から、最後に書いたのは88歳の時だった。60歳頃からは毎朝5時に起き散歩をして健康状態をベストにしてこの仕事を続けようとした。

この人によれば、「明」という字は、窓から月の光がさしこんでものが見えるという意味である。

金子は漢詩・漢文などの異国趣味を排し、日本の口語文・自由詩・短歌・翻訳等の詩文を新たに題材とすべきであり、また書の表現も現代にふさわしい表現とするべきだと言って賛同者を増やした。時代に応じた変化を主張したのだ。

5月10日

桑原武夫（くわばら・たけお）

汚い金をきれいに使うのが文化ちゅうもんや。

日本のフランス文学・文化研究者、評論家。文化勲章受章。人文科学における共同研究の先駆的指導者。

共同研究システムを発明し、日本の人文科学分野の研究における数々の業績を通じて、梅棹忠夫、梅原猛、上山春平、鶴見俊輔、多田道太郎ら多くの文化人の育ての親となった。

1904.5.10 ～ 1988.4.10

京都市右京中央図書館には「桑原武夫コーナー」が設けられ、生前に使用していた机や椅子、直筆のノートが展示されている。

「新井白石の合理主義、本居宣長のねばっこい追求力、そして明治維新をなしとげて、独立を守りえた私たちの祖父たちの知力と勇気、そうしたものをこそ、近代国家としての今の日本で継承せねばならないのである」

「人間は40代後半になったら、自分の力を弟子なり後進なりに分けてあげなければいけない。人を育てるにはエネルギーが要る。老齢になった後に名誉職のような形で養成するのではだめだ。力の充実している時期に後進を養成しなければ人は育たない」

金を集めるのは難しい。しかし金を使うのはさらに難しい。優れた事業家が絵画などの芸術品を集めてコレクションを楽しむのは、贅沢でもあるが、金の使い方という意味では素晴らしい。そういうコレクションが美術館に結実している。文化人は経営者に金を使わせることができれば、大いに貢献できる。そのときの殺し文句がこれだ。

5月11日

川喜田二郎（かわきた・じろう）

創造的行為の三カ条
自発性
モデルのなさ
切実性

1920.5.11～2009.7.8

日本の地理学者、文化人類学者。

川喜田二郎の頭文字をとって命名されたKJ法の創始者である。KJ法はフィールドワークから生まれた創造性開発法。

「創造的行為というものは、自分が生み出したものとの間に強い連帯感を抱くものであり、それによって自分自身が変わっていくのを感ずるものである」

「決断力のないリーダーは、誤った決断をするリーダーよりも劣る」

「共通課題への挑戦こそ人びとを結ぶものである。そうして解決という産物まで生みだしてこそ、その主人公もまた創造されるのである。その達成感こそ人を育てるものである」

生涯を通じて「創造」を考え抜いた実践者である川喜田二郎は、自発性・モデルのなさ・切実性を挙げている。自分自身の内から出てくるやむにやまれぬ強い動機から、今まで誰もなし得なかったことに、自ら突っ込んで行く。それが創造への道だ。その過程で自己変革が起こる。そして共同で達成した後には、関わった人々には強い連帯感が生まれる。こういたプロセスが人を育てることなのだ。リーダーたる人はそれを意識したい。

5月12日

青木昆陽（あおき・こんよう）

金銀、平日は至宝なれども、饑寒（飢饉や酷寒）の用をなさざれば、金銀を集むるは何の為にや。

元禄 11.5.12（1698.6.19）～ 1769.11.9

江戸時代中期の、幕臣御家人、書物奉行、儒学者、蘭学者。

昆陽は新橋の魚問屋であったがそれを嫌い儒者になった。その昆陽は病気の快癒を願って禁酒したり、母の死に際しては3年の喪に服すなど、両親への孝行が評判だった。それを八丁堀の地主でもある与力が町奉行大岡越前守忠相に上申したことがきっかけで自著『蕃薯考』を幕府に提出した。試験をして好結果を得られたことから甘藷は全国に普及し、飢饉時にも餓死することがなくなった。甘藷先生と呼ばれた。

幕臣となり、寺社奉行となった大岡忠相のもとで在野の家蔵古文書を収集し『諸州古文書』を著す。オランダ語の習得にもつとめた。弟子の一人が『解体新書』の前野良沢である。

琉球、長崎を経て伝わった甘藷《さつまいも》を今の幕張と九十九里で試作している。九十九里の碑や幕張の昆陽神社、そして墓のある目黒不動墓地での甘藷まつりが今なお続いていることなど、この人は多くの人から尊敬されている。

平時の金銀財宝ではなく、非常時の至宝をつくったのだ。甘藷先生という尊称は、人爵ではなく、人々が与えた天爵だろう。それが尊い。

5月13日

芹沢銈介（せりざわ・けいすけ）

もうひとつの創造。

1895.5.13 〜 1984.4.5

芹沢（芹澤）銈介は、日本の染色工芸家。

柳宗悦『工藝の道』を読んで「長年悩みつつありし工藝に関する疑問氷解し、工藝の本道初めて眼前に拓けし思いあり。生涯にかかる感動的の文章に接せしことなし」と感じ、柳を生涯の師と定める。柳は芹沢を「立場をくずさない質」「考えにぐらつかない」人と評した。また芹沢の仕事を「模様を生み、こなし、活かし切り、また派手でありながらも俗に落ちない色を生み出した」と評している。

『別冊太陽』では、図案家から染色作家への20代、柳宗悦と紅型（びんがた）に導かれた30代、東京移住と沖縄への旅の40代、終戦から復興への50代、津村の暮らしと相手なしの仕事の60代、「もうひとつの創造」への情熱の70代、パリ展と最晩年の日々の80代というように芹沢の生涯を総括している。

東北福祉大学の芹沢の美術館でみた映像では、裸婦像が、次第にデザイン化、単純化されて、最後は縄に変化する図案などには驚かされた。その映像の中で池田満寿夫は「単純化への意思がある」「見たものを即刻デザインする」「自然からデザインする」というように芹沢の特徴を分析している。

「どんどん染物を染めていって、自分というものなどは、品物のかげにかくれてしまうような仕事をしたい」という。芸術は自己主張で動物的なものが中心だが、芹沢は逆で植物的だ。対象にのめり込むことで、自分の存在を消していこうとする。

70代からの「もうひとつの創造」とは、自分で選び、日々を楽しんだ蒐集に情熱を傾けることであった。芹沢は、染織家としてのつくる喜び、蒐集家としてのつかう喜びの両方を知っていて、自宅に人を招くときは、配置するものを変えていたそうだ。創作と生活の一致にいたっている。時代や国境を越えた、そして様々なジャンルにわたった蒐集の日々も感動的な日々だった。染織と同様に、蒐集もまた創造なのである。

5月14日

前川國男（まえかわ・くにお）

建築の理論を最後の一歩まで推し進める力は、口でもない手でもない、やはり建築家それ自身の生活力または生活意識そのものであります。

1905.5.14～1986.6.26

日本の建築家である。府立一中、一高、東京帝大工学部卒。ル・コルビュジェの事務所に入所し、帰国後建築設計事務所をひらく。丹下健三らを育てる。

紀伊國屋書店、慶応大学付属病院、国際文化会館などを設計。70歳を過ぎてから各地の美術館を設計する。東京都美術館、弘前市美術館、熊本市美術館、山梨県美術館、国立西洋美術館、福岡市美術館、宮城県美術館、国立国会図書館……。日本の公共建築に大きな足跡を残している。

「人の上に立つタイプはふたつあり、親分とリーダーに分けられる。リーダーは本を読んだり後天的な努力で成り得ることができるが、親分は生まれもっての資質であり、努力してなれるものでは決してない。そしていなくなったところで人々の記憶に残らぬのがリーダーであるが親分はいつまでも記憶から忘れ去られることはない。そういった意味では前川國男は私達にとってまぎれもない親分であった」。部下の言葉である。

『前川國男　現代との対話』（六曜社）を読むと、建築家にとどまらず、思想・文化の巨人だったようだ。文化的価値の高い歴史的建造物を復元・保存・展示している小金井市の江戸東京たてもの園の前川國男邸は、吹き抜けの居間を中心に、それをはさむように寝室、書斎を置くという簡明な構成だ。概観の全体像は和風。建築面積は115・55㎡と小さいが、豊かな快適な空間を意識させる。強い生活力と高い生活意識を感じる空間であり、冒頭の言葉に納得する。

5月15日

井上光晴（いのうえ・みつはる）

四月長崎花の町。八月長崎灰の町。十月カラスが死にまする。正月障子が破れ果て、三月淋しい母の墓。

1926.5.15 ～ 1992.5.30

日本の小説家。

生前に記していた生い立ちや経歴の多くは虚構だった。「嘘つきみっちゃん」と幼少期のあだ名で呼ばれた人の面目躍如だ。長女の井上荒野は「父は自分を小説化したのだ」と語っている。荒野は『切羽へ』での直木賞をとっている作家である。

瀬戸内寂聴の出家は、４つ年下の井上光晴との関係の清算が動機だったという説がある。５月15日は井上光晴が生まれた日であるが、実は奇しくも寂聴の誕生日でもある。二人は同日生まれだ。これも小説的だ。

冒頭の詩は井上光晴の名著『地の群れ』の中の歌であるが、井上光晴自身が創作した手鞠歌であるという。この手鞠歌は短いからこそ原爆の悲惨さを語りかけてくる迫力がある。

5月16日

永谷嘉男（ながたに・よしお）

小規模な企業が生き残るには、局地戦に勝て。

日本の実業家。東京都出身。永谷園創業者、名誉会長。
「味ひとすじ」が永谷園の企業理念。

1923.5.16～2005.12.28

戦争で焼失した実家の茶の製造業再建を目指し、「江戸風味お茶づけ海苔」を開発し、1952年に発売後、瞬く間に大ヒット商品となった。1953年株式会社永谷園本舗（現・株式会社永谷園）を設立。日本の和風料理に革新的なアイデアを取り入れ、インスタントの味噌汁（あさげ等）、お吸い物をはじめ、寿司のもと・すし太郎やふりかけなどを製造・販売。「味ひとすじ」のキャッチコピーのもとで、お茶漬け海苔を含め数多くの看板ヒット商品を開発した。テレビコマーシャルにも積極的で、ザ・ドリフターズ（ふりかけ）、北島三郎（お茶漬け海苔）ら著名芸能人をCMモデルに起用して成功した。

1979年に取り入れた「ぶらぶら社員制度」では、2年間という長期間にわたって社員に自由な行動をさせた。出社時間は自由、会社経費で食べ、旅行するなど、ぶらぶらしながら新商品のアイデアを考える制度で、当時は大きな話題になった。

小企業は全面戦争ではなく局地戦で勝利をおさめよ。ニッチでトップを目指せ。小が大に勝つ。個人も同じだろう。非力さは技で補え。大理論ではなく分野を深掘りし第一人者になれ。

5月17日

安井曾太郎（やすい・そうたろう）

人ならば、話し、動き、生活する人を描きたい。その人の性格、場合によっては職業までも充分あらわしたい。

1888.5.17 ～ 1955.12.14

大正～昭和期の洋画家。昭和を代表する画家。文化勲章受章者。

安井曾太郎は、同い年の梅原龍三郎と画界を二分する力量の持ち主だったが、肖像画を多く描いたのも特徴である。その肖像画は、26歳パリから帰国した直後に「父の像」「母の像」などを描いたところから始まっている。

偉い人物が役職を退くときや、長命のお祝いに、肖像画を贈るという伝統が最近まであった。安井に描かれた人たちは、それぞれ不満の様子やとまどいがあった。それは、省略と誇張を重ね、戯画化にいたる直前で踏みとどまるのが安井の作風だったからである。

「安井曾太郎の肖像画」展を観たことがある。第一高等学校校長の玉蟲一郎一（１８６８～１９４２）の校長退職記念で描いた「玉蟲先生像」が印象に残った。「玉蟲さんは実にきちんと座られてほとんど動かれなかった。……古武士の様な所があった」。後に安井は一作を選ぶという問いに対して『玉蟲先生像』を挙げている。安井は生涯で30点ほどの肖像画を描いた。

本間正義氏が、「確か安井曾太郎画伯の描いた『横山大観像』が展示してあり、先生（平櫛田中）はその前にとまって、じっと見ておられたたが、いきなり、『先生もうしばらくおまち下さい。きっとそのうちに作りますから』といわれた」と回想している。よく描けていたのだろう。

「よきポーズと、よき背景を得ば、その絵は成功であると言ってもよき位である」

肖像彫刻を世界で一番多くつくった朝倉文夫もそうだが、安井は対象の人生と職業までも描こうとした。そのためには、人物の研究が必要だ。安井の肖像画に名作が多いのはそういう努力のたまものだろう。

5月18日

ヨハネ・パウロ2世

未来は今日始まる。明日始まるのではない。

1920.5.18 〜 2005.4.2

ポーランド出身の第264代ローマ教皇（在位：1978年10月16日~2005年4月2日）。

ヨハネ・パウロ2世は「空飛ぶ教皇」と呼ばれた。最初の訪問国メキシコを皮切りに、2003年9月に最後の公式訪問国となったスロバキアに到るまでに世界100カ国以上を訪問している。海外訪問は実に104回を数える。1981年には日本の東京・広島・長崎を訪問している。

イラク戦争の最中にアメリカのジョージ・W・ブッシュ大統領が度々「神の加護を」「神の祝福あれ」としきりに「神」を引用して戦争を正当化していたことに対し、2003年に「神の名を用いて殺すな」「イラクでのこの戦争に正義はなく、罪である」と批判した。

「自由とは、ただ好きなことをするということにではなく、我々がなすべきことをなす権利を持つことにこそある」

ローマ教皇は12億人の信者を持つローマ・カトリック教会の最高司祭で、「キリストの代理者」「ペテロの後継者」とされている。初代教皇はペテロだ。450年間にわたってイタリア人がこの地位を独占していたが、イタリア人以外で初のポーランド出身のヨハネ・パウロ2世が選ばれた。史上初のスラブ系教皇。カーター、レーガン、アラファト、グロムイコ、ブッシュ、ゴルバチョフ、ワレサ、クリントン、カストロ、ハタミ……など世界の指導者に会い、「暴力と武器が人間の問題を解決することは決してない」との思想を語り続け、東西冷戦の終結などに力を尽くした。また、なにごとも、今、ただ今から始めよということこのメッセージも多くの人々に感銘を与えたであろう。58歳から84歳まで四半世紀以上にわたり教皇として在位した長い時間と、世界100カ国以上を訪問するという広い空間移動で、人々に与えた影響力も空前だろう。偉い人である。

5月19日

賀来龍三郎（かく・りゅうざぶろう）

情報化社会にあっては独創力こそ人間としての存在理由になる。

1926.5.19～2001.6.23

日本の経営者・実業家。九州大学経済学部卒。キャノン社長・会長・名誉会長。キャノンカメラを大手情報機器メーカーに成長させるなど「キャノン中興の祖」と呼ばれている。

大分県中津市育ちであり、母から優秀な賀来三兄弟の話は聞いていたから親しみがある。以下本人が語るエピソードには、情報化社会を牽引した名経営者の資質がみえる。

「面接試験で趣味を聞かれ『麻雀です』と答えました。すると、御手洗（毅）社長の機嫌が悪くなった。徹夜で賭け事をするのはけしからん、というわけです。家庭麻雀に慣れ親しんでいた私は思わず、『麻雀のどこが悪いのですか。私は賭けも夜更かしもしません』などと反論しました。御手洗さんはカッと怒りだした。キャノンを諦めて次の就職先を探しました。ところが、社長が『不合格』と言ったのに、他の役員は全員『合格』。多数決で入社が決まりました。役員が社長と反対の意見を述べ、それが通るなんて面白い会社だなと思いました」

「多角化のために電卓事業に乗り出すべきだと進言し、御手洗（毅社長）さんから反対されました。御手洗さんはソニーの井深大さんに相談し、『電気関係に出ると苦労しますよ』と忠告されたらしい。井深さんは善意でおっしゃったと思いますが、今度は私が怒り『なぜ自分の部下が言うことを聞かず、他社の助言に従うのですか』と食って掛かりました」

「与えられた仕事の分野では、世界一になるんだという意気込みを持て」と社員を叱咤した賀来龍三郎本人はカメラのデジタル化の推進、コピー機、プリンター、ワープロなどの新規事業を立て続けに創出し、多角化でキャノンの業績を伸ばした。確かに新規事業を継続して収益源にした賀来龍三郎には独創を語る資格がある。情報化時代になって人間にはどういう存在理由があるのかという問いを発し、それは「独創力」であると賀来龍三郎は喝破した。最近話題になっているAI時代に人間は何をするのかという問いと迷いへの明確な解答だ。

5月20日

ジョン・スチュワート・ミル

自己教育の真の方法は、すべてのことを疑ってみることである。

1806.5.20 〜 1873.5.8

イギリスの哲学者である。政治哲学者、経済思想家でもあり、政治哲学においては自由主義・リバタリアニズムのみならず社会民主主義の思潮にも多大な影響を与えた。

「国を愛し、国民の自由を大切にする人たちは、支配者が国民に対して行使できる権力を制限しようとつとめてきた。そしてこの制限が、自由という言葉の意味であった」

「個人の自由にも、制限されなければならない事がある。それは、他の人に迷惑をかけてはならないということだ」

「国家の価値は、結局国家を組織する人民の価値である」

等など傾聴すべき言葉は多いが、以下に記すように人生に関する箴言も心に刺さる。

「幸福になる唯一の道は、幸福ではなく何かそれ以外のものを人生の目的に選ぶことである」

「人生の楽しみではなく、喜びを求めていこう」

「『自分こそ正しい』という考えが、あらゆる進歩の過程で最も頑強な障害となる。これほどばかげていて根拠のない考えはない」

「高貴な人物がその高貴さによってつねに幸福であるかは疑問の余地があるかもしれないが、その高貴さが他の人々をより幸福にし、それによって世界は全体としてははかりしれない利益を得ているのである」

私が薫陶を受け尊敬していた宮城大学の馬渡尚憲学長はミルの研究者だった。いつもミルと対話してきたと私に語ってくれたことがある。ここに並べた言葉を読んでいると馬渡先生の温厚な顔と語り口が浮かんでくる。

ミルの「満足した豚であるより、不満足な人間であるほうがよい。満足した馬鹿であるより、不満足なソクラテスであるほうがよい」を下敷きに東大の大河内一男総長は「太った豚になるよりは、痩せたソクラテスになれ」と卒業生にはなむけの言葉を贈って話題になった。ミルの影響力は大きい。

67歳のミルの臨終の言葉は「私は仕事をなし終えたね」だった。大学者の満ち足りた人生を物語る言葉と考えられている。ミルは幼児の頃から天才教育を受けていたのだが、ミルはそういった知識全てを疑いながら自己を徹底的に教育していったのだ。

5月21日

弘世現（ひろせ・げん）

流れに逆らっちゃいかん。しかし流れに流されてもいかん。

日本の実業家、日本生命社長。同社の「中興の祖」と呼ばれた弘世助太郎の娘婿。

1904.5.21 ～ 1996.1.10

弘世は名門の生まれで、東京帝大を卒業と同時に旧彦根藩の御用商人であった弘世家の婿養子となり、三井物産で16年間を過ごす。その後、日本生命の取締役として転身した。その後44歳から１９８２年まで35年間にわたり社長を務めた。

浅利慶太や石原慎太郎のスポンサーとして昭和時代を代表する建築物である日比谷の日生劇場を実現させた。ビジネスを行なうビルであると同時に劇場としての大空間も必要であるという二律背反を解決するために、設計者の村野藤吾は1階部分を開放し、劇場を上にあげた。商業的には問題はあったのだが、弘世社長の英断であった。

「流れ」は不思議なものだ。野球でも一瞬で流れが変わることがよくある。麻雀は流れを見極め、逆らわず打つことが重要だ。政治も風向きをいかに読むかが盛衰に直結する。人生においても運気の流れは確かにある。そして組織体の運営にも流れがある。運を営むという意味の経営においても、流れの見極めが重要だ。流れに逆らわず、流れに流されず、という弘世現の言葉には経営者としての叡智が感じられる。

5月22日

リヒャルト・ワーグナー

仕事をするときは上機嫌でやれ、そうすると仕事もはかどるし、身体も疲れない。

1813.5.22 ～ 1883.2.13

ヴィルヘルム・リヒャルト・ワーグナーは、歌劇の作で知られる19世紀のドイツの作曲家、指揮者である。代表作は「さまよえるオランダ人」「タンホイザー」など。

ほとんどの自作歌劇で台本を単独執筆し、理論家、文筆家としても知られ、音楽界だけでなく19世紀後半のヨーロッパに広く影響を及ぼした中心的文化人の一人でもある。また音楽と演劇を融合させた総合芸術を目指し、楽劇と呼ばれる独自の様式を築き、「楽劇王」と呼ばれた。

ワーグナーは自分自身と自分の芸術が至高のものであり、人や社会がそのために奉仕するのが当然と考えていた。そのため、バイエルン国王を始め多くの人々が迷惑をしている。常軌を逸する浪費癖、そして自分より優れた作曲家は「神がもし、世界でもっとも不幸な人生を私に用意していたとしても、私は運命に立ち向かうだろう」と言ったベートーヴェンだけだ、と公言するなど敵対者も多かった。音楽を聴くと堂々たる体躯を予想するが実際は１６７㎝の中背であった。

ワーグナーの音楽と思想に影響を受けた人は、ダリ、ニーチェ、ヒトラー……。反ユダヤ主義の思想は後にナチスに利用された。日本では、坪内逍遙、三島由紀夫も影響を受けている。現代のシンセサイザー・冨田勲は、音の演出の面白さを特色とするワーグナーにヒントを得て、エレクトロニクス技術を使って音楽の世界を大きく広げていった。ワーグナーの影響は大きい。

「私は音楽に恋をしているのです」というブラームスは同時代のライバルだった。そしてワーグナーは常に上機嫌で愉快に音楽に立ち向かっていった。機嫌がよければ仕事は進む。

5月23日

サトウハチロー

母という字を書いてごらん。やさしいように見えてむずかしい字です。恰好のとれない字です。やせすぎたり、太りすぎたり、ゆがんだり、泣きくづれたり……笑ってしまったり。

1903.5.23 ～ 1973.11.13

日本の詩人、童謡作詞家、作家。

サトウハチロー記念館は岩手県北上市にある。父の佐藤紅緑の出身地である青森と、詩に出てくる母の出身地である仙台の中間地という理由で北上市に建てたという珍しい記念館である。

落第3回、転校8回、勘当17回、中学中退というから、その素行は推して知るべしだ。「ビールは一日8～10本。ウイスキーが3日で1本、日本酒も同量程度。タバコは一日１００本、ほとんどアル中、ニコチン中毒に近い……」と本人も書いているが、結果70歳まで生きたから不思議である。ハチローは「ボクは日本一の個人的酒税納税者」と自慢していた。私はＮＨＫの人気クイズ番組「話の泉」という番組で活躍する姿を覚えている。

この人の詩は歌になっているものが多い。以下、あげてみる。

・「ちいさい秋みつけた」（誰かさんが　誰かさんが～）
１９６２年　日本レコード大賞童謡賞。
・「ちいさい母のうた」
・「かわいいかくれんぼ」(ひよこがね　お庭でぴょこぴょこ　かくれんぼ、)
・「長崎の鐘」（こよなく晴れた　青空を～）
・「うれしいひな祭り」（あかりをつけましょ　ぼんぼりに～）
・「うちの女房にゃ髭がある」（何か云おうと思っても

女房にゃ何だか〜）
・「二人は若い」（あなたと呼べば　あなたと答える〜）
・「もしも月給が上がったら」（若しも月給が　上がったら　私はパラソル　買いたいわ　ぼくは帽子と　洋服だ〜）
・「りんごの唄」（あかい林檎に　くちびるよせて〜）
・「悲しくてやりきれない」

　小学校時代の同級生で『姿三四郎』の著者である富田常雄が「ハチローは神武以来の不良少年」と語っている。あらゆる刑務所に入った縁で知り合った人たちと友人になっており、罪滅ぼしのつもりか、壮年以降は不良防止、犯罪撲滅、警察官互助運動にも参加しているのは愉快だ。

　サトウハチローにはお母さんをうたった詩が多い。詩集『おかあさん』は１８０万部の売り上げを記録した。今でも詩集としては日本記録である。その「母」という字について述べた冒頭の言葉も味わい深い。天真爛漫なハチローと一緒に写っている人々はみんな心から笑っている。こちらも思わず笑がこみあげてくる、そんな人柄である。なんだかこちらも幸せな気分になって記念館をあとにした。

5月24日

結城豊太郎（ゆうき・とよたろう）

忘年の交わり。

1877.5.24 〜 1951.8.1

日本の銀行家、大蔵大臣・日本銀行総裁、第5代日本商工会議所会頭を歴任。

中学時代に家族銀行を提案し、話題になるなど早くから金融に興味を持っていた。採用が無いのに当時の高橋是清副総裁に直談判して入行。経世済民が原義の経済に関心を持ちこの分野を歩み続けた。

高等文官試験に通っていたが、経済金融を学ぶため日銀を選ぶ。請われて安田財閥に入り、大安田銀行の創建。興銀総裁、商工中金創立なども行った。実務よりも視察に重点を置き、現状把握を通して未来に向かう姿勢であった。

「ふるさとは国の本なり」といい、人づくりに力を注ぐ。吉田松陰を尊敬。故郷の赤湯には、上下水道を引き、風也塾を設立し若者を運指導、臨雲文庫を設立し万巻の書を寄付し図書館とした。故郷の南陽市の結城豊太郎記念館は江戸の旧薩摩藩邸を移築した門が入り口だった。

修身・斉家・治郷という言葉を用い、郷学という言葉も使っている。20歳年下の東洋学・人間学の権威である若き安岡正篤と亡年の交わりと称して交流した。忘年の交わりとは、漢代の大学者孔融（当時50歳）と禰衡（でいこう）（20歳未満）との交わりを世人が呼んだという い故事による言葉だ。忘年の交わりとは若い人に師の礼をとることである。結城は21歳年下の安岡に感服し師事した。そういう姿勢を見習いたいものだ。

5月25日

エマーソン

その日、その日が「一年で最高の一日である」と心に刻め。

1803.5.25 〜 1882.4.27

アメリカ合衆国の思想家、哲学者、作家、詩人、エッセイスト。

エマーソンは『自然論』を刊行し、アメリカンルネッサンスと称されるアメリカ文学黄金時代の中心に位置していた。彼は自分の内部に多くの動物を感じている。あやしい共感に動かされるともいう。それは「自然は精神の象徴である」という表現になった。

「恐怖は常に、無知から発生する」

「私は引用が嫌いだ。君の知っていることだけ話してくれ」

「靴屋は良い靴を作る。靴以外のものを何も作らないから」

「偉大であることは、誤解されるということだ」

毎日を最後の人生最後の日だと思って生きよう。それは毎日を一年で最高の一日にしようというエマーソンの言葉と同義語だ。それは天から与えられた才能を発揮し続けることだ。そうすれば毎日が人生最高の日となっていく。そして「世界をほんの少し、良い場所にして去る」ことになる。そういった人生は偉大である。

5月26日

マイルス・デイビス

創造し続けようと思う人間には、変化しかあり得ない。人生は変化であり、挑戦だ。

1926.5.26 〜 1991.9.28

アメリカ合衆国のジャズトランペット奏者。

タモリがインタビューした時にはずっと絵を描き続けて、その絵をプレゼントした。そしてタモリが持参したトランペットにも絵を描いた。「自分の音楽をよく聴いてくれている」とタモリを褒めたというエピソードもある。

クール・ジャズ、ハード・バップ、モード・ジャズ、エレクトリック・ジャズ、フュージョン、ヒップホップなど、時代に応じて様々な音楽性を見せ、ジャズ界を牽引したデイビスは「俺の音楽をジャズと呼ぶな」とも語っている。創造は変化の中にある。

5月27日

広瀬武夫（ひろせ・たけお）

杉野はいずこ。

慶応4.5.27（1868.7.16）～1904.3.27

日本の海軍軍人。戦前は「軍神」として神格化された。ロシアに留学後、ロシア駐在武官となる。戦艦朝日の水雷長として日露戦争に従軍。第二回旅順港閉塞作戦で福井丸を指揮、同船の沈没間際まで行方不明の部下杉野孫七をさがしつづけ、やむを得ず救命ボートに乗り移ろうとした直後、頭部にロシア軍砲弾の直撃を受け、旅順港口で37歳で戦死した。

最近の研究によると、広瀬はその日（1904年3月27日）、ロシア戦艦レトヴィザンから複数の内火艇の射撃を受けて海中に落ちた。ロシア艦船が発見して引き揚げ、軍外套《がいとう》を着た状態で収容した。頭部以外はほとんど損傷はなかった。遺体は、広瀬がロシア駐在武官のころ交際した令嬢アリアズナの兄（ロシア軍大尉）らが確認。ロシア軍隊の軍旗、葬送曲を伴った完璧な栄誉礼をもって厳粛な葬儀が執り行なわれた。遺体はその後、旅順のロシア海軍墓地に葬られた。納棺の際にはアリアズナから贈られた懐中時計も発見された。

講道館新館2階の「資料室」の中に「殿堂」への入り口があり、その奥に「師範室」がある。資料室は柔道の誕生から世界200カ国に伝播するまでの歴史の資料が展示されている。殿堂には、柔道界を担った先達の写真と経歴が記してある。この中に、広瀬武夫6段の名前を見つけた。

大分県竹田市の広瀬神社の中にある記念館では、80歳の祖母に送った二つの写真が紹介されている。海軍大尉の正装とふんどし姿の写真の2枚。昭和10年に建立された広瀬神社の一角に

「陸軍大臣　阿南惟機　顕彰碑　岸信介書」という碑が建っている。

広瀬中佐は船倉から戻らぬ部下・杉野孫七上等兵を呼び続けた。この広瀬中佐の言葉は文部省唱歌に歌われている。広瀬中佐は、剛毅、果断、勇武、鬼、と呼ばれていたが、部下思いの情の人でもあったのだ。「杉野はいずこ」は軍神・広瀬中佐の最後の言葉だった。

5月28日

浜井信三（はまい・しんぞう）

重い障害とともに歩んできたあなたの生き方は、懸命に生きることの大切さを教えてくれます。私達はあなたが歩んでこられた道から学んでその道をたどって参りたいと思います。

日本の政治家、初代の公選広島市長（在任期間・１９４７～１９５５年、１９５９～１９６７年。通算４期市長を務めた）。一貫して核兵器の全面禁止を訴え、広島の父、または原爆市長と称される。

1905.5.28 ～ 1968.2.26

原爆の投下で市役所の幹部の多くが爆死したため、40歳の一介の広島市と防空本部の配給課長ながら最前線に立ち奔走した浜井の逸話を聞いた小松左京が創作したのが、少年向けＳＦ小説『お召し』である。

１９８６年2月26日、広島平和記念資料館の講堂で開かれた、第4回広島地方同盟定期大会に出席し、不動の信念と抱負を訴え終えた直後、来賓席に戻ると同時に心筋梗塞で倒れた。直ちに広島市民病院から医師が駆けつけたものの、16時8分に死亡。62歳。３月８日、山田節男市長らが発起人となって市民葬が執り行なわれた。

来日し広島を訪れた視覚と聴覚の重複障害者（盲ろう者）ヘレン・ケラーは「私は決して広島と長崎を忘れません…人々は恐るべき状況にありながら、なおも与えようという気持ちを持っておられたのです。このような寛容さに対して私は一体どう答えればいいのでしょうか」と語った。浜井信三市長はそのヘレンに冒頭の言葉を語った。広島は重い障害を背負っており、ヘレンの崇高な生き方をモデルにして歩んでいくと広島市民を代表して述べたのである。個人の生き方に広島市民が励まされたのだ。

5月29日

ジョン・F・ケネディ

プレッシャーの下で優雅さを保てるかどうかが、真のリーダーであるかを決める。

1917.5.29 ～ 1963.11.22

アメリカ合衆国の政治家。第35代アメリカ合衆国大統領。在任中の1963年11月22日にテキサス州ダラスで暗殺された。

国立公文書館で開催された「JFK―その生涯と遺産」展を見る機会があった。ケネディが、ジャーナリストとして出発していることは知らなかった。29歳で初当選。36歳の時に、24歳のジャクリーンと結婚。

重圧の中で気高さを発揮した8人の上院議員を描いた『勇気ある人々』でピューリッツア賞（伝記部門）を40歳の時に受賞している。この本はベストセラーになった。

ケネディは43歳で大統領になった。70歳のアイゼンハワーからバトンタッチを受けた。27歳の年齢差だった。そして1037日という大統領の在任期間で暗殺されてしまった。

18歳以上の若者を2年間途上国にボランティアとして派遣し、貧困や飢餓、伝染病の撲滅、教育、農業技術等の分野に従事させる「平和部隊」を創設している。日本の青年海外協力隊にも影響を与えたプログラムだ。

ケネディ大統領は上杉鷹山を尊敬していた。内村鑑三の『代表的日本人』を読んで、西郷や中江藤樹などと並んで紹介されている鷹山を知ったからだ。

「大きな失敗を恐れない者だけが、偉大なことを成し遂げる」

「何も行わず、手をこまねくということ、それが最も危険なのです」

「我々の問題は人間によって作られたものだ。それゆえ、人間によって解決できる」

「目標と計画が無いなら、努力と勇気がいくらあっても駄目なんだよ」

「成功は千人の方々のお陰です。でも、失敗はあなた一人の責任です」

「私たちは、今までになかったものを、夢見ることができる人々を必要としている」

「国があなたのために何をしてくれるのかを問うのではなく、あなたが国のために何を成すことができるのかを問うて欲しい」

「アメリカが何をしてくれるかではなく、我々が共に、人類の自由のために何ができるのかを問い給え」

「キューバ危機」では、ソ連との核戦争が起こる可能性があった。軍部はミサイル基地への先制攻撃を強硬に主張したが、冷静沈着なケネディは次元の違う海上封鎖に踏み切った。そして外交的解決に心血を注いだ。イタリアとトルコに配備されていたアメリカのミサイルの撤去、キューバに対する不可侵の確約という交換条件をもって米ソ間で合意に達する。一触即発の13日間は、ようやく、正常化したのだ。

　キューバ危機を乗り切ったケネディ大統領にならって、リーダーになったら、あわてず、さわがず、冷静沈着に襲ってくる危機に対処しよう。

5月30日

安岡章太郎（やすおか・しょうたろう）

人生に悩みはつきもの、特に人生の転換点で、その後の人生に知恵と勇気を与えてくれる名言はあるものです。

1920.5.30 〜 2013.1.26

日本の小説家。

１９５３年から１９５５年頃にかけて文壇に登場した新人作家の安岡章太郎、吉行淳之介、遠藤周作などを山本健吉が、第一次・第二次戦後の本格派作家に対し、私小説を中心とした「第三の新人」と命名した。安岡はその旗手だった。

１９５３年には選考委員の評価が真っ二つに割れながらも『悪い仲間』『陰気な愉しみ』により、芥川賞を受賞した。戦後の家族の崩壊を描いた『海辺の光景』（１９５９）で芸術選奨と野間文芸賞を受賞。『幕が下りてから』（１９６７）で毎日出版文化賞。自らの家系をたどった『流離譚《りゅうりたん》』（１９８１）で日本文学大賞、母方の家系をたどった歴史小説『鏡川』（２０００年）で大佛次郎賞。『僕の昭和史』で野間文芸賞。１９９２年には現代文学に貢献したとして朝日賞を受けた。１９９５年には中里介山の未刊の小説『大菩薩峠』をテーマにした評論『果てもない道中記』を発表しベストセラー。２００１年、文化功労者。

生涯、学校と軍隊と病院に象徴される近代社会における抑圧や束縛を嫌い、「劣等生」「ナマケモノ」を自称した小説家だった。２０１３年、92歳、老衰で死去。

自分の感じていることを誰かが短い言葉で説明してくれるのを発見すると深く共感する。迷っている時に一条の光が差すようにある言葉が向こうから目に飛び込んでくる。名言は人生行路を照らす先人たちの知恵の光であり、次の航海にこぎ出す勇気を与えてくれる励ましである。悩み多き安岡は名言の蒐集家であったのではないか。

5月31日

ホイットマン

あなたの道を他人が歩むことはできない。その道はあなた自身で歩まなければならないものだ。

1819.5.31 ～ 1892.3.26

アメリカ合衆国の詩人、随筆家、ジャーナリスト、ヒューマニスト。

ホイットマンは大工の息子だった。11歳から印刷屋の小僧、小学校の教師、民主党機関誌の編集者などをしていた。30歳前後に変化が起こり独創的で革命的な詩想を表現するようになる。36歳のときに出版した『草の葉』は、最初12編95ページだったが、推敲し書き加えて最後には383編で500ページを超えた。

ホイットマンの創作方法は、浮かんだ言葉を手元の封筒、便箋などの紙切れに書く。たまるとピンで留める。その紙切れを選別し、書き加え、順序を変える。このようなモザイク構成法で作られた。

大正から昭和にかけて活躍した日本の民衆派の詩人・白鳥省吾の記念館を訪ねたことがある。白鳥は81歳の時に、生涯の師であるホイットマンの詩蹟を訪ねてアメリカへ旅行をしている。記念館に、「万巻の書を読み　千里の道を行き　生死を天に任じ　世界の山河に放吟す」という言葉を見つけた。

・自分自身が最良の手本になればいい。そういう手本になる人物が一人でもいればその集団は千年輝くものになる。

・君が教訓を学んだ相手は、君を称賛し、親切をほどこし味方になってくれた人々だけだったのか。君を排斥し、論争した人々からも大切な教訓を学ばなかったのか。

・情熱……それなくして人間と呼べようか。

・自らが偉大な人を育てる。そして、偉大な人を育てられる人を育てていく……すべては、そこから始まる。

・我あり、あるがままにて十分なり。
・若い女は美しい。しかし、老いた女はもっと美しい。
・私に矛盾が多い。それは私が大きいからである。
・自分自身であることに、人間の偉大なる誇りがある。
・世界中の誰もが自分を称賛しても、私は一人静かに満足して座っている。世界中の誰もが私を見捨てても、私は一人静かに座っている。
・改革が必要であればあるだけ、それを成就するための「人格」が必要になる。今日すぐに始めたまえ、勇気、実在、自尊、明確、高貴を目ざして君自身を鍛えることを、君自身の「人格」を固め広めるまでは休んではならぬ。

ホイットマンは、近代の思想と科学を詩に取り入れて賛美した。そのためアメリカ民主主義を代表する詩人となったのである。新しい民主主義社会に生きる人々に勇気を短い詩で与えた。生き方、人としてのあり方、人格の向上、こういった近代人のあるべき指針を提示し、民衆を励ましたのである。国民的詩人・ホイットマンの詩は、アメリカヒューマニズムのソフトインフラであった。

6月

水無月

6月1日

原阿佐緒（はら・あさお）

生きながら針にぬかれし蝶のごと　悶へつつなほ飛ばんとぞする。

1888.6.1 ～ 1969.2.21

明治～大正時代の歌人。歌集に『涙痕《るいこん》』『白木槿《しろむくげ》』など。与謝野晶子にみとめられて新詩社にはいり「スバル」などに歌を発表。「アララギ」に参加したが、同門の石原純との恋愛事件で破門された。

宮城県大和町宮床に生れたみちのくの抒情歌人、漂白の女流歌人。原阿佐緒記念館は雪景色の中にひっそりとたたずんでいる。類希な美貌と短歌や絵画の才能が阿佐緒に数奇な運命を招きよせる。東北帝大教授石原純とのスキャンダルで世論の攻撃を浴びる阿佐緒は地元でも批難の的となる。

記念館では阿佐緒の遺した二冊の日記をテーマとした「蝶の日記」という企画展が記念館の二階で行われていた。阿佐緒は「これにはことさらにかかぬ、心乱れゐたる故ただにとりとめもなく筆にまかせてかく」と日記を書く心境を記している。

記念館に掲げてある歌が実にいい。よき理解者であった与謝野晶子ばりの官能的で抒情豊かな歌が心に残る。

くろかみも　このもろちちも　うつしみの　ひとはもはやふれざるならむ

捨つといふ　すさまじきことするまへに　毒を盛れかし　君思ふ子に

才能があり、美貌の持ち主でもあった原阿佐緒は、そのために恋愛問題を引き起こしている。2度の結婚・離婚を経て、「アララギ」の重鎮の歌人でもあり、著名な物理学者で東北帝大教授の妻子ある石原純の一方的な求愛に翻弄される。冒頭の歌は飛ぼうとしても、様々のしがらみや世間の目からなかなか逃れられない女の身の悶えを詠んでいて心を打たれる。

6月2日

小田実（おだ・まこと）

人間古今東西みなチョボチョボや。

1932.6.2 ～ 2007.7.30

日本の作家・政治運動家。体験記『何でも見てやろう』で一躍有名になった。日本に多い私小説を批判し、全体小説を目指した。

世界を貧乏旅行して好奇心の赴くまま見て歩いた『何でも見てやろう』（１９６１年、29歳の時の出版。河出書房新社）という本が大ベストセラーになった。当時大学生の私は興奮して読んだ記憶がある。「たしかにアメリカ合州国から始まって世界大にひろがった旅は、私の思考、人生に大きく風穴をあけた。そこから風は激しく入って来て、余分なものを吹き飛ばした。私はそれを書いた」と小田が述懐するこの本は若者に世界への目を開かせた歴史的な本だった。

小田実は１９６０年代後半から１９７０年代前半にかけて活発に活動していた「べ平連」(「ベトナムに平和を！市民連合」）を創るなど政治活動に多くの影響を与えた。大学時代にはこの人の発言に注目していた。就職後、20代の後半にロンドンで仕事をしていたが、そのとき、小田実が近くを通った。事務所にいると、中東地区を担当する偉い人(この人は豪放な人として有名だった)

が「オメエ、小田まことって知っているか？」と聞くので、「それは有名な人ですよ」と答えたら、「そうか。オレは小田実（小田みのる）なら知っているが、小田マコトなんてしらないと答えたが違っていたかなあ」といって笑ったので、私もおかしくなったことを思い出す。

その後、日本に帰り30歳頃から「知的生産の技術」研究会（知研）に参加した。このとき『激論！ ニッポンの教育』（講談社）という本の編集の手伝いで旧・吉川英二邸を訪れたことがある。ここで有識者の座談会を行ない、それを編集して本にするという企画だった。私がその場所に入ると、誰かがソファに寝そべっていた。起き上がるそぶりもないその人に挨拶をするとそれは著名な学者の小室直樹だった。その後、朝日新聞の原田先生と毎日新聞の黒羽先生がみえ、文部次官経験者、そして小田実が現れた。いったいどんな座談会になるのかと思っていたのだが、始まってみると当時の教育の主流である次官経験者と舌鋒鋭くそれを批判する小田実の一騎打ちの様相を帯びてきた。小田実は体が大きく骨太な骨格を持った偉丈夫だが、相手の理論を真上から粉砕しようとする迫力があった。後で講談社の編集者に聞くと「小室直樹も毒気が強いが、小田実は毒の強さが上だからね」という返事だった。

大阪での知研の講演の前に時間があって二人で喫茶店でしゃべったとき、考えがまとまってきた「図解」の理論を説明したら「それは大変なこっちゃなあ」と感心してもらったことを思い出す。セミナーの司会を私がやって、会員の車で小田さんを送っていった光景を思い出す。風圧は強いが、気さくな、そして大きな人だった。

「まあ、もうちょっと、行ってみようやないか。ほんとうに未知なものにむかって進むとき、人はそんなふうに自分に対して言うほかはない」

「ひとりでもやる。ひとりでもやめる」

二つ上の同志であった小中陽太郎は「この男には世界大の題材を摑み取るエネルギーとマイノリティにこだわる人生観の両面があった」と著書で語っている。もちろん世界と一人で対峙する魅力もあるが、等身大の小さな人間としての視点で動き、人々を巻き込んでいく姿も魅力的だった。そうだ、偉そうなことをいっても、人間は皆チョボチョボなんだ。小田実が言うと共感が湧き、何か可笑しい。肩の力を抜こう。

6月3日

石坂泰三（いしざか・たいぞう）

青年はすべからく素直たるべし。壮年はすべからく狸芸ででるべし。老人はすべからく、いよいよ横着に構えて、憎まれることを覚悟するべし。

1886.6.3 〜 1975.3.6

日本の財界人、経営者。第一生命保険、東京芝浦電気（現・東芝）社長を経て、第2代経済団体連合会（経団連）会長。経団連会長を4期12年務めた。経団連会長の異名「財界総理」は、石坂泰三を嚆矢とする。

石坂は鶏頭の方が牛後よりもいいと考えて逓信省に入省し、4年務めたのち第一生命に移り社長まで勤め上げ同社を大いに発展させる。三井銀行と東芝から東芝再建を依頼され社長に就任する。このとき、自分の腹心は連れて行かず単身乗り込んだ。理由は出処進退が自由にできるからだった。石坂の決意がうかがえる。6千人の人員整理の断行がやむを得ないという社員へのメッセージも従業員の心を打っただろう。

「従業員諸君、我々は伸びんとすれば先ず縮まることを要する。余は就任早々この再建に直面し多少なりとも犠牲者を出すことは甚々忍び得ざる処なるも、大局上このほかに途なきを確信する以上、諸君に於いても能くこの事態を認識し協力せられんことを切に希望する次第である」。

石坂には仕事についての名言が多い。

・誠実に、そして厳しく自分を管理することが出来ていれば、あなたの部下の管理の必要性はない。

・会社につとめて、いろんなこと教えてもらうんだから、金払ってもいいくらいだ。

・私は人生万事、小成に安んじろというのではない。小さな地位でも、一日一日を充実感を覚えながら働いておれば、必ず道は開けてくる。不平不満をぶちまけるだけでは、道は真っ暗だ。一時の苦を忘れ、明日を夢見ながら、コツコツ働くしかない。

・上手くいったら、お前たちの功績、上手くいかなかったらオレの責任にしていい。
・無事これ貴人。
・人生のコースには人それぞれのペースというものがある。自分のペースに合わせて、息切れず、疲れすぎをせず、ゆうゆうと歩を進めて、とにかくその行き着くところまで、立派に行き着けばよろしいのだ。

財界総理としての考えは、今も通用する。

・経営に秘訣なしだ。よく勉強すること。これが経営者の任務。
・今の世の中で政治が一番悪い。
・私の財界に対する注文、それは第一に経済道義の高揚ということだ。
・経済が政治に追従するのでは、大きな飛躍は望めない。政治に並行しながら、これに政策面で優先することが経営者の任務ではないだろうか。

青年は素直であることが一番の美徳だ。壮年に求められる狸芸とは何か。老人は横着に構えて憎まれよとはどういう意味か。城山三郎が書いた伝記をじっくり読んで考えたい。

6月4日

木下順庵（きのした・じゅんあん）

胡霜漢月照刀環。
百戰沙場久不還。
萬馬夜嘶青海戍。
孤鴻秋度玉門關。

元和 7.6.4（1621.7.22）～1699.1.23

江戸時代前期の儒学者。5代将軍徳川綱吉の侍講をつとめた。朱子学に基本を置くが、古学にも傾倒した。

藤原惺窩の弟子・松永尺五に学ぶ。京都で私塾を開く。金沢の前田藩から招きを受けたとき、師の子を推薦して、感心した前田利常は両人とも召し抱えた。後に順庵は5代将軍徳川綱吉に招かれた。官学であった林家以外では初となる幕府の侍講をつとめている。

順庵は教育者として優れていた。「木門十哲」と呼ばれる俊才を育てている。対馬藩に仕えて朝鮮通信使の来訪時に活躍した雨森芳洲、加賀藩前田家に仕え、後に将軍吉宗の侍講となる室鳩巣、紀伊藩の祇園南海、富山藩の南部南山、『大日本史』の編纂にかかわった三宅観瀾、甲斐府中藩主徳川綱豊（のちの将軍家宣）侍講の服部寛斎などきらめく才能が輩出している。その中でもっとも有名なのが徳川家宣に仕え、「正徳の治」を遂行した新井白石だ。白石失脚後も、順庵は徳川吉宗の信任を得て政治に関与している。

日本においては古来、詩は宋と元を範としてきたが、順庵は唐詩を主張した。冒頭の詩はその順庵の作である。「北国には霜が舞い降り星月が刀環を照して帰心を促すが、転戦久しく沙場からは帰れない。青海の駐屯地では軍馬のいななきが夜空に響き、玉門関の秋空には鴻《おおとり》が一羽群れを離れて飛翔し去る」。順庵の出現以後、日本の詩は唐詩を倣うようになったと荻生徂徠が言っている。弟子の白石や鳩巣には詩文集があるが、順庵にはないのは不思議だ。ここでも教育者の面目を感じる。

6月5日

富本憲吉（とみもと・けんきち）

作品こそわが墓なり。

日本の陶芸家。人間国宝、文化勲章受章者。

選びかけた職業が面白い。株屋、石屋、飛行機乗り、カメラマン、トラック運転手……。憲吉の「憲」は江戸末の文人画家・田能村竹田の名前の孝憲からとったものだ。生涯唯一の師は尾形乾山であった。

1886.6.5 ～ 1963.6.8

アーチストとアルチザンを統合して共働させたウィリアム・モリスの工芸思想に影響を受けてロンドンに留学した。

１９１４年に『青鞜』同人の尾竹一枝と結婚。富本の生涯は、大和時代、東京時代、京都時代に分けることができる。

富本は歴史上の先達、異国のデザインなどのアレンジは創作と言えるのかという問いを考え続け、「模様から模様を作らない」と決心する。これが創作理念となり、ひいては創造性と個性を主張する近代工芸の基本理念となっていく。

富本の追求した「美」は、説明不要の万人がわかるものだった。過剰装飾と茶人趣味の行書、草書ではなく、楷書体の陶器を目指すと、親友バーナード・リーチにあてた手紙で宣言している。

「工芸は図案である」。立派な図案ができれば立派な工芸が生まれる。図案力の養成のための図案教育をやろう。

これは東京美術学校教授任官時の決意である。

耳順60歳にして軒昂たる意気込み。高い知性と気概。晩年になっても創作力は衰えない。技法の面でも研究熱心で、挑戦的な実験を繰り返した。

京都市立美術大学教授となり、先駆けて陶磁器専攻学科を開設した。１９５５年、最初の人間国宝。１９６３年3月に退職、５月に学長に選任され学長就任の辞令をもらうが肺がんを患っていて受けなかった。6月死去。

奈良県生駒郡安堵町の自宅跡はかつて富本憲吉記念館となっていたが２０１２年に閉館していて私が訪ずれた時には見ることはできなかった。２０１７年1月にレストランとホテルから成る「うぶすなの郷Ｔｏｍｉｍｏｔｏ」に改装され、高級旅館として運営されている。

「骨は灰にして加茂川に流してしまうべし」とあった。家族はそういうわけにもいかず、先祖代々の墓地に石塔をたてている。

遺言には「墓不要、残された作品をわが墓と思われたし」とあった。「作品だけが墓である」には芸術家の覚悟がみえる。これほどの決意で作品に立ち向かっていきたいものだ。

6月6日

川端龍子（かわばた・りゅうし）

画人生涯筆一管。

戦前の日本画家、俳人。文化勲章。

庶子として届けられたことを知り、「俺は龍の落とした子なのだ」として、30歳前から「龍子」の画号を使った。28歳、国民新聞社員として渡米、ボストンで「平治物語絵巻」など日本の古美術に出会う。29歳、帰国後日本画家に転向。30歳、再興日本美術院展に入選し才能が開花。44歳、「堅剛なる芸術の実践」を宣言し、自らの美術団体である青龍社を設立し、亡くなるまで37年間運営した。

1885.6.6 ～ 1966.4.10

「目前の刺激に動揺することなく、横路へ外れず、自己の信ずる大道を誠実をもって固く踏んでゆけるように、日常的に心の訓練を重ねる努力がなければ、この自信を高めることは出来ないであろう」

「井戸を掘るように、深く深くと掘り下げて行こうとするもの、一つは泉水のように、そう深くなくとも成るべく広く広く動こうとするものである。自分の場合は浅くとも庭の池のように広く広くという方向にあるのではないか」

筆一管で自己の信ずる「堅剛なる芸術の実践」という大道を強く意識し、仲間をその旗の下に組織化し、小さく凝り固まらずに、大きく展けるように進んで行く。眼前の刺激に迷うことのないように、心の訓練を重ねる努力をした人だ。

6月7日

梅田雲浜（うめだ・うんぴん）

君が代を
おもふ心の
一筋に
我が身ありとも
思はざりけり

江戸時代末期（幕末）の儒学者。

文化12.6.7（1815..13）～1859.10.9

幕末に儒学者として立った梅田雲浜は、対外関係が緊迫するにつれて、政治的発言と行動を起こしていく。

小浜藩の重役に海防策を書き送り藩政批判を行ったとして士籍を削られ浪人学者となる。ペリー来航にあたり徳川斉昭の幕閣登用を主張。ペリー再来時には江戸で吉田松陰と交渉。水戸では家老の武田耕雲斎に攘夷論を説くが効果なく帰京。ロシア軍艦が大坂天保山沖に現れ条約締結を迫ると妻子を放置し大坂に下る。京都で志士の指導者となり、上方と長州の産物交易に携わる。将軍継嗣問題・条約勅許問題が起こると一橋慶喜擁立・勅許繁多を推進。

こういった活動のため、安政の大獄が始まると二人目の逮捕となった。取り調べが終わらないまま獄中で病死。享年45。東京、京都、小浜に墓がある。京都霊山護国神社には雲浜の碑も建てられており、今も雲浜を慕い訪れる人が多いという。

冒頭の歌は尊攘家・梅田雲浜の辞世である。獄中にあっても、ただ「攘夷の大義」を唱え続けた。時局に関する大局観と激烈な行動のこの持ち主は、我が身を捨てて時代の転換期の先駆けの役割を果たした。

6月8日

岩田専太郎（いわた・せんたろう）

一日5人。3万数千人の女がいつのまにかできる。

日本の画家、美術考証家。連載小説の挿絵を多く手がけ、数多くの雑誌・書籍の表紙で美人画を発表した。昭和の挿絵の第一人者として知られる。

ある日、文京区千駄木の住宅街にある「金土日館・岩田専太郎コレクション」を捜し当てて常設展を堪能した。

1901.6.8 ～ 1974.2.19

1901年の浅草生まれだから20世紀の初年生まれである。昭和天皇とディズニーと同い年だ。戦争で無一文になった専太郎は、俳優の長谷川一夫の居候になり、3年間を過ごす。1920年19歳で挿絵画家としてデビュー。以来、73歳で死去するまで、半世紀にわたって雑誌や新聞を舞台に活躍。25歳、吉川英治の『鳴門秘帖』（大阪毎日新聞）の挿絵で一流挿絵画家の地位をえる。時代小説、探偵小説などあらゆるジャンルの挿絵を、時代に即した新鮮な感覚で描いた。この間、ずっと挿絵画家としてトップの地位を保った人生だった。

岩田専太郎が生涯に描いた挿絵は6万枚。親友の小説家・川口松太郎は「挿絵を描くために生まれてきたような男」と評している。浮世絵の伝統を基礎に、時代の流行を敏感にとらえ、画風を変化させていった。大胆な遠近法、装飾的な画面構成、映画のアングルやクローズアップの手法、新しい印刷技術ん織先取りなどを採用した「専太郎調」といわれる独自のスタイルを確立した。岩田によれば、義太夫の太夫は小説家、三味線は挿絵画家という関係という見立てがある。

新聞、雑誌、ポスター、レコードジャケットなど夥しい作品がある。大佛次郎『赤穂浪士』、小島政二郎『花咲く樹』、火野葦平『青春発掘』、冨田常雄『処女峰』、舟橋聖一『夜のリボン』、小島政二郎『甘肌』、司馬遼太郎『竜馬がゆく』、司馬遼太郎『世に棲む日日』、吉行淳之介『裸の匂い』、松本清張『西海道談綺』、山岡荘八『徳川家康』。

映画ポスター「木枯し紋次郎」。

レコードジャケット　森進一「無情の夢」、日吉ミミ「失恋」……。

「挿絵画家には椅子が用意されていない。現役であることが位置であり、第一線から下ると、座る椅子は取り上げられてしまう」から、その覚悟で精進を続けた。「きのうは過ぎ去ってもうない。あすはまだ来ない。今日があるだけ」、そして「絵はかくもんじゃない。生まれるものだ。どんな子が生まれるか」という岩田は「専太郎美人」という言葉があるほど、生涯にわたって美人女性を描き続けた。「一日5枚で3万数千枚」、ということは、20年間の日々が必要になる。そして生涯で描いた挿絵は6万枚に達した。この計算でいくと実に33年の歳月である。継続の凄みを感じる人生だ。

6月9日

滝沢馬琴（たきざわ・ばきん）

物はとかく時節をまたねば、願うことも成就せず、短慮は功をなさず。

明和 4.6.9（1767.7.4）～1848.12.1

江戸時代後期の読本作者。曲亭馬琴。本名は滝沢興邦（たきざわ・おきくに）で、後に解（とく）と改める。代表作は『椿説弓張月』『南総里見八犬伝』。『南総里見八犬伝』は、１８１４年から１８４１年の28年間にわたって執筆された。全98巻・１０６冊の大著で、日本古典文学史上最長の小説である。ほとんど原稿料のみで生計を営むことのできた日本最初の著述家である馬琴は日記を書いていた。この日記をもとにしてできた芝居「滝沢家の内乱」を下北沢の本多劇場でみた。

馬琴は67歳の時に右目に異常が起こり、74歳では左目も衰え執筆は不可能となる。この時に息子の嫁のお路は口述筆記を申し出る。しかしお路には学問がなく文字を知らない。馬琴は漢字が偏とつくりからできていることから教えながら、両者とも必死の共同作業で1月6日から8月20日までの7カ月半を費やして、歴史的大著八犬伝が75歳で完結する。パンフレットにあるお路が書いた最初の文字と脱稿したときの最後の文字を比べてみると、まるで別人が書いたようだ。その落差に驚いた。

82歳での死にあたって詠んだ辞世の歌

「世の中のやくをのがれてもとのまま　かへるはあめとつちの人形」

九段の多摩大サテライトから歩いて数分のところのマンションの入り口に馬琴が硯を洗った井戸の跡が残っている。馬琴は、大流行作家であると同時に日常生活の煩雑な現実に立ち向かい巧妙に問題を片づけてゆく能力があった。文学と現実の両方をこなす稀有の人であった。その馬琴は、何ごとも実らせるには短慮を戒めて時節の到来まで待つべきだという至言を述べている。この人生の達人・滝沢馬琴の処世観に共感する。

6月10日

田能村竹田（たのむら・ちくでん）

筆を用いて工みならざるを患えず、精神の到らざるを患う。

江戸時代後期の南画（文人画）家。旅を好み日本各地を遊歴。詩文を得意とし画論『山中人饒舌』などを著した。豊後岡藩医の次男。藩校由学館の頭取となる。藩内の農民一揆の際、藩政改革の建言がいれらず37歳で隠退。絵を谷文晁らに学び、繊細な筆致の独自の画風を確立。隠居後南画の第一人者へ。幕末文人画家の代表的な作家。

安永6.6.10（1777.7.14）～1835.10.20

頼山陽らと親交を持ち、詩や書にもすぐれた。59歳で死去。

『近世雅人伝』には田能村竹田と4つ年下の頼山陽の交遊は芸術家の奇蹟であると讃えられている。類い希なる文豪と世にも稀なる画家は会ってすぐに打ち解けて交友を重ねた。比叡山で夏の風雅を味わったときに、竹田が寝言でホトトギスの鳴き声を叫んで大笑いになったとか、山陽が竹田の名品「一楽帖」を奪うなど、二人の交友については逸話が多い。

大分県美術館の「片岡辰市」コレクション展でみた田能村竹田の「稲川舟遊図」の添え書きの中に「吾より古を作す」とあり、竹田の気概に感銘を受けたこともある。

田能村竹田の過ごした旧・竹田壮の近くにある竹田資料館で「筆を用いて工みならざるを患えず、精神の到らざるを患う」（山中人饒舌）という言葉を発見。田能村竹田の絵ができあがるには、対象を見ては直し見ては直しするなど研究に研究を重ねる苦心が込められており、それが完璧な描写になってあらわれるのである。田能村竹田は精神修行者であり、それが優れた絵や詩や書に結実したのだろう。

6月11日

豊田喜一郎（とよだ・きいちろう）

技術者は実地が基本であらねばならぬ。その手が昼間はいつも油に汚れている技術者こそ、真に日本の工業の再建をなし得る人である。

1894.6.11～1952.3.27

日本の経営者、技術者、豊田自動車創業者。

日本の「紡織機王」豊田佐吉の長男。１９２９年に世界一を誇ったイギリスのプラット会社が工場を見学し「世界一の織機」と称賛し、権利譲渡の交渉が行なわれ、10万ポンド（邦貨１００万円）で特許権を譲渡した。佐吉はこの10万ポンドで「自動車を勉強するがよい」と喜一郎に与えた。病床にあった佐吉は喜一郎に「これからのわしらの新しい仕事は自動車だ。立派にやりとげてくれ」「わしは織機で国のためにつくした。お前は自動車をつくれ。自動車をつくって国のためにつくせ」と励ました。佐吉は１９３０年に64歳でこの世を去り、自動車事業は長男の喜一郎の志となった。

　豊田喜一郎は「一旦トヨタから出した車は、何処が悪くても全責任を負わなければなりません。それを他の部分に罪を着せずに、自家製品の悪いところを言い逃れの出来ぬ様にさせると云う事は、自分自身の製品に自信をつける最も大事な事であります」、そして「今日の失敗は、工夫を続けてさえいれば、必ず明日の成功に結びつく」と語っている。喜一郎が育てた技術陣の毎日の工夫の連続が、今日の「世界のトヨタ」に結実するのである。一人の人が志を抱いて一事に専心し、時代を超えて継続することで、隆々たる大事がなる。そういうことを豊田喜一郎の技術者人生は教えてくれる。

6月12日

大田昌秀（おおた・まさひで）

日本本土の「民主改革」は沖縄を米軍政下に置くことが前提で成立したものであり、その立場から日本の戦後を問わなければならない。

1925.6.12 ～ 2017.6.12

日本、沖縄の政治家、社会学者。元沖縄県知事、元社会民主党参議院議員。琉球大学名誉教授。特定非営利活動法人沖縄国際平和研究所理事長。沖縄県島尻郡具志川村（現・久米島町）出身。

本日、92歳の誕生日に亡くなったというニュースが流れた。太田は沖縄師範学校在学中に沖縄戦を体験。早稲田大学を卒業し、ニューヨーク州シラキュース大学大学院で修士号取得。東大、ハワイ大、アリゾナ州立大で教育と研究をした後に、32歳から64歳まで琉球大学に奉職し、法文学部長もつとめる。１９９０年から2期8年（65歳から73歳）にわたり沖縄県知事として１３０万県民のリーダーとして活躍する。そして２００１年からの6年間（76歳から82歳）、参議院議員をつとめる。

米軍の公式記録には「沖縄決戦は、第二次世界大戦を通じて最も激烈であり、最も損害（米軍）の多い戦闘であった」と記されている。この沖縄戦は、市民が盾となった戦争であり、地元住民は異民族的な扱いを受けており、１９４５年の3月の末から6月にかけて沖縄本島その他の島でも集団自決が行なわれている。糸満市の荒崎海岸でのひめゆり学徒隊の自決はよく知られている。住民対策が行なわれていたなら犠牲者数は半減、あるいは3分の1に減らすことができたが、日本はそういう対策は全くしていなかったのである。

第二次大戦の沖縄戦は、全人口の3分の1が命を失う一大悲劇だった。大田は長い教育と政治の経験の中から、軍事基地問題を解決しない限り、沖縄の明るい未来は切り拓くことは困難だと痛感していた。

大田は「何故に沖縄だけが日本から分離されたか」という問題をずっと追った。米軍は北緯30度線で区切り、奄美大島は沖縄と切り離されて米軍占領下におかれた。それは大和民族と琉球民族との境目であり、方言も違うし、また生態系も異なるという理由だった。本土防衛の「捨石」となった上に、日本は自らの独立と引き換えに沖縄を敵であった米軍の占領下に委ねてしまう。当時、天皇のメッセージも日本の安全のために沖縄を犠牲にという考え方があった。結果的に沖縄は米国でもなければ、日本でもないという宙ぶらりんな立場となる。

日本本土の「民主改革」は沖縄を米軍政下に置くことが前提で成立したものであり、その立場から日本の戦後を問わなければならないという大田昌秀は、ガンジーとキング牧師を尊敬し、折に触れて2人の本を愛読している。「改憲されると戦後日本の民主主義は死滅する」という真摯な態度と表情は胸を打つものがある。

6月13日

白瀬矗（しらせ・のぶ）

酒を飲まない。
煙草を喫わない。
茶を飲まない。
寒中でも火にあたらない。

文久元 6.13（1861.7.20）〜 1946.9.4

日本の陸軍軍人、南極探検家。

南極探検のライバルであったノルウェーのアムンゼン隊、イギリスのスコット隊は国家的な支援のもとに決行されたのだが、日本の白瀬隊は後援会長・大隈重信等の協力のもと国民の義援金で支えられていて、船も装備も貧弱だった。このため遅れをとった。

11歳の時に寺子屋の師匠・佐々木節斎から「お前はここではガキ大将で威張っているが、世界を見渡せば勇気のある立派な人たちが沢山いる」。そういってコロンブスやマゼラン、それに北極海探検で有名なジョン・フランクリンの話を聞かせる。そして南極探検を志した白瀬に5つの戒めを言い渡す。「酒を飲まない。煙草を喫わない。茶を飲まない。湯を飲まない。寒中でも火にあたらない」。白瀬はこの戒めを生涯にわたって守った。

「人間は目的に向かって剛直に、まっすぐ進むべきものである」

「自分は、人が鍬や鎌で雑草を切り揃えた跡を、何の苦労もなく坦々として行くのは大嫌いだ。蛇が出ようが、熊が出ようが、前人未到の堺を跋渉したい」

１９９０年開館の仁賀保市金浦町の白瀬南極探検隊記

念館は、建築家の黒川紀章の作品である。中央の円形の池に配置された円錐形の形態と、それをとり囲むように配置されたドーナツ形の形態によって構成されている。

　南極探検後、帰国した白瀬は4万円（現在の1.5〜2億円）の負債を一人で背負うことになる。この返済のために全国行脚の講演を行って全額を返済するため、極度の貧乏生活を送っている。

「恵まれぬ　我が日の本の探検家、パンを求めて処々転々」とは悲しい歌である。

　辞世の歌は

「我なくも　必ず捜せ南極の　地中の宝世にいだすまで」であった。

　1955年にベルギーで開かれた国際地球観測年に関わる南極会議で、当初は反対が多かったが、日本は白瀬隊の実績を述べて南極基地を設けて観測に参加することができたのである。「何とでも言え、世間の毀誉褒貶というものは、雲か霧のようなものだ。山が泰然としていれば、雲や霧が動いたとて、何ほどのことがあろう。やがて晴れる時が来るに違いない」と語っていたように、白瀬の志は死後に実った。

6月14日

藤沢秀行（ふじさわ・ひでゆき）

定石どおりの人生を生きて何がおもしろいのか。

1925.6.14 〜 2009.5.8

藤沢秀行（ひでゆき／しゅうこう）は、囲碁の棋士。棋聖、名人、王座、天元などのタイトルを獲得。名誉棋聖。豪放磊落な棋風で知られる一方、酒・ギャンブル・借金・女性関係など破天荒な生活で有名だった。棋聖戦の6期6連覇（優勝賞金4500万円）で借金を返済。書の名人で厳島神社鎮座400年で「磊落」、貴闘力の化粧まわしに「気」の文字を揮毫した。

若手育成に熱心で、「秀行塾」での指導、若手との研究会も「秀行軍団」と呼ばれた。また弟子たちと断続的に訪中をし中国の棋士との交流も盛んに行った。死後2010年には北京に「藤沢秀行記念室」が設置されるなど、中国囲碁界から感謝されている。東京都台東区の小野照崎神社には絶筆の書「強烈な努力」が刻まれた記念碑がある。

「試合が勝負ではない。毎日の積み重ねが勝負なのだ」

「努力を怠れば進歩が止まるばかりでなくかならず退歩する」

「碁の神様がわかっているのが100だとしたら、私にわかっているには、せいぜい5か6か、あるいはもっと下です」

秀行（しゅうこう）さんの人生の軌跡を追うと、定石に従ってないことがよくわかる。勝負師らしい破天荒な生活を意図した日々だったのだろう。「異常感覚」「華麗・秀行」と言われた棋風のように、最後の無頼派として面白く一生を過ごした。それが多くの人を惹きつけた。やはり定石どおりの人生は面白くない。

6月15日

空海（くうかい）

物の興廃は必ず人に由る。人の昇沈は定めて道に在り。

平安時代初期の僧。弘法大師の諡号（９２１年、醍醐天皇による）で知られる真言宗の開祖である。

高野山をひらいたのが空海43歳の８１６年。それから１２００年余。空海は８３５年に62歳で入定。入定とは「外界や雑念などの一切の障害から解放された、心を静めた瞑想状態」を意味している。空海は亡くなったのではなく、今なお奥の院で永遠に瞑想している。

最澄はあらゆる教えを受け入れたが、体系化には成功しなかった。それがその後の仏教の新しい波を育てたともいえる。法然の浄土宗、親鸞の浄土真宗、栄西の臨済宗、道元の曹洞宗、日蓮の日蓮宗などの新仏教は比叡山で学んだ僧たちによって興った。

これに対し空海は密教を独創で細部まで念入りに完成させた。それゆえ弟子たちは怠けてしまったという説がある。空海は『御請来目録』で、「密教は奥深く、文章で表すことは困難であるから、かわりに図画をかりて悟らないものに示す」といい、その手段として曼荼羅を位置づけている。密教は教えを造形で表し、五感で感じることを重視している。それが曼荼羅や、仏像などの美術品になっていく。曼荼羅とは輪円具足、すなわち満ち足りた世界ということ。悟りの内容を図絵であらわしたものだ。胎蔵界は大日経により大慈大悲の世界をあらわしたもの。金剛界は混合頂経による智の世界をあらわしたものである。

「自然万物、鳥獣草木は仏の言葉。浄土は心の中にある」

宝亀5.6.15（774.7.27）～835.4.22

「私たちの心の本質こそ仏の心である」
「心が暗ければ出会うものすべて災いとなり、心が太陽のように明るければ出会うものすべてが幸いになる」
「仏心は慈と悲なり。大慈は則ち楽を与え、大悲は則ち苦を抜く」

高野山は運慶の像や快慶の不動明王などがあり「山の正倉院」と呼ばれている。京都の東寺の立体曼荼羅21体のうち、8体の仏像曼荼羅が展示されている企画展を観たことがある。この仏たちの見事な造形を見ていると思わず拝みたくなるような表情をしている。金剛業菩薩坐像、梵天坐像、帝釈天騎象像……。薄暗い中に仏像が配置されあ身近にそれらを堪能できるこの空間では多くの人が感銘と安心を得ている。私もその一人となった。

司馬遼太郎の『空海の風景』、高村薫の『空海』を読んでも、空海は大きくて何か漠としている。空海の人間像はなかなか鮮明な像を結ばない。「物の興廃は必ず人に由る。人の昇沈は定めて道に在り」とは、人間としての正しい道を歩む人は浮かぶ。そういった人が集団を栄えさせる。そういうようにまずは理解しておこう。高野山を一度訪れなければならない。

6月16日

松本良順（まつもと・りょうじゅん）

病人を救うのは医師としての義務である。

天保3.6.16（1832.7.13）～1907.3.12

江戸末期から明治期の医師。大日本帝国陸軍軍医総監（初代）。

1843年に佐藤泰然が創設した佐倉順天堂は歴代にわたり人物が不思議なほど継続して出ている。実子を後継者とすることにこだわらず、医者として有能な人物を選び養子とする考え方が代々受け継がれている。

松本良順は佐藤泰然の次男で、幕府医官松本家の養子となる。長崎でポンペの片腕として活躍する。健康のために牛乳と海水浴を勧めた。

吉村昭『あかつきの旅人』、司馬遼太郎『胡蝶の夢』で主人公になっている。

冒頭の言葉は、若き日に指導を受けた師匠・ポンペの言葉である。今では当たり前のように聞こえるが、幕末の時代にあっては、人の身分は問わず、病人を救うのは医者としての役目だという思想は新しかった。そのポンペの思想を生涯守り、発展させ日本医学界の基礎を松本良順は固めた。

6月17日

臼井吉見（うすい・よしみ）

教育の中軸は自己教育だと思いますが、その自己教育の中核は、自分と異質の人間との対話です。

1905.6.17 〜 1987.7.12

日本の編集者、評論家、小説家、日本藝術院会員。

臼井吉見は59歳から大作『安曇野』を書き始め、途中病気の5年間もあり、この邂逅の物語を69歳で完結させる。原稿は５６００枚だ。その後、天皇制を論じた『獅子座』というライフワークに取り組むが未完に終わっている。

明治維新は臼井によれば、王政復古ではなく、岩倉具視のクーデターだった。臼井は天皇に対しては戦争責任を問わないわけにはいかないという意見だが、同時に天皇に限りないシンパシーも持っていた。一人の人間から基本的人権を奪っているという考えだった。

臼井は大学卒業後、後に原発事故で知られた福島県の双葉中学の国語教師になっている。臼井の講演録『自分をつくる』には、教育者としての名言が並んでいる。

「体を動かし、頭で考え、心に感ずる」

「精神の成長の時期に作られる友達が生涯の友達です。たがいに精神の成長の秘密を知っている同志が友人です」

「肝心の発電は、他人任せにして、電線だけ引っ張って、自分の精神の火をともそうとしたって、だめなんです。か細くても、消えそうでも、精神の世界では、自家発電でなくては、ごまかすわけには行かない」

臼井吉見という名前とやや太り気味の姿は子供の頃ＮＨＫの番組で覚えている。偉い人のようだったが、クイズでよく間違えるので愛嬌があった。

同質の仲間との交流は心が休まるが、それでは成長は望めない。常に新しい空間に身を置き、自分とは異質の人たちとの遭遇を求めて行動しよう。自分は自分自身を鍛える最高の教育者なのだから。

6月18日

古賀春江（こが・はるえ）

空想だ、想像だといっても追想だ。だから私は自然にふれる事を第一としてそれから否それが全部だ。

1895.6.18 ～ 1933.9.10

大正から昭和初期に活躍した日本の男性洋画家である。

初期の水彩画の時代。西洋の前衛絵画の潮流を吸収した時代。ドイツ表現派クレーの画風を摂取した時代。シュールレアリズム傾向の時代。38歳で夭折した前衛芸術家・古賀春江の生涯を通じての創造性は多様である。

分裂性気質者は不安、危機感、幻想的気分があるため、厭人性となり、孤独で書物を友とする場合が多いが、古賀も自閉症に陥っていった頃、川端康成との交遊が始まる。川端は「輪廻転生の教えほど豊かな夢を織り込んだおとぎはなひはこの世にないと私には思はれます。人間がつうった一番美しい愛の叙情詩だと思はれます」「私は東方の古典、とりわけ仏典を、世界最大の文学と信じている。私は経典を宗教的教訓としてではなく、文学的幻想としても貴んでいる」と述べている。住職の子であり、大正大学という仏教系大学でも勉強し仏教的背景のある環境に育った古賀とは通ずるところがあり、川端に深く影響を受ける。

二科賞を受賞した出世作「埋葬」は、墓穴を掘る人、拝む人、なげく人をキュビスム的にリアルに表現している驚きの作品である。それ以降も「奇術師」と呼ばれるほど前衛的作品を生み続けていく。古賀の病理は、「思想的画人」（坂本繁二郎）を生んだ。

パトグラフィという学問分野がある。文学・芸術・思想などの精神的所産の作者について、精神病理学的な考察を行なって作者の人格が、作品が作られる上にどのような意味を持つかを明らかにするものである。病跡学という。文学者、思想家についての研究は多いが、画家や音楽家については言葉がないので内面を推し量るのに困難が伴うので少ない。古賀の場合は、百篇ほどの詩が残っている。古賀春江は優れた詩人であり、詩境を絵にした人である。

6月19日

太宰治（だざい・おさむ）

きょう一日を、よろこび、務め、人には優しくして暮らしたい。

1909.6.19 〜 1948.6.13

日本の小説家。主な作品に『走れメロス』『津軽』『お伽草紙』『人間失格』がある。

太宰は38歳で亡くなるのだが、その短い生涯に140冊の小説を書いている多作な作家である。この作家が長生きして書き続けていたら、とほうもない存在になっただろう。太宰は天才肌のように思えるが、意外なことに弟子の小野正文が船橋の自宅に訪ねたとき「作家にとって大切なのは勉強すること、つまり本を読むことだ」「横光利一が行詰っているのは不勉強のためだ」と言われたという。

年表を見ると、自殺願望が強いことに驚かされる。20歳、期末試験の前夜カルチモン自殺未遂。21歳、鎌倉小動埼海岸で薬物心中を図り、女は死亡。26歳、都新聞の入社試験に失敗し首つり自殺未遂。28歳、妻初代の過去に悩み谷川温泉で心中未遂。4回の自殺未遂を経て、ようやく5回目に本望を遂げたのだ。何と生きにくい人だろう。

太宰の遺体が発見された6月19日は誕生日だった。この日は「桜桃忌《おうとうき》」と名付けられ太宰を偲ぶ会が今も墓のある三鷹の禅林寺で催されている。この名前は名作『桜桃忌』からとったものである。桜桃とはサクランボのこと。

亀井勝一郎が「全作品の中から何か一篇だけ選べと云われるなら、この作品を挙げたい」と言っている『津軽』という佳品を読んだ。太宰は、弱さや自分の感情をユーモアを交えてさらけ出しながら書いていく。谷崎潤一郎や三島由紀夫、川端康成などの文豪の文庫はどんどん減っていく傾向にあるそうだが、太宰の文庫本はむしろ増えつつあるとも聞く。若い人のファンが多いらしい。

生きにくい太宰の作品に書かれている、人間の弱さ、悩みは、執筆当時よりもさらに生きにくい世の中になっている今の時代に若い読者の共感を呼ぶだろう。「生きるという事は、たいへんな事だ。あちこちから鎖がからまっていて、すこしでも動くと、血が噴き出す」という太宰は優しい人だった。

6月20日

丸木位里（まるき・いり）

人間、腹が立つこと、これじゃいけんと思うこと、いっぱいあるでしょう。日々、それと闘うことで、死ぬまで生きていける。腹が立たなくなったら人間おしまい。生ける屍です。

1901.6.20 ～ 1995.10.19

日本画家。妻・丸木俊と共作の「原爆の図」が有名。
長じて上京し、川端龍子に師事し、日本南画院、青龍社に参加。1939年から1946年まで美術文化協会展に出品。1941年、洋画家の赤松俊子（丸木俊）と結婚した。原爆投下で広島に移住していた実家の家族の安否を気遣い、俊とともに救援活動を行ない、この体験をもとに、俊と協働で「原爆の図」を発表するとともに絵本『ピカドン』を刊行し、以後、原爆をテーマとする絵画を描き続けた。

水墨の名手丸木位里と力強いデッサン家丸木俊の「原爆の図」美術館で、15部の屏風図の連作を観た。墨一色の画面に、必要に応じて紅を使う。アウシュビッツ、南京大虐殺、水俣、原発、三里塚などの図も展示されている。惨劇の迫力に感じ入る。

夫婦そろって1995年のノーベル平和賞候補に擬せられている。1996年には朝日賞を受賞。

「怒り」こそが生きるエネルギーだ。腹を立てよう！

6月21日

林子平（はやし・しへい）

親もなし妻なし子なし板木なし
金もなければ死にたくもなし

江戸時代後期の経世論家。

元文3.6.21（1738.8.6）～1793.7.28

小笠原諸島の発見の史実を書いた『三国通覧図説』がフランス語訳されていて、これが証拠となって日本領になったという。次いで畢生の大著『海国兵談』16巻を苦難の末に出版したが、この海防の思想は危険であるとされ幕府にとらえられ、板木は焼かれ、身は仙台で禁固となった。六無歌と呼ばれる「親もなし妻なし子なし板木なし　金もなければ死にたくもなし」と詠み、六無斎と号した。

高山彦九郎、蒲生君平とともに「寛政の三奇人」と称せられた。似顔絵をみると、目が異様に大きく、変わった人だったろうなあと納得したことがある。奔放不羈、かつ憂国の至情あふれる人であった。

林子平は禁固となって1年後に没した。死後10余年、北辺にロシアの影があり、当時の世人は奔放不羈の人・林子平の先見の明をようやく知った。板木とは木版印刷に使う版木のことである。海防の必要を説いた『開国兵談』は出版してくれるところがなく、林子平自らの手彫りであった。その板木が焼かれたのであるから、その心境は察するにあまりあるが、この歌には悲愴感はなく、ユーモアと皮肉が込められていて、親しみを感じる。

6月22日

フンボルト

人間が幸せか不幸せかは、人生に起きる出来事をその人がどうとらえるかであり、起きた出来事自体はそれほど関係はない。

1767.6.22～1835.4.8

ドイツの言語学者・政治家・貴族。フンボルト大学（第二次大戦後にベルリン大学を改称）の創設者。

20代でシラーとゲーテと親しく交わり、ドイツ古典主義の代表者となる。プロシアのローマ教皇庁公使、宗教教育長官、ベルリン大学創設、ウィーン会議のプロイセン大使、駐英大使、内相などの要職を歴任する。50代前半で公職から退き、比較言語研究に没頭した。

2歳年下の弟アレクサンダー・フォン・フンボルトは、大著『コスモス』を著した自然科学者・地理学者として著名である。現在、フンボルト大学の正面にはフンボルト兄弟の座像が建っている。兄弟の像を設置することによって精神科学と自然科学との総合を表しているという。

同じ出来事でも後ろ向きにとらえるか、前に向きにとらえるかで、その意味は全く違ってくる。そのとらえ方は、やはり性格によるのではないか。出来事は中立だ。悲観的な人は常に悲観し、楽観的な人は常に楽観する。様々な公職を経験したフンボルトは、新しい仕事とその課題を面白がって解こうとしたように感じる。

6月23日

成瀬仁蔵（なるせ・じんぞう）

聴くことを多くし、語ることを少なくし、行うことに力を注ぐべし。

安政5.6.23（1858.8.2）～1919.3.4

明治から大正のキリスト教牧師（プロテスタント）であり、日本における女子高等教育の開拓者の1人であり、日本女子大学（日本女子大学校）の創設者として知られる。

『女子教育』という著作によって多くの賛同者を得る。そして影響力のある大物をこの事業に引き入れている。伊藤博文、西園寺公望、大隈重信、渋沢栄一、大倉喜八郎、嘉納治五郎、伊沢修二……。同時期に津田梅子の女子英学塾、吉岡弥生の東京女子医学校、成瀬の日本女子大と、女子の高等教育機関が設立されている。前二つは小規模であったが、日本女子大は、1901年に家政、国文、英文の3学部と付属高校という陣容で合計288名の大規模な学校として出発している。

「何か天下のことをしたい」

「何か、国家的の事をしなくてはならぬ」

「吾が天職、教員にあらず、牧師にあらず、社会改良者なり、女子教導者なり、父母の相談相手也、創業者なり」

「我目的は吾天職を終わるにあり。吾天職は婦人を高め徳に進ませ力と知識練達を予へアイデアルホームを造らせ人情を敦し……理想的社会を造るにあり」

29歳新潟女学校校長、36歳梅花女学校校長。42歳日本女子大学校初代校長。成瀬は女子教育一筋の人生を全うしている。護国寺の日本女子大成瀬記念館でみた「女子高等教育構想」という成瀬のつくった図が興味深い。家政学科・医学科・宗教学科とあるが、中核は人格教育であった。

後継者であり同志であった麻生正蔵の履歴朗読はこの人の全生涯の生き方をあますところなく語っている。「常に唯光明を見希望を見……暗黒を見ず絶望を見ず前路を見て退路を見ず」

行なうことは少なく、語ること多く、聴くことはしない。そういう人にはなりたくないものだ。大学の創設者・成瀬仁蔵のこの言葉を肝に命じたい。

6月24日

加藤清正（かとう・きよまさ）

人は一代、名は末代。天晴武士の心かな。

永禄5.6.24（1562.7.25）～1611.8.2

安土桃山時代から江戸時代初期にかけての武将、大名。肥後熊本藩初代藩主。

「汝等はひとしく予が股肱腹心なり。使うところはその器に従うのみ」「普段から武士道の心がけを練っていなかったならば、いざという場合に潔く死ぬことはできにくいものだ」など優れた武将としての心がけや信条は語り継がれている。

賤ヶ岳七本槍や、朝鮮の役での虎退治などでその勇猛さが印象に残るが、聖教にも志しており、いつも『論語』を読み、朱墨で点などをいれていた。

豊臣秀吉と加藤清正を対象とした名古屋の秀吉清正記念館を訪問した。2人は25歳の年齢差である。加藤清正等連署血判起請文は、秀吉と秀頼への忠誠を誓うもので、血判なのでやや黄土色の血のあとがわかる。関ヶ原では家康に味方して活躍したが、秀頼への誠忠は忘れていないエピソードも残っている。清正は武の人という面が強いが、実は誠忠の人でもあった。

熊本の白川はものすごい暴れ川と言われ何度も熊本城下を襲っていた。清正は上流から河口まで川の状態をつぶさに見てまわり様々な工事に取りかかり、堰を築き、井手を掘るなどあらゆる工夫をして田畑を豊かにした。また、大津街道など道づくりにも力を注いだ。表の並木には桜を、裏の並木には栗を植えることを指示している。今日の熊本のいしずえをつくった。熊本城が風雨で城が破壊したとき、柱を替えようとすると、その柱の裏に「良材は得がたいので城外の沢の中に代わりの柱が沈めてある」と記されており、探すと見事な材木が山積みされていた。国づくり川づくりにも卓越した見識と実績を残した。清正は深謀遠慮の名君だった。

人の体は一代で滅びる。しかしその人が行った業績は永遠に残る。今の一瞬ではなく、未来に名前を残せ。永遠に生きよ。それが優れた武士の心構えだ。この武士を志ある人と理解しよう。

6月25日

菅原道真（すがわらの・みちざね）

東風吹かばにほひおこせよ梅の花
主なしとて春なわすれそ

日本の平安時代の貴族、学者、漢詩人、政治家。

道真は若い時、歌を作っても散り散りになってしまうので、学生たちと語らって折箱をあつらえて保管したという工夫もしている。学才をもって知られ、宇多天皇に寵愛され、そして醍醐天皇によって藤原氏を牽制するため右大臣とされる、左大臣藤原時平に讒訴され、太宰府へ左遷される。名ばかりの役職で給与も支給されず太宰府本庁にも入れなかった。そしてその地で没した。死後、京に天変地異が多く、道真の祟りとされて、天満天神として信仰の対象となった。後に災害の記憶の風化とともに学問の神様として信仰されるようになった。以下、無実を訴える名歌から。

承和 12.6.25（845.8.1）～ 903.3.26

海ならずたたえる水の底までも清き心は月ぞ照らさん

ゆされば野にも山にも立つけぶりなげきよりこそ燃えまさりけれ

人形浄瑠璃や歌舞伎で上演された「菅原伝授手習鑑」。菅原とは、平安時代の学者で政治家でもあった菅丞相・菅原道真のこと。丞相は政治的なライバル・藤原時平の讒言により筑紫国に流罪となることを下地とした物語で大当たりとなった。7歳で失明した江戸時代の塙保己一は36歳から41年かけて『群書類従』670冊（25部門）を刊行した人物だが、菅原道真を自身の守護神としていた。このように道真の悲痛な物語と学才の確かさは後々まで語り継がれている。

菅原道真の上昇と下降の波乱の人生は人々の同情をかった。同情を集める吸引力は「歌」であった。この31文字の歌という器にはあらゆる情念を込めることができる。歌は短いからこそ人々の心の奥に手裏剣のように刺さるのだ。

6月26日

柴生田稔（しぼうた・みのる）

社会意識や政治意識が目に立たなくとも、地味で手堅い「自然観照と身辺詠」の中にも、時代の影はおのづから映るのである。

1904.6.26～1991.8.20

年譜によると、13歳、父の赴任地中国の青島中学校に入学。35歳、長男俊一誕生。87歳、死去、とある。青島中学の校長が私の父・大野清作であり、長男俊一は私の日航時代の上司の課長であり、その縁で亡くなった時に小金井で行われた柴生田稔の葬儀に参列した。縁がある。

明治大学にある戦後最高の作詞家阿久悠の記念館。阿久悠の明治大学文学部の卒業論文「和泉式部」の指導教授は柴生田稔だった。つまり阿久悠は斉藤茂吉の孫弟子でもあったのだ。

37歳の第一歌集『春山』から。

布団のかげに小さき頭見えてをりわが頭に似ると君は言ひたまひき

思い切り子供が泣けば晴ればれとなりてしばらく聞き手ていたりき

何もかも受身なりしと思ふとき机のまへに立ちあがりたり

最後から2番目に刊行された１９８２年の歌集『星夜』から。

日本の歌人、国文学者。

新しき床よろこびて幼子の走りやまざる音の聞こゆる

父の日をわれは忘れて母の日を妻は忘れず忙しき日々

近代短歌の革新の系譜をみると、落合直文、与謝野鉄幹、与謝野晶子、北原白秋、木俣修、そして馬場あき子という浪漫短歌の流れと、写生を唱えた正岡子規、斉藤茂吉、土屋文明、と続く流れが2つあることがわかる。柴生田稔は後者の流れの嫡子だった。

冒頭の「自然観照と身辺詠」という言葉は、「吾々に今一番大事な問題は一草一花の中に造化の神秘などを感ずる事ではなく、吾々の今生きて居る四周、社会、政治の中にあり、作者自身とそれらのからみ合ひの場合にあるのだ」といった内部からアララギを批判した近藤芳美の批判にたいする反論である。政治、社会などをそのまま詠むのではなく、時代を生きている自分の身の回りの題材を大事にすることが結果的に時代を詠むことになるという論法である。「何をするかわからぬ男に任せゐる一国のことも職場のことも」（『星夜』）という歌の対象は誰だったか。

6月27日

小泉八雲（こいずみ・やくも）

外国人の旅行者にとっては、古いものだけが新しいのであって、それだけがその人の心を、ひきつけるのである。

1850.6.27 ～ 1904.9.26

ギリシャ生まれの新聞記者（探訪作家）、紀行文作家、随筆家、小説家、日本研究家、日本民俗学者。ラフカディオ・ハーンという名でも知られる。

ハーンは来日し松江中学で教え、旧藩士の娘・小泉セツと結婚し、小泉八雲と名乗る。熊本の第五高等学校で教えた後に東京帝大文科大学講師となり英文学を教えた。小泉八雲熊本旧居は小泉八雲が第五高等学校英語教師に着任して最初に住んだ家である。漱石は17歳年上の有名人・小泉八雲（ラフカディオ・ハーン）の後任だった。

「怪談の書物は私の宝です」と言うように怪談好きは特別だった。そして嘘つきが嫌いだった。眼鏡はうその目、入れ歯はうその歯、お世辞もうそであった。煙管で煙草を吸うのが大好きだった八雲は、得意の背泳ぎで葉巻煙草をくゆらせながら海上に浮かんでおり尊敬のまなこで見られてもいた。

「塩とたばこの博物館」（２０１５年渋谷から墨田区に移転）に煙草を愛した人々というコーナーがあった。本居宣長、太宰治、吉田茂、山東京伝、平賀源内などと並んで小泉八雲も紹介されていた。煙草好きは有名だった。

日本を、古い日本を愛した八雲は「日本人ほど、お互い楽しく生きていく秘訣を心得ている国民は、ほかにちょっと見当たらない」とも語っている。外国人によるこのような観察は多い。

「諸君が困難にあい、どうしてよいか全くわからないときは、いつでも机に向かって何かを書きつけるのがよい」という言葉には同感だ。襲ってくる難問には冷静な心持ちになって問題を明らかにしてそれを解いていかねばならないからだ。

文明は常に新しいものをつくる。それが近代以降はすぐに世界共通のインフラとなる。その国の文化は古いものの中にしかない。だから旅行者の目には、古いものだけが新しいと感じるのだ。古いものは新しい。

細井平洲（ほそい・へいしゅう）

勇なるかな、勇なるかな、勇にあらずして何をもっておこなわんや。

享保13.6.28（1728.8.3）～1801.8.8

江戸時代の儒学者。

名古屋から名鉄で知多半島の東海市の太田川。そこからタクシーで平洲記念館・郷土資料館に着く。平洲は14歳の米沢藩の次期藩主・上杉治憲の賓師となる。これが有名な上杉鷹山（１７５１～１８２２年）である。３年後に鷹山は藩主となる。鷹山は内村鑑三の『代表的日本人』でも西郷や中江藤樹などと並んで紹介されている。ケネディ大統領が鷹山を尊敬していたのは、この本を読んで鷹山を知ったからだ。また西郷隆盛が尊敬した人物としても知られている。平洲の弟子には寛政の三奇人として有名な高山彦九郎もいる。平洲の感化力は弟子を通じて時代と社会を変える力があった。

「すべて人を取り育て申すこころもちは、菊好きの菊を作り候様にはいたすまじき儀にて、百姓の菜大根を作り候様に致すべきことにござ候」（人づくりの要諦）

「学思行相まって良となす（学問と思索と実行が三つそろって初めて学問になる）」

「先施の心（まず自分の方から働きかけよ）」

平洲記念館の名誉館長は作家の童門冬二（１９２７年生）だったので驚いた。ビデオで童門は「平洲は鷹山にあなたは山の上の一本松だ。風当たりが強い。しかしあなたは幹である。幹がひっくり返ると枝もだめになると『勇』を説いた」と語っていた。改革にあたるリーダーに必要なのは風を受けて一人で立つ勇気である。

6月29日

伊沢修二（いさわ・しゅうじ）

万難千苦を嘗め尽くし、業若し成らずんば、異郷に客死するもうらむべきにあらず。

嘉永4.6.29（1851.7.27）～1917.5.3

明治時代の日本の教育者、文部官僚。近代日本の音楽教育、吃音矯正の第一人者。

伊沢は明治初年の「師範教育、音楽教育、体操教育、聾唖教育、植民教育、国家教育、吃音矯正等」、各種教育事業のすべての単独で創立したか、深く関係しているという、独創的な教育実践家であった。東京高等師範学校校長。体操伝習所主幹。東京音楽学校初代校長。文部省編纂局長。東京聾唖学校校長。国家教育社社長。台湾総督府民政局学務部長。貴族院議員。楽石社社長。こういう経歴をあげてみると、一人とは思えないほどの領域で創業にあたったことに驚きを覚える。5年間にわたって師範教育の開拓者であり、ブルドーザーであった伊沢は、師範教育の目的を知識の獲得と知識の伝達にあると考えて、組織を改変している。

「智戦力闘の処世に要用なる、あたかも車の両輪の如く」不可欠であり、体育は「全国の元気を振作せんことをこいねが」い、体操伝習所を設立した。

音楽教育の面では、「君が代」、「蛍の光」、「蝶々」などの唱歌を定めた。「てふてふ、菜の葉にとまれ……」で始まる「蝶々」については歌詞にも関与している。音楽は児童の身体の健康と徳育上の効果が大きいことを強調し、音楽教育を独力でもって設計し、構築した。31歳で文部省に戻った伊沢は森有礼大臣のもとで標準的な教科書の編纂にあたる。聾唖教育に関与した伊沢は、研究を重ね、聾唖者の矯正に成功し、神業と言われる。

文部省内の意見不統一を公開の席であばいたという理由で非職となった伊沢は、「優勝劣敗の世界において、各国互に相戦ふ武器は教育より外にない」とした。

清国から割譲された台湾において伊沢は「外形を征服すると同時に、別に其精神を征服し……日本化せしめるべからず」とし、国家教育を輸出する。台湾における教育は日本語によっておこなうという基本原則を採用した。台湾の日本化は、「教育者が万斛の精神を費し、数千の骨を埋めて、始めて其実効を奏すべき」とし、土匪の脅威に立ち向かっていく。命がけの仕事であった。混和主義による弾力的な現実主義であった。台湾では日本語がいまなお盛んであるのも、伊沢修二の計画と実践の賜物だったのである。台湾に記念館がある。

貴族院議員になった伊沢は、67歳で没するまで20年間を廟議の人として過ごす。学制研究会を組織し、清国賠償金から教育費として1千万円を獲得する。

伊沢は再び東京高師の勅任校長となるが、激務の中で病に倒れ、やむなく辞職する。時に50歳。

「凡そ天地間に無用の者を助けて置く理由は無い。……然らば生きてをるといふには其れだけ任務、則ち大命というものがある筈である。……唯此大命に従って生活すべし」として伊沢は信仰の人となった。

その伊沢は吃音矯正事業に取り組み、楽石社を設立する。没した翌年に開かれた創立15周年記念会では、矯正者総数は5367名に及んだと報告されている。中国での事業も成功し、「神か仙かほとんど人に非ず」とまで激賞された。

強靭な体力、不屈の意志、異常な才幹、緻密な頭脳の独創の人であった。台湾総督をつとめた弟の多喜男は「精力絶倫の兄は、ほとんど3〜4時間しか睡眠をとらず、次から次へと前人未到の境地を切り拓いて行った」とその超人ぶりを語っている。67歳で没した伊沢の葬儀には2千人の会葬者があった。

伊沢は教育に関するパイオニアではあったが、性格が強く、対立を起こし、途中で後任に仕事を託し、自らは新しい課題に挑戦していった。後に大臣にも大学総長にもならなかったのは性格の故だった。

信州高遠藩の下級武士の家に生まれた伊沢は出郷にあたって「万難千苦を嘗め尽くし、業若し成らずんば、異郷に客死するもうらむべきにあらず」と志を父に向かって述べている。そしてその志のとおりの軌跡を歩んだ。一人の人が生涯においてなし得る限界に挑戦したともいえる。まさに万難千苦をなめ尽くした。その志や見事だ。

6月30日

アーネスト・サトウ

当時の私たちは一語も英語を知らぬその国の人間を相手にして勉強したのだ。文章の意味を知る方法は、小説家のポーの『黄金虫』の中の暗号文の判読について述べているのと、ほとんど同様のものであった。

イギリスの外交官。イギリス公使館の通訳、駐日公使、駐清公使を務め、初代駐日大使となった。イギリスにおける日本学の基礎を築いた。日本名は佐藤愛之助（または薩道愛之助）。

1843.6.30 〜 1929.8.26

サトウは高校時代に『エルギン卿遣日使節録』で日本を知り、『ペリー遠征記』を読み、イギリス外務省に入り、あこがれの日本に渡った。幕末から明治にかけての1862年から1883年（一時帰国）と、イギリス駐日公使としての1895年から1900年までの、合計25年間の日本滞在となる。この激動の時代に、多くの英雄に会っている。そして、以下のように彼らの人物評を残しており、興味深い。

「黒ダイヤのように光る大きな目玉をしているが、しゃべるときの微笑には何とも言い知れぬ親しみがあった」（西郷隆盛と面会した時の感想）

「結局江戸を政治の中心とし、その名を東京（トウキョウ）、すなわち東の都と改称することに決定したのだが、それには大久保（利通）の影響力が大きかったことを私は疑わない」（薩英戦争では通訳として活躍）

「イギリスの議会制度は、京都における侍階級の指導者連中、ことに後藤象二郎などが大いに興味を持った問題であった。日本の新政府の基礎を代議制度の上におくことが、彼らの希望だったからである」

「小松帯刀は私の知っている日本人の中で一番魅力のある人物で、家老の家柄だが、そういう階級の人間に似合わず、政治的な才能があり、態度が人にすぐれ、それに友情が厚く、そんな点で人々に傑出していた」
「伊藤（博文）には、英語が話せるという大きな利点があった。これは、当時の日本人、ことに政治運動に関係している人間の場合にはきわめてまれにしか見られなかった教養であった」（長州ファイブといわれていた伊藤博文と井上馨が、急遽ヨーロッパ留学から日本に戻る時には、サトウが長州まで送り届けた。下関戦争の長州藩との講和交渉では高杉晋作を相手の通訳をつとめた）
「勝（海舟）は、将軍家の崩壊以来、常にわれわれに政治情報を提供してくれた大いにありがたい人だった」

ポーが『黄金虫』の中で述べているのは、換字式暗号《かえじしきあんごう》である。平文を、1文字または数文字単位で別の文字や記号等に変換することで暗号文を作成する暗号である。ともかくも暗号のような日本語を一から学ぶ困難の中、それを駆使して、明治という時代の一翼を担ったアーネスト・サトウの行動力と観察眼には教えられることが多い。

7月

文月

7月1日

酒井抱一（さかい・ほういつ）

我等迄　流れをくむや　苔清水

宝暦 11.7.1（1761.8.1）〜 1829.1.4

江戸時代後期の絵師、俳人。

尾形光琳に私淑し琳派の雅な画風を、俳味を取り入れた詩情ある洒脱な画風に翻案し江戸琳派の祖となった。

姫路城藩主の次男坊で、江戸屋敷で育った。画業は狩野風を学び、沈南蘋の写生画風、浮世絵、加えて土佐派、円山派の技法を習得。親交のあった谷文晁からも影響を受けた。さらに俳諧、和歌、連歌、国学、書、そして能、仕舞までもたしなんだ。

抱一は、「老子」の「是を以て聖人、一を抱えて天下の式と為る」からとっている。

出家した後には尾形光琳に私淑する。光琳の１００年忌を行なうなど顕彰活動を始めて、乾山を発見する。乾山の流れは、抱一、そして井伊直弼、富本憲吉、バーナード・リーチへと続いていく。

酒井抱一は、俵屋宗達、尾形光琳から始まる尾形流を再興し、その流れを切らさずに、次の時代にまでつなぎ、ヨーロッパのジャポニズムにまで影響を及ぼすという大きな仕事をなした。冒頭の句は、１８１９年秋、名代を遣わし光琳墓碑の修築、翌年の石碑開眼供養の時も金二百疋を寄進した時の感慨を詠んだものである。後から眺めると「流れ」を切らさないことがいかに大事かがわかる。

7月2日

石川達三（いしかわ・たつぞう）

幸福は常に努力する生活の中にのみある。

日本の小説家。ブラジルでの農場体験をもとにした『蒼氓』により、芥川賞受賞者第一号となった。

1905.7.2 〜 1985.1.31

第7代日本ペンクラブ会長時代に、「言論の自由には二つある。思想表現の自由と、猥褻表現の自由だ。思想表現の自由は譲れないが、猥褻表現の自由は譲ってもいい」とする「二つの自由」発言（1977年）で物議を醸し、五木寛之や野坂昭如など当時の若手作家たちから突き上げられ、最終的には辞任に追い込まれている。

趣味はゴルフ。丹羽文雄とともにシングル・プレイヤーとして「文壇ではずば抜けた腕前」と言われた。

大学時代に野望を抱く主人公が堕ちていく物語『青春の蹉跌』という話題作を読んだことがある。

冒頭の言葉の前には以下の言葉がある。「幸福は決して怠惰の中にはない。安逸の中に幸福はない。それはただ平穏があり、『仕合せ』があるのであって、『幸福』という輝かしいものではない。平穏はやがて、平穏であるからつまらない時が来るし、仕合せは仕合せであるのがつまらない。という時が来る。幸福というものはそういうものではない」

安逸、平穏、無事、怠惰、そういう生活の中には生き甲斐はない。志を持って日々歩む過程こそが輝かしい幸福の正体なのだ。

7月3日

カフカ

ぼくは自分の弱さによって、ぼくの時代のネガティブな面をもくもくと掘り起こしてきた。現代は、ぼくに非常に近い。だから、ぼくは時代を代表する権利を持っている。

1883.7.3 ～ 1924.6.3

フランツ・カフカは、出生地に即せば現在のチェコ出身のドイツ語作家。

大学で法律を学び、労働者障害保険協会に勤めながら、ドイツ語で小説を書いた。代表作『変身』などを書いたが、生前はほとんど無名だった。生涯独身。

カフカは絶望の名人であった。将来に絶望、世の中に絶望、自分の身体に絶望、自分の心の弱さに絶望、親に絶望、学校に絶望、仕事に絶望、夢に絶望、結婚に絶望、子どもを作ることに絶望、人づきあいに絶望、真実に絶望、食べることに絶望、不眠に絶望……という風に誰よりも弱い人であった。しかし、現在ではジェイムズ・ジョイス、マルセル・プルーストと並び20世紀の文学を代表する作家と見なされている。日本では『山月記』を書いた中島敦がカフカを初めて翻訳している。池内紀はカフカを高く評価し、翻訳や評論、エッセイを書いている。

「執筆中には孤独が必要だ。世捨て人では足りない…死者のような孤独だ」というカフカは、死に際しても、草稿やノート類を焼き捨てるようにとの遺言を残したが、『審判』『城』『アメリカ』などの中長編小説が順次刊行された。

自殺願望。勤めの耐えがたさ。彼女なしで生きられず彼女とともにも生きられない。父親になるという冒険に旅立てない。不眠……。強い人が気づかないことに弱い人は気づく。足が弱い人は段差に気づく。手が弱い人は持ちにくさに気づく。心が弱い人は他人の弱さに気づく。カフカが没後に関心と評価が高まったのは、20世紀という時代が抱える矛盾と不安がカフカの小説の中にあり、そこに人々が深い共感を感じたからだろう。現代人はカフカに自分を見ているのである。

7月4日

中谷宇吉郎（なかや・うきちろう）

すべての事物を、ものと見て、そのものの本体、およびその間にある関係をさぐるのが、科学である。

1900.7.4 〜 1962.4.11

日本の物理学者、随筆家。北海道帝国大学理学部教授、北海道大学理学部教授などを歴任した。

雪は上層で中心のコアができて、それが重力で落ちてきながら次第に低層の気象条件の影響を受けて外へ成長する。雪の結晶は実に美しい。そして気象条件によってあらゆるタイプの結晶が生まれる。宝石のよう。さまざまな形。蝶々。水晶のよう。おとぎの国の宝物のよう……。この神秘の解明に中谷は魅せられたのだろう。

「一見迂遠な様に見えても、実際は案外早道であるというのが、本当の基礎研究であります」

「雪は天から送られた手紙である」

「なにかをするまえに、ちょっと考えてみること、それが科学的であるということだ」

２０００年に朝日新聞が「この１０００年の優れた日本の科学者」を問うた読者投票を行なったところ、中谷宇吉郎は6位だった。読売新聞の「読者が選ぶ21世紀に伝える『あの一冊』の投票では、『雪』が「日本の名著」の3位に入っている。

東大で22歳上の寺田寅彦（１８７８〜１９３５）に師事する。23歳で理論物理学から実験物理学に進路を変更する。二人の関係は、夏目漱石と寺田寅彦との関係に似ている。寺田の名言「天災は忘れた頃にやってくる」は人口に膾炙している。そして「科学で大切なことは役に立つことだ」との寺田寅彦の教えにしたがって、問題解決型の研究に従事した一生だった。問題解決の要諦はやはり「関係」にあった。

7月5日

円谷英二（つぶらや・えいじ）

特撮っていうのは、貧乏の中から生まれたんだ。

1901.7.5 ～ 1970.1.25

特撮監督、映画監督、撮影技師、発明家、株式会社円谷特技プロダクション（現・円谷プロダクション）の初代社長。

活動大写真と呼ばれた映画の黎明期から、東宝の解体までの日本映画界で、独自につくりだした特殊撮影（特撮）の技術によって活躍したことから、特撮の神様といわれた。

水彩画、模型飛行機、手製の映画などをつくる内向的な少年は、羽田の日本飛行機学校を経て、電機学校に入学し、玩具制作会社で考案係嘱託として、自動スケート、玩具電話などを発明する。10代で映画界に入る。様々な撮影用の工夫を重ねるが、「テヘラ亭」、「ズボラヤ」、「スモーク円谷」、「ロー・キートン」などと呼ばれ、なかなか理解されない日々が続く。

１９４０年、39歳で初めて「特殊撮影」のクレジットがつき、日本カメラマン協会特殊技術賞を受賞。太平洋戦争中は、戦争映画を特撮技術で盛り上げて技術の蓄積を行なう。戦後の公職追放を経て映画界に復帰。１９５５年、54歳の時「ゴジラ」でようやく「特技監督」の名称を与えられる。56歳、「地球防衛軍」で日本映画技術賞を受賞。62歳、円谷特技プロダクションを設立。１９６６年、65歳、「ウルトラQ」が一大怪獣ブームを巻き起こし、円谷英二の名前は全国に知れわたった。

「天から降ってくるのを待つのではなく、自分の力で作り上げることを喜び、幸せとしなさい」

「他人から『できますか？』と聞かれたらとりあえず『できます』と答えちゃうんだよ、その後で頭が痛くなるくらい考え抜けば大抵のことはできてしまうものなんだ」

円谷英二の特撮人生を眺めると、その執念に驚く。特撮という言葉は円谷本人の発明でもある。この人は独立独歩の発明家的資質を備えた仕事師であった。予算がなければ自分で工夫し発明し、目的に向かって直線的に猛然と進んで行く。金がないことも創造の秘密である。

7月6日

鈴木常司（すずき・つねし）

美と健康の事業を通じて、豊かで平和な社会の繁栄と文化の向上の寄与する。

1930.7.6 ～ 2000.11.15

昭和後期～平成時代の経営者。

１９５４年、創業者である父鈴木忍の急死により留学先のアメリカから帰国。24歳でポーラ化成工業とポーラ化粧品本舗の社長となる。セールスレディーによる高級化粧品の訪問販売「ポーラ商法」で業績をのばした。

留学していたウィリアムズカレッジ内にある美術館、あるいはアート・インスティチュートなどを見て大きく影響を受けた。そして28歳での藤田嗣治の「誕生日」と荻須高徳の「バンバン城」の購入から始まった美術品収集は生涯で９５００点に及ぶ。戦後の個人コレクションでは質量ともに日本最大級の規模。それが箱根千石原のポーラ美術館に結実した。ポーラ美術館は、光と緑にあふれており、空間が素晴らしい。展示美術品の質と量に驚いた。アンリ・ルソー展を観た後、各展示室を見て回ったことがあるが、著名な西洋画家のよく知られている作品が次々と現れていく様は圧巻である。驚きの中でこの美術館は誰がつくったのか、という疑問が湧いた。その人物が鈴木常司だった。化粧品の分野で確固たる地位を占めるポーラ・オルビスグループのオーナーである。

20代から始めた筋金入りの収集は、西洋絵画、日本洋画、日本画、版画、彫刻、東洋磁器、日本の近代陶器、ガラス工芸、そして古今東西の化粧道具など総数は９５００点で、中心は西洋近代絵画４００点だ。このコレクションの特徴は、恣意的に集めたものではなく、しっかりした構想のもとに体系的に集められたものであることである。だから絵画の歴史の流れを実感できるようになっている。

１９７６年発足のポーラ研究所は、「美と文化」、特に「化粧」についての総合研究所である。収集した化粧道具は６７００点、関連蔵書は１３０００冊。１９７９年発足の財団法人ポーラ伝統文化振興財団は、日本の優れた伝統工芸、伝統芸能、民俗芸能・行事などの無形文化財を記録・保存・振興・普及を目的としている。１９９６年に発足した公益財団法人ポーラ美術振興財団は、若手芸術家、美術館職員に対する助成、美術に関する国際交流の推進を実施している。そういった流れの中から、２００２年にこのポーラ美術館が誕生した。しかしこのとき既に鈴木は他界していた。

鈴木常司の「文化」に対する思い入れには尋常ならざるものがある。冒頭の言葉は企業理念であるが、その理念を体現すべく、本業に加えて文化活動にも精力的に取り組んだ。その鈴木常司の人生の総括がポーラ美術館である。

7月7日

栗林忠道（くりばやし・ただみち）

予は常に諸子の先頭にあり。

1891.7.7 ～ 1945.3.26

日本の陸軍軍人。最終階級は陸軍大将。第二次世界大戦（太平洋戦争／大東亜戦争）末期の硫黄島の戦いにおける、日本軍守備隊の最高指揮官（小笠原兵団長、小笠原方面陸海軍最高指揮官）として知られる。

１９４２年のミッドウェー海戦の大敗北から3年後の１９４５年2月、硫黄島を守備する2万千人の日本軍は、６万千名の米軍上陸兵力の総攻撃を受ける。５日間で終わらせるつもりだった米軍は36日間という予想外の時間をかけることになった。この間、日本軍は約2万人の損害を出したが、米軍も約2万9千人の損害（戦死者５５００人）を蒙った。これに引き続く戦いとなった沖縄では米軍は4万9千人の大損害を出す。この2つの猛烈な日本軍の戦いが、１００万を超える米軍犠牲者の予測を生み本土上陸作戦を思いとどまらせた。

栗林は「我等は各自敵十人を倒さざれば死すとも死せず」「我等は最後の一人となるも『ゲリラ』に依って敵を悩まさん」という「敢闘の誓」を部下に叩き込んでいる。陸軍と海軍の連携の悪さ、旅団長や参謀の立てた作戦の大幅な修正と反抗に遭いながら、「我々の子供らが日本で、一日でも長く安泰に暮らせるなら、我々がこの島を守る一日には意味があるんです」と、自らの信じる作戦の目的とそれを実現するために立ち向かう。

栗林の訣別電報は大本営によって改ざんされた。武器弾薬にも事欠く状況をあらわした「徒手空拳」という言葉は削除された。「国のため重きつとめを果たし得で矢弾尽き果て散るぞ悲しき」は、末尾を「散るぞ口惜し」に変えられたという。

「大本営は国民をあざむくばかりか、われわれもあざむくつもりか！」と憤慨しながら、「予は常に諸子の先頭にあり」という言葉を何度も口にし最後まで兵の士気を維持し続ける。２００７年に観た映画「硫黄島からの手紙」では、この言葉を何度も全兵士に告げる放送をする姿に感銘を受けた。現場は鼓舞されたであろう。この言葉はリーダーの心得を示している。

ジョン・ロックフェラー

よし、金銭の奴隷になるのはもうやめた。ひとつ、金銭を奴隷にしてやろう。

1839.7.8〜1937.5.23

アメリカ合衆国の実業家、慈善家。スタンダード・オイル創業者。

若い頃の目標は、「10万ドルを貯めることと100歳まで生きること」だった。31歳でスタンダード・オイルを創業し、水平統合の達成と新たな垂直システムをつくりあげ、史上最大の資産をもつ富豪とされるまで大成功をおさめた。58歳で事実上の引退をし、その後、97歳で亡くなるまでの40年間は医療・教育・科学研究促進などを目的としたロックフェラー財団を創設した。シカゴ大学、ロックフェラー大学を創設した。現在のフィランソロピー（企業などによる社会貢献活動）のおおもとをつくった人物である。富豪になること、長寿を得ること、この目標は達したわけだ。

以下、金と成功に関わる言葉。

・十セントを大切にしない心が、君をボーイのままにしているんだよ。

・何百万もの富を築いたが、私はそれで幸せを得ることはなかった。

・世界で最も貧しい人は、金以外の何も持っていない人である。

・成功の秘訣は、あたりまえのことを、特別上手にすることだ。

・事業の成功には、奇跡はない。永遠の成功は自分を信ずることだ。

ジョン・ロックフェラーの31歳からの27年間の事業家としての成功に目を奪われるが、それは金銭の奴隷としての活動だった。実は58歳での引退後のフィランソロピー活動の方がはるかに長く、意味があった。それは金銭を奴隷にして新しい道を切り開いた日々だったのだ。ロックフェラーの97年の大いなる生涯、特に後半を眺めると、以下の言葉に深く納得する。ロックフェラーは「幸せ」を求め、それを手にした人だったのである。

・もし、あなたが成功したいのなら、踏みならされ受け入れられた成功の道を行くのではなく、新たな道を切り開きなさい。

・いかなる種類の成功にとっても粘り強さほど大切なものはない。粘り強ささえあれば、ほぼなんでも乗り越えることができる。

・幸福への道は、二つの簡単な原則に集約される。一つ目は興味があり、自分が得意とするものを見つけること。二つ目は、一つ目で見つけたものに、情熱と才能とエネルギー、もてるもののすべてを注ぎ込んで全力でそれにあたることである。

7月9日

神谷正太郎（かみや・しょうたろう）

経営者には六段階の時期がある。社長個人でお金を儲けようとする時期。会社として利益を生み、蓄積を考える時期。売上高や社員を含めて、会社全体を大きくしたいと願う時期。人や組織作りに一生懸命になる時期。業界や、世の為、人の為に尽くす時期。死んだとき悪口をいわれないように務める時期。

1898.7.9 ～ 1980.12.25

日本の実業家。トヨタ自動車販売（現・トヨタ自動車営業部門）社長・会長・名誉会長。

「私は需要とは創造すべきもの、つくり出すべきものだと信じています」

「どの種の困難であれ、これを乗り越えていく最大の武器が『誠意』である」

「一にユーザー、二にディーラー、三にメーカーの利益を考えよ」

「私は自信をもってこの車（初代カローラ）はご披露する。……将来、この車を世界のファミリーカーに育て上げるつもりである」といった神谷正太郎は、トヨタ自動車系ディーラーの礎を一代で築き上げ、その豪腕から「販売の神様」と称された。神谷正太郎の創業者型の経営者進化論は腑に落ちる。成功を実現した後は人づくりと社会貢献にいそしむ。最晩年の「死んだとき悪口をいわれないように務める時期」では何をすべきだろうか。

7月10日

今和次郎（こん・わじろう）

考現学は、時間的には考古学と対立し、空間的には民族学と対立するものであって、もっぱら現代の文化人の生活を対象として研究せんとするものである。

1888.7.10 〜 1973.10.27

民俗学研究者。今和次郎は、「考現学」の創始者である。最近、○○考現学というような言葉がメディアで出てくるが、そのきっかけとなった学問である。何となく新しい感じの、ややいかがわしい感じの言葉という印象があったが、これは考古学を仮想敵とした概念だった。古いこと（昔のこと）を考えるのではなく、今現在を考える学問である。

今和次郎は、13歳年上の日本民俗学の父・柳田国男から「君の目がいいよ。俺と一緒に旅行して歩かんか」と誘われて、日本の民家を訪ねる旅を始める。柳田は新渡戸稲造らと一緒に民家研究の「白茅会」をつくって活動していた。この会には小説家の内田魯庵、貴族院議員の細川護立、新渡戸稲造などがいた。東京美大出身の今和次郎は、この旅で盛んにスケッチをしてまわる。日本のほとんどの県に足を踏み入れている。これが後に民家研究の草分けとなる『日本の民家』（鈴木書店・1922年）に結実する。

1923年の関東大震災は様々な人の人生を変えていく。今和次郎の場合は日本の田舎を対象とした研究活動をしており、都会は大きすぎて手に負えなかったのだが、一面焼け野原と化した東京をみて研究対象を都市に変えるきっかけとなった。原始的な状態になってしまった東京の復興を細かく記録することにしたのである。人々の生活や風俗を克明に記録していく。これがきっかけとなって「考現学」が形をなしていく。

同時に今和次郎らは「バラック装飾社」を立ち上げて、日比谷公園内の開新食堂や東條書店など、震災後に次々に立ち上がるバラックに美しい装飾を施していく。

「今和次郎採集講義」という企画展をパナソニック汐留ミュージアムでみた。「本所深川　男の欲しいもの」「帯の色調査」「蟻の歩き方」「丸ビルモダンガールズ散歩コース」「茶碗のワレ方」「おしめの文様」「東京場末女人の結髪」「女のあたま」「井の頭講演自殺者地図」……など驚くべきテーマで上手な絵とイラストを描きまくっている。見ていてまことに楽しい。

今和次郎は、26歳で早稲田大学の講師になり、32歳で教授、40歳で結婚、71歳で定年退職、85歳で亡くなるまで教壇に立ち続けている。この人はジャンパー姿がトレードマークだった。この庶民的な姿で現場を歩いていったのだ。

1940年に描いた「新時代の生活方向　家庭の各員の生活マヂノ線を防備しませう」という図が面白い。「家計」「主人」「主婦」「息子」「娘」「子供」「老人」「乳幼児」というタイトルで、それぞれが一枚の見事な図になっている。

今和次郎の仕事では、透視図や俯瞰図といったものに優れたものが多い。この人は図解的な仕事をした人である。

仮想敵は考古学と民族学、そして民俗学であった。民俗学が村落を対象とし、その過去の風俗を追求しようとしたのに対し、考現学は都市を対象とし、その現在の風俗を観察しようとしたのであった。他の分野との違いを際立たせる視点とネーミングの素晴らしさが勝利の秘密である。

7月11日

ユル・ブリンナー

頭に毛があろうと無かろうと肝心なのは頭の中身なんだ。

1920.7.11 〜 1985.10.10

ロシアのウラジオストク出身の俳優である。

スイスとモンゴルの血を引く父親と、ユダヤ系ロシア人の母親との間に、ウラジオストックで生まれた。中国やフランスで幼少時代を過ごし、俳優を志して１９４１年にアメリカにわたる。

シャムの王様に扮したミュージカル「王様と私」が大ヒットし、トニー賞を受賞、１９５６年の映画版ではアカデミー賞主演男優賞を受賞した。この映画作品は子供の頃に観た記憶があり、ハゲ頭の叔父さんをユル・ブリンナーと呼んでからかった思い出がある。

１９５1年初演の「王様と私」でユル・ブリンナーは、極東での子ども時代の思い出、歌の能力、アクロバットのスキル、舞台演出家チェーホフのもとで学んだことなど過去の経験をすべて注ぎ込んで、大成功をおさめた。このミュージカルでユル・ブリンナーは30年間で４６３３回の出演記録を達成している。

15歳からのヘビースモーカーであったユル・ブリンナーは肺がんに冒される。最後の日々をテレビでの禁煙キャンペーン活動を行なっている。「私が死ぬのはタバコをたくさん吸ったからだ。これを見ているみなさんに言いたい、運命をもてあそぶな」というテレビＣＭは死後に流れた。

高校時代、校内新聞に「髪を伸ばすより頭を伸ばせ」という言葉が載ったことを思い出した。私の通った高校は、ぼうず頭が普通だった当時としては珍しく長髪をゆるす自由な校風だった。ぼうずか長髪かという議論があったが、ある女高生がこの言葉を載せて、感心したことがある。外見ではない、頭の中身が肝心だというこの言葉が、あの見事なはげ頭のユル・ブリンナーからでると、ユーモラスで思わず笑みがこぼれる。

7月12日

西竹一（にし・たけいち）

We won.

1902.7.12 ～ 1945.3.22

日本の陸軍軍人、華族（男爵）。最終階級は陸軍大佐。愛称・通称はバロン西（バロン・ニシ、Baron Nishi)。1923年ロサンゼルスオリンピック馬術障害飛越競技の金メダリスト。

府立一中では小林秀雄、迫水久常、陸軍幼年学校では辻政信と同期であった。華族だったこともあり、西は乗馬を好み、騎兵を選ぶ。そして陸軍士官学校を卒業する。

欧米出張中に西はイタリアで名馬・ウラヌス号と出会い、自費で購入する。1932年のロサンゼルスオリンピックでは馬術大障害飛越競技で優勝し、金メダルを獲得する。このとき、ウラヌスは自分から後足を横にねじって障害をクリアした。この優勝インタビューで西が答えた言葉である。Weとは自分とウラヌスを意味していた。この言葉は人々に感銘を与え、西はバロン西（男爵）と呼ばれ、欧米の社交界とアメリカで排斥にあっていた日系人の人気を集めた。西はロスアンゼルスの名誉市民にもなっている。

後に馬事公苑で余生を送っていたウラヌスに会いにいく。このときウラヌスは西の足音を聞いて狂喜し、首をすり寄せて、愛咬をしてきた。生前の西は「自分を理解してくれる人は少なかったが、ウラヌスだけは自分を分かってくれた」とも語っていた。

栗林忠道中将率いる硫黄島での戦いで、攻撃したアメリカ軍は「馬術のバロン西、出てきなさい。世界は君を失うにはあまりにも惜しい」と連日呼びかけたが、西は黙ってこれに応じなかったという証言がある。クリント・イーストウッド監督の「硫黄島からの手紙」にも西は登場しているが、残念ながらそれには私は気がつかなかった。

私（I）が勝ったのではではなく、私とウラヌスの我々（We）が勝ったと優勝インタビューで答えた。最高の舞台に立ったときの西竹一の言葉が、西伝説を生んだのだ。

7月13日

青木繁（あおき・しげる）

われは丹精によって男子たらん。

1882.7.13～1911.3.25

日本の洋画家。

青木繁の作品に好意的であった夏目漱石は「青木君の絵を久し振りに見ました。あの人は天才と思ひます」と友人あての書簡の中で書いている。そしてその翌年に『青木繁画集』が刊行された。青木は死後に評価を高めた。

漱石の小説の中には、絵画に関する箇所がよく出てくる。『草枕』ではオフィーリア、『それから』には青木繁の「わだつみのいらこの宮」、『行人』では丸山応挙の作品、『三四郎』では「マーメイド」、『坊ちゃん』では「ターナー」、『虞美人草』にもあり、漱石の小説に奥行きを与えている。青木繁や坂本繁二郎には高い評価を下しており、特に青木繁には天才という賛辞を漱石は贈っている。

２０１１年に「没後１００年　青木繁展　よみがえる神話と芸術」をブリジストン美術館でみた。青木の傑作『海の幸』をみた。荒削りの迫力のある絵から強いメッセージを受けた。老人、若人などが10人ほどおり、大きなサメを背負う人や棒でかつぐ人などが夕陽の落ちる波打ち際の浜辺で歩く姿が描かれている。一人だけ画面を向いている白い顔があり、これは恋人の福田たねであるという説がある。神話的な世界と見る人をつなぐ不思議な目であった。

放浪の果てに28歳でこの世を去る青木繁。同世代の同郷の友人で87歳の生涯を送った坂本繁二郎は、「流れ星のような生涯だった」と言い、蒲原有明は「比類のない伝説のようだ」と青木の生涯を総括している。二人を教えた国語教師は「青木は天才、坂本は鈍才。彼は華やか、是は地味。青木は馬で坂本は牛。青木は天に住み、坂本は地に棲む。彼は浮き是は沈む。青木は放逸不羈、坂本は沈潜自重。青木は早熟、坂本は晩成。……」。こういた比較で青木の天才が浮かび上がる。同時代を生きた友人、そして後に掘り起こしてくれた郷里の具眼の士、そういった人たちによって青木繁は１００年以上もの間、人々の記憶の中に生き続けてきたのである。

若い頃、青木は何に一生を賭けるかと思案する。学者、政治、軍人……。哲学、宗教、文学……そして最後に芸術にたどり着く。「われは丹青の技によって、歴山帝（アレクサンダー大王）若しくはそれ以上の高傑な偉大な真実な、そして情操を偽らざる天真流露、玉の如き男子となり得るのだ」。

「海の幸」という神業のような作品を思い出すと、心をこめて丁寧にという意味の青木繁の「丹精」という言葉に納得する。日々の毎日、そしてその集積である人生という作品も丹精という言葉をかみしめてつくりあげたいものである。

7月14日

緒方洪庵（おがた・こうあん）

返す返すも六かしき字を弄ぶ勿れ。

文化7.7.14（1810.8.13）～1863.7.25

江戸時代後期の武士（足守藩士）、医師、蘭学者である。大坂に適塾を開き、人材を育てた。天然痘治療に貢献し、日本の近代医学の祖といわれる。

大坂で蘭学を学んだ洪庵は江戸で坪井信道に入門し日夜刻苦精励し抜きんでた。号は洪庵の他に適々斎・華陰と称した。大坂で開いた適々斎塾は、適塾と呼ばれた。

適塾では大村益次郎や福澤諭吉、大鳥圭介、橋本左内、長与専斎、佐野常民ら多くの俊秀が輩出した。子弟は親子のようであったと福澤も述懐している。福澤は「「先生の平生、温厚篤実、客に接するにも門生を率いるにも諄々として応対倦まず、誠に類い稀れなる高徳の君子なり」と語っている。

「医者がこの世で生活しているのは、人のためであって自分のためではない。決して有名になろうと思うな。また、利益を追おうとするな。ただただ自分を捨てよ。そして人を救うことだけを考えよ」

適塾の門人らで設立された大阪医学校は、幾多の変遷を経て大阪帝国大学医学部として発展し、現在の大阪大学にいたっている。阪大には適塾記念センターがある。

国連高等弁務官・緒方貞子の曽祖父は犬養毅、祖父は外相、母は犬養道子や安藤和津の従妹。日銀理事だった夫は、緒方竹虎の三男。竹虎の祖父は緒方洪庵と義兄弟の盟を結びその姓を名乗った。この尊敬すべき女性は緒方洪庵の関係者だったのだ。

洪庵は塾生たちに「返す返すも六かしき字を弄ぶ勿れ」と戒めた。福澤は「深く之を心に銘じて爾来曾て忘れたることなし」と書いている。『学問のすすめ』『福翁自伝』など福澤の著書が読みやすいのは師の緒方洪庵の指導の賜物だったのだ。難しい言葉や言い回しの多用をレベルの高さと勘違いしてはいけない。どのような職業においても、難しいことをやさしく説明することを心掛けたいものである。

7月15日

国木田独歩（くにきだ・どっぽ）

道に迷うことを苦にしてはならない。どの路でも足の向く方へゆけば、必ずそこに見るべく、聞くべき、感ずべき獲物がある。

日本の小説家、詩人、ジャーナリスト、編集者。

「唯人間を描き、事件を描く。要なき事はすべて除けり」という独歩は、人物の境遇を暗示する手法を極力排除した。それは外国語に翻訳されたときに、日本独自の暗示では理解されないと考えたからだった。ロシア語の翻訳もあるが、翻訳者は独歩に感謝したのではないか。

明治4.7.15（1871.8.30）～1908.6.23

　独歩は「直覚力」と想像力が豊かで、事件の概略を知っただけで細部の事柄まで想像し、正当な解釈のもとで適切な判断を示すことができたようである。独歩は明敏な批評眼を持っており、新聞の美術欄担当記者以上だった。また、編集者としての能力も高く多数の雑誌を企画し、一時は12の雑誌の編集長だった。現在も続いている『婦人画報』の創刊者としても名をとどめている。

「人はどんな場合に居ても常に楽しい心を持ってその仕事をすることが出来れば、即ちその人は真の幸福な人といい得る」

　冒頭の言葉には、その前に「武蔵野を散歩する人は」という言葉がある。自然豊かな武蔵野では足の向くまま歩き道に迷っても、かならず意味のある場所にでる。独歩は小学校の教師、徳富蘇峰の『国民新聞』の記者、文筆家、編集者と短い人生の中で足のむくまま仕事を変え、そこで実りを得ている。その人生の歩みを武蔵野の散歩に例えたのであろう。

7月16日

クーデンホーフ＝カレルギー光子

私が死んだら日本の国旗に包んでちょうだい。

1874.7.16 〜 1941.8.27

オーストリア・ハンガリー帝国の貴族ハインリヒ・クーデンホーフ＝カレルギー伯爵の妻で、パン・ヨーロッパ運動によりEUの礎を築いたリヒャルト・クーデンホーフ＝カレルギー伯爵の母。旧名：青山みつ。

美術評論家で戦後の日本の文壇のパトロンであった青山二郎の母親と従姉妹でもあった青山みつは、18歳で外交官であった伯爵に見初められて妻となった。正式な国際結婚第1号である。現在の青山通りの由来となった父・青山喜八からは勘当されている。帰国時の宮廷参賀で皇后陛下から「どんな場合にも日本人の誇りを忘れないように」と励まされている。

18カ国語を理解し、哲学に関しては学者並みの知識を持ち井上円了とも親しかったインテリの夫と、尋常小学校を卒業した程度の学力しかない妻とでは教養のレベルの差があった。光子は子どもからの質問に答えられるようにと、歴史・地理・数学・語学（フランス語・ドイツ語）・礼儀作法などを家庭教師を付けて猛勉強した。そして長身で美人の光子はハイソサエティの社交界でその優美と作法によって成功し有名になった。「香水の中の香水」と言われる「ミツコ」の由来にもなっている。

東京生まれの次男のリヒャルト・クーエデンホーフ・カレルギー（青山栄治郎）は、欧州統合を主張した汎ヨーロッパ連合の主宰者で、欧州連合の父の一人である。そのため光子は「パン・ヨーロッパの母」と言われ、現代においては「EUの母」と言われる。リヒャルトは日本人の美徳である「名誉・義務・美しさ」が母の生涯を決めたと語っている。映画「国境のない伝記――クーデンホーフ家の人々」では吉永小百合が光子を演じている。

晩年には「年老ひて　髪は真白くなりつれど　今なほ思ふ　なつかしのふるさと」と詠んでいる。生涯一度も帰国することのなかった光子は、遺骸を日の丸に包んで欲しいといつも語っていたそうだ。今日のEUの母が日本人女性であることを誇りにしたい。

7月17日

山川健次郎（やまかわ・けんじろう）

己が専門の蘊奥を極め、合わせて他の凡てのことに対して一応の知識を有して居らんで、即ち修養が広くなければ完全な士と云う可からず。

安政元.7.17（1854.9.9）〜1931.6.26

明治時代から昭和初期にかけての日本の物理学者、教育者。男爵、日本初の理学博士。

会津藩の白虎隊から始まり、17歳でアメリカ留学、エール大学に学び物理学を専門とする。32歳で帰国後、東京帝国大学（48歳、52歳）、九州帝国大学（58歳）、京都帝国大学（61歳）の総長をそれぞれつとめ、東京理科大学の創設にかかわる。退官後も、武蔵高校（武蔵大学）、明治専門学校（九州工業大学）の校長、総裁をつとめた。

「日米戦争などまったくばかげておる。そういうことをいう者は浅薄で思慮のない者どもである。日米双方にとってまったく益のないことであり、両国の識者が話し合うべきだ」

山川は清廉潔白な人柄であった。住まいは破れ別荘のごとくなっていた。宴会には出席しないし、講演会では報酬を受け取らない。また一つのことを成し遂げると、弟子に譲る。弟子が有名になる。田中館愛橘、長岡半太郎などが弟子であり、その流れがノーベル物理学賞の湯川秀樹、朝永振一郎につながる。そういう人物だった。会津の「十の掟」と海外留学が山川をつくり、日本の教育界を形づくった。

山川健次郎の冒頭の言葉は、深い専門と広い知識を持つこと、そのために日々精進することが人物たることの条件であることを述べているように思う。つまり、「教養と修養」である。

7月18日

川上貞奴（かわかみ・さだやっこ）

兎も角も隠れすむべく野菊かな。

明治4.7.18（1871.9.2）～1946.12.7

明治から大正にかけて国内外で活躍した女優。

マダム貞奴として欧米で有名な女優は、葭町の芸者であった。葭町は今の人形町にあたる。あの吉原である。

貞奴は生涯に於いて二人の男性と縁を結ぶ。一人は、夫であった気鋭の演劇改革家で新派を創生したオッペケペー節の川上音二郎（１８６４年生まれ）であり、もう一人は初恋の相手でもあり後に愛人として晩年を過ごした電力王・福澤桃介（１８６８年生まれ）である。

「向こう見ずな人」と貞奴が述懐した音二郎は、川上座を立ち上げ、その後国会議員に立候補し落選、そして破産する。貞奴はどんなに突飛な案であっても夫を誠実に支持していた。日本の妻であった。折からの日本ブームの中、アメリカ興業では、ワシントンでは小村寿太郎公使の引きでマッキンリー大統領にも会っている。そして英国ロンドンに乗り込み話題になり、ヴィクトリア女王と謁見している。そして万国博覧会が行われているパリに行く。貞奴の美しさと華麗な演技はヨーロッパ人を虜にした。

　彫刻家ロダンは快活で驚くほど完璧な芸術である貞奴に彫刻にしたいと申し出たが、断られている。31歳の作家アンドレ・ジードは、貞奴の演技を6回も見ている。作曲家ドビュッシーは貞奴の琴の演奏を聞き、交響詩「海」に取り入れた。画家ピカソは貞奴のポスターを描いている。作曲家プッチーニは「蝶々夫人」を書いていたが、貞奴の演技をみて骨格に命を吹き込むことに成功した。画家パウル・クレーは、「全てが愛らしい。本物の妖精だ」と語った。ジャーナリストのルイ・フルエニは、１９８９年の博覧会の目玉はエッフェル塔であったが、１９００年の万博の目玉はマダム貞奴だったと最大級の賛辞を送っている。

46歳で引退した貞奴は、ただの川上貞として、初恋の人で当時50歳の桃介と暮らすようになる。出会ってから30年以上の歳月が経っていた。そして貞奴62歳の時に、20年以上一緒に暮らした桃介を福沢諭吉の愛娘で桃介の妻・ふさのもとに返す。それから10年以上経った１９４６年に日本の女優第一号の川上貞奴は75歳の生涯を閉じた。

「兎も角も隠れすむべく野菊かな」は、引退のおりの配りものである茶碗に自筆で書いた詠である。自選か、自詠かはわからない。

7月19日

野依秀市（のより・ひでいち）

不屈生

1885.7.19～1968.3.31

明治・大正・昭和の3つの時代にわたる日本のジャーナリスト、思想家、歴史家、評論家。筆名は不屈生。

大分県中津市生まれ。小学校卒業後上京、慶応義塾の商業夜学校に学ぶ。在学中、友人石山堅吉（のちダイヤモンド社を設立）の協力を得て『三田商業界』（のち『実業之世界』と改題）を発刊、三宅雪嶺、渋沢栄一らの庇護をうけた。

東京電燈の料金値下げ問題にからむ恐喝などで2回入獄後、浄土真宗に帰依、1921年『真宗の世界』を創刊、1932年大分一区より代議士に当選。同年「帝都日日新聞」を創刊し社長となったが、1944年東条内閣攻撃のため、45回の発売禁止処分をうけたのち廃刊。戦後は公職追放を受け、解除後は、1955年衆議院議員（日本民主党）となり、保守合同に活躍。1958年の総選挙では落選。同年、「帝都日日新聞」を復刊。特に、深沢七郎の「風流夢譚」問題をめぐり、中央公論社を激しく攻撃し、また紀元節復活法制化の先頭に立ったことで知られた。野依は中津近郊出身の大横綱双葉山の結婚の媒酌人である。

身長四尺八寸七分というから147・6㎝の単躯であったが、あらゆる権威を敵にまわしている。新渡戸稲造を、愚人の敵、青年の敵、国民の敵として糾弾している。「彼の武士道を唱道するが如き手合ひは、武力全能戦争万能の旧思想と旧迷信とを一歩も踏み出し得ない人間であって、日本人の政思想に取って、一大侮辱と言は無ければならぬ」。鳩山一郎にも厳しい。「言論が如何に戦時中不自由であったにしても、真に国を愛する立場から言ふならば、相当言へぬことはなかった。……戦争に敗けてからノコノコ選挙に乗り出して、、チャンチャラおかしいです」。

この人ほど毀誉褒貶のある人も珍しい。喧嘩ジャーナリスト、ブラックジャーナリズムの祖、右翼ジャーナリスト、露伴・雪嶺に愛された騒動男、反権力を売り物にした異色の出版人、反骨の国権的自由主義者、正直者、野依学校、偽悪者、織田信長の再来、名物男、疑問の人物、言論ギャング……。

渋沢栄一「世の新聞雑誌が、虚礼虚飾を尊ぶ間に在りて野依氏が、独り超然として正を生とし邪を邪とする心事は、実に私の愉快に感ずる所であります」。

草野心平「狂信的で暴れんぼうで、いわば火だるまみたいな人物だった。その火だるまのなかには一種独自なユーモアがあった」「私は自分の生涯で、あのような特異な怪物に接したことはなかった」。

中津市に、盟友の内閣総理大臣・岸信介直筆による「野依秀市翁頌徳碑」が民家の陰に隠れて存在する。それを話題にすると、野依をよく知り「偉人ならぬ異人」と評価する故横松宗夫人は「それは本人が建てたんでしょ」と笑いながら言ったことを思い出す。

大宅壮一は、「ジャーナリズム最後の段階としての野依イズム」と呼んだ。さすがに慧眼の持ち主だ。大宅は大分県人気質をスペン人気質としている。「熱血漢ではあるが、うつり気である。純情で、詩情も豊かだが、その半面において打算的、功利的で、利害に敏く、ときには狡猾であり、無恥ですらある。激情に駆られることもあるが、冷めるのも早い。（略）大分県人に共通した性格は、何か夢を、ヴィジョンをもっていることである。その夢やヴィジョンが思うとおりにいかないと、途中でインチキに変質することが多い点でも、スペイン人を思わせる」と言った。

『天下無敵のメディア人間』（佐藤卓巳）では、発言内容の真偽よりも、発言する媒体（著者）の知名度が重要だという発想と考え、自分自身を広告媒体と強烈に意識した宣伝的人間と「メディア人間」を規定している。われとわが身までも広告媒体化し、ひたすら自己宣伝につとめる人間である。

野依自身のペンネームは「不屈生」であった。野依の人生を眺めると、確かに信条とした不屈の精神が野依秀市というエネルギーの充満した怪物を形づくったと思えてくる。

7月20日

糸川英夫（いとかわ・ひでお）

人生でもっとも大切なのは失敗の歴史である。

1912.7.20 〜 1999.2.21

日本の工学者。専門は航空工学、宇宙工学。ペンシルロケットの開発者であり、「日本の宇宙開発・ロケット開発の父」と呼ばれる。

第二次大戦では日本海軍は「ゼロ戦」が代表的な戦闘機で、堀越二郎が中心になって開発した。陸軍の名機「隼」を開発したのが糸川英夫である。この二人は当時の軍国少年の英雄だった。

糸川はバレエ・占星術・チェロ・ヴァイオリンなど様々なことに興味を持った。故・冨田勲の手がけた新作の交響曲「ドクター・コッペリウス」は日本の宇宙探査機ハヤブサとロケット開発の父・イトカワの物語である。バレエに本気で挑戦していてバレエ団に入団した62歳の糸川博士から「いつかホログラフィーと踊ってみたい」と言われたそうだ。当時はテクノロジーが実在していなかったが、冨田は初音ミクを使って実現しようとした。２０１２年に冨田が「惑星 ULTIMET EDITION」をリリースした際には、「木星」と「土星」の間に冨田が糸川を偲んで作曲した「イトカワとはやぶさ」が追加されている。冨田勲の死後に完成した「ドクター・コッペリウス」はテクノロジーとアートが融合した、バレリーナとバーチャルシンガーの競演になった。

２００３年、小惑星２５１４３が糸川の名にちなんでイトカワと命名された。この小惑星が「イトカワ」と命名されたのは、日本の探査機はやぶさが打ち上げられて（命名されて）３カ月後である。イトカワには探査機「はやぶさ」が行き、調査とサンプルリターンを行った。自らの名前がつけられた小惑星に、自らが開発に関係した戦闘機（隼）と同名の探査機が着陸したことになるという素敵な物語である。そして２０１０年に「はやぶさ」は地球に無事帰還し英雄となった。

著書『逆転の発想』はベストセラーになり、「逆転の発想」という言葉が世に広まった。糸川は勉強する時に解答などで間違った所を消しゴムで消すなという勉強法を提唱した。

また「不具合」という言葉は糸川ロケットが失敗した時の富士精密工業による造語である。戦闘機開発、ロケット開発の最前線で大活躍した天才技術者・糸川英夫の教訓が「失敗」であるのは興味深い。膨大な失敗の歴史の蓄積の上に、逆転の発想で新しい技術が誕生するということだろう

7月21日

宇沢弘文（うざわ・ひろふみ）

制度は人間のためにあるものであって、人間が制度の犠牲になってはいけない。

1928.7.21～2014.9.18

日本の経済学者。専門は数理経済学。東京大学教授。意思決定理論、二部門成長モデル、不均衡動学理論などで功績を認められた。文化勲章受章者。

宇沢弘文の代名詞であり話題になった社会的共通資本とは、自然環境、社会的インフラ、制度資本の3つである。制度資本とは、教育、医療、金融、司法、行政などをさす。これらは市場原理にまかせてはいけない。人間の生存にかかわる重要な財産であり「社会的共通資本」として、他の「資本」とは別に管理・運営をしていくことがこれからの人類に共通の課題である、という考え方だ。以下、宇沢の考え方を述べる。

日本の学校教育の現場の荒廃は、教育というもっとも大事な社会的共通資本を官僚的に管理したり、反社会的な考えにもとづいて粗末に取り扱ってきた結果として起こってきたものだ。このような論法で、経済学の碩学・宇沢弘文は、以下、社会をきっていく。

・教育の役割は能力を育てることと人格的諸条件を身につけることだ。出発点は言語と数学。読み書き算盤。大学がビジネスマンという俗世界によって管理・運営されるようになってはいけない。

・農の営みは重要であり、農村は社会的共通資本と考えるべきである。専業農家への所得補償をすべきだ。

・経済を医療に合わせるのが、社会的共通資本の考え方だ。日本は医療最適性と経営的最適性のかい離がある。独立採算の原則は妥当ではない。

宇沢は自動車の社会的費用についても言及している。「需要調整のために価格に社会的費用に見合う額を賦課金として上乗せする。公害と環境破壊に伴う社会的費用を計測すべきである」と主張した。また、成田空港問題シンポジウムを主催した隅谷調査団の団員として活動したり、地球的課題の実験村構想具体化検討委員会では座長を努めるなど、現実の問題解決にも尽力している。

「経済は人間のためにあるものであって、人間が経済の犠牲になってはいけない」をもじって制度と人間の関係を論じたが、人間の顔と心を持ったこの経済学者には共鳴する人が今なお多い。日本人は経済学の分野ではノーベル賞をもらった人は皆無だが、宇沢弘文はその候補だったらしい。

7月22日

浜口庫之助（はまぐち・くらのすけ）

流行歌はつくるものではなく生まれてくるものである。

1917.7.22 〜 1990.12.2

日本の作曲家。外国の音楽にかぶれていた浜口は、新宿コマ劇場で公演を行なった海外の舞踊団が「郷土の芸術をお見せできるのは光栄なこと」と挨拶したのを聞き、日本の曲を創作することこそが重要だと考え、バンドを解散、歌手活動を停止し、作詞家・作曲家へ転向する。40歳であった。

「ハマクラ」と呼ばれたこの人の作曲した歌で、私の耳に残っている歌を以下あげてみよう。自分が生きた時代の思い出が甦ってくる。

僕は泣いちっち（歌／守屋浩／１９５９年）
涙くんさよなら（歌／坂本九／１９６５年）
愛して愛して愛しちゃったのよ（歌／田代美代子、和田弘とマヒナスターズ／１９６５年）
星娘（歌／西郷輝彦／１９６５年）
星のフラメンコ（歌／西郷輝彦／１９６６年）
バラが咲いた（歌／マイク真木／１９６６年）
夕陽が泣いている（歌／ザ・スパイダース／１９６６年）
風が泣いている（歌／ザ・スパイダース／１９６７年）
夜霧よ今夜も有難う（歌／石原裕次郎／１９６７年・吉田拓郎／１９７７年）
粋な別れ（歌／石原裕次郎／１９６７年）
エンピツが一本（歌／坂本九／１９６７年）
空に太陽がある限り（歌／にしきのあきら／１９７１年）
恋の町札幌（歌／石原裕次郎／１９７２年・石原裕次郎、川中美幸／１９９５年・里見浩太朗、熊田胡々／２０１２年）など。

晩年の１９８７年には、島倉千代子に楽曲提供した「人生いろいろ」（作詞：中山大三郎）が大ヒットした。とらえどころのない時代の心にヒットした歌が流行する。歌というものは長く生き続けるとつくづく思う。作曲家という職業は時代を生きる人々の心を描き出し、生きる勇気を与える影響力の大きい神聖な仕事だ。

7月23日

幸田露伴（こうだ・ろはん）

福を惜しむ人はけだし福を保つを得ん、能く福を分かつ人はけだし福を致すを得ん、福を植うる人に至っては即ち福を造るのである。植福なる哉、植福なる哉。

慶応3.7.23（1867.8.22）～1947.7.30

日本の小説家。第1回文化勲章受章者。

代表作は『五重塔』ということになっているが、『努力論』もいい。文豪・幸田露伴の厚みのある人生論で、努力論というより日本を代表する幸福論だ。運命、人力、自己革新、努力、修学、資質、四季、疾病、気、こういうキーワードで事細かく生き方を論じた名著であり、首肯するところが多い。

・努力は人生の最大最善なる尊いものである。

・「努力して努力する」――これは真によいものとは言えない。「努力を忘れて努力する」――これこそが真によいものである。

・凡庸の人でも最狭の範囲に最高の処を求むるならば、その人はけだし比較的に成功しやすい。

京都帝国大学文科大学初代学長の狩野亨吉に、東洋史講座の内藤湖南と一緒に国文学講座の講師に請われているが、わずか1年で退官している。また斎藤茂吉が尊敬していたのは、森鴎外と幸田露伴であり、この二人だけは「先生」と呼んでいたというから、独学で到達した文学者としての力量はやはり群を抜いていたのだろう。

「天地は広大、古今は悠久。内からみると、人の心は一切を容れて余りあるから人ほど大なるものはない。外からみると、大海の一滴、大空の一塵……」こういう世界観の中で露伴は、「幸福三説」を主張する。

　惜福・分福・植福、これを三福という。惜福とは、福を使い尽くし取り尽くしてしまわぬをいう。分福とは、自己と同様の幸福を分かち与えることをいう。人の上となり衆を率いる人が分福の工夫をしなければ、大なる福を招くことはできない。植福とは、人世の慶福を増進長育する行為である。

　最後に「植福哉、植福哉」と言っているように、幸福三説の中でもっとも大事なのは植福だろう。正しい努力である精進を続ける事で、望ましい未来が創造できるという人生観が基底になっている。露伴の『努力論』の命名の意味はそこにある。将来の福を植える、幸福の種を播いておくこと。自己の福を植え、同時に社会の福を植える。そういう心がけでいきたいものだ。

7月24日

谷崎潤一郎（たにざき・じゅんいちろう）

筋の面白さは、言ひ換えれば物の組み立て方、構造の面白さ、建築的の美しさである。

1886.7.24 ～ 1965.7.30

日本の小説家。

46歳、根津松子と恋愛関係になり離婚し、松子と結婚。谷崎は生涯で3度結婚しているが、松子こそ理想の女性であり、この後、谷崎は作風を変化させて、『細雪』に代表される傑作を書き続ける。『細雪』は軍部の圧力により『中央公論』に掲載中止となるが、谷崎は書き続ける。この間、中央公論の嶋中社長は原稿料を払い続けた。60歳、『細雪』上巻。61歳、『細雪』中巻。62歳、『細雪』下巻。毎日出版文化賞、朝日文化賞を受賞し、63歳、文化勲章を受章。65歳、全26冊の『谷崎源氏』で文化功労者となった。その後も旺盛な執筆が続き、74歳と78歳ではノーベル文学賞の最終候補になっている。谷崎は、自伝的作品、マゾヒズム小説、怪奇小説、芸術家小説、少年ものなどの作品や、戯曲、そして映画製作にも関わるなど、まさに怒涛の仕事量をこなした。

世間に認められるのが、死後のことがよくある。谷崎潤一郎が大谷崎と言われるのは死の翌年から全集が刊行されてからだ。

「人一倍遅筆な私が、日に四五枚の進行が精々である私が」と書いているのは意外に思えるが、もしそうなら膨大な作品群を残したということは、相当な時間を執筆にあてたのだろう。大谷崎と呼ばれた谷崎潤一郎は、己の天才を信じ、それに殉じた人生であった。

「文章に実用的と芸術的の区別なし」

「分からせるように書くと云う一事で、文章の役目は手一杯なのであります」

と、『文章読本』に記している谷崎潤一郎の小説の醍醐味は、本人が述べているように壮麗な建築物の美を味わうことにあるのだ。

7月25日

中村紘子（なかむら・ひろこ）

ピアニストはバレリーナや体操選手と同じ筋肉労働者でもあるんです。

1944.7.25 〜 2016.7.26

日本のピアニスト。

安宅コレクションで有名な安宅英一の奨学金をもらうのだが、当時15歳の中村紘子は「骨董趣味って、いやらしい」という名言を吐いていた。

「絢爛たる技巧」と「溢れる情感」、「ロマンティックな音楽への親和力」が、中村紘子の演奏の特色だった。

小柄で手も小さめでピアニスト向きの体格ではなかったが、筋力トレーニングなどを続けていた。以下、筋肉労働者としての芸術家の言。

「ピアノはハングリーじゃないとダメなんです。ボクシングと同じです」

「ピアニストの肉体的な故障というのは野球のピッチャーと同じところを痛めるんです。腕のつなぎ目ですね。そういうのをしょっちゅう手入れをして、手入れするだけでは物足りなくなって、筋力トレーニングを始めてもう5年ぐらいになります」

「一日休むと一日衰えてしまう。筋肉だけではありません。耳も感受性も一緒に退化するんです」

「やはり日々の努力が必要。自分の血肉になるまで弾き抜くことが大切なんですよね」

中村紘子は、エッセイスト・ノンフィクション作家としての顔も持っている。１９８９年には『チャイコフスキー・コンクール』で大宅壮一ノンフィクション賞を受賞している。豊かな感受性と鋭い観察眼の持ち主でもあったという証明だ。

中村紘子の演奏を聴いたとき、太い腕で弾く迫力に驚いたことがある。ピアニストをピッチャー、バレリーナ、体操選手、ボクサーに例えていたとは意外だった。今思えば、本人が言うように確かにピアニストは肉体労働者でもある。精神と肉体、感受性と超技巧……。体操の平均台の上の狭い道を、微妙なバランスを保ちながら歩いているような人生だったのだ。

7月26日

バーナード・ショー

もう半分しか残っていないと嘆くのが悲観主義者、まだ半分残っていると喜ぶのが楽観主義者である。

1856.7.26 〜 1950.11.2

アイルランドの文学者、脚本家、劇作家、評論家、政治家、教育家、ジャーナリスト。

ヴィクトリア朝時代から近代にかけて、様々な分野で活躍した才人である。94歳で亡くなるまでに書いた戯曲は53本。１９２５年にはノーベル文学賞を受賞した。固辞していたが賞金を寄付するという条件で受け入れた。映画分野ではアカデミー賞の脚本賞を授与されている。教育家としてはロンドン・スクール・オヴ・エコノミクスの創設に尽力。政治家としては社会民主主義者としてイギリス労働党の前身のフェビアン協会に属した。

菜食主義で90歳を超えても健康な生活を送った。自宅で庭の手入れ時にはしごから転落して骨折した時の手術の経過が悪かった為に死を迎えたというから、それがなければどこまで生きただろうか。自分が永遠に生きるのではないかと思うと空恐ろしくなると語っており、それが「菜食主義者の唯一の欠点である」と述べている。また遺言によって、遺灰は先に亡くなった妻の遺灰と混ぜ合わされて庭園の小道に式散らされた。

「歳をとったから遊ばなくなるのではない。遊ばなくなるから歳をとるのだ」

「自由は責任を意味する。だからこそ、たいていの人間は自由を恐れる」

「青春は若い奴らにはもったいない」

「有能なものは行う。無能なものは講釈する」

ある女優が「あなたの頭脳と私の肉体を持った子供が生まれたらどんなにすばらしい事でしょう」と言ったが、ショーは「私の肉体とあなたの頭脳を持った子供が生まれたら大変ですよ」と言ったという逸話も残している。ショーは舌鋒鋭い皮肉屋でもあった。

悲観主義者と楽観主義者の生態をこれほど上手に説明した警句にはお目にかかったことはない。主義とは思うに、性格による。

7月27日

高橋是清（たかはし・これきよ）

その職務は運命によって授かったものと観念し精神をこめ誠心誠意をもってその職務に向かって奮戦激闘しなければならぬ。いやいやながら従事するようでは到底成功するものではない。その職務と同化し一生懸命に真剣になって奮闘努力することではじめてそこに輝ける成功を望み得るのである。

嘉永7.7.27（1854.9.19）～1936.2.26

日本の幕末の武士（仙台藩士）、明治、大正、昭和時代初期の官僚、政治家。立憲政友会第4代総裁。第20代内閣総理大臣。

1854年に芝で生まれ、仙台藩士の高橋家の養子になる。横浜でヘボン夫人から英語を学ぶ。14歳、藩からアメリカ留学。明治維新を知り帰国。森有礼の書生、教員、翻訳業、駅逓寮の役人を経て、39歳で日銀に入り日清戦争で戦費調達に尽力した川田小一郎総裁に鍛えられ頭角を現す。1904年の日露戦争の外債募集を成功させる。1927年の金融恐慌では支払い猶予令（モラトリアム）を３週間しき、沈静化。後に高橋財政と呼ばれるほど評価が高い仕事師だった。

旧高橋是清邸を訪ねた。赤坂にあった政治家の高橋是清邸の主屋部分を移築した建物だ。１９０２年に完成してから１９３６年に２・２６事件で暗殺されるまで30年あまりを高橋はこの家で過ごした。総栂普請の和風邸宅。「不忘無（無であることを忘れるな）」という書がかかっていた。２階の部屋で寝間姿で布団に座っていた高橋是清に青年将校達は、銃弾を浴びせ、軍刀で切りつけた。即死だった。２・２６事件である。

高橋是清『随想録』では、「仮にある人が待合へ行って、芸者を呼んだり、贅沢な料理を食べたりして二千円を消費したとする。……料理代となった部分は料理人等の給料の一部分となり、料理に使われた魚類、肉類、野菜類、調味品等の代価およびそれらの運搬費並びに商人の稼ぎ料金として支払われる。……芸者代として支払われた金は、その一部は芸者の手に渡って、食料、納税、衣服、化粧品、その他の代償として支出せられる。……二千円を節約したとすれば、この人個人にとっては二千円の貯蓄が出来、銀行の預金が増えるであろうが、その金の効果は二千円を出ない。しかるに、この人が待合で使ったとすれば、その金は転々して、農、工、商、漁業者等の手に移り、それがまた諸般産業の上に、二十倍にも、三十倍にもなって働く」と経済をわかりやすく語っている。

「精神を磨いて、一身の品性を高め、引いて、感化を周囲に与え、結局は国民の品性を高め、更に子々孫々の品性を高めむる点に出来るだけの力を注ぐことが、我々のこの世に生存する第一の面目であることに先ず考え至るべきものである」

高橋是清は若い頃にアメリカに渡っている。学費や渡航費用の着服、ホームステイ先の両親にだまされ、奴隷同然の生活を送っている苦労人である。この間に習得した英語が身を助けた。その高橋是清は、職務は運命として観念して奮戦激闘せよと言う。その心構えが高橋自身を大きくし、日銀副総裁として日露戦争という国難を救い、また金融恐慌、世界恐慌、を沈静化させるなど６度の大蔵大臣を担当し、２・２６事件で斃れるまで長く国難にあたった。常に「運命」と観念して奮闘する姿が目に見るようだ。

7月28日

大原孫三郎（おおはら・まごさぶろう）

仕事は三割の賛同者があれば着手すべきだ。五割も賛成者がいればもう手遅れだよ。

1880.7.28 〜 1943.1.18

日本の実業家。倉敷紡績（クラボウ）、倉敷絹織（現在のクラレ）、倉敷毛織、中国合同銀行(中国銀行の前身)、中国水力電気会社（中国電力の前身）の社長を務め、大原財閥を築き上げる。

倉敷は河岸に倉庫が立ち並ぶ町で、蔵屋敷、蔵敷地など呼ばれていた。それが蔵敷となり、いつの間にか「倉敷」となった。徳川時代は幕府直轄の天領だった。ここを治めた代官所跡に倉敷紡績ができた。それが近代の発展の原動力になった。倉紡記念館は、１９６７年の創業80周年記念事業でつくられた倉敷紡績の歴史記念館である。

30歳で二代目社長となった大原孫三郎は、社会、文化事業にも熱心に取り組み、倉紡中央病院（現・倉敷中央病院）、大原美術館、大原奨農会農業研究所（現・岡山大学資源生物科学研究所）、倉敷労働科学研究所、大原社会問題研究所（現法政大学大原社会問題研究所）、私立倉敷商業補習学校（現岡山県立倉敷商業高等学校）を設立した。

大原孫三郎は「従業員の幸福なくして事業の繁栄はな

い」という労働理想主義を掲げ、敷地内に小学校や工手学校などの学校をつくるなどユニークな労務管理を行い、飛躍していく。人道主義、人格主義、キリスト教社会主義、社会改良主義と、その思想は移行していく。高い業績をあげた大原社会問題研究所は現在は法政大学に移って存続している。倉敷労働科学研究所は、（財）労働科学研究所となっている。

大原孫三郎は、1万人の従業員のために倉敷中央病院、倉敷高松病院、倉敷販売利用組合、若竹の園などもつくった。最盛期には１２００人を擁した岡山孤児院をつくった石井十次（１８６５年生まれ）と親交を持った。倉敷中央病院は、治療本位の設計、明るい病院、東洋一の病院という考え方で造られ、開所式には後藤新平が来て祝辞を述べている。

『わしの眼は十年先が見える』という著書もある大原孫三郎は十年先どころか、百年先のフィランソロピーの登場を見ていたのではないかと生涯を眺めると思えてくる。彼が言うように仲間の半分が賛成するような施策はすでに手遅れであろう。未来へ向けての決断がテーマである経営は、多数決で行なってはならない。

7月29日

重光葵（しげみつ・まもる）

願わくは御国の末の栄え行き我が名さけすむ人の多きを

1887.7.29～1957.1.26

第二次世界大戦期の、日本の外交官・政治家である。

湯河原の別邸が記念館になっている。「志四海」（向陽）という額が飾ってあった。四海を志す。志が全世界を覆う。志を全世界に及ぼす。この言葉を外交方針とした。

1929年　上海領事
1931年　駐華公使（満州事変）
1932年　右脚切断（上海事変停戦協定・爆弾）
1933年　外務次官（46歳・広田外相）
1936年　駐ソ大使
1939年　駐英大使（日独伊三国同盟の危険性）
1941年　駐華大使
1943年外務大臣（東条内閣・小磯内閣・終戦を木戸幸一内大臣と話し合う）
1945年　外務大臣（東久邇内閣・日本全権としてミズリー号上で降伏調印）戦犯になる
1952年　改進党総裁
1954年　日本民主党副総裁、鳩山内閣副総理・外務大臣
1956年　日ソ交渉（不調）、国連加盟総会演説（「日本は東西の架け橋になる」）
1957年　死去。

1932年、上海で行なわれた天長節（天皇誕生日）の祝賀式。「式台に並んだ重光葵公使らが〝君が代〟の斉唱中、爆弾が投げられた。爆発で下半身を強打され、重光は倒れた。右脚がちぎれるように痛い」（『孤高の外相重光葵』豊田穣著）。傷口は大小160幾つあり、非常な精神力で何とか乗り切るが、最終的に片足を切断することになる。片足を失いながらも、翌年外交官として復帰する。

米戦艦ミズーリ号艦上で降伏文書に調印した重光は、大分県の誇りになっている。安岐町にある山渓偉人館でその生涯を追うことができる。ミズーリは米国最後の戦

艦で、第二次大戦中は太平洋を中心に活動し、硫黄島上陸作戦に参加、沖縄攻撃作戦では海上から艦砲射撃を行なった戦艦だ。この戦艦は1945年9月2日、東京湾で降伏文書調印式が行なわれたことで有名だ。マッカーサー元帥率いる連合国に対し、日本側は重光葵全権率いる日本政府の代表団との間での調印式である。ハワイのミズーリ号を降伏文書には、政府代表重光葵と日本皇軍代表梅津美治郎代表のサインを見ることができた。当時、重光は外相、梅津は参謀総長だった。この二人とも大分県人である。重光は国東町、梅津は中津出身である。

マッカーサーのサインの後には、米国、中国、英国、ソ連、オーストラリア、カナダ、フランス、オランダ、ニュージーランドの各代表のサインがみえる。2番目は中国だった。あの戦争は太平洋戦争でもあったが、大東亜戦争でもあったのだ。真珠湾攻撃より10年前の1931年には満州事変が起こっていた。日本は中国にも負けたのである。

屈辱的な歴史的役割を果たした重光葵は「願くは　御國の末の　栄え行き　我が名さけすむ　人の多きを」と詠んだ。その志の高さに感動を覚える。

7月30日

ヘンリー・フォード

年寄りは若い時に貯金をしろと言うが、それは間違っている。最後の一銭まで貯めようと考えたらいけない。自分に投資しなさい。私は40歳になるまで、1ドルたりとも貯金したことがない。

アメリカ合衆国出身の企業家、自動車会社フォード・モーターの創設者であり、工業製品の製造におけるライン生産方式による大量生産技術開発の後援者である。

1863.7.30〜1947.4.7

「学ぶことをやめた人はだれでも老いている。20歳であっても80歳であっても、学び続ける人は誰でも若い」
「事実がわかっていなくとも前進することだ。やっている間に、事実もわかってこよう」

16歳年上のエジソンとは、一時エジソンの会社で部下的存在として働いていたこともあり、友人関係にあった。T型フォードで大富豪になった後には、いくつかのエジソンの危機に際して援助している。フォードは、「エジソンは発明家としては優秀であったが、経営者としては最悪だった」と評している。

まず自前の投資金を手にせよ、とする教訓を言う先達もあるが、私は「貯金をするな、自己に投資せよ」というこのフォードの言葉にわが意を得たという感じを持つ。フォードであったか定かではないが、同じ思想の影響を受けて、小金を貯めずに30歳くらいまでは自分が伸びるために可処分所得を注ぎ込もうとしていた。今となってみると、それでよかったと思う。年寄りのアドバイスは聞いていてはいけない。

7月31日

小谷正一（こたに・まさかず）

いつだって時代は過渡期だし、キャンバスは真っ白なんだよ。

1912.7.31 〜 1992.8.8

日本のイベントプロデューサー。新聞のフォーマットというのを作ったといわれている。確かに、戦前までの新聞は、一面は活字だけらけだが、大きな写真でドーンとあって、１００号活字で見出しがあるというスタイルは戦後のものだ。これは、大阪毎日新聞の時代に小谷が作った。

　次に、日本で最初の「イベント」というのをやった男である。大阪毎日の編集局長時代に、「毎日新聞」という言葉を「朝日新聞」に掲載したいと思った。それで、当時、甲子園球場に四国から牛を連れてきて「闘牛大会」というイベントをやった。人が集まって事件になるから、朝日新聞も、毎日新聞主催のこの出来事を記事にせざるを得なかった。これが日本でのイベントというもののスタートだとされている。まだ無名の井上靖が、この小谷をモデルにして『闘牛』という小説を書き、直木賞を取る。

　新聞の世界で名をはせた次は放送である。ちょうど、大阪毎日放送という民間放送がスタートする時代で、小谷は最初の民放の編成局長になる。彼はグラフ用紙を買ってきて、１週間分の番組表を全部一人で作った。５００の番組だった。今のテレビ番組表の骨格を作ったのだ。

　新聞・イベント・テレビのプロトタイプを作ったあとは、広告の世界に入る。いわゆるＳＰ（セールスプロモーション）だ。60年代から70年代にかけての、高度成長とともに発展した、日本の消費社会・広告社会の中で、電通ＰＲを舞台にした小谷の役割は大きかった。例えば、銀座のソニービルの入り口のところで、いろんなイベントをやっている。最初は誰かが仕掛けたのか。小谷だ。社会全体をメディアの舞台として認識した、最初のメディアマンだったのである。

　そして、大阪万博。小谷は住友館とか、いくつかのパビリオンのプロデューサとして名前が残っているが、行政的な仕掛けが堺屋太一氏だとしたら、内容的な仕掛けは小谷の仕切りであろう。

　以上が、小谷正一を師匠とした私の友人の橘川幸夫が語る小谷の業績である。

　小谷正一は「年越しの名刺を持たない男」といわれたように、一つの仕事を成し遂げると未練なく次の会社で仕事に取り組むというスタイルを貫いた人だ。

　時代の過渡期に巡り会って縦横に仕事ができた幸運をうらやましがった後輩に向けて語ったのが冒頭の言葉である。そう、いつだって時代は曲がり角にあるし、いつだって過渡期なのだ。遅れてきた青年などはいない。真白いキャンパスに自由に絵を描こう。

8月

葉月

8月1日

宮本常一（みやもと・つねいち）

人の見のこしたものを見るようにせよ。その中にいつも大事なものがあるはずだ。あせることはない。自分の選んだ道をしっかり歩いていくことだ。

1907.8.1～1981.1.30

日本の民俗学者、農村指導者、社会教育家。

宮本常一は、１９３９年（32歳）以来、73歳での死に至るまで40年以上にわたって日本各地をくまなく歩き、民間の伝承を克明に調査した。

23歳の時に投稿した論文が柳田国男の目にとまる。その3年後、生涯の師・渋沢敬三と出会い、32歳で渋沢の主宰するアチック・ミューゼアムに入り、以後40年にわたって本格的な民族調査に没頭する。53歳で書いた代表作『忘れられた日本人』で脚光を浴びた。

「旅する人」宮本常一は民族誌を中心にした柳田国男の民俗学に疑問を持つようになる。「生活誌」を大事にすべきであり、生活向上のテコになる技術をキメ細かく構造的に見ることが大切だ考える。客観的なデータを整理・分析する民族誌ではなく、民族採集の仕事は「生きた生活」をとらえることにあるとする。実感を通して観察し、総合的にとらえる生活誌を重要視した研究を行なった。

宮本常一の所属した渋沢敬三のアチック・ミューゼアムは、後に日本常民文化研究所となり、神奈川大学に吸収されて網野善彦（１９２８～２００４）の活動の場になる。網野は中世の職人や芸能民など、農民以外の非定住の人々である漂泊民の世界を明らかにした。その系統の中に赤坂憲男の東北学もある。

宮本常一は日本を探検した人である。人々の生活誌を書いた。代表作『忘れられた日本人』を宮本は「紙碑」と言っている。石碑ではなく、紙というメディアに書いた碑である。確かに石碑に書かれた内容は時間が経つと風化し読めなくなるが、紙碑に記した内容は永遠に残る。本を書くという仕事は、紙の碑を残すという業なのだ。宮本常一の志の高さをみる思いがする。

8月2日

中坊公平（なかぼう・こうへい）

世の中で一番大切なもの、人間にとって最も大切なもの、それは「思い出」ではないか。

1929.8.2 ～ 2013.5.3

日本の弁護士（大阪弁護士会）。元日弁連会長。新しい日本をつくる国民会議（21世紀臨調）特別顧問。菊池寛賞受賞者。

森永ヒ素ミルク中毒事件や豊田商事の被害者救済に弁護団長、破産管財人として尽力し、日本弁護士連合会会長や整理回収機構の初代社長をつとめた人物である。

１９９９年に設置された司法制度改革審議会において委員として参加し、法科大学院や裁判員制度の導入に尽力した戦後日本を代表する弁護士であり、マスコミから「平成の鬼平」と命名された。実在の人物であり悪を懲らしめる「鬼平」と呼ばれた江戸時代の火付盗賊改方・長谷川平蔵を主人公とする池波正太郎の捕物帳『鬼平犯科帳』に因んだ愛称・尊称だ。

「私は太陽電池で動いており、妻が私のお日さんなのだ」（いい家庭をつくることは男子一生の事業である）

「いろいろな仕事の条件や内容を調べて、自分に適合する仕事を探そうとすること自体が、私は違うだろうと思っています。それよりも、いかに自分の能力を上げるか。現場へ行って本質をどのようにして発見できるか。その力を自分のものにする技を磨くことがもっと重要なのですね」（就職は、現場での修行と思え。場所はどこでもいいということだ）

「少なくとも三つ（牧師・医者・弁護士）の職業はですね、人の不幸を金に変えてはならないというのが厳然たる倫理だと思うんですね」（やはり、鬼平と呼ばれるだけのことはある）

冒頭の「思い出」とは、「家族と過ごした楽しい思い出。必死になって仕事に打ち込んだ思い出。心を分かち合った友人との思い出。そんな多くの思い出こそが人が生きてきた証であり、最後にやすらかな幸福感をもたらしてくれる」と本人が解説している。中坊公平はこころやさしき人であることがわかる。やはり「平成の鬼平」という名ににふさわしい。

8月3日

岩崎小弥太（いわさき・こやた）

資本家は利潤追求を目的とするが、経営者は利潤追求を越えた目標を持つべきである。それは国家への奉仕と、国民利福の実現と、一人一人の社員の人間としての完成である。

1879.8.3 ～ 1945.12.2

日本の実業家で、三菱財閥の4代目総帥。男爵。

岩崎弥太郎（1834年生まれ）は、海運から始めて鉱業、造船業、保険、為替など事業の「多角化」を図った。二代目の弟・弥之助（1851年生まれ）は海から陸へと事業「領域を広げ」、丸の内・神田に10万坪の土地を買った。その後、弥太郎の息子の久弥を経て、弥之助の息子・岩崎小弥太は30年の長きに亘り社長業を続け、部門毎の「分社化」に取り組み重工（造船）、商事、銀行、地所と優れた企業をつくっていった。

巨漢の小弥太はケンブリッジのカレッジを優等で卒業している。当時ケンブリッジの優等生は後に東大総長や文部大臣を歴任した菊池大麓（1855~1917）のみだったから、その優秀さがわかる。ちなみに夏目漱石は同時期の官費でのロンドン留学生だった。

「我々は大いに競争す可きである。然し私は我々の競争をして量の競争たらしめず寧ろ質の競争たらしめたい」

2代目岩崎弥之助は、中国陶磁も含めた東洋美術の一大コレクションを夢見ていた。絵画、彫刻、書跡、漆芸、茶道具、刀剣などを蒐集した。それを引き継いだ小弥太は、800を超える中国陶磁を学術的観点から系統的に蒐集している。その蓄積が 現在の静嘉堂文庫美術館に結実している。

「利潤を越えた目標」には、文化興隆のための美術館建設も入っていたのであろう。その考え方の伝統は、2010年に開館した三菱一号館美術の存在にも引き継がれている。

8月4日

シェリー

人は前を見、後ろを見、ないものに恋い焦がれる。

1792.8.4 ～ 1822.7.8

パーシー・ビッシュ・シェリーは、イングランドのロマン派詩人。

シェリーはフランス革命勃発後4年目、ヨーロッパ大動乱の時代に生まれた。シェリーが活躍したのは、ナポレオンの全盛時代から没落後の反動の時代までであり、ナポレオン没落後の8年目に死んでいる。30年の短い生涯であった。

イートン校では「気違いシェリー」と呼ばれており、オックスフォード大学では「無神論の必要」というパンフを配り放校処分される。行く先々でイギリス官憲が危険思想家として監視していた人物である。

博覧強記で古今東西のあらゆる書物に通じていたシェリーには、美の崇拝家、美の革命家、新しい世界の実現を求めた詩人とされ崇拝する人々、そして天才ではあるが有害という異なった見方をする人々がある。

本妻ハリエットの死後、メアリーと結婚する。メアリーは『フランケンシュタイン』の作者であり、駆け落ちの時期にディオダディ荘の怪奇談義においてシェリーやバイロンらと人造生命の可能性について語り合ったことが同作の着想のきっかけとなった。

「冬来たれば、春の足音《おとずれ》近し」というシェリーの詩は、日本では「冬来たりなば、春遠からじ」と訳され、人々がよく知る言葉となった。

「私たちはどこから来たのか、なぜここに存在するのか？」という普遍的な問いをシェリーは詩の中で語っている。また「詩は、ひろくいえば、『想像力の表現』であると定義できよう」と言う。恋い焦がれる「ないもの」とは人が想像で生み出したものだ。そのあこがれを表現するのが詩である。

8月5日

壺井栄（つぼい・さかえ）

桃栗3年　柿8年　柚の大馬鹿18年。

1899.8.5 ～ 1967.6.23

旧姓：岩井。女性小説家・詩人。主に小説および児童文学（童話）を主領域に活躍した作家で、戦後反戦文学の名作として後に映画化された『二十四の瞳』の作者として知られる。

壺井栄は醤油樽職人の6番目の子供であった。級長になるなど成績は良かったが一家が破産。15歳で坂出郵便局につとめる。26歳で上京、同郷の壺井繁治と結婚し、世田谷に住んだ。この時近所に林芙美子、平林たい子夫妻がいた。夫はプロレタリア運動に参加する。31歳、宮本百合子、佐田稲子と知り合う。38歳で、処女作『大根の葉』を発表する。42歳、『暦』で新潮社文芸賞を受ける。以降活発な執筆を展開する。53歳のときに書いた『二十四の瞳』が映画化され栄は国民的な存在になる。57歳、壺井栄作品集25巻。67歳、内海町名誉町民、そして死去。

壺井栄は、小説、童話、随筆等、生涯で１４００編の作品を残した。１９９２年に郷土の小豆島の映画村に壺井栄文学館が開館した。

「突き飛ばされて転んだら、ついでにひとりで起きあがって、歩くとこを見せてやらにゃいかん」

「このひとみを、どうしてにごしてよいものか」

小豆島の映画村には映画館があり、無料で「二十四の瞳」を上映していた。この映画は子供の頃見ているが、戦争反対の作品だったことに驚いた。ひらいたひらいた、7つの子、村の鍛冶屋、荒城の月、仰げば尊し、などの歌が聞こえている。涙なしには見ることができない名作であった。

「桃栗3年　柿8年　柚の大馬鹿18年」、これが遅咲きの栄の座右の銘である。自身は柚であると認識していたのだ。亡くなる直前の最後の言葉は「みんな仲良く」だった。

8月6日

テニスン

自分に対する尊敬、自分についての知識、自分に対する抑制、この三つだけが人生を導き、生活に絶対の力をもたらす。

1809.8.6 〜 1892.10.6

初代テニスン男爵、アルフレッド・テニスンは、ヴィクトリア朝時代のイギリスの詩人。美しい措辞と韻律を持ち、日本でも愛された。

1842年『Poems by Alfred Tennyson』で名をなし、1845年に年金を授与された。1847年に叙事詩『The Princess』を発表し、1850年ウィリアム・ワーズワースの後継者として桂冠詩人となった。この年に結婚している。1855年『Maud』、1859〜1864年にかけてアーサー王伝説に取材した『国王牧歌』や、哀れな水夫の物語詩『イノック・アーデンEnoch Arden』1864年、『Locksley Hall Sixty Years After』1886年、を発表し、1884年にテニスンは男爵に叙せられた。詩人であるだけに、やはり言葉がいい。

・一人の敵も作らぬ人は、一人の友も作れない。
・男というものはどんなに違いがあってもせいぜい天と地の差だ。だが女というものは、一番良い女と一番悪い女の差は天国と地獄ほどの違いがある。
・希望が人間をつくる。大いなる希望を持て。
・あまりに多様な世界、あまりに多い成すべきこと、あまりに少ない成し遂げたこと。

「私はこれまで会ったすべての人の一部分だ」。これは先日105歳で天寿を全うされた日野原重明先生が好きだった言葉である。

自分への尊敬と知識と抑制。つまり自分をよく知り、自分を大事にせよということだろう。それが人生を航海するための羅針盤だ。

8月7日

武見太郎（たけみ・たろう）

次のような人は順番にかかわりなく、直ぐに診察します。
一、特に苦しい人
一、現役の国務大臣
一、80歳以上の高齢の人
一、戦時職務にある軍人

1904.8.7 ～ 1983.12.20

日本の医師。日本医師会会長、世界医師会会長を歴任した。

戦後の厚生行政に於いては厚生官僚との徹底的な対決を行なうなど、「ケンカ太郎」との異名をとった。また医師会内部では独裁的な権力を手にして、薬剤師会、歯科医師会を含めた三師会に大きな影響力を持ち、「武見天皇」とまで呼ばれた。私もこの人の立ち回りの勇姿は新聞などでよく知っている。日本医師会会長の25年は歴代1位で、2位は初代会長の北里柴三郎の15年である。どちらも長期にわたって信任を受けていた証拠だ。

戦時中、そして戦後も、銀座4丁目の武見の診療所に貼ってあったのが冒頭の方針を書いた張り紙である。幸田露伴、西田幾多郎、鈴木大拙、幣原喜重郎などもかかっていた。この張り紙のとおり、近衛文麿首相も首相を辞めた後は、行儀正しく順番を待っていたらしい。

実際の診療場面では意外にやさしかったらしい。「ぼくがすれば痛くないよ」と声をかけながら診察を進めた。軽いスキンシップをしながら、いつもニコニコして「大丈夫、大丈夫」と声をかけた。患者の質問には丁寧に答えた。ケンカ太郎は、また情けと涙の人でもあったことがわかる言葉でもある。

8月8日

植草甚一（うえくさ・じんいち）

一冊でもよけいに外国の本を読んで、出来るだけ覚え書きをつくり出来たら、いつかこれを整理して、まとまったものにして残したいのが私の唯一の野心である。

1908.8.8 〜 1979.12.2

欧米文学、ジャズ、映画の評論家。通称〝J・J氏〟。

世田谷文学館で「植草甚一スクラップ・ブック」展を見学。植草甚一は、映画、ミステリー、モダンジャズ（48歳から）、カウンター・カルチャーなど、団塊世代のサブカルチャーの先輩、先生の様な存在だった。1960年代後半から70年代にかけて「植草流」とでも呼ぶべき特異なスタイルを築き活躍した不思議な人だ。この名前は様々な雑誌の中で見た記憶がある。おしゃれで教養の深い饒舌なおじさんという印象を持っているが、この人のことはよく知らなかった。

企画展は植草が経堂に住んでいた縁で、240点のスクラップブック、ノートなど約240点、草稿や原稿50点、日記30点、その他図書・雑誌・写真など総数1200点に及ぶ遺品が世田谷文学館に寄贈された。4万冊の蔵書は古書店が買い取った。その一部を展示する企画展である。映画、文学、音楽、コラージュ、雑学、ニューヨーク、ライフスタイルに分けてコレクションが展示されている。

「ハヤカワポケットミステリー」の編集、『映画旬報』の編集、『スイングジャーナル』でのジャズ連載、テレビ出演などを経て、本格的な単行本『ジャズの前衛と黒人たち』（晶文社）を書いたのは59歳になっていた。その後、1969年の『平凡パンチデラックス』での植草甚一特集、後に雑誌『宝島』になる『ワンダーランド』の責任編集などを手掛けている。これだけ海外の情報を伝えながら海外には縁がなかった植草は66歳で初めての海外旅行で、ニューヨークに3カ月半滞在し、味をしめてその後は毎年のように出かけている。その前に植草は朝日カルチャーセンターで写真を基礎から学んでいる。

69歳では、ベストドレッサー賞を受賞、亡くなったのは１９７９年、71歳だった。

植草の映画評論は、テクニックを重視しディテールに着目するスタイルだった。試写を見ながら「速記帳」に書き込み、それを「試写メモ」に整理し、全体像が固まったら「原稿」にしていく。ペラの小冊子に映画を観ながら、気が付いた点や台詞を書き込み、イラストまでも描いている。原稿を書くためのスクラップブックにも、黒、青、赤のボールペンで書き込みをしたり、記事を入り込んだりしている。原稿用紙に書いた文字が素敵だ。『植草甚一コラージュ日記・東京１９７６』（平凡社）を読むと、独特の文字で毎日の日常が細かく記されている。

同時開催された「コレクション展　特集　戦後70年と作家たち」の中に、「不老少年座談会」の雑誌記事があった。１９７６年の『ＧＯＲＯ』（小学館）だ。そこでは、若者に人気の著名人が集まっていた。紳士・梅田晴夫（55歳）、巨匠・横溝正史（74歳）、識者・会田雄次（60歳）、教祖・植草甚一（68歳）という人たちだ。楽しい座談会の様子が載ってるのだが、内実はそうでもないらしい。この『コラージュ日記』の６月23日には、この座談会のことが書いてある。「会田さんに、ホテル（赤坂のホテル・ニュージャパン）の教え方がいい加減だったせいか、だいぶ遅れ、10時まで話が続いた。部屋をかりて座敷でやったが、コーヒーとかさかさのサンドイッチだけ出したのには驚いた。……ハッキリあとで文句をつけた。……とにかくイヤな座談会だった」とある。この日記は、都市の散歩のお手本だ。どこで何をいくらで買ったか、その内容と道程を細く記してある。朝の起床時間から始まり、その日の天気などもあり、日常生活の様子が目に見えるようだ。

「生涯の映画ベストテン」がある。「愚かなる女」「蠱惑の街」「吸血鬼」「三十九夜」（ヒッチコック）「大いなる幻影」（ジャン・ルノワール）「自由を我等に」「歴史は女でつくられる」「戦火の彼方」「地下鉄のザジ」「カサノヴァ」。

「無関係な切り抜きをくっつけ、それが別なものに変化していく快感」

「表紙をひと目みて感じてしまう本は、たいがい良い本で、これはレコードを買うときにもあてはまる」

「ぼくは散歩と雑学が好き」

植草甚一は、一生勉強を続けた遅咲きの人だ。48歳からモダンジャズにのめり込み、65歳の初の海外旅行には朝日カルチャーセンターで写真を学ぶ、そして関心がどんどん広がっていく。その成果を若者向けの雑誌で披露していく。その結果が、雑学の大家としての姿に結実していく。

植草甚一は雑学の大家である。71歳で亡くなるまで、エッセイ集をはじめとする数十冊の本を出し、若い世代から「ぼくらのおじさん」として親しまれ続けた。全集である『植草甚一スクラップ・ブック』は晶文社から刊行されている。全42巻。氏の遺した４０００枚近いジャズのレコードは、なんとタモリが引き取った。

まだ東宝で仕事をしていた37歳の時に、「一冊でもよけいに外国の本を読んで、出来るだけ覚書をつくり出来たら、いつかこれを整理して、まとまったものにして残したいのが私の唯一の野心である」と述べた雑学の大家は、有名な東宝争議をきっかけに退社し、それ以降30年余にわたってその野心をエネルギーにあらゆる分野に首を突っ込み、雑学の巨人となって、多くの若者に影響を与えた。

8月9日

後藤田正晴（ごとうだ・まさはる）

嫌いな人間だが、一緒に仕事はする。

日本の内務・警察・防衛・自治官僚、政治家。

1914.8.9 ～ 2005.9.19

警察庁長官（第6代）、衆議院議員（7期・徳島県全県区）、自治大臣（第27代）、国家公安委員会委員長（第37代）、北海道開発庁長官（第42代）、内閣官房長官（第45・47・48代）、行政管理庁長官（第47代）、総務庁長官（初代）、法務大臣（第55代）、副総理（宮澤改造内閣）などを歴任し、「カミソリ後藤田」、「日本のアンドロポフ」、「日本のジョゼフ・フーシェ」などの異名を取った。

もうすこし早く政界に入っていれば総理になったと言われている人物だ。中曽根内閣の官房長官時の総理を押しとどめたエピソード、部下であったリスク管理の佐々淳行の著書などで、その辣腕ぶりと人情家ぶりは私もよく理解しているつもりだ。

「大衆というのは、個人個人をとってみれば、いろんな人がいる。賢い人もいるし、愚かな人もいる。しかし、全体としての大衆の判断は、非常に賢いといえるのではないか。だから、政治家だけでなく、公的な仕事にあたる人は、大衆のマスとしての判断は賢なり、という考え方で行動しなければ、必ず国民からしっぺ返しを受ける」

「政治家がいつも考えなければならないのは、国家、国民の運命である。そのためには、不断に勉強していなければならないが、特に歴史の教訓、国家の興亡の歴史に学ぶことが大変重要なことではないかと思う」

「悪い情報は深夜でも報告せよ。いい情報は明朝でいい」

「二人か三人しかおらん上役をごまかせないような奴は、一人前になれるワケがない。しかし、下の目はごまかせない」

「お茶くみのおばさんに愛されないような人間は偉くなろうと思うな。」

　後藤田五訓は官僚に対する訓示だが、どの仕事にも当てはまる。

1、出身がどの省庁であれ、省益を忘れ、国益を想え
2、悪い、本当の事実を報告せよ
3、勇気を以って意見具申せよ
4、自分の仕事でないと言うなかれ
5、決定が下ったら従い、命令は実行せよ

　人間に好き嫌いはある。好きな人たちだけで仕事ができるならどんなにいいかと想像することがある。しかしそれでは物事は成就しない。好き嫌いを超えて、あらゆる人と一緒に事にあたらなければならないのが真実だ。その真理を仕事師・後藤田正晴は教えてくれる。

8月10日

ハーバート・フーバー

政府に誠実さが欠けていれば、全国民の道徳も毒される。

1874.8.10 ～ 1964.10.20

アメリカ合衆国の第31代大統領。

１９３６年に完成したフーバーダムにその名を留めているフーバー大統領は、１９２９年３月４日の大統領就任演説を行なった。その直後の10月に世界恐慌で未曾有の大不況に突入し、保護政策をとり、不況をさらに深刻化させたと批判されている。しかしルーズベルト大統領も「彼の下なら喜んで働きたい」と発言するなど、歴代大統領はフーバーを高く評価していたのも事実である。

「悩みは忘れ去ろう。目の前は困難だらけだ。振り返って過ぎ去った困難まで顧みる必要はない」というフーバー。「魚釣りをしていると、人間社会の騒々しい鉄槌から逃避できる。私が自由な天地に逍遥することができる、ただ1つの慰みである」とカーター大統領が、その著書の中でフーバーの人となりを紹介している。唯一の息抜きは魚釣りだったのだ。

「政府のもつ唯一の機能は、民間企業の有益な発展にとって好ましい状況をもたらすことである」とも語っていたフーバーは、政府のあるべき姿を確信していた。そして冒頭の言葉のように、政府の誠実な政策履行がなければ、国民の道徳は乱れると考えていた。一国の興亡はこの点にかかっているのである。だから組織の運命を決する人たちは、自らの誠実さを貫くことによって、組織全体の倫理観を高めていくことが重要だ。それが失われれば、組織の退廃と滅亡は避けることができない。

8月11日

古関裕而（こせき・ゆうじ）

テーマや詩を前にして、その情景を思い浮かべる。音楽がどんどん頭の中に湧いてくる。

1909.8.11～1989.8.18

日本の作曲家。本名：古關勇治。1969年、紫綬褒章受章、1979年、勲三等瑞宝章を受章。

作曲家の古関裕而の記念館は福島市にあり、音楽堂が併設されている。古関は、戦時中は勇壮な軍歌、戦後は明るいスポーツ音楽を数多く作曲している。ピアノなどの楽器はいっさい使用せず、和室の静寂の中で楽想を練った。机が3つあって、仕事が立て込んできたときなどは、この3つを行き来しながら作曲をしたらしい。床の間には「月落ちて鳥啼く……」の寒山寺の詩が飾ってあった。

古関裕而は、美しい旋律と格調高い響きで日本人の心を魅了した。「露営の歌」「暁に祈る」「若鷲の歌」「鐘の鳴る丘」「君の名は」「六甲おろし」「東京オリンピック行進曲」……など耳に残る名曲ばかりだ。

作曲作品総数は、20歳から80歳まで60年間で5000曲にもおよぶ。この仕事量は日本の作曲家の中でも最多である。スポーツ・ラジオドラマ・歌謡曲・演劇・校歌・社歌等、多岐にわたっている。小学校、中学校、高等学校、県庁、県警、新聞社の歌なども多い。宮城県ではと見てみると、「ミス仙台」、宮城工業専門学校、築館高等学校、東北大学工学部鉱山学科の歌……。私の故郷の大分県では、大分連隊行進曲などがあった。こうした一連の功績によって紫綬褒章を受章。1979年4月には福島市名誉市民第一号となり、その功績と栄誉をたたえられた。「いつもふる里の吾妻山や信夫山、阿武隈川を思い出して作曲してきました」

「福島市に生まれ育って本当に良かった」と述懐している古関は、和室の書斎で故郷の情景を思い浮かべながら、曲を作り続けた。人がふと口ずさむのは、その人の心に深く影響を与えている証拠だ。年月を越えて人々を励ますメロディーに古関は今なお生き続けている。

8月12日

淡谷のり子（あわや・のりこ）

あたしはね、やれるところまでやりますよ。歌と一緒に死んで行かなきゃいけない、と昔から思ってるんだ。

1907.8.12 〜 1999.9.22

青森県青森市出身の女性歌手。日本のシャンソン界の先駆者であり、ブルースと名の付く歌謡曲を何曲も出した由縁から「ブルースの女王」と呼ばれた。

日中戦争が勃発した1937年に「別れのブルース」が大ヒット、続く「雨のブルース」「想い出のブルース」「東京ブルース」などでスターダムへ登りつめる。NHK紅白歌合戦では初出場でトリをつとめた。テレビのオーディション番組では、辛口の批評であったことを思い出す。

「自分から逃げれば逃げるほど、生きがいも遠ざかる」

「レコード大賞も歌手を堕落させる原因ね。賞を取ればギャラも上がるから血眼でしょう。歌手はね、お金のために歌うようになったらおしまいよ」

「ブルースというものは、だれかが書いて、だれかが曲をつけて歌うもんじゃないの。黒人たちが自分の思いを自分の言葉で、自分のメロディーで叫んだ歌、それがブルースよ」とブルースの女王は語っている。

歌と一緒に死んでいく覚悟があるという気迫を感じる本物の歌手だった。

8月13日

横井小楠（よこい・しょうなん）

人必死の地に入れば、心必ず決す。

文化6.8.13（1809.9.22）～1869.2.25

日本の武士（熊本藩士）、儒学者。

東の佐久間象山（1811～1864）と西の横井小楠（1809～1869）と呼ばれた横井小楠は、勝海舟、吉田松陰、橋本左内、由利公正、木戸孝允、岩倉具視、森有礼、坂本龍馬、高杉晋作など、新時代を創った人々の先生格だった。坂本龍馬より26歳、高杉晋作より30歳年上である。

勝海舟は「天下で恐ろしいものを二人見た。それは横井小楠と西郷南洲（隆盛の号）だ」「横井の思想を、西郷の手で行われたら、もはやそれまでだ……」と危惧していたのだが、実際の歴史はそうなった。

「政治は、万民のためを判断基準とする王道を歩むべきで、権謀術数による覇道を排すべきだ」と小楠は言った。そして「国是三論」で富国の道を説いた。そこでは武士は商人と公僕の姿をしていた。

横井は幕府や新政府への提言が容れられるなど中央で活躍したが、地元・肥後では跳ね上がりものとして危険視されていた。最後は維新の元勲たちと並んで新政府の参与に登るが、地元では酒癖も尋常ではなくきわめて評判が悪く、記念館が建ったのは随分遅く、昭和57年である。その酒癖が悪かった小楠がつくった熊本の小楠堂の掟の中に「酒禁制の事」とあったのは愉快だった。

選択の余地があると人は迷う。得失を頭で考えて結論が出ない。この道しかない、とハラをくくると迷いは消える。

8月14日

藤井康男（ふじい・やすお）

問題を絶えず追求する人間にとって、オフ・ビジネスの時にひらめきを見いだす例が多い。

1930.8.14 〜 1996.11.10

日本の実業家、生化学者、文筆家。

龍角散社長の藤井康男は、軍艦のプラモデルやレコード収集、そしてビジネスや健康などをテーマとした幅広い文筆家としても知られた。１９７４年から１９９６年までの22年間に60冊ほどの著書を書いている。実に幅広い分野で発言しているが、多いのは「創造」に関わるものだ。以下、そのいくつかを挙げてみる。

『「創造的遊び人間」のすすめ〝遊び〟で伸ばせ、男の実力！』（ＰＨＰ研究所　１９８１年　のち文庫）『右脳人間学　いまビジネスマンに求められる頭の使い方』（番町書房　１９８１年　のち福武文庫）、『「創造的人材」の条件』（三笠書房　１９８２年）、『右脳ビジネスのすすめ　パワーを最大に発揮する法』（ＰＨＰ研究所　１９８２年）、『実践右脳人間学　どうしたら右脳を鍛えられるか』（番町書房　１９８３年）、『多能人間のすすめ　90年代型自己実現の知恵』（史輝出版　１９９０年）、『「遊び心」のある人ほど「いい仕事」ができる　もっと〝ゆとり〟が生まれてくる「生き方進化論」』（大和出版　１９９１年）、『できる人間はよく遊ぶ　いい仕事を生み出す〝ムダ〟の効用』（大和出版　１９９３年）。

企業が生み出す商品やサービスに、知識や技術の貢献が大きくなってくるにつれて、働く時間の長さは成果には反映しなくなっている。そのことを１９８０年代から語ってきた藤井康男がビジネス雑誌に書く主張を若い時代に読んでいた記憶がある。問題解決のひらめきは、仕事から離れた場面で手に入れることがよくある。それは遊びに熱中しているときや、異分野の人とつきあっているときだ。現代においてはソフトの比重が高まっている仕事とは問題を扱うことであり、その解決のヒントはオフの過ごし方にあるのだ。

8月15日

ウォルター・スコット

最良の教育とは、人が自分自身に与える教育である。

1771.8.15～1832.9.21

スコットランドの詩人、小説家。ロマン主義作家として歴史小説で名声を博し、イギリスの作家としては、存命中に国外でも成功を収めた、初めての人気作家といえる。

私の子どもの頃に出会った『アイヴァンホー』は、11世紀から12世紀のイングランドが舞台の歴史小説だった。愛する姫のために、強敵に立ち向かっていく主人公・アイヴァンホーの物語である。そのテーマは騎士道だ。

「臆病でためらいがちな人間にとっては、一切は不可能である。なぜなら、一切が不可能なように見えるからだ」

「成功、不成功はその人の能力よりも、精神的態度によるものが大きい」

「休息が長すぎると、カビが生える」

スコットが言うように、教育は人から与えられるものだと考えていては成長はない。自分を教育する最大の人物は、自分自身なのだ。それがわかれば、生涯を通じて成長を続けることができる。

8月16日

菅原文太（すがわら・ぶんた）

人間、急いでおったらあんまりいいことない。足元見てマイペースを守っておったら、蹴躓くこともないわな。

1933.8.16～2014.11.28

日本の俳優、声優、ラジオパーソナリティ、農業従事者である。

「ヘンクツや異端者と呼ばれてもいいじゃないか。変わり者の生き方の方が面白いよ」

「沖縄の風土も、本土の風土も、海も山も空気も風も、すべて国家のものではありません。そこに住んでいる人たちのものです」

「政治の役割はふたつあります。一つは、国民を飢えさせないこと、安全な食べ物を食べさせること。もう一つは、これが最も大事です。絶対に戦争をしないこと！」

「チャールズ・ブロンソンとか亡くなったスティーブ・マックイーンなんか、大スターになったのは中年になってだからね。オレとおんなじだよ」という菅原文太は、急がず、マイペースを守って、やがて日本を代表する役者になった。そして晩年は憂国の士となって人々の記憶に残った。

8月17日

後藤静香（ごとう・せいこう）

本気ですればたいていな事はできる。本気ですれば何でも面白い。本気でしていると誰かが助けてくれる。人間を幸福にするために、本気で働いているものは、みんなで幸福で、みんな偉い。

1884.8.17 ～ 1971.5.15

大分県出身の社会教育家、社会運動家である。

蓮沼門三の「修養団」に傾倒し参加。格言や偉人伝、寓話などをわかりやすく解説した雑誌をいくつも発行。代表作である詩集・格言集『権威』は100万部を越えて、当時の青年、教育者、労働者に愛読され、熱狂的な支持を得た。

「十里の旅の第一歩　百里の旅の第一歩　同じ一歩でも覚悟が違う　三笠山に登る第一歩　富士山に登る第一歩　同じ一歩でも覚悟が違う　どこまで行くつもりか　どこまで登るつもりか　目標がその日その日を支配する」

「たしかに生まれた、必要だからだ。たしかに生きている、まだ用事があるからだ」

『「われこれがために生まれたり」はっきりとそう言いうるものをつかんだか』

「なんでもいい。善と信じたことを、ただ一つでも続けてみよ。何が続いているか。三年、五年、十年続いたことが幾つあるか。一事を貫きうる力が、万事を貫く」

「もっと落ちついて考えよ　あまりそわそわしすぎる　太陽をみよ　月をみよ　星をみよ　花をみよ　お前のように浮き浮きしている者が　どこにある　せめて一時間でも、じっとしておれ　ただ一つのことでも　本気に考えてみよ」

後藤静香の言葉を眺めていると、当時の青年・教育者・労働者が心酔したのがよくわかる気がする。

現代でもスポーツ選手にファンが多いと聞く。後藤の問いかけには、気持ちを揺さぶるものがある。「どこまで行くつもりか」「言いうるものをつかんだか」「本気に考えてみよ」……。「本気か？」という問いかけを自分にしてみよう。

8月18日

伊藤左千夫（いとう・さちお）

吾々が時代の人間になるのではない、吾々即時代なのだ。吾々以外に時代などと云うものがあって堪るものか。吾々の精神、吾々の趣味、それが即時代の精神、時代の趣味だよ。

日本の歌人、小説家。

元治元.8.18（1864.9.18）～1913.7.30

曲折を経て徒歩で故郷の千葉県成東を出奔し、東京市内と神奈川の牧場で4年間働く。神田、神奈川、市ヶ谷、九段。27歳で独立し牛乳搾取業を経営する。乳牛改良社である。「万が一我が社の牛乳が他の牛乳に劣っているようなことがあれば、我が社は乳牛代金を一切いただかないことを誓います」との広告もある。いかにも左千夫らしい発想である。この時代に次の歌を高らかに詠んだ。「牛飼いが歌読む時に世の中のあたらしき歌おほひに起る」

歌にかかわる論争で軍門に降った4歳年下の正岡子規に師事。左千夫は絶対的人格の持ち主として子規を尊敬していた。子規没後は、根岸短歌会系歌人をまとめ、短歌雑誌『馬酔木』『アララギ』の中心となり、島木赤彦、斉藤茂吉、土屋文明、寒川陽光などを育成した。また、子規の写生文の影響を受けた小説『野菊の墓』を『ホトトギス』に発表し、高い評価を受けた。

左千夫は短歌・長歌・新体詩・俳句・写生文・小説・歌論・俳論・随筆・評論・宗教論・茶論などさまざまな分野の多様な文学作品を残している。虚子のすすめで、『野菊の墓』を書いた。この小説は何度も映画化されている。子規の死後、積極的な性格と年長者でもあった左千夫は短歌雑誌『馬酔木』を発行する。4年弱の期間に通算32冊を世に送った。終刊後『阿羅羅木』を刊行し、歌壇ではアララギ時代を迎える。晩年には時代の歩みに遅れ、茂吉・赤彦と対立することになる。

「久々に家帰り見て故さとの今見る目には岡も河もよし」

「九十九里の波の遠鳴り日の光り青葉の村を一人来にけり」

「夜光る珠は人知る土焼の楽の尊さ世は知らずけり」

「おりたちて今朝の寒さを驚きぬ露しとしとと柿の落葉深く」

冒頭に掲げた言葉のように、吾々自身が時代であると確信し高らかに宣言し、一つの時代を牽引した伊藤左千夫は、確かに短歌革新において正岡子規から斎藤茂吉・土屋文明を繋ぐ時代の役割を十分に果たした。しかし、晩年はその時代の流れに乗り遅れるのである。時代の流れに上手に棹さすことはことは難事である。伊藤左千夫が50歳の若さで没したのはむしろ幸いだったかもしれない。

8月19日

オーヴィル・ライト

ウィルと私は夢中になれるものがあったので、朝が待ち遠しくて仕方がなかった。それが幸せというものさ。

1871.8.19 〜 1948.1.30

ライト家の四男。ウィルバー・ライト（ライト家の三男）の弟。

ライト兄弟は、アメリカ出身の動力飛行機の発明者で世界初の飛行機パイロット。世界最先端のグライダーパイロットでもあった。自転車屋をしながら兄弟で研究を続け、1903年に世界初の有人動力飛行に成功した。

ライト兄弟と呼ばれるのは、研究熱心な兄・ウィルバーと活動的な弟・オーヴィルである。父は「不思議だなあと感じたことは、どんどん自分で調べてみなさい」という教育方針だった。そのおかげで二人はわからないことは自分で考え、調べるくせがついた。「人間が空を飛ぶためにはどうしたらいいのだろう」から始まって「空を飛んでみたい」と二人は思うようになる。二人のチームワークは完璧だった。

45歳で永眠した兄・ウィルバー、弟のオーヴィルはその後36年の歳月を飛行機とともに生きて76歳で亡くなっている。彼らは「飛行機の父」として尊敬されている。ライト兄弟初飛行25周年を記念してキティ・フォークに石碑がある。「天才的ひらめき、固い決心、ゆるぎない信念を持ち、飛行機という最高傑作を完成させた」と記されている。

兄・ウィルバーは結婚について記者から問われた時に、「私には妻と飛行機両方のために費やす時間はない」と答え、結婚せずに飛行機一筋に生涯を送っている。

ライト兄弟が空を飛んだというニュースは世界中を熱狂させた。日本でもこのニュースを聞いた少年たちは飛行機という夢にかぶれた人が多い。兄弟はその後の歴史を変えただけでなく、世界の少年たちに限りない影響を与えた。

「我々は、飛行機はきっと空を飛ぶと確信していた」とオーヴィルは語っている。「朝が待ち遠しい」というほどの大プロジェクトを、夢中になって突き進み目的を遂げた。確かにオーヴィルが言うように幸せな日々だったろう。

8月20日

高杉晋作（たかすぎ・しんさく）

男子というものは、困ったということは、決していうものじゃない。

天保10.8.20（1839.9.27）～1867.5.17

江戸時代後期の長州藩士。幕末に長州藩の尊王攘夷の志士として活躍した。

下関市の吉田にある清水山の東行庵は高杉晋作の愛人うのが谷梅処として出家した庵である。高杉晋作は自らを東行と号していた。高杉は遺骸を奇兵隊の本拠に近い清水山に埋めて欲しいといったが、山県狂介（有朋）はこの地にあった草庵・無隣庵を梅処に贈った。現在の庵は、伊藤博文、山県有朋、井上馨らの寄付で建立されたものだ。梅処は長生きして明治42年までこの庵で住んだ。

東行庵の近くに建つ記念館には高杉の影響を受けた伊藤博文撰文の最初の言葉が階段の壁に高杉の写真とともに大きな垂れ幕として飾ってある。

「動　如　雷電　発　如　風雨」

「動けば雷電の如く、発すれば風雨の如し、衆目蓋然として敢えて正視するもの莫《な》し。これ、我が東行高杉君に非ずや」、この言葉は風雲児高杉晋作の性格や行動を表した言葉である。

高杉は、江戸4回、京阪2回、長崎2回、上海1回と旅を重ねて思想を形成していった。その旅では、信州で佐久間象山、福井では横井小楠に会って刺激を受けた。佐久間からは「外国を自分の目で見なければならない」と教えられ、その後上海に行く機会を得ている。高杉は上海時代の「遊清五録」（航海日録・上海淹留日録・崎陽雑録・外情探索録・内情探索録）など日記を書き綴っている。上海で拳銃を二挺買っている。そのうち一挺を下関を訪問した坂本龍馬に贈った。あの龍馬が持っていた拳銃は、高杉の贈り物だったのだ。

「西へ行く人を慕いて東行く　我心をば神や知るらん」と1863年に詠み、それ以来、東行という号を使うようになった。西へ行く人とは西行法師のことで、東行くは倒幕を意味している。高杉は戦争の犠牲者のために招魂場を創設するが、これ以後全国に招魂場ができ、東京にできた招魂場が現在の靖国神社である。

吉田松陰の松下村塾の双璧とうたわれた高杉晋作と久坂玄瑞。高杉は「鼻輪を通さない放れ牛（束縛されない人）」といわれ、久坂は堂々たる政治家であるといわれた。晋作は俊邁の才を持つが、頑質にわざわいされて、その優れた有識の天分がおおいかくされているとみた松蔭は、久坂玄瑞に対する競争心へと転化させた。

高杉は自分の墓に次のように書いて欲しいと手紙に書いてあったが、発見が遅れかなわなかった。自分の一生をこのように総括したのだろう。

表

故奇兵隊開闢総督高杉晋作則
西海一狂生東行墓
遊撃将軍谷梅之助也

裏

毛利家恩古臣高杉某嫡子也
翼あらば千里の外も飛びめぐり　よろずの国を見んとしぞおもう

人は人　吾は吾なり　山の奥に棲みてこそ知れ　世の浮沈

人の花なら赤ふもなろが　わしの花ゆえ　くろふする（都都逸）

幕末の風雲児高杉晋作は、「大閤も天保弘化に生まれなば　何も得せずに死ぬべかりけり」と言い、時代の転換期に躊躇なく決断し、果断に実行していった。そして野村望東尼が下の句をつけたように「面白きこともなき世を面白く」と考えており、どのような場面でも「困った」とは言わない。取るべき行動はいつも明確だった。「弔むらわる人に入るべき身なりしに　弔むらう人となるぞ　はづかし」とも言ったが、奇兵隊総督として江戸から明治も大転換の先駆けとなり、27歳という若さで没し、不朽の名を残した。

8月21日

遠山啓（とおやま・ひらく）

偏るのがなぜ悪いのでしょう。過去において「何か」をやった人はたいてい何かひとつの事で優れて偏った人です。

1909.8.21 〜 1979.9.11

熊本県下益城郡（現・宇城市）出身の日本の数学者。数学教育の分野でよく知られる。

福岡高等学校（旧制）を経て、大学は東京帝国大学理学部数学科に一旦入学した後で退学するが、証明で千人万人を納得させられる数学で身を立てて行こうと思ってきたことを思い起こし、東北帝国大学理学部の数学科に再入学する。1938年に卒業した時にはすでに28歳になっていた。1950年ごろから数学教育に関心を持つようになり、1951年に数学教育協議会（数教協）を結成し、その委員長として長く小中学校の教育現場での数学教育を指導、数学教育の改良運動に力を尽した。

「数学によって、天文学者は宇宙のかなたへ飛ぶ事ができた。数学によって、物理学者は原子の中へもぐり込む事ができた」

「数学は、人間と人間の集まりである社会とが、長い年月にわたって創りだした歴史的な産物で、計算術ではなく、ひとつの思想なのだ」

遠山啓は、『無限と連続』『数学入門』などの名著を世に送っただけでなく、狭い意味での数学者を超えた行動する数学者であった。この名前は私の世代には馴染みが深い。晩年には堅苦しい「数学」イメージを解き放つために、「数楽」と書き換えることでその楽しさを強調しようとしたこともある。この数学という思想を究めた知的巨人は、若者たちに「偏れ」と語る。平均的な人間には突破力は備わっていない。ある分野に突出した人間によって次の時代が開く。

8月22日

出光佐三（いでみつ・さぞう）

愚痴をやめよ。ただちに建設にかかれ。

明治から戦後にかけての日本の実業家・石油エンジニア・海事実業家。石油元売会社出光興産の創業者。

出光佐三には、2人の恩人がいる。中津出身の神戸高商の水島銕也初代校長。淡路出身の日田重太郎からは別荘を売った8000円を無条件で提供してもらった。

出光佐三の「奴隷となるな」のモットーは、時代とともに変わっていく。「黄金の奴隷となるな」（学生時代）。「組織の奴隷となるな」（戦時中）。「権力の奴隷となるな」（占領時代）。「数や理論の奴隷となるな」（独立後）。「主義の奴隷となるな」。

「人格を磨く、鍛錬する、勇んで難につく、つとめて苦労する、隠忍する、贅沢を排して生活を安定する、しかして大いに思索する」

「ドイツは戦争に負けたが、占領政策には敢然として戦っております。ドイツの再興はわれわれの手でやりたいと言っている」

1885.8.22～1981.3.7

百田尚樹の『海賊と呼ばれた男』（講談社）で出光佐三は最近脚光を浴びた。人との出会い、石油という魔物の商品に着目したこと、戦争など激動の歴史の中で翻弄される主人公、何度も訪れる危機で出会う僥倖、アメリカと日本官僚と同業者とのえんえんたる戦い、家族と呼ぶ社員たちの奮闘、企業よりも日本を優先する思想、お世話になった人たちへの義理堅さ、危機に際し原則と方針を明確に指し示すリーダーシップ、禅僧・仙涯の絵との遭遇と蒐集（月は悟り、指は経典）……。このような人物が日本の石油業界にいたことの幸運を感じずにはいられない。このような真の日本人が様々な分野におり、礎となって今日の日本がある。

戦後倒産の危機にあったとき、出光佐三が社員全員に向かって発した第一声がこの言葉だった。「愚痴をやめよ、世界無比の三千年の歴史を見直せ。そして今から建設にかかれ」、愚痴は何も生まない。愚痴は同僚を疲弊させ、空気を淀ませる。沈滞した空気を切り裂くのはリーダーの未来を信じる言葉だ。

8月23日

木川田一隆（きがわだ・かずたか）

内部情報を正しく把握するためには待っていてはダメだ。自分で取りに行くことが大事なんだよ。

1899.8.23 〜 1977.3.4

1950年代から1960年代にかけて活躍した日本の実業家。東京電力社長や、経済同友会代表幹事を歴任した。

東大時代は河合栄治郎の講義を最前列で聴き、河合の唱える理想主義的自由主義に傾倒した。社会に出てからは「電力の鬼」松永安左ヱ門に師事し、右腕として9電力体制を実現した。

木川田は「企業の社会的責任」を唱導し、「財界の良心」と言われ、哲人経営者として名を残している。また、労働問題の専門家として人間能力の開発にも熱心だった。

組織のトップには、耳障りのいい情報はフォーマルな形で黙っていても入ってくるが、悪い情報、最前線の現場情報の本当の情報は、なかなか入ってこない。そのことによって、間違った判断に直結する恐れが常にある。だから、意識的にインフォーマルな独自の情報源を持つようにして、組織を立体的に把握する必要がある。原発事故を起こした東電の後輩たちはこの言葉をどのように受け止めるだろうか。

8月24日

平田篤胤（ひらた・あつたね）

上見れば及ばぬことの多かれど
笠脱ぎてみよ
及ぶ限りを

安永5.8.24（1776.10.6）～1843.11.2

江戸時代後期の国学者・神道家・思想家・医者。復古神道（古道学）の大成者であり、荷田春満、賀茂真淵、本居宣長とともに国学四大人の中の一人として位置付けられている。

平田実篤は本居宣長の没後の門人である。篤胤の評価をめぐって門人は二派に分かれたが、篤胤の学説は幕末の尊皇攘夷の支柱となっていく。

「学問は本末を知るが大事でござる」
「なせば成る、なさねば成らぬ何ごとも、ならぬは人のなさぬなりけり」

冒頭の篤胤の言葉。自分の属す組織や社会では、上を眺めれば太刀打ちできない優れた人が山ほどいることがわかる。しかし、現在の自分を制約している笠を脱いで見渡す限り自由に眺めてみよう。そうすれば世界は広く活躍できる場は無限であることがわかる。笠とは自ら設定した限界であり、経験からくる偏見であり、狭い内部を意味している。

8月25日

福田恆存（ふくだ・つねあり）

教育と教養とは別物です。教養を身につけた人間は、知識階級よりも職人や百姓のうちに多く見いだされる。

1912.8.25 〜 1994.11.20

日本の評論家、翻訳家、劇作家、演出家。

福田恆存は産経新聞の論壇誌『正論』の提唱者の一人で、平和主義者を批判する保守論壇の代表者であった。それだけにその言葉は重く、響くものがある。

「先人、友人、仲間、みな師と思うことが大切だ。そして後輩を大切に引っ張っていく力を自らつけていこうと努めているうちに、自然と力はついていくものだ」

「私たちが真に求めているものは自由ではない。私たちが欲するのは、事が起こるべくして起こっているということだ。そして、そのなかに登場して一定の役割をつとめ、なさねばならぬことをしているという実感だ。なにをしてもよく、なんでもできる状態など、私たちは欲してはいない」

「生きがいとは、必然性のうちに生きているという実感から生じる。その必然性を味わうこと、それが生きがいだ」

「私たちは、その鉱脈を掘りあてたいと願っている。劇的に生きたいというのは、自分の生涯を、あるいは、その一定の期間を、一個の芸術作品に仕立てあげたいということにほかならぬ」

福田の教養の定義は参考になる。

「自分の位置を測定する能力、しかも、たえず、流動変化する諸関係のなかで適切に行動する能力、そのみごとさが教養というものであります」

確かに教養を論じる言論の徒よりも、職業を持って一筋に精進する人たちに自らの立ち位置を土台にした適切な判断に教養を感じることがある。また市井の老婦人などの言動にも人生の叡智というべき教養を見いだすこともある。このような教養人を偉い人というのではないだろうか。

8月26日

コロンブス

0から1を創るのは、難しい。1から2を作ることは、易しい。

1451頃8.26〜1506.5.20

クリストファー・コロンブスは探検家・航海者・コンキスタドール、奴隷商人。定説ではイタリアのジェノヴァ出身。大航海時代においてキリスト教世界の白人としては最初にアメリカ海域へ到達したひとりである。

地球が球体であることを証明し、アジアへの短い航路を発見しようと壮大な計画をもつコロンブスは、ポルトガル王室、そしてスペイン王室に執拗に提案を行っている。紆余曲折を経てスペインのイサベル一世は、ようやく計画を承認し、サンタフェ契約を結ぶ。成功の暁には、コロンブスに地位と利益が保証されていた。契約に基づき富を手にしたコロンブスは、「富は人を豊かにはしない。それは人をより忙しくするだけだ」という言葉も残している。

１４９２年にインドを目指して就航し、サン・サルバドル島に到着。翌年の二度目の航海は植民が目的であり、インディアンを弾圧している。コロンブスは最後まで発見した島々をアジアだと信じていたが、実際は未知の新大陸だった。新大陸への航海は4度を数えたが、地図にはアメリゴ・ヴェスプッチの名前を記されて、新大陸はアメリカと命名されてしまった。後世の評価は様々だが、大いなる冒険を断行し、知られざる新大陸を発見す功績は不朽である。

「誰にでもできることでも、最初にやろうとするには閃きと勇気が必要だ」、これは「コロンブスの卵」で知られるエピソードの時にコロンブスが語った言葉だ。「0から1」、つまり最初に始めることにこそ大いなる価値があるということだ。冒頭の言葉も、「つくる」を、「創る」と「作る」に変えて表現している。

8月27日

阿部次郎（あべ・じろう）

死は生の自然の継続である。最も良き生の後に、最も悪しき死が来る理由がない。死に対する最良の準備が最もよく生きることにあるのは疑いがない。

1883.8.27 〜 1959.10.20

哲学者、美学者、作家。仙台市名誉市民。

学生時代に読んだことのある阿部次郎32歳の作品『三太郎の日記』は、倉田百三『愛と認識との出発』と並んで私たちの時代までの大学生の必読書だった。またもう一つの流れ「岩波文庫」を創刊した岩波茂雄とは一高時代からの同級生で、寮が同室だったこともあり、生涯の親友だった。友人が金に困っているのをみかねて岩波の金を借りてやろうかなどと書いた手紙も残っている。この二人が人格主義にもとづく教養主義を主導したのである。年譜を読むと、岩波が2歳年長だが、奇しくも同じ8月27日生まれである。

阿部次郎自身も19歳から71歳まで断続的ではあったが、日記をつけ続けた。仙台の阿部次郎記念館では大正5年12月9日の漱石の逝去時に「夏目先生死す。通夜、雪とまがふ月夜……」と書いた博文館発行のポケット日記も見ることができた。

同郷の者との親交が深かったようで、写真嫌いだったが同郷の土門拳が撮った写真は気に入っていたそうだ。山形県松山にある記念館は、次郎の文字が入っていない阿部記念館だった。記念館の近くの小学校には阿部襄という名前の石碑が建っていたので不思議に思ったが、切妻造りの平屋の実家をみて納得がいった。

次郎は東京帝大を出て東北帝大教授、三也は陸軍大学出身の軍人、余四男は東京帝大を出た動物学者で広島文理科大学教授、勝也は東京帝大を出た歴史学者で九州帝大・北海道帝大・東北帝大教授、六郎は京都帝大出身の文芸評論家で東京芸大教授、という具合に秀才一家だった。次郎だけが特別なのではなく、阿部家そのものがこの地域の誇りだったのである。阿部記念館と名付けた理由もわかった。当主であり次郎の祖父に当たる七郎右衛門と祖母にあたるわかのの写真がある。このわかのが立派な人格者で、阿部家の精神的なバックボーンとなった。偉いおばあさんだとの説明があった。

　次郎は毎年正月に遺言を書いている。新しい遺言を書いたら前の遺言は破棄しているのだが、珍しく昭和16年元日版の遺言状が展示してあった。参考にしたい習慣である。

「白雲の行方を問はむ秋の空」（三太郎の日記）

「愛とは他から奪うことではなくて、自己を他に与えることである」

「自嘲は強者のものである。自己憐憫は弱者のものである」

「人間は長生きしなければ駄目だ」と語っていた阿部次郎は59歳で東北大学法文学部長に就任するが、翌年軽い脳溢血で辞任する。定年退官後はどのような知的生活を送ったのだろうか。脳軟化症で入院し、翌年76歳で人生を終える。良き生を全うできたのだろうか、気になるところである。

8月28日

ゲーテ

仕事は仲間をつくる。

1749.8.28 〜 1832.3.22

ヨハン・ヴォルフガング・フォン・ゲーテは、ドイツの詩人、劇作家、小説家、自然科学者（色彩論、形態学、生物学、地質学、自然哲学、汎神論）、政治家、法律家。

ゲーテはドイツを代表する文豪であり、小説『若きウェルテルの悩み』『ヴィルヘルム・マイスターの修業時代』、叙事詩『ヘルマンとドロテーア』、詩劇『ファウスト』など広い分野で重要な作品を残した。またヴァイマル公国の宮廷顧問、枢密顧問官・政務長官つまり宰相も務めた。この人こそ、名言の宝庫だ。

「気持ちよい生活をつくろうと思ったら、済んだことをくよくよせぬこと、滅多なことに腹を立てぬこと、いつも現在を楽しむこと、とりわけ人を憎まぬこと、未来を神に任せること」

「努力する限り、人間は迷うだろう」

「この地方を説明せよというのか、先ず自分で屋根に登りなさい」

「大切なことは、大志を抱き、それをなし遂げる技能と忍耐をもつことである。その他はいずれも重要ではない」

「私は常に敵の功績に注意を払い、それによって利益を得た」

「何かを理解しようと思ったら、遠くを探すな」

「世の中は粥で造られてはいない、君等は怠けてぐずぐずするな。かたいものは噛まねばならない。喉がつまるか消化するか、二つに一つだ」

ゲーテの書いた傑作で、ファウストは最後に言う。「努力することがわしのさがしていた満足じゃった！」。神は、すべて努力なすものを救いたもう、これがゲーテのメッセージだったのだ。

日本にも東京ゲーテ記念館という不思議な建物がある。設立者は粉川忠という実業家だ。ゲーテに魅せられた粉川は「ゲーテのための考彰館を作ればいいんだ。そこへ行けば、ゲーテのことがなんでもわかるような」と志が定まった。ここで粉川は自分の心を鼓舞するために数条の誓いを立てる。

1．すべて独力でやる
2．ゲーテの資料を集めることだけを目的とする
3．ゲーテを利用して金儲けをしない
4．事業が完成するまで故郷の土を踏まない

そしてとうとう素晴らしい記念館を完成させる。こういう日本人の存在もゲーテの大きな影響力を示している。

考え方や価値観が同じの仲間と一緒に仕事ができたら楽だろうと考えがちだ。しかし一緒に仕事をすると対立に陥ることが多くなる。そうではない。ある目的のために、考え方の違う人たちと一緒に取り組むと、多くの困難が待ち構えている。その困難をともに乗り越えて目的を達成するプロセスの中で同志になっていくのだ。仲間が仕事をつくるのではない、仕事が仲間をつくるのだ。

8月29日

ジョン・ロック

収入は、靴のようなものである。小さすぎれば、われわれを締めつけ、わずらわす。大きすぎれば、つまずきや踏み外しの原因となるのだ。

1632.8.29 ～ 1704.10.28

イギリスの哲学者。主著『人間悟性論』(『人間知性論』)において経験論的認識論を体系化した。イギリス経験論の父と呼ばれる。

自由主義的な政治思想はイギリスの名誉革命を理論的に正当化するものとなり、その中で示された社会契約や抵抗権についての考えはアメリカ独立宣言、フランス人権宣言に大きな影響を与えた。

ロックの権力分立論は各権の中で、立法権を持つ国会が最高の顕現を有すという君主の権限を制約するものであった。それは名誉革命に基づく穏健な立憲君主制を擁護する現実的な理論であった。これがのちにモンテスキューによる三権分立論にまで発展していく。

「いかなる人の知識も、その人の経験を超えるものではない」

「われわれの知識は、すべて経験に基づくものであり、知識は結局のところ経験から生ずるのである」

という言葉も、理論よりも経験を重んずる思想が滲み出ている。

「私は人の考えを最もよく知りたいときは、その人の行動を見ることにした」というジョン・ロックはやはり経験から智恵を汲む人であったようである。この経験主義は、イギリスという国の国柄を決めた感がある。

「美味とは食物そのものにあるのではなく、味わう舌にあるものである」という名言も面白い。味わう舌が問題だというのも、受け取る側の感覚が重視される。経験からいかに学ぶかも受け取る側の能力が問題となる。「経験論」は主体性がテーマだろう。そして「収入は靴と似ている」という比喩には膝を打つ。「身の丈」を重視せよということだ。ロックは、徹底した経験主義の人であった。

8月30日

アーネスト・ラザフォード

物理の原理をバーのウエイトレスに説明できないのであれば、それはウエイトレスではなく、その原理に問題があるのだ。

1871.8.30 〜 1937.10.19

ニュージーランド出身、イギリスで活躍した物理学者、化学者。ノーベル化学賞を受賞。

α線とβ線の発見、ラザフォード散乱による原子核の発見、原子核の人工変換などの業績により「原子物理学の父」と呼ばれる。ラザフォードは慈愛心に満ち、若い研究所員たちを、ボーイズ（息子たち）と呼んで、まさに父のように指導していた。

ラザフォードはα線の散乱実験を行ない、原子核を発見し、原子核に原子量の大部分と電荷が集中しているラザフォードの原子模型を発表し、大衆が原子核を想像する際の原形となった。α線を窒素原子に衝突させ、原子核の人工変換にも成功した。そして。中性子の存在、重水素の存在も予言した。

「単純さを信条として、いつも質素な人間でいる」ことを信条としたラザフォードは、自然現象の原理の単純化をどこまでも追いかけて、ついに原子の内部構造についての正しい理解の基礎までたどり着いた。そして誰にでも分かるような原子模型（モデル）をつくり、それによって物理や化学が大いに発展していく。原理というものは常に単純である。

8月31日

岡田紅陽（おかだ・こうよう）

一生に一度でいいから会心の一枚を撮ってみたい。

1895.8.31 〜 1972.11.22

日本の写真家。１９２３年の関東大震災の被害状況を東京府の嘱託として撮影。１９２５年写真スタジオを設立。主に山岳写真、風景写真を撮影、富士山の撮影をライフワークとした。１９５２年日本写真協会を創設。

早稲田在学中に、大隈重信総長から「目的に向かったら命を捨ててかかれ」という訓諭があり、「そうだ。一生を棒に振ってもいい。早く悔いのない目的を探してそれに命を捨てるつもりで頑張ることが先決だ」と決心する。19歳の時に河口湖湖畔で富士山と出会ってから77歳で没するまで富士一筋の生涯だった。

紅陽という号は、夜明けの紅富士からとった。富士の山肌が紅に輝きだす夜明けの荘厳な姿に感動し浮かんだ言葉である。この人は「富士こそわがいのち」と言ったのだが、その言葉通り、生涯を賭けて命がけで富士山の写真を撮り続けた。約40万枚の原板がある。一つとして同じ構図のものはない。記念館の写真はどれも息をのむような美しさだ。現在の五千円札の裏側の「本栖湖の富士」は紅陽の作品である。郵便切手への採用も30作品を超えている。

「瞬間を逃さずにシャッター。距離と山の大きさ。光線の角度の予備知識。小型カメラでは山頂から4～5里がもっともよい」

「彼女は全く稀にみる妖麗な美人ではあるが、気まぐれな、しかも神経質な女性でもある。……全く私は手に負えないむずかしい恋人を持ったものである」

徳富蘇峰は「富士山をこれほど美しく、気高くとれる写真家はほかにいない」と言い、川端康成は「……古来の画人、文人にも、50年を富士一山にのみ取り組み、打ち込んだ者はあるまい」と紅陽を語っている。

紅陽は制作日誌を書き続けている。使用したカメラ、レンズ、フィルター、乾板とフィルム、露出、絞り、現像、印画紙などを詳しく記している。同じ被写体を二度と撮らない、同一の失敗を二度と繰り返さぬ、戒めの手段である。こういう心掛けの岡田紅陽にして「会心の一枚」はなかった。

9月

長月

9月1日

国吉康雄（くによし・やすお）

教育を受ける機会を与えてくれたアメリカで、アメリカオリジナルの絵を生み出して描いてやろうと決める。

1889.9.1 ～ 1953.5.14

日本の洋画家。20世紀前半にアメリカ合衆国を拠点に活動した。

日露戦争による国家財政の窮乏（国家予算の60倍の借金）から政府は口べらしのための移民政策を推進する。それに乗っかって、１９０６年、国吉康雄はカナダ、そしてアメリカへわたる。鉄道の掃除夫、果樹園の季節労働者、ホテルのボーイ、そして一時はパイロットを目指すなどの苦労をしながら、奨学金をもらい、いくつかの芸術学校で絵の勉強を続ける。

１９２４年の排日移民法でアメリカ市民となる道が閉ざされ、外国人居住者という身分になる。１９４１年の太平洋戦争勃発で、今度は「敵性外国人」となる。こういった流れの中で、国吉の立場は微妙になっていく。国吉はこの戦争の責任は日本の軍部にあるとし、民主主義国家アメリカの側に立って積極的に発言する。アメリカは国吉に敵・日本人を描くという使命を与える。平和を訴えれば「敵国人」と非難され、芸術家の権利を叫べば「社会主義者」と言われる。そういう中で国吉が描いた作品は賞を受賞するが、「ジャップに賞を与えた」という批判にもさらされる。

「私は自分の女性はこうあるべきだと夢想しているユニバーサル・ウーマンを描いているのだ」そのために国吉が行なったことは、世界中に暮らすすべての女性の肌の色を混ぜ合わせたようだ。多民族国家アメリカを具体化しようとしたのであろう。岡山出身の国吉康雄の絵は、瀬戸内海の直島のベネッセハウスミュージアムで観ることができる。福武総一郎のコレクションだ。

　国吉が尊敬しフランスで活躍した藤田嗣治（1886～1968）は、第二次世界大戦が勃発すると日本に帰国し、戦争画の第一人者として戦時の日本画壇を牽引した。二人とも祖国日本からは理解されない苦悩を背負っているのだが、国吉と藤田の姿は対照的だ。

　アメリカ在住の敵性外国人の苦悩を背負った国吉康雄は、17歳で渡米して以来自身を援助し育ててくれたアメリカへの感謝の念を誰よりも持っていた。そしてアメリカオリジナルの絵を完成させて、アメリカ美術会議副議長、美術組合会長に推されるなどアメリカ人から最も評価された画家の一人となった。初志を貫徹した人生だった。

9月2日

柳田誠二郎（やなぎた・せいじろう）

結局、思想です。思想が人間を支配するんだ。

日本の実業家。日本航空株式会社初代社長を務めた。東京帝国大学卒業後、日本銀行に入行。理事を経て副総裁を務めたが、戦後の公職追放で１９４６年に日銀を去った。

1893.9.2 〜 1993.11.18

「どんな仕事でも3年ぐらいしないと基礎はできない。まして航空事業には10年間のブランクがあり、まったくの無一文から始めたのだから、そんなに早く良くなる方がむしろおかしい。しかし、世間はそう思わないから、我々としても焦る必要はないが、できるだけ早く1銭でもいいから黒字を出すように努力しましょう」。終戦後ゼロからスタートした日航は、3年間で10億円の赤字を出していた。初代柳田は日銀出身者で航空産業は未経験だった。以上は柳田誠二郎に送った専務の松尾静磨（二代目社長）の手紙である。

柳田は大学時代に禅宗に打ち込んだ。亀井貫一郎にすすめられ岡田虎二郎を訪ねて以降、晩年まで岡田式静坐を続けた。柳田は『私の履歴書』に「大学時代は夜寝るのも惜しんで猛勉した。そのうえお寺にこそ行かなかったが、依然禅宗に打ち込んで家で座禅を続けていた。そして先人にならってわが身を苦しめ、それに忍耐し、克己努力することばかりやっていたので、いつか精神主義が勝ちすぎ、気ばかり強くなっていた」と書いている。

私は「臆病者と言われる勇気を持て」という安全に関わる名言を残した松尾静磨の後の、朝田、高木、山地、利光、近藤という5人の社長の時代を過ごした。新入社員の時に「トップと語ろう」という企画に応募して朝田社長と会ったとき、「久恒君は大分か？」と言われて驚いたことがある。本社勤務となった30代半ば以降は、山地、利光の近くで仕事をし、辞めるときは近藤社長から激励されたことを久しぶりに思い出した。

　柳田誠二郎は、明治26年生まれで、平成5年に亡くなっている。日清戦争の直前に生まれ、日露戦争、第一次世界大戦、第二次世界大戦、敗戦と米軍占領、朝鮮戦争、高度成長、絶頂期、そしてバブル崩壊まで生き抜いた。100年人生だった。奈良の法隆寺での会合で寺島実郎さんから北陸経団連のトップに紹介されたとき、私が日本航空出身だというと、この人は伝説上の人物だった柳田のことが話題にした。若い頃、仏教関係の勉強会で影響を受けたという話だった。冒頭の「思想」が人間を支配するという言葉は、柳田の仏教に関する勉強を継続していたというバックグラウンドを知ると納得できる。自分で自分を鍛え、揺るぎない思想を創りあげた人物だったのだろう。思想が個人を支配する。そして個人を通じて集団も支配する。だから思想が大事なのだ。

9月3日

広岡浅子（ひろおか・あさこ）

犠牲的精神を発揮して男子を感化する者とならねばなりません。

嘉永2.9.3（1849.10.18）〜1919.1.14

日本の実業家、教育者、社会運動家。

日本女子大成瀬記念館で買った「広岡浅子関連資料目録」を読んだ。NHK朝の連続ドラマの主人公・広岡浅子の講演録が納められており、興味深く読んだ。「なぜ老年になっても元気なのか」という問いに、「無限の希望」があるからだと答えて、少女時代から老年に至るまでの「希望」を語っている。

少年時代「我日本の旧習を脱し暇あれば男子と共に素読して、必ず女子の頭脳は開拓せらるべしとの希望を以って、大に力を養ふ事に努めたり」

青年時代「広岡家は大阪の富豪なれば、其主人は少し自家の商業に関せず、万事支配人政治にて、日毎、謡曲、茶の湯等の遊興を自己の業の如く思慮しつつあるが如し。之を見て余は斯くの如き有様にて永久に家業繁盛の継続するや否やの疑問を生ぜり。故に一朝事あれば己れ自ら起たざる可からずと意を決し、其準備に努めたり。そは簿記法、算術、其他商業上に関する書籍を、眠りの時間を割きて夜毎に独学し、之れに熟達せん事を我が希望とせり」

壮年時代「断然意を決し日本女子大学校発起者に加名

するの栄誉を担へり。……将来の希望に向って尽力するをこよなき愉快なる事となしたりき」

老年時代「我希望の果されん日は前途尚遼遠なるを覚ゆ。然れども死生の別を考慮する暇あらず。今尚無限の希望に充ちて、百年の計画を行ふ之れ余が老いざる大なる原因ならずんばあらず」日本女子大の学生たちへの講演録から。

「犠牲的精神を発揮して男子を感化する者とならねばなりません」

「人格修養の最も簡単な一方法は、一挙手一投足も無意味にしないと云う事であらうと思います」

「男子を感化し、男子の力を悉く有益高尚なる目的の為に、捧げさせる事が出来るのであります」

広岡浅子の主張は、女性自らが主人公になることもいいが、家庭を持っても日本婦人は男子を日常的に感化し、無駄なことをやめさせ、社会のために働くように仕向けることである。広岡浅子は1919年1月に逝去しているのだが、10歳ほど年下の日本女子大創設の成瀬仁蔵もその3月に60歳で卒している。ほぼ同時に亡くなるのは偶然であろうが、二人の志は次世代に引き継がれていく。

9月4日

丹下健三（たんげ・けんぞう）

機能的なものが美しいのではない。美しいもののみ機能的である。

1913.9.4 ～ 2005.3.22

日本の建築家、都市計画家。

丹下は東京帝大工学部建築学科には2年の浪人の後に入学しているし、一躍有名になった広島平和記念公園が完成した時には既に40歳になっており、早咲きの人ではなかったのは意外だった。丹下は膨大で優れた仕事を実現し、晩年に向けてしだいに重きをなしていく。

丹下の国内の作品。代々木国立屋内総合競技場、日本万国博覧会マスタープラン、草月会館、赤坂プリンスホテル、広島平和記念資料館・平和記念館、山梨文化会館、静岡新聞・静岡放送東京支社、在日トルコ大使館、在日ブルガリア大使館、ハナエ・モリビル、愛媛県文化会館、兵庫県立歴史博物館、横浜市立美術館。そして威容を誇る新宿の都庁、お台場のフジテレビ……。丹下の仕事は全世界にわたっている。サウジアラビア王国国王宮殿、ナイジェリア新首都計画、ＷＨＯ本部計画、クエート国際空港、キングファイサル財団本部……。

１９５０年代は、丹下は建築デザインだけでなく、文章を用いた建築理論においても日本の建築界をリードした。縄文と弥生の二項対立を丹下弁証法で高い次元の「合」にしていく。向かって左と右に対極的な形を置き、その中心を進んだ先に小さいがシンボリックな存在が見えるようにする。倉敷市庁舎は縄文的表現。香川県庁舎と倉吉市庁舎は縄文から弥生の過渡期のコンクリート作品。東京都庁舎は弥生的伝統の鉄による表現。

丹下健三は、日本の伝統を否定し、変革しつつ、しかも正しく受け継ぐことを信条としていた。実用品としてつくられた物には美があるというのは「民芸」の考えだが、丹下はそうではないという。徹底して美を追究すると、自然に機能的にも優れたものができるという考え方だ。それが数々の建築作品を生んだ。

9月5日

棟方志功（むなかた・しこう）

わだばゴッホになる。

日本人の板画家。青森県出身。20世紀の美術を代表する世界的巨匠の一人。

1903.9.5 ～ 1975.9.13

世界中のあらゆる国際展で日本人が受賞するのは版画だけである。それは、油絵を西洋のものまねに過ぎないのではないか、日本独自のものは版画ではないか、あのゴッホでさえ日本の版画に心酔していたではないか、と版画家を志した棟方志功と日本の勝利である。

棟方は版画を板画と書く。木の魂に彫るということなので、板という文字を使う方がしっくりくるのだという。板の声を聞き、木の中にひそむ詩を掘り出すのである。

「一柵ずつ、一生の間、生涯の道標を一つずつ、そこへ置いていく。作品に願をかけておいていく、柵を打っていく。この柵はどこまでも、どこまでもつづいて行くことでしょう。際際無限に」

秋田県の田沢湖芸術村に本拠を構える劇団わらび座のミュージカル公演の「棟方志功　炎じゃわめぐ」をみた。わらび座のテーマは常に東北を意識していて、ミュージカルとしての質の高さもあり、私はファンである。ニューヨークでのシーン、柳宗悦との出会いのシーンなど、とても良かった。

青森の棟方志功記念館の紹介ビデオは「彫る　棟方志功の世界」というもので１９７５年の作品だったから亡くなる直前のものである。人懐っこい笑顔の棟方が、ブツブツいいながら、そしてベートーヴェン（畳みかけるようなリズムは棟方の欲する板画の切り込みに通ずるという）の「歓びの歌」を歌いながら一心に彫っている。シャツ一枚が仕事着である。裸足で毎朝歩くのが唯一の健康法であり、そのユーモラスな歩く姿もみることができる。「神よ、仏よ——全知全能させ給え」と書いた棟方のライフワークに打ち込む気迫に感心したことを思い出す。棟方志功の迫力ある人物像と仕事振り、圧倒的な仕事量に強い印象を受けた。あの目、あの動き、あの笑顔！

　人は目標とする人がいるかいないかが、決定的に重要である。目標に届かずに死ぬまでその道を歩き続ける人もいる。目標に近づくにつれて、それていくことになる人もいる。目標の向こうに、そしてそれた道の方向に見えるもの——それは自分自身の姿である。

　棟方志功は「ゴッホにはならずに、世界のＭｕｎａｋａｔａになった」。この言葉は友人の草野心平が贈った詩の中にある。因みに、73歳で逝った志功の墓碑はゴッホと同じ形に作られているそうだ。人は何になるか？人は自分自身になっていくのである。

9月6日

岩城宏之（いわき・ひろゆき）

生きがいというものは、目前の仕事を自分にとってやりがいのあるものに変えようという実に個人的な努力から生まれるはず。

1932.9.6 〜 2006.6.13

日本の指揮者・打楽器奏者。

専門の指揮に関する名言は、「僕は一回演奏すると、そこでスコアを捨ててしまいます。毎回新しく買ってまっさらから勉強します。前のものを頼りにしたくないからです」「本当の伝統は昨日までのすべてを壊してもう一度作り上げて、たまたま3年前と同じになるというものでしょう」などであり、毎回勝負をしていることがわかる。

私の印象は別のところにある。岩城宏之『男のためのやせる本』を20代の後半に読んだことがある。太った岩城氏の腕で頭をガツンとなぐられた気がしたものだ。彼は太っていたが、一時期とてもやせたことがあった。そのときに書いた痩せるための本である。

「お愛想、へつらい、ハッタリ、酒、ホステス」「どうしても男の30代は太る危険信号の出る時期だ」「精神の緊張がゆるむからだろうか」（ちなみに岩城氏は、84キロの体重を数カ月間で67キロにまで落としている）「主食以外のものを先に食べ、足りない分だけメシを食う」「肉はとり肉」「ライスを3分の1残す習慣」「酒は低カロリーのウイスキー」「つまみはとらない」「飲む日は朝食を控えめに」「理想体重より1キロ落としておけ」「10日に1度、ハメをはずす日を決める」「要は、胃袋に『むかしの感覚』を思いださせればいいことだ」「一筋に没頭するものを持っている男に中年太りは無縁」「武人は太っていない」「挫折した時、恋が終わった時に太りだす」「減食でほんとうの味を知る」「節食をすると頭が冴えてくる」「視野が広くなる」「神経が鋭敏になる」「ゆとりができる」「オシャレに気をまわさなくなる」……。

太っている動物のオスは、動物の本能である生殖の場面でも、生存をかけて自己を主張する度合いが減ってくる。闘争心が失われるのである。だから自分のメスが他のオスに取られても戦って取り返そうとしなくなることが多いそうだ。これは動物としての堕落だろう。

氏は更に生きがい論にまで言及する。そして酒場で交わされる上司や仕事への不満を吐露する「サラリーマンのくり言に同情はできない」と言い、血の滲むような自らの努力で獲得した「やりがい」の延長線上に「生きがい」が登場すると喝破している。岩城宏之には、ダイエット論を通じて戦うことを教えてもらった。

9月7日

エリザベス1世

私はイギリスと結婚したのです。

ユリウス暦 1533.9.7（1603.4.3）～ 1603.3.24.

イングランドとアイルランドの女王。

6度の結婚を重ねた放蕩の父ヘンリー8世、血まみれのメアリー1世の時代を生き抜き、賢明であったエリザベスは25歳で女王に即位する。

「私の肉体は一つですが、神の赦しにより、統治のための政治的肉体を持ちます。……私はよき助言と忠告によって全ての私の行動を律するつもりです」(女王となったときの所信宣言)

エリザベスの統治の中で、スペイン（フェリペ2世）の無敵艦隊を破ったアルマダの海戦は歴史的な意味を持っている。「私がここに来たのは、皆と生死をともにするつもりであり、王国と国民の名誉のために命を捨てる覚悟だからです」。戦いに出陣するイギリス軍への激励の言葉である。イギリス軍は奮起し、世界最強といわれた無敵艦隊を破った。制海権を握ったイギリスは大英帝国への道を歩み始めるのである。エリザベスはイギリス国教会を確立させ、またイングランドの国際的地位を高める善政を行なった。エリザベスの治世は国王、協会、議会がバランスよく機能した時代だったと、後に理想化された。そして、この時代にはシェークスピアやマーローたちが円熟期にあったのである。

「私ほど臣下をを愛する国王はいないでしょう……神が私を高い地位に上げて下さいましたが、私は貴方達の愛とともに統治をしてきたことこそ、我が王冠だと思うのです」とエリザベスは議員たちにいつも語りかけていた。そのエリザベスは生涯独身であり、また後継者を指名しなかった。「処女王」「栄光ある女人」「善き女王ベス」などと呼ばれている。冒頭の言葉にように、イギリスと結婚したと言ったエリザベスは、69歳までの44年間を女王として君臨した生涯を送った。

9月8日

木下尚江（きのした・なおえ）

人は実に事業の糸によってのみ、自己を世界に織り込むことが出来る。

明治 2.9.8（1869.10.12）～ 1937.11.5

日本の社会運動家、作家。

松本中学の万国史の授業で、英国王を倒したピューリタン革命の中心人物クロムウェルのことを知り、「我心は寝ても醒めても一謎語に注中されている『革命！』」と感慨を覚え、以後、木下は学校で「クロムウェルの木下」と呼ばれるようになる。

木下はキリスト教に出合い、廃娼運動、禁酒運動などに専念するが、その後「信府日報」の主筆を経て、三国干渉に対する遼東還付反対運動で共闘した石川半山の後を継ぎ、「信濃日報」の主筆を務めている。木下は選挙疑獄事件の容疑で警察につかまるが、「一年半の鉄窓生活は、僕の生涯にとって、実に再生の天寵であった」と述べている。人生の学問をしたのだ。

後に入社した毎日新聞では「世界平和に対する日本国民の責任」と題する論説を執筆し、以後、平和と反国体を唱える。田中正造の足尾銅山鉱毒事件問題や普通選挙運動に積極的に取り組み、日露戦争では「人の国を亡ぼすものは、又た人の為に亡ぼさる。是れ因果の必然なり」と主張し、非戦運動を展開した。また反戦小説『火の柱』を毎日新聞に連載し、ペンを武器に戦った。

ジャーナリスト木下尚江は、生涯一貫して社会改革を唱えた熱血漢だった。何かの事業で何かの役割を果すことは、その事業の中に自分を織り込むことだ。その事業を糸として世界に織り込むことができたなら、自己を世界に織り込んだことになる。自らが関与する事業に、広く、深く、自己を上手に織り込むことができたなら、永遠の命を授かったことになるということだという木下尚江の主張には共鳴する。

9月9日

小室直樹（こむろ・なおき）

学問とは驚く能力です。はじめに楽しむことを覚えるべきです。

1932.9.9～2010.9.4

日本の社会学者、評論家。

京都大学理学部数学科を卒業後、大阪大学大学院経済学研究科へ進み、同大学院を中退。その後、ミシガン大学大学院、マサチューセッツ工科大学大学院、ハーバード大学大学院などに留学。帰国後、東京大学大学院法学政治学研究科に入り、法学博士の学位を取得。東京大学非常勤講師を経て、東京工業大学世界文明センター特任教授を務めた。以上の学問修業の経歴から分かるように、小室直樹は知の巨人であった。

30代の初め、「知的生産の技術」研究会に参加した私は作家や学者、エッセイストなどの書斎を仲間と一緒に訪ねて取材し、それを本にしたことがある。小室直樹にお気に入りのテレビ番組を聞いたとき「テレビは見ない。テレビというのは見るものでなく、出るものだ」との回答に驚いたことがある。

『激論！ニッポンの教育』（講談社）という本の編集の手伝いで旧・吉川英二邸を訪れたことがある。ここで有識者の座談会を行ない、それを編集して本にするという企画だった。私がその場所に入ると、誰かがソファに寝そべっていた。起き上がるそぶりもないその人に挨拶をするとそれは著名な学者の小室直樹だった。その後、朝日新聞の原田先生と毎日新聞の黒羽先生がみえ、文部次官経験者、そして小田実が現れた。小室直樹は『ソビエト帝国の崩壊』など、世間の耳目を驚かす本もよく読んだから、私にとっては親しみのある人物である。

山本七平『勤勉の哲学——日本を動かす原理』（PHP文庫）で小室直樹は、鈴木正三、石田梅岩の思想を解説している。日本人にとって仕事は修行であり、禅の修行と同じだ。一心不乱に仕事を行えば人は救済（成仏）される。これが勤勉の哲学である。勤勉の哲学は「資本主義の精神」そのものであったから日本は発展した。名解説だった。

「資本主義における覚悟は、破産と失業である」

「国家の指導者を志すものは、常住坐臥、常在戦場、錠剤国難の気持ちでいるとき、危機管理能力は脅威的に伸展する。これは、世界史の鉄則である」

小室直樹の社会、世界、歴史に関する名言はいくつもある。

教育や学問への洞察もいい。たとえば、「自分よりずっと悪い状況下でも、そんなことを気にも止めないで、平然として最善を尽くした人、その例が頭に浮かんだ人は助かる。どんな精神療法よりも効果がある。教育の目的は、そのような人の例を教えることではないか」なども納得感がある。有名無名に関わらず立派な人物を紹介することは教育の重要な役目である。

そして、学問を極め尽くした小室直樹は、楽しんで驚くことが学問の精髄であると喝破する。知らないことを知ることは無上の喜びである。疑問が解けたときの驚きは快感である。そのサイクルの中に身を浸しながら驚く能力を磨いていきたいものだ。

9月10日

木村政彦（きむら・まさひこ）

人の2倍努力する者は必ずどこかにいる。3倍努力すれば少しは安心できるというもんだ。

1917.9.10 〜 1993.4.18

日本の柔道家。プロレスラー。段位は講道館柔道7段。全日本選手権13年連続保持、天覧試合優勝も含め、1936年から1950年にプロに転向するまで15年間、一度も敗れないまま引退。途中1942年から1947年までの兵役期間がある。兵役を終えた時から、また不敗を続けた。

「負けたら腹を切る」とし、試合前夜には短刀で切腹の練習をした。決死の覚悟だった。「木村の前に木村なく、木村の後に木村なし」と讃えられ、現在においても史上最強の柔道家と称されることが多い。その荒々しい柔道スタイルから「鬼の木村」「鬼の政彦」の異名を持つ。得意技は大外刈り。

プロ柔道家の時代があり、講道館からは最後まで昇段を許されず7段に留まった。正力松太郎、三船久蔵、西郷四郎、広瀬武夫など19人が顕彰されている講道館の柔道殿堂でも木村政彦の名は見かけなかった。木村は歴史から抹殺されているのだ。

元々他の選手達の2倍の6〜7時間を練習していたが、「3倍」の努力をしようと考え、拓殖大学時代の練習量は10時間を超えた。乱取り100本、バーベルウェイトトレーニング、巻き藁突きを左右1000回ずつ。夜は大木に帯を巻いて一日1000回の打ち込み。また「寝ている間は練習ができない」と睡眠を3時間に減らし、しかも睡眠中にもイメージトレーニングをしていた。まさに鬼であった。殺人的練習量と勝敗に賭ける決死の覚悟が不世出の柔道家をつくった。「人の3倍の努力」とは、どのような分野でも難しいが、木村政彦はそれを文字通り実行したのである。

9月11日

神吉拓郎（かんき・たくろう）

怒れば怒るほど、それが自分に向かってはね返って来て、無数の破片のように自分を傷つける。

1928.9.11 ～ 1994.6.28

日本の小説家、俳人、随筆家。『私生活』で直木賞受賞。

神吉拓郎さんには、ＪＡＬ時代に仕事でお会いしたことがある。ハンサムで笑顔の素敵な、そしてものをよく知っている柔らかい人だった。少人数の食事会で、旅行や食べ物の話題を楽しんだ記憶がある。この機会に第１回グルメ文学賞を受賞した『たべもの芳名録』を読もう。

さて、「怒り」である。神吉卓郎の冒頭の言葉を読むと、懐かしい優しい顔が浮かんでくる。その顔は、このような理解の上に成り立っていたことが、わかった。『友あり駄句あり三十年』も読んで、もう一度会い直したい。

9月12日

豊田英二（とよだ・えいじ）

モノの値段はお客様が決める。利益はコストの削減で決まる。コストダウンは、モノづくりの根本のところから追求することによって決まる。

1913.9.12 〜 2013.9.17

日本の実業家。正三位。勲等は勲一等旭日大綬章。豊田佐吉の甥。１００歳で没。

八高、東京帝大を経て豊田自動織機に入社し、豊田喜一郎宅に下宿し自動車部芝浦研究所に勤務。取締役、常務、専務、副社長を歴任し、１９６７年社長に就任。その後、工・販統合まで14年９カ月社長をつとめる。工販合併を機に喜一郎の長男・章一郎に社長を譲り、会長。１９９２年、名誉会長。１９９９年最高顧問。

以上の経歴からわかるように、豊田英二は創業期から今日のトヨタの発展を支えた。量産体制を築く一方で、無駄を省くトヨタ式生産方式を確立した。日米自動車摩擦の解決策としてＧＭとのアメリカ合弁生産を決断するなど、豊田のグローバル展開の基礎を築き、トヨタを世界レベルの自動車メーカーに育てた。トヨタ中興の祖である。

２００６年にトヨタ自動車のエンジニアの２人が豊田市から仙台の私の研究室にみえた。彼らの名刺には「愛知県豊田市トヨタ町1番地」と書いてあった。３万人以上の技術者で構成されているトヨタ技術会での講演打ち合わせだ。過去数年の講演者のリストを見ると、「職人学」の岡野雅行、「失敗学」の畑中洋太郎、そして「カミオカンデ」でノーベル物理学賞を受賞した小柴昌俊、という錚々たるメンバーだったので驚いた。受講者は技術者、経営者を中心に7～8百人というから相当大型の講演会である。私ともう1人の講師は日本刀の国選定保存技術保持者・玉鋼製造の木原明さんだった。彼らはきっちりした打ち合わせを行なっていったが、トヨタ会館の見学、懇親会などあらかじめ案内者や挨拶するお偉方の名前、そしてスケジュールが分刻みでが決まっていて遺漏がない感じがし、トヨタの仕事振りの一端を覗いたような気がした。

「乾いたタオルでも知恵を出せば水が出る」

「人間も企業も前を向いて歩けなくなったときが終わりだ」

「今がピークと思ったら終わりだ」

モノの値段は顧客が決め、それに見合うコストの削減努力が利益を生む。コスト削減はものづくりの根本から考えなおすことで実現する。トヨタ式生産方式そのものを表現した思想であるが、私は豊田英二の人としての歩みに興味を覚える。豊田織機製作所を創業した叔父である豊田佐吉の長男・喜一郎の薫陶を受けて迷いなく自動車産業の確立に一生を捧げ、「カローラでモータリゼーションを起こそうと思い実際に起こしたと思っている」と述懐するように成功に導き、そして自動車事業に先鞭をつけた創業家の喜一郎の長男・章一郎に社長を譲るという出処進退は見事である。この人の１００年人生は壮麗な大伽藍を思わせる。

9月13日

杉田玄白（すぎた・げんぱく）

一に泰平に生まれたること。二に都下に長じたること。三に貴賤に交わりたること。四に長寿を保ちたること。五に有禄を食んだること。六にいまだ貧を全くせざること。七に四海に名たること。八に子孫の多きこと。九に老いてますます壮なること。

享保18.9.13（1733.10.20）〜1817.6.1

江戸時代の蘭学医。若狭国小浜藩医。

前野良沢、杉田玄白らは、江戸の中津藩中屋敷の良沢の住まいで『ターヘル・アナトミア』の翻訳を行ない4年後の1774年に『解体新書』として刊行した。2000年10月23日の朝日新聞で、この1000年で最も傑出した科学者は誰かという面白い企画があり、読者の人気投票を行っている。それによると、野口英世、湯川秀樹、平賀源内に続き、玄白は堂々の4位であった。それはこの『解体新書』の訳出に依っている。

かたくなに主義にこだわる良沢、たくみにプロジェクトを実現させていく10歳下の玄白。良沢は81歳で娘の嫁ぎ先で死を迎え、玄白85歳での長寿での穏やかな死であった。性格タイプのエニアグラムでみると、良沢は観察者、玄白は成功を目指す人だと思う。それぞれの性格にふさわしい人生を送ったのだ。

　玄白は外科に優れ、「病客日々月々多く、毎年千人余りも療治」と称され、江戸一番の上手といわれた。晩年には小浜藩から加増を受けて400石という大身に達している。83歳の時には回想録として『蘭学事始』を執筆し、後に福沢諭吉により公刊されている。84歳では『耄耋《ぼうてつ》独語』（老いぼれのひとり言）を冷静な観察で書いている。今でも、進歩的な取り組みや研究面で功績顕著な人や団体を対象としている小浜市主催の杉田玄白賞がある。前野良沢の出身地の中津市の川嶌眞人医師も第7回で受賞している。

「己れ上手と思わば、はや下手になるの兆しとしるべし」

「われより古《はじめ》をなす」

　冒頭に掲げた「九幸」が玄白の人生観だった。太平の世、天下の中心で成長、広い交友、長寿、安定した俸禄、貧しくない、名を知られた、子や孫が多い、壮健。それらをすべて得た玄白は晩年には自ら九幸翁と号していた大胆さには驚いたが、しかしこの幸福論は参考になる。

9月14日

赤塚不二夫（あかつか・ふじお）

自分が最低だと思っていればいいのよ。一番劣ると思っていればいいの。そしたらね、みんなの言ってることがちゃんと頭に入ってくる。自分が偉いと思っていると、他人は何も言ってくれない。そしたらダメなんだよ。てめぇが一番バカになればいいの。

1935.9.14 〜 2008.8.2

本名：赤塚藤雄は、日本の漫画家。天才・赤塚不二夫を記念した赤塚不二夫会館が青梅市にある。会館のある住江町は、昭和の懐かしい映画看板を掲げてまち興しに取り組んでおり、その一角に2003年にこの会館がオープンした。青春時代に観た「哀愁」「第三の男」「駅馬車」など、映画黄金期の傑作の看板が並ぶ町並みは懐かしい。「天才バカボン」「おそ松くん」「ニャロメ」などの作品で知られる赤塚の作品と、幅広い交遊がわかる資料が楽しくみれるように工夫されており、中は案外広い。

赤塚不二夫は、手塚治虫を先頭とする漫画の勃興期にその才能を思う存分に発揮し、世の中に良質の笑いを提供したギャク漫画の王様である。「シェー！」「これでいいのだ」などの言葉は多くの人が覚えているだろう。

伝説のトキワ荘に集った漫画家志望の若者達は、神様・手塚治虫のアドバイス「一流の音楽、一流の映画、一流の芝居、一流の本」を実行し、同時代の若者とは何かが違ったから、成功者が多く輩出したのだろう。その何かは「志」だろう。「僕たちみんな貧乏だったけど、志だけは溢れるほどあったのだ」と本人が語っている。そして赤塚不二夫はこれに加えて、「人」に会い続けている。「毎晩飲みに出てマンガ以外の違う世界ができたのは、本当に面白かった。それがまたマンガに跳ね返り、発想の源になっていく」

「わたしは文部省がこのシリーズ（「天才バカボン」）をなぜ『道徳』の副読本に採用しないのか、また日教組がそうすることをなぜ文部省に迫らないのか、理解できない」とまで作家の井上ひさしは述べている。

『赤塚不二夫120％』（アートン）という自伝を読ん

だ。この中から赤塚不二夫の創作の秘密を取り出してみたい。

「僕はギャグマンガを描く時、多重構造で考える。（テーマは文化人向き、ストーリーを組み立てて、台詞はサラリーマン、大学生向けにはアクションを含めた台詞、高校生にはダジャレ、中学生にはアクション、小学生には動物）だから自慢じゃないけど、読者層がすごく広い」

「とにかく、誰も描いたことにないマンガを描こう、それしか考えなかった。それで描いたのが、『おそ松くん』だった」

「マンガっていうのは、社会と同時進行しているものなのだ。だから自分だけ先走りすぎても受け入れてもらえないし、時代と一緒に生きていないとつまらない」

　赤塚不二夫は、若い頃から晩年まで、自分を最下層に置いて人から教えを請い、接するあらゆる人から学び続けようという姿勢を貫いている。有名になっても謙虚な人柄は変わらなかった。こうした社会、時代、読者、と一緒に生きていこうとする表現者としての仕事への取り組みの結果生まれる作品群が、共感を呼んだのは当然かも知れない。

9月15日

石田梅岩（いしだ・ばいがん）

自ら徳に至る道を実行せず、ただ文字の瑣末にのみ拘泥しているのは、「文字芸者」という者なり。

貞享2.9.15（1685.10.12）～1744.10.29

江戸時代の思想家、倫理学者。石門心学の開祖。

石田梅岩は、江戸初期の僧侶・鈴木正三（1579～1655）が説いた職分仏業説を発展させ、商業の本質は交換の仲介という役割を担っているとし、商売の利得を肯定し、倹約と富の蓄積を人間の天命であると考えた。「売って利益を得ることは商人の道である。その利益は武士の給料と同じである」

「お客さんを粗末にせずに正直に努めれば、八割方はお客さんの満足を得ることができる。そのうえで商売に精を出せば、生活の心配などないのだ」

このような、どのような仕事も修行と考え一心不乱に励めという梅岩の思想は、町人にも歓迎された。後にこの勤勉の思想と名付けられた考え方は、日本の資本主義を準備したと評価されている。字句の解釈よりも、心のあり方を重視し、これは朱子を批判した王陽明の心学と区別するために、創始者の名前を冠して石門心学という。それは庶民によく理解できる生活道徳であり、多くの心酔者を生んだ。

弟子には18歳で入門し石門心学の普及に功績をあげた手島堵庵がいる。また明治以降では講談社を創業した雑誌王・野間清治がいる。野間はビジネスにおける倫理の大切さを主張し、絵画を収集し野間記念館で展覧する礎を築くなど、実業以外にも社会貢献にも熱心だった。現在でも、岡山の心学敬明舎などで、梅岩の思想の研究が盛んに行なわれている。在野の学者にすぎないと梅岩を批判する者も多かったが、「文字がなかった昔に、忠孝はなく、聖人はいなかったとでもいうのか。聖人の学問は行いを本とし、文字は枝葉なることを知るべし」といい、その後に、冒頭の学者に対する痛烈な批判を行なっている。本《もと》は行ないで、文字は枝葉である。文字芸者になるな、この梅岩の言葉を心に刻みたい。

9月16日

ケンペル

日本人ほど丁重に礼儀正しく振舞う国民は世界中どこにも無い。世界中のいかなる国民でも、礼儀という点で、日本人に勝るものはない。彼らの行状は百姓から大名に至るまで大変礼儀正しいので、我々は国全体を礼儀作法を教える高等学校と呼んでもよかろう。

1651.9.16～1716.11.2

エンゲルベルト・ケンペルは、ドイツ北部レムゴー出身の医師、博物学者。ヨーロッパにおいて日本を初めて体系的に記述した『日本誌』の原著者として知られる。

ケンペルはスウェーデン国王がロシアとペルシャへ送る使節団に医師兼秘書として随行。モスクワ、アゼルバイジャン、ペルシャを巡り、オランダ船の船医としてインド、シャムを経由して日本に到着。オランダ商館付き医師として2年間出島に滞在。2年連続して江戸参府し将軍徳川綱吉に謁見し、綱吉の所望で自作の歌と踊りを披露している。またケンペルは江戸で朝鮮通使の一行への熱狂ぶりを見物し「わが一行のことは、彼らの好奇心をそそるには、あまりに微々たる存在であったためだろう」と記している。

１６９５年にヨーロッパに帰国するまでの12年間の地球半周の大旅行であった。後に『日本の歴史及び紀事』を著し日本の風土や人物を紹介した。ケンペルは日本には聖職的皇帝と世俗的皇帝の二人の支配者がいると紹介している。『日本誌』のオランダ語第二版の付録論文を訳出した志筑忠雄が１８０１年に「鎖国論」と名付け、日本語における「鎖国」という言葉が誕生した。

日本を西欧に紹介した医師では、ケンペル（１６５１～１７１６）、シーボルト（１７９６～１８６６）、そしてベルツ（１８４９～１９１３）がいる。いずれもドイツ人である。シーボルトはその著書で、この同国の先人を顕彰している。

江戸時代の日本人の礼儀正しさは世界一であっただろう。その後、江戸から明治にかけて多くの外国人が日本国内を旅行し、同じ感想を述べている。渡辺京二『逝きし世の面影』は、江戸時代から明治中期までの期間に確かにあった美しい一つの文明の姿を、日本を訪れた外国人の観察を紹介した名著だが、ケンペルはそういう人々の先駆けであった。元箱根にはケンペルの碑がある。

9月17日

塚本幸一（つかもと・こういち）

リーダーというものは、下に対して俺を信頼しろというのではなく、まず自らが下を信頼すること。すべてはそこからはじまります。

日本の実業家。ワコール創業者。

第二次大戦でインパール作戦などに従軍した。復員後、ワコールの前身、和江《わこう》商事を設立し婦人用アクセサリー卸業を開始する。ワコールに社名変更し婦人用下着を主力商品とし、日本トップクラスの女性アパレルメーカーに育てた。京都商工会議所会頭、日本商工会議所副会頭、財団法人地域活性化センター理事長など財界の重鎮となった。

1920.9.17 〜 1998.6.10

塚本幸一の原点は大東亜戦争だった。地獄のインパール作戦。食料も弾薬も尽き、敗走に敗走を重ねる日々。戦死、病死、自殺、ゲリラや土民に殺される。毎日、戦友たちが死んでいく。復員船では「自分は生かされている」と信じるようになった。そして「これからの人生は52名の戦友に代わって、世の中のために生きていく」と決心している。一度死んだ体であり、地獄の白骨街道を生き延びた自分には戦友の魂が宿っていると信じ、商売の決死隊となった。「この世に難関などない。難関というのはあくまでも本人の主観の問題である。難関だと思っている自分があるだけだ」と仕事に邁進した。

「甲州商人は大きな名刺を作り、いろいろと肩書きをつけて、『ハッタリ商法』をやるが、江州商人は、コツコツと汗と努力で築いていくと言われている。私も江州商人の血を引いているのだが、甲州商人ばりの逆戦法で、スタートを切った」

「どうせ打ち上げるなら、目標は大きい方がいい。世界一の下着メーカーを目指そうと10年一筋の、50年計画を立てた。まず最初の10年で国内市場を育て、次の10年で確固たる地位を築く。70年、80年代は海外に進出。90年代は仕上げともいえる世界制覇である」

女性の下着を事業にした塚本は「格好よく言えば、私は女性を美しくすることに生涯をささげてきた。まことに幸せな人生というべきだ」と述懐している。その延長線上に文化を守り育てる企業像を創った。「来るべき世紀は、文化というものが、大きく評価される時代になると思います。企業評価といのも、数字の羅列だけで評価するのではなく、企業の倫理・文化性を含んだものにすべきでしょう」

この塚本幸一が住んだ京都の自宅にお邪魔したことがある。息子の能交さんが参加している会のイベントで訪ねたのだ。よく考えられた建物と庭の美意識に感動したことを思い出す。部下を信頼することから始めよ、という塚本幸一のリーダー論は腑に落ちる。「上、下をみること3年、下、上をみること3日」というリーダーを戒める恐るべき言葉を思い出した。

9月18日

土屋文明（つちや・ぶんめい）

我にことばあり。

1890.9.18～1990.12.8

日本の歌人・国文学者。

文明という名前は、日清戦争からナショナリズムへと大きく旋回する曲がり角の時代で、明治の文明開化の落とし物のような命名であった。

土屋文明は、歌人であり、万葉集研究の研究者でもあった。文献研究とフィールドワークがその方法でもあった。ライフワーク「万葉集私注」は万葉集20巻４５００余首の注釈。それまでの学説を踏まえた実証的な研究の上に、歌人らしい鋭い創見を随所に見せた画期的な本である。足かけ8年、仕事に取りかかってから13年を費やしている。「この私注の最終巻の後記を記すにあたって、事が終ったといふよりは、寧ろここから出発が始まるやうな心持で居る。……」という心境になっている。その後も補正の執筆は生を終えるまで続く。三度改版を重ねている。昭和28年にはこの功績で芸術院賞を受賞している。「鉄ペンも得難き時に書き始め錆びしペンの感覚今に残れり」。また、もう一つのライフワーク「万葉集年表」は36歳で着手し、完成は実に文明90歳の春である。

アララギの中興は土屋文明の企画力と組織力に負うところが大きかった。文明は頻繁に地方アララギ歌会へ頻繁に出席する。それが人的交流の場を生み組織の拡大につながっていった。このあたりは知研の運営に参考になる。１９２９年には中津にも出かけている。

土屋文明は、生涯の転機に、常にいい人に出会っているという印象がある。１９８６年の96歳では同郷の中曽根総理から文化勲章をもらっている。

「垣山にたなびく冬の霞あり我にことばあり何か嘆かむ」は、敗戦直後に疎開先の自らを励ました歌だ。尊敬する先輩の茂吉は沈黙を余儀なくされた悔恨を詠んでいるのだが、文明は自分には滅びることのない「ことば」、つまり短歌がある。今からはそれを縦横に使える時代がきた。何を嘆くことがあろうか、と確信に満ちた宣言をしている。

「本来の仕事である日本文化向上のための仕事をどんな形で実行していったらよいか」

「作歌は我々の全生活の表現であって、短歌の表現はただちにその作者その人となる」

「この新しい事態を諸君がいかに実践して居るか、その生活の真実の表現をこそ吾々は聞かむと欲して居るのである。そこにまだ短歌として開拓されない、ひろい分野が在るやうの私は思ふ」

「世の動きに無関心で居るといふ意味ではない。実は運動や討論よりももっと根本的な所に関はろうとするからである」

「生活と密着な文学として短歌は滅びない。実際短歌は生活の表現というのではもう足りない。生活そのものというのが短歌の特色。……その少数者は『選ばれた少数者』の文学」

「現実主義（リアリズム）ということに尽きる」など、文明は力強い主張をして同学の人々を励ました。そして、１００歳と2カ月という長寿をもって、一筋に精進を重ねた。この人は１００歳時代のモデルである。

9月19日

小畑勇二郎（おばた・ゆうじろう）

亨けし命をうべないて。

1906.9.19〜1982.10.5

日本の政治家。位階は従三位。勲等は勲一等。秋田県知事を6期24年務め、秋田県の発展に尽力した。

田代の小幡勇二郎記念館

「人皆に美しき種子あり」

「人よりもほんの少し多くの苦労　人よりもほんの少し多くの努力」

「笑顔にまさる化粧なし」

「昨日は夢　今日は可能性　明日は現実」

「人見るもよし　人見ざるもよし　我は咲くなり」

「君にほれ　仕事にほれて　土地にほれ」

在任24年、

「うぶすなの　あめつち仰ぎ　ひたぶるに　生きし日々ありがときかな」

議会での最後の挨拶は、

「もろともに　尽くし尽くして　まもとなん　秋田のあがたの　つづくかぎりは」だった。

「小畑勇二郎」小伝では、「信念と実行の人」であった小畑の人柄を次のように述べている。名知事、人事の小幡、果断の人、無類の読書家、一流志向……。どんな仕事でも全身全霊でぶち当たる精神で、村役場の税金係を振り出しに、県知事までの仕事をやり遂げている。

小畑の職場での垂訓や心構えも次のように紹介されている。

「今やらずして何日やる、俺がやらずして誰がやる（垂訓）」

「おのれの立つところを深く掘れ、そこに必ず泉あらん」

「何人も嫌な仕事を、何人が見ても正当に正しくやってのける私を見よ」

「私は鬼になる（機構改革と人員整理）」

「善政は善教に及かず（孟子。生涯教育）」

　秋田県知事退任後の昭和54年の73歳では、地方自治功労で勲一等瑞宝章を授与されている。瑞宝章とは積年の功労による。旭日は勲績のある人に贈る。勲一等瑞宝章は、現在では瑞宝大綬賞と改められている。

　小畑の場合も、母シカが偉かったようだ。シカという名前は野口英世の母と同じ名前だ。「たよりにならない父だけど」と歌になっている野口と同じように、父・勇吉は俗にいう「山師」で、数々の事業に失敗して早世している。

　息子の小畑伸一の小畑勇二郎伝『亨けし命をうべないて』（サンケイ新聞社）は、人間・小畑勇二郎の私的な実像を描いていて飽きさせない。伸一は新聞記者。勇二郎が色紙によく書いた「亨けし命をうべないて」は、すべてを天から授かった命運と思い、喜んで受諾し、全うすることにつとめるという意味である。諾べなう、とは積極的に喜んで受けるという気持ちを表しているとの解説である。息子の観察によれば、ここぞという時には、必ず誰か重要な人が現れて助けている。努力の積み上げもあるが、何か、非常に天運に恵まれている。強い星の下に生まれている。

　勇二郎は読書家で、かつ名文家であった。『続・亨けし命をうべないて　県政覚え書き』では、自ら筆をとった「忘れ得ぬ人々」というタイトルで『水交通信』に連載した文章が載っている。亡くなった方の追想であるが、それぞれとの出会いやふれあいが、心のこもった達意の文章で語られている。重宗雄三、吉田季吉、蓮池公咲……など30人の人生とふれあいがわかる。筆者は最後に、一口に言って「一所懸命に生きている人」だと述べている。

「人間の運命というものは判らんもんだ。ワシは、あの時、クビになったおかげで知事になったようなもんだ」と小学校の代用教員をクビになったときのことを勇二郎は述懐している。小畑勇二郎は、自らが背負った宿命を、高い使命にかえて、一所懸命に生き切った人であると思う。

9月20日

大野伴睦（おおの・ともちか）

猿は木から落ちても猿だが、代議士は選挙に落ちればただの人だ。

1890.9.20 ～ 1964.5.29

日本の政治家。自由民主党副総裁。

党人政治家・大野伴睦は政治利権の権化といわれ批判も多く、新聞や雑誌の記事で名前をよく見聞きしていた記憶がある。義理人情に厚い性格から「伴睦殺すにゃ刃物はいらぬ、大義大義と云えばよい」という戯れ歌でも知られた。難題であった1955年の自由党と民主党の保守合同による自由民主党の結成にあたり、宿敵であった三木武吉は性格を知り抜いた上で「救国の偉業だ」と説得し、合意を得ている。

酒豪としても知られ、「酒は飲む以上わけがわからなくなるまで飲むべきだ」という迷言がある。また3回の投獄経験を持っており、「牢獄は人生の大学だ」と後に語っている。佐藤栄作が「栄ちゃんと呼ばれたい」と言ったのは、伴睦が「伴ちゃん」と呼ばれ愛されたことからきている。また力道山を可愛がって日本プロレスのコミッショナーをつとめた。読売新聞の渡邊恒雄は大野伴睦の記者であり、当時から政治に関与していた。また、北海道開発庁館時代の秘書官・中川一郎を見初めて、政界入りを勧めている。

「政治は義理と人情だ」が信条だった伴睦は、「私は物ごとを頼まれると、大抵のことは引き受けてしまう。大は天下国家の重要事から、小は記念写真のお付き合いまで、事柄の大小は問わない」というだけあって、心暖まるエピソードには事欠かない人情家だった。

冒頭に掲げた猿と代議士を比較した名言は、今でも選挙が近づくと目にする機会が多い。功罪はあったが、このようなエピソードや名言を眺めると、やはり魅力のある人物だったようだ。

9月21日

樫山純三（かしやま・じゅんぞう）

実行力に増して先見性やアイデアが重要なのだ。

1901.9.21 ～ 1986.6.1

日本の実業家、競走馬の馬主。

尋常小学校卒業後、三越呉服店に丁稚として入店。その後、大阪貿易学校に学び、26歳、樫山商店を設立。46歳、オンワード樫山の母体になる樫山株式会社とする。59歳、オンワード牧場を創設。76歳、樫山奨学財団設立。84歳で没。

2015年ではオンワード樫山（2635億円）は日本のアパレルメーカー中、ユニクロのファーストリテイリング（1兆6817億円）、しまむら（5470億円）、ワールドHD（2635億円）に次ぐ4位で、後には青山商事（2217億円）が続く。

「人間とは便利なものである。いま振り返ると、いい思い出しか浮かんでこない。ちょうど負けた馬券を覚えていないようなものである。三越の店員時代のこと、独学のこと、樫山商店創業当時のこと、しんどかったことや苦しかったことは、年月による浄化作用を受けて、すべてが懐かしいものに変わっている」

持ち前の馬力、実行力に加えて、時代の流れを読む先見性、独創的なアイデアこそが、樫山の真骨頂だった。

その樫山は創業と経営が軌道に乗ると、牧場をつくり競馬馬を育てる事業に熱中する。馬主としてだけでなく、ブリーダーとしても数々の名馬を送り出した。日本人で初めてフランスダービーで勝利している。また晩年には奨学財団をつくり内外の若い人材の育成に力を入れている。この奨学財団の30周年記念事業として、国際的視野に立った社会科学（政治、経済、社会など）の分野の現代アジア研究における独創的で優れた業績を顕彰する樫山純三賞が2006年に設けられた。バングラデシュ、台湾、中国、モンゴル、中東、韓国、インドに関する研究が受賞している。アジア研究に与える賞の創設は先見性の現れだろう。

先見性とアイデアと実行力が見事な人生を描いたのだ。

明治天皇（めいじてんのう）

卿等は辞表を出せば済むも、朕は辞表を出されず。

日本の第122代天皇。諱は睦仁《むつひと》。倒幕・攘夷派の象徴として近代日本の指導者と仰がれる。功績・人物像から明治大帝と呼ばれる。

嘉永 5.9.22（1852.11.3）～ 1912.7.30

明治天皇を祀る明治神宮は1920年に鎮座祭を行なった。神宮の森は、150年後の完成に向けてスタートした。自然による遷移を繰り返し2070年頃に完成を迎える、という壮大なプロジェクトである。神宮林は明治天皇への郷愁であり、感謝である。己の為すべきことを全うした人を神にお戻ししようという営為である。このプロジェクトの主役は、東京帝国大学農科大学の本多静六博士、本郷高徳講師、上原敬二技手の3人だ。30代半ばの本郷は明治19年生まれであり、私の母方の祖父と同じだ。祖父は東京高等師範学校を出て、内地や中国青島の中学校の校長を歴任した人だが、本多博士には親しみが湧く。

明治天皇は京都に似ているということで多摩丘陵にたびたび行幸された。1881年以降、連光寺村で鮎漁を楽しまれ、この地は皇室の御猟場に指定された。多摩中央公園の中にある「旧富澤家住宅」は、明治天皇や皇族が連光寺にあったこの住宅で休憩したという由緒ある住宅である。兎狩りをした行幸・行啓の祭に「御小休所」として利用された。明治天皇は御殿峠で狩をして楽しかったため、滞在を一日延ばして連光寺で兎狩りをしている。

春の半頃山ふかく狩しける折に鶯の鳴くをききて
春ふかし山の村にきこゆなりけふをまとらはむ鶯の声

明治の元勲たちは、何か事件や不祥事があると辞表を出して切り抜けようとしたが、このとき「卿等は辞表を出せば済むも、朕は辞表を出されず」と明治天皇が言ったという。かつてない変革期を迎えた日本に生まれ、近代国歌の君主になる運命を受け入れ、許容すべきものと、守るべきものの裁断を常に求められ、やがて大帝としての振る舞いや思慮を身につけいく。日露戦争の頃から一切の遊びごとに関心を示さず、献身的に国事に傾注した。この国を一つにまとめ上げるための精神的支柱としての役割に徹し、自我を没し、君主としての生を貫いた。

明治天皇は君主として生きた。昭和天皇は君主と象徴の人生を生きた。現在の天皇は象徴の役割を果たしてきた。天皇の生前退位の問題がクローズアップされているが、「天皇とは誰か」「象徴とは何か」は日本人が誰もが考えなくてはならないテーマだ。

9月23日

吉田秀和（よしだ・ひでかず）

自分のいるところから見えるものを、自分の持つ方法で書くという態度は、変わらずにきたつもりである。

日本の音楽評論家、随筆家。

1913.9.23 ～ 2012.5.22

98歳で亡くなるまで精力的に活動した吉田秀和は、音楽評論の第一人者で熱烈なファンが多い。その学びの履歴を眺めるとその幸運を思わずにはいられない。小樽中学校で伊藤整に英文法と英作文を教わる。ヴィオラを弾く小林多喜二が自宅を訪れる。旧制高校時代は、中原中也にフランス語個人教授を受ける。小林英雄や大岡昇平と交遊。……という具合である。結果として独、仏、英語に通じた。特にドイツ語とフランス語の訳書が多い。

「平易な言葉で奥深いことを伝える事が大切なのだ」

「私の批評は、私の文章を読むのが好きな人が読めばよい。色々な声があるんだ。色々な声があれば、自分の声が全てを代表するなんて考える必要はない」

　ひとつだけ演奏の批評を記そう。

「石のような金属のような響きから絹のような音までピアノから奏し出せる人。彼女がピアノを弾くときピアノは管弦楽に少しも劣らないほどさまざまの音の花咲く庭になる」

　来日した著名なホロヴィッツの演奏について、「なるほどこの芸術は、かつては無類の名品だったろうが、今は——最も控えめにいっても——ひびが入ってる——それも一つや二つのひびではない」と真実を語り話題になった。

１９４8年には斉藤秀雄らと「子どものための音楽教室」を開設した。この一期生には小澤征爾、中村紘子、堤剛などがいる。この教室は後の桐朋学園音楽部門の母体となった。吉田は音楽分野の優れた才能を見いだした人でもあった。小澤征爾は、吉田の死去に際して「私の恩人の中の恩人、大恩人です」と感謝と哀悼の意を表している。

吉田の音楽、文芸、美術の評論、翻訳などの仕事は豊かでレベルが高い。それは60代初めの１９７５年の大佛次郎賞以来、紫綬褒章、勲三等瑞宝章、ＮＨＫ放送文化賞、朝日賞、読売文学賞、文化功労者、文化勲章などを受章し続けたことに現れている。

「芸術は手仕事で成り立っている」と喝破した吉田秀和は、自分のいる場所から見える世界の奥深い真実を、誰にでもわかる平易な言葉で書くという自分自身の方法論を貫いた。11歳年上の文芸評論の大家・小林秀雄は、吉田をライバル視していた、という。それほど吉田の蓄積と慧眼と筆力が優れていたという証拠だろう。

玉木文之進（たまき・ぶんのしん）

一日勉学を怠れば国家（藩）の武は一日遅れることになる。

文化7.9.24（1810.10.22）～1876.11.16

幕末の長州藩士で教育者・山鹿流の兵学者。松下村塾の創立者。

松下村塾をひらき、甥の吉田松陰や杉民治《みんじ》、宍戸《ししど》璣《たまき》らをおしえる。藩校明倫館塾頭代、官郡、奉行などをつとめた。萩の乱に一族や門弟が関係した責任をとり、１８７６年11月６日自刃《じじん》。67歳

１８４２年に松下村塾を開いて、「痒《かゆ》みは私。掻《か》くことは私の満足。それを許せ長じて人の世に出たとき私利私欲をはかる人間になる」などと、少年期の松陰を厳しく教育した。また親戚の乃木希典も玉木が教育している。自分の研鑽が一日遅れればその分国家の進みが一日遅れる。幕末から明治にかけての青年たちの気概が明治国家を形づくった。日露戦争海軍参謀の秋山真之しかり、その他あらゆる分野で自分が一日怠ければ日本が遅れるとの決意で研鑽をした青年たちが短期間で近代化を成し遂げた。その原形は、松下村塾で青年たちを鼓舞した吉田松陰を少年期に訓育した玉木文之進のこの言葉にあったのか。

9月25日

田中光顕（たなか・みつあき）

死すべき時に死し、生べき時に生くるは、英雄豪傑のなすところである。

天保 14.9.25（1843.11.16）～ 1939.3.28

日本の武士・土佐藩家老深尾氏家臣、官僚、政治家。栄典は従一位勲一等伯爵。

口述筆記による回顧談『維新風雲回顧録』（新版が大和書房のち河出文庫）では幕末には長州の高杉晋作、その後は土佐の中岡慎太郎、維新後は長州系の傍役として数々の要職についたと書き「いわば典型的な二流志士」であると自認し、それゆえに西郷、木戸、大久保、坂本など一流の志士とはべつな視点を持ったとしている。

以下ウィキペディアより。

土佐藩の家老深尾家々臣である浜田金治の長男として、土佐国高岡郡佐川村（現・高知県高岡郡佐川町）にて生まれた。土佐藩士武市半平太の尊王攘夷運動に傾倒してその道場に通い、土佐勤王党に参加した。叔父の那須信吾は吉田東洋暗殺の実行犯だが、光顕も関与した疑いもある。しかし１８６３年、同党が8月18日の政変を契機として弾圧されるや謹慎処分となり、翌１８６４年には同志を集めて脱藩。のち高杉晋作の弟子となって長州藩を頼る。第一次長州征伐後に大坂城占領を企図したが、新撰組に摘発されたぜんざい屋事件を起こして大和十津川へ逃れる。薩長同盟の成立に貢献して、薩摩藩の黒田清隆が長州を訪ねた際に同行した。第二次長州征伐時では長州藩の軍艦丙寅丸に乗船して幕府軍と戦った。後に帰藩し中岡慎太郎の陸援隊に幹部として参加。１８６７年、中岡が坂本龍馬と共に暗殺（近江屋事件）されると、その現場に駆けつけて重傷の中岡から経緯を聞く。中岡の死後は副隊長として同隊を率い、鳥羽・伏見の戦い時では高野山を占領して紀州藩を威嚇、戊辰戦争で活躍した。維新後は新政府に出仕。岩倉使節団では理事官として参加し欧州を巡察。西南戦争では征討軍会計部長となり、１８７９年に陸軍省会計局長、のち陸軍少将。また元老院議官や初代内閣書記官長、警視総監、学習院院長などの要職を歴任した。1887年、子爵を授けられて華族に列する。1898年、宮内大臣。約11年間にわたり、同じ土佐出身の佐々木高行、土方久元などと共に、天皇親政派の宮廷政治家として大きな勢力をもった。1907年9月23日、伯爵に陞爵。1909年、収賄疑惑の非難を浴びて辞職、政界を引退した。政界引退後は、高杉晋作の漢詩集『東行遺稿』の出版、零落していた武市半平太の遺族の庇護など、日本各地で維新烈士の顕彰に尽力している。また志士たちの遺墨、遺品などを熱心に収集し、それらは彼が建設に携わった茨城県大洗町の常陽明治記念館（現在は幕末と明治の博物館）、旧多摩聖蹟記念館、高知県佐川の青山文庫にそれぞれ寄贈された。その他、1901年に日本漆工會の二代目会頭に就任、久能山東照宮の修理をはじめ漆器の改良などの文化事業を積極的に行なっている。晩年は静岡県富士市富士川「古渓荘」（現野間農園）、同県静岡市清水区蒲原に「宝珠荘」（後に青山荘と改称）、神奈川県小田原市に南欧風の別荘（現在の小田原文学館）等を建てて隠棲した。昭和天皇に男子がなかなか出生しないことから、側室をもうけるべきだと主張。その選定を勝手に進めるなどして、天皇側近と対立した。また、1936年の2・26事件の際には、事件を起こした青年将校らの助命願いに動いた。——以上

85歳の光顕は「幸いにして生きながらえている私どもの事業としては、国家の犠牲となって倒れたこれら殉難志士の流風余韻を顕揚することにつとめねば相成らぬと深く考えている」と書いて終わっている。1968年の日付で孫によれば、田中は志士たちの遺墨、遺品、写真などを収集し、各命日にはその遺墨を出して香をたき、冥福を祈っている。多摩の聖蹟記念館のある公園の入り口から少しのところに、明治天皇御製の碑があった。「正二位勲一等伯爵　田中光顕　謹書」とある。

生きるときに生き、死すべきときに死す、それが英雄豪傑の証明だ。そういう述懐をする田中光顕は、自身を二流の人物だと考えていたが、生涯を追うとやはり見事な人生だったと感じる。維新前夜から昭和まで、96歳まで生き延びた田中は、「儂は今年で83になるが、まだ3人や5人叩き斬るくらいの気力も体力も持っている」と語ったように、その気力と体力を使って英雄豪傑たちの顕彰に晩年を捧げたのだ。こういう人生もある。

9月26日

ハイデッガー

人は死から目を背けているうちは、自己の存在に気を遣えない。死というものを自覚できるかどうかが、自分の可能性を見つめて生きる生き方につながる。

1889.9.26 〜 1976.5.26

ドイツの哲学者。

１９２３年にマールブルク大学教授となり、１９２７年に主著『存在と時間』を公刊、１９２８年には定年で退いた「現象学」のフッサールの後を継いでフライブルク大学に戻った。１９３３年には38歳でライブルク大学総長となる。ナチスに入党したハイデッガーは全体主義的色彩の濃い就任演説を行なうが、1年足らずでナチスと衝突して総長を辞任、以後研究生活に没頭。戦後はナチス協力の理由で教職から追放されたが、１９５１年復職。旺盛な思索活動を続け、戦前や戦中の成果をも含めた著作を次々に発表し、戦後のドイツ思想界を牽引した。日本では大正〜昭和時代前期の哲学者・三木清が師事している。

「人間は、時間的な存在である」

「哲学するとは、畢竟、初心者のほかの何者でもないことの謂いなのです」

「私が死んだら、原稿は１００年間封印してほしい。時代はまだ私を理解する構えにはない」と遺言で述べていたが、計算すると１００年後は２０７６年だ。人間は死を意識すると生き方が変わる。時間との競争の中で、今何をすべきかを考えるようになる。死を意識すると有限の持ち時間の中で、自己の可能性をどう実現するかを真摯に考えるようになるのだ。

9月27日

武市瑞山（たけち・ずいざん）

ふたたびと
返らぬ歳をはかなくも
今は惜しまぬ身となりにけり

文政12.9.27（1829.10.24）〜1865.7.3

日本の志士、武士（土佐藩郷士）。土佐勤王党の盟主。通称は半平太で、武市半平太（たけち・はんぺいた）と呼称されることも多い。

幕末に土佐勤王党を結成し、参政・吉田東洋を暗殺し藩論を尊皇攘夷に転換。京都における尊皇攘夷運動の中心的役割を果たすが、8月18日の政変で政局が一変すると投獄される。1年8カ月後に切腹。

哲学者の内田樹は、桂小五郎、武市半平太、坂本龍馬がそれぞれ幕末の三大剣道場の塾頭をそろってやっていたのは司馬のいうような偶然ではなく、剣技の高さと志士としての器量のあいだに相関があったと見ている。彼らは「どうふるまってよいかわからないときに、どうふるまえばいいかがわかる能力を修業によって身につけていた」という。

武市瑞山に対する同時代の人々の評価をあげてみる。久坂玄瑞「当世第一の人物、西郷吉之助の上にあり」。高杉晋作「あれ（半平太）は正論家である。正々堂々として乗り出すことには賛成するが、権道によって事を成すということは何時も嫌っている」。田中光顕「瑞山先生は桁違いの大人物であった」。

切腹を命じられた半平太は体を清めて正装し、未だ誰も為しえなかったとさえ言われてきた三文字割腹の法を用いて、法式通り腹を三度かっさばいた後、前のめりになったところを両脇から二名の介錯人に心臓を突かせて絶命した。享年37。藩主山内容堂は武市へ切腹を命じたことを悔いていた。冒頭に掲げた歌は、武市瑞山の辞世の歌である。

9月28日

大槻玄沢（おおつき・げんたく）

およそ、事業は、みだりに興すことあるべからず。思いさだめて興すことあらば、遂げずばやまじ、の精神なかるべからず。

宝暦7.9.28（1757.11.9）～1827.4.25

一関藩出身の江戸時代後期の蘭学者。

『解体新書』の翻訳で有名な杉田玄白・前野良沢の弟子でその才を見込まれて両師から可愛がられた。玄白からは医学、良沢からオランダ語を学んだ。「玄沢」とは、師である2人から一文字ずつもらってつけた通り名であった。玄沢は師の指示で『重訂解体新書』を完成させている。

仙台藩医として江戸詰時代にはシーボルトとも交流があった。『蘭学階梯』に刺激を受けた全国の秀才が玄沢のもとに集まり、江戸蘭学の中心的存在となった。「西の頼家、東の大槻家」（頼家は頼山陽で有名）ともいわれた。玄沢の息子には漢学者の大槻磐渓、孫に『言海』を編んだ国語学者の大槻文彦がおり、郷里の一関（現在の岩手県）では、この3人を「大槻三賢人」と称している名門である。

磐渓は子ども時代から才能があり、桂川甫周が「能学家を蘭学者の中に育てなければならない」と言うと、父の玄沢は10歳にもならない磐渓を指して「わが家の六次郎（磐渓の幼名）がその任に当たりそうに思える」と語った。

大槻玄沢は「遂げずばやまじ」の精神で、玄白から命ぜられて『解体新書』の改訂に取り組む。１７９０年から始めて、１７９８年には『重訂解体新書』ができた。改訂作業は続き、１８０４年にようやく完了した。偉業である。著書や翻訳書は、３００巻に及ぶという仕事人でもあった。その精神は、息子の磐渓、孫の文彦にも引き継がれて、それぞれ歴史に名を残す仕事を完成させている。その源は玄沢であった。この人の影響力は何世代にも渡った。

9月29日

セルバンテス

お前が誰と一緒にいるか、いってみな。そうしたら、お前がどんな人間かいってやる。

1547.9.29～1616.4.23

ミドル・デ・セルバンデス・サアベドラは、近世スペインの作家で、『ドン・キホーテ・デ・ラ・マンチャ（Don Quijote de la Mancha）』の著者として著名。

レパントの海戦で捕虜になり5年間の虜囚生活。無敵艦隊の食料係で失敗し獄につながれる。徴税使として失敗し投獄される。セルバンテスは牢獄の中で名作を構想したことをほのめかしている。何回かの牢獄における空想が構想として実を結んだのだ。58歳で不朽の名作『ドン・キホーテ』を世に送り名声を博すが、版権を安く売り渡していたため実際には生活は楽にはならなかった。世界的に名声を得たスペイン語圏による最初の文学者であり、現代に至るまで多大な影響を与え続けている。イギリスのシェイクスピアは『ドン・キホーテ』を読んでいたと言われ、またシェークスピアと死亡した日が同じであるとされることも興味深い。

セルバンテスは失敗の連続の波乱に満ちた人生を送った。戦争と投獄と貧乏はセルバンテスの世の中と人生と人を見る目を養ったように思う。以下、本人が「ことわざとは、長い経験に基づく短い文のことである」と述べている短い文をいくつか紹介する。

「そのうちやる」という名の通りを歩いて行き、行き着くところは『なにもしない』という名札のかかった家である」

「ペンは魂の舌である」

「忘恩は慢心の落とし子である」

「おのれを知ることに全力を捧げよ。それこそが、この世でもっとも困難な課題だ」

「ひとつのドアが閉まったときには、また別のドアが開く」

「安眠は心労の最大の療法である」

「分別よりも愚行の方が、とかく仲間や追随者を呼び寄せるものだ」

「人間とは、己の行った仕事の子供である」

「真の勇気というものは、臆病と無鉄砲との中間にある」

誰と一緒にいるか。その誰かとは、親分であり、仲間であろう。優れた師を持てれば半ば成功が約束される。立派な友達を持つことで自身が磨かれ豊かな人生へつながる。師匠と友人の、広さと高さがその人の運命を決める。確かにそうだ。セルバンテスの数多い警句は人の世の芥の中から世の中の真実を見据える透徹した目を感じさせる。

9月30日

朴正熙（パク・チョンヒ）

百の理論より一つの実践が要望され、楽しい分裂より苦しい団結がなければならず、他をくじくことよりも助けることを知り、惜しむことを知らねばならぬ。

時憲暦 9.30（1917.11.14）〜 1979.10.26

韓国の軍人、政治家。

1961年の軍事クーデターで国家再建最高会議議長に就任。1963年から1979年まで16年間にわたり大統領として国を指導し、30年間にわたる「漢江の奇跡」を実現し、韓国は世界最貧国から脱出した。しかし1974年には妻を暗殺され、また自身も独裁者として批判され1979年に側近によって暗殺された。後の朴槿恵（パク・クネ）大統領（1952年生まれ）はその2つを目撃している。

日本の影響下にあった満州国の士官学校を首席で卒業し、留学した日本の陸軍士官学校を首席で卒業。卒業式で答辞を読んだ職業軍人である。酒を飲むと日本の軍歌を歌った。1965年には佐藤栄作総理と日韓基本条約を批准し国交を正常化した。

「日本の朝鮮統治はそう悪かったと思わない。自分は非常に貧しい農村の子供で学校にも行けなかったのに、日本人が来て義務教育を受けさせない親は罰すると命令したので、親は仕方なしに大事な労働力だった自分を学校に行かせてくれた。すると成績がよかったので、日本人の先生が師範学校に行けと勧めてくれた。さらに軍官学校を経て東京の陸軍士官学校に進学し、首席で卒業することができた。卒業式では日本人を含めた卒業生を代表して答辞を読んだ。日本の教育は割りと公平だったと思うし、日本のやった政治も私は感情的に非難するつもりもない、むしろ私は評価している」

「我が半万年の歴史は、一言で言って退嬰と粗雑と沈滞の連鎖史であった」という朴は、事大主義と属国性を脱却し、韓国近代化のために手段を選ばない開発独裁体制を推進したのだが、私人としては清廉であったとの評価がある。「子孫のために美田を残さず」という西郷隆盛を尊敬していた影響であろう。韓半島の統一で民族国家の威勢を示すことを目指した朴大統領は、難しい時代環境の中で、理論よりも実践、分裂よりも団結を重んじながら、故国の発展の礎を築こうとしたのだ。

　リーダーのスタイルは、必ずしもその人固有のものではない。遭遇した時代と周囲の環境と自らの力量との相関の中で、現下のテーマに沿ってどのような形のリーダーシップを選ぶかという選択なのだ。

10月

神無月

10月1日

川口松太郎（かわぐち・まつたろう）

このくり返しが自分の人生であり、悔いはない。悔いはむしろおびただしい作品の中にある。

1899.10.1 ～ 1985.6.9

日本の小説家、劇作家、日本芸術院会員、戦後の大映映画の専務。文化功労者。

洋服屋や警察署の給仕、1915年の夏から約1年間、栃木県芳賀郡にあった祖母井郵便局に電信技士として勤務などした後、久保田万太郎に師事する。後に大映や明治座で重責を担う。

川口松太郎は数多くの時代小説のほか恋愛小説なども多く書いた。『人情馬鹿物語』『古都憂愁』『しぐれ茶屋おりく』（吉川英治文学賞）が代表作。

『鶴八鶴次郎』で第1回直木賞をもらった時、賛否があったが、菊池寛は「今、彼に直木賞を与えれば一流作家になり得る」と言い受賞が決まった。関東大震災の後、大阪のプラトン社に勤め、直木三十五と共に働いた。この時、直木三十五は生前「小説だけはだめだから今のうちにあきらめろ」と勧めており、川口は直木賞が欲しかったのである。青年時代の志がそのままで一筋に生きるということはそうそうなく、他の方面にそれる人が多い。今東光、舟橋聖一とともに谷崎潤一郎門を自称している川口も純文学を志したのだが、結果的に大衆小説作家になった。

東京都文京区春日の自宅建て替えを兼ね完成した重厚なデラックスマンション〝川口アパートメント〟は現存している。仕事机は畳一畳ほどの大きなデスクと、寝台車用の長椅子を置いていた。

川口は「芝居や寄席ばかりに通って不真面目な男だ」と非難されたが、大きな勉強になった。若い演劇志望者に、実際が先で理論は後であるから、「十冊の本を読むより一つの芝居を見ろ」とすすめている。

「人生に悔いなし」というエッセイには、人生に悔いはないが、むしろ「悔いはむしろおびただしい作品の中にある」との悔恨がある。文筆業は時間の制約の中で書くたびに新しいものを書かねばならないから、どの作品にも悔いは残るのだ。

10月2日

良寛（りょうかん）

災難にあう時節には災難にあうがよく候。死ぬる時節には死ぬがよく候。これは災難をのがる る妙法にて候。

宝暦8.10.2（1758.11.2）～1831.2.18

江戸時代後期の曹洞宗の僧侶、歌人、漢詩人、書家。曹洞宗の良寛和尚は越後出雲崎に生まれ、光照寺玄乗に従い得度し、大愚良寛と称する。その後、20数年間諸国を行脚し、奇行に富んだ飄逸の生活を送る。万葉風の和歌及び書風は天衣無縫で高い評価を得た。

「うらをみせ　おもてを見せて　ちるもみじ」

「形見とて何かのこさん春は花　山ほととぎす秋はもみぢ葉」

「世の中にまじらぬとにはあらねどもひとり遊びぞわれはまされる」

「この宮の木《こ》したに子供等と遊ぶ夕日は暮れずともよし」

「風きよし月はさやけしいざともに踊り明さむ老いのなごりに」

「散る桜　残る桜も　散る桜」は、太平洋戦争の特攻隊の心情になぞらえた歌として有名だった。これには良寛は不本意だろうが、決死の行動に勇気を与えた歌だ。精神医学の土居健郎がもっとも惹かれる人物が良寛であると吐露しているように、ファンが多い。「アララギ」の島木赤彦は「良寛さま」という童謡を書いている。「山を下った良寛様は　村の子どもとまりついていたが　山に帰った良寛さまは　寺に一人で寂しかろ」

冒頭に掲げた言葉は、１８２８年の新潟三条の大地震で子どもを亡くした俳人・山田杜皐《とこう》に17歳の良寛が宛てた見舞の一文である。災難にあったらあったら災難にあう。死ぬときは死ぬしかない。あるがままに受け入れて、自分ができることをしよう。良寛の辞世の歌は「いにしへに　かはらぬものは　ありそみと　むかひにみゆるさどのしまなり」である。毎日の生活と佐渡島の風景は変わることはない。時節と摂理を受け入れて生きる心の大事さを良寛和尚は教えてくれる。

10月3日

平林たい子（ひらばやし・たいこ）

私は生きる。

1905.10.3 〜 1972.2.17

日本の小説家。

父が上京するたい子に言った言葉が残っている。「女賊になるにしても一流の女賊になれ」。たい子の人生をたどってみると、その教えの通りに生きたという気がしてくる。諏訪高女に首席入学するが、卒業式の日に上京。アナキスト山本虎三と同棲。19歳、林芙美子と知り合う。22歳、小堀甚二と結婚。プロレタリア作家として世に出る。42歳、『こういう女』で第一回女流文学賞。47歳、ニース世界ペン大会出席。52歳、女流文学者会会長。55歳、民社党党友。57歳、韓国ペンクラブ出席。59歳、オスロ国際ペン大会日本代表。62歳、中央教育審議会委員。63歳、『秘密』で第7回女流文学賞。64歳、評伝『林芙美子』。65歳、ソウル国際ペン大会日本代表。67歳、評伝『宮本百合子』。凄まじい人生であったというほかはない。諏訪の記念館ではたい子の生涯を追憶した。

『自伝的交遊録・実感的作家論』などの著書もあり、人物論にも定評があったが、最晩年には二人のライバルの評伝を書いている。一人は貧乏時代を一緒に過ごした林芙美子で、「晩年をかたる適任者ではないが、若い頃のことは、よく知っている方であろう」といって書いたが、芙美子の心の内側に遠慮なく逹って書いたため、生き生きと迫力に富む評伝になっているそうだ。もう一人は、たい子生涯の最大のライバルであった宮本百合子の評伝である。この評伝を書き終えた年の2月17日に、67歳で逝去する。

平林たい子は、女流文学会会長をつとめている女傑だが、一生を眺めるとすさまじいエネルギーと思い切りのいい強烈な言動に驚く。「既婚の婦人は既に消費社会に入った商品であり、未婚の婦人は未だ流通過程にある商品である」（『男性罵倒録』）。

「わが母がわれを　生ましし齢《よわい》は来つ　さずけたまひし苦を苦しまむ」

平林たい子は、与えられた生を生き切ったのである。

10月4日

日野原重明（ひのはら・しげあき）

しかし、人間は生き方を変えることが出来る。

1911.10.4 〜 2017.7.18

日本の医師・医学博士。聖路加国際病院名誉院長。

２０１１年10月４日。日野原重明先生の記事と広告が多いのが目立った。日野原先生の満１００歳の誕生日だからだろう。90歳の時、著書『生き方上手』は１２０万部のベストセラーになり、日本最高齢のミリオンセラー作家となった。

２０１０年11月７日、新横浜の新幹線の待合室で偶然に隣に座って言葉と名刺を交わしたことを想い出す。その時、「こんなことをやっています」ともらった名刺は、「新老人の会」の代表という肩書だった。75歳以上を新老人と呼び、自分自身を健康情報の研究に活用しようという団体だ。その75歳から30年という歳月を日野原先生が生き抜いていたのは見事だ。新老人の生き方のモデルである。

最後まで現役の医師であった日野原重明は、90歳を越えた最晩年の鈴木大拙を診ている。48歳だった。１９７０年、福岡での内科学会への途上に日航よど号ハイジャック事件に遭い、韓国の金浦国際空港で解放される。同乗していた吉利和（東京大学医学部教授、犯人に教え子がいた）と、乗客の健康診断をした。事件に遭ったのを契機に内科医としての名声を追求する生き方をやめた。59歳だった。

文藝春秋に載っていた「健康心得」10箇条が参考になる。

1．小食（腹七分）
2．植物油
3．階段は一段飛びで（絶対にエスカレータには乗らない。競争する）
4．速歩
5．いつも笑顔で
6．首を回す（風呂で首を上下左右に回し、最後は耳が

水面に触れるまで横に倒す)
7. 息を吐ききる(うつぶせで眠ると腹式呼吸になり、いびき、肩こり、腰痛がなおる)
8. 集中
9. 洋服は自分で購入
10. 体重、体温、血圧を計る
「本当に学ぶべきなのは、問題とどう取り組むか、どういう戦略を立てるべきかということである」
「死はグッバイではなく、シー・ユー・アゲインなのです。天国でまたお会いしましょう、というしばしのお別れです」

今までやったことのないことをする。会ったことのない人に会う。そして常に自己革新を続ける。103歳で初めて馬に乗る。104歳の誕生日には100歳から始めた俳句を104つ収めた初めての句集を出版する。そしてフェイスブックも始めている。やるべき崇高な仕事があり、その生き方が多くの人に夢と希望を与える大きな人生だった。

人生100年時代のモデル、105歳まで生き切った日野原重明は聖なる人となった。

10月5日

大濱信泉（おおはま・のぶもと）

人の価値は、生まれた場所によって決まるものではない。いかに努力し、自分を磨くかによってきまるものである。

1981.10.5 〜 1976.2.13

日本の法学（専門は商法）・教育者。第7代早稲田大学総長（１９５４〜１９６６年）。沖縄県石垣島生まれ。早稲田大学総長を12年つとめた。１９６６年に学生運動で辞任後は、沖縄国際海洋博覧会協会長・沖縄協会長・日本野球機構コミッショナーを歴任した。佐藤栄作首相の沖縄訪問の際には特別顧問となり、日米の政財界人や有識者・ジャーナリストを動員して「核抜き本土並み」の本土返還を実現させる背景作りを担った。１９６５年４月に勲一等瑞宝章、１９７２年４月に勲一等旭日大綬章、没後勲一等旭日桐花大綬章を受章。１９９７年、石垣市に大濱の顕彰施設、大濱信泉記念館が開館した。

小学生時代に、ナポレオンの伝記を読んで、地中海の離島コルシカ島に生まれた人物が、フランスの皇帝にまでなった話に感激する。沖縄師範ではラブレター事件で退学処分を受け、上京し早稲田大学を首席で卒業する。この人の名は日本野球機構コミッショナーとしての記憶があるのだが、実は沖縄返還の立役者だったのだ。沖縄の石垣島出身の自分を、コルシカ島出身のナポレオンというモデルを参考にして、努力を重ね、自分を磨き上げて、大きくはばたいた人である。人生におけるロールモデルの存在が人を鼓舞することを改めて教えてくれる。やはり偉人伝の教育効果はすさまじいものがある。石垣島の記念館を訪ねなくてはならない。

10月6日

ル・コルビュジェ

家は生活の宝石箱でなくてはならない。

1887.10.6 ～ 1965.8.27

スイスで生まれ、フランスで主に活躍した建築家。鉄筋コンクリートを利用し、装飾のない平滑な壁面処理、伝統から切り離された合理性を信条としたモダニズム建築の提唱者である。彼の近代建築の五原則「ピロティ、屋上庭園、自由な平面、水平連続窓、自由な立面」は世界中に広がり、１９６０年代にはピークに達した。世界中に信奉者があった。

日本の近代建築もル・コルビュジェの影響を受けている。東京帝大工学部を卒業した前川國男はパリのル・コルビュジェの事務所に入所し、帰国後建築設計事務所をひらく。前川より10年後輩の丹下健三は、前川国男建築設計事務所に入っている。坂倉準三は東大文学部美術史学科を卒業後渡仏し、ル・コルビジェの門に入り、１９３７年のパリ万博日本館の設計を行なう。このように日本の建築界はル・コルビュジェの弟子たちによって担われた。本人自身も来日し、世界遺産となった国立西洋美術館の基本設計を行なっている。一方で宇沢弘文は、都市については、ル・コルビュジェの「輝ける都市」は人間は主体性を持たないロボットに過ぎないとして反対した。因みにル・コルビュジェは祖先の名に由来するペンネームである。

フランク・ロイド・ライト、ミース・ファン・デル・ローエと共に「近代建築の三大巨匠」として位置づけられている。ライトは「長く生きるほど、人生はより美しくなる」など人生を考える至言がある。ミース・ファン・デル・ローエは「神は細部に宿る」という名言を吐いた。「与えられた条件がいかなるものであるかは、絶えず情け容赦なく照り続ける」と仕事の困難さを語るル・コルビュジェは「家は生活の宝石箱でなくてはならない」と建築の心を説いている。大型の建築にも手を染めたが、個人の住宅の設計も多い。

ル・コルビュジェは建築家として有名であったが、ひとつの分野にはとどまらない美の巨人だった。建築以外にも、絵画、彫刻、版画、タピスリー、映像などの分野にわたって活躍した多才な芸術家であった。朝はアトリエでの絵画制作、午後は設計事務所で仕事というスタイルだったことにも、その志向が現れている。

久保田一竹（くぼた・いちく）

伝統は軽んじてはならない。伝統にとらわれてもならない。

1917.10.7～2003.4.26

日本のテキスタイルアーティスト。

久保田一竹は、辻が花と呼ばれる15世紀後半～16世紀前半に失われてしまった染色・装飾技法「一竹辻が花」を完成させた染色家である。辻が花染めは、室町時代に栄えた縫締絞の紋様染めで、庶民の小袖から始まり、後に高級品として一世を風靡したが、江戸時代に友禅染に押されて姿を消している。

久保田一竹は、14歳、友禅師小林清師に入門。20歳、東京国立博物館にて「辻が花」の織物の一片を見たことをきっかけに、一生を辻が花の復刻に捧げることを決める。27歳から31歳まで戦争、シベリア抑留。31歳で復員。44歳、小平市に一竹工房をつくる。45歳、一竹辻が花を創案する。60歳、初めて自身の装飾着物の展覧会を開催し認められる。77歳、１９９４年に河口湖に久保田一竹美術館が開館する。作品の一部がワシントンのスミソニアン博物館に展示された。存命の芸術家の作品が展示されたのは初めてだった。２００３年、85歳で逝去。

辻が花の生地に見られる複雑な装飾技法を説明する情

報が何も残っていなかったこと、辻が花に必要な練貫の絹の生地が既に生産されなくなってしまったため、数十年を研究に費やしたが、完璧に復刻するのは技術的に不可能であると判断し、代わりに〝一竹辻が花〟として自己流の辻が花を発展させた。

河口湖の広大で雄渾な久保田一竹美術館にある高さ13メートルのピラミッド型の本館には、ライフワーク「光響」の連作、富士をテーマとした代表作が展示されていた。勇壮、繊細、濃密……。ライフワークの「光響」は、80連作が目標である。46連作までができており、弟子たちが後を継いでいる。

20歳で「辻が花」に魅せられた久保田一竹は、ぶれることなくその後65年間にわたって生涯をかけて伝統の復活という課題に果敢に挑戦している。伝統と革新は、古くて新しいテーマであり、芸術、スポーツ、政治、組織運営、あらゆる分野で人々はこのテーマに挑んでいると言ってもいい。長い時間によって織られた歴史と伝統を引き継ぎながら、それに過剰に囚われることなく工夫を重ね、時代の息吹を吹き込み、新しい生命を誕生させる。それが現代に生きる私たちの課題なのだ。

武満徹（たけみつ・とおる）

作曲家にとって一番大事なことは〝聴く〟ことさ。

1930.10.8～1996.2.20

日本の作曲家。ほとんど独学で音楽を学ぶ。若手芸術家集団「実験工房」に所属し、映画やテレビなどで幅広く前衛的な音楽活動を展開。和楽器を取り入れた「ノヴェンバー・ステップス」によって、20世紀を代表する現代音楽家となった。享年65。

東京音楽学校を受験したが、「作曲をするのに学校だの教育だの無関係だろう」と考え、2日目の試験を受けなかった。1951年に「実験工房」に参加した頃より、映画、舞台、ラジオ、テレビなど幅広いジャンルにおいて創作活動を開始。武満の音楽は大河ドラマ、テレビドラマ、映画などの音楽で馴染みがある。1957年の「弦楽のためのレクイエム」はストラビンスキーに絶賛された。以後、「テクスチュアズ」「ノヴェンバー・ステップス」などを発表する。晩年に監修を務め、武満の死後完成した東京オペラシティのコンサートホールはタケミツ・メモリアルの名が冠せられている。日本の伝統を受け継ぎながら独創的で繊細な感受性をもった作風、精緻な構成と東西の音の感性を融合させた独自の作風は世界で評価された。ニューヨークタイムズは、武満の死亡記事を一面まるまるつぶすという破格の扱いで報じた。

同時代の芸術家たち、谷川俊太郎、小澤征爾、岩城宏之、安部公房、堤清二、大江健三郎らが長年の友人であり、互いに影響を与え合った。大江は告別式で弔辞を読み、新作「宙返り」を捧げると発表している。映画監督の黒澤明とは「乱」の音楽などで仕事をしたが、黒澤さんは気が弱いほうだから、自分に面と向かって注文を言えないと「黒澤天皇」を語っているのも興味深い。

「芸術は饒舌に身をかざろうとする時に衰えるものだ」

「私は音に色彩があるように、色の中にも音が潜んでいるものと思っています」

「僕の夢は、死ぬまでに一回でいいから、たったひとつの音だけでの音楽を書きたい」

「僕は音楽とは『祈り』だと思うんです。『希望』と言ってもいい」

　武満は学校教育の音楽に無縁だったが、特殊な音楽的記憶力を持っていた。そして生きている間に自分の音楽を創ろうとし日本を背負いながら自由に世界に飛翔した。異国趣味で琵琶や尺八をやるのではなく、西洋音楽にない日本の音楽の本質的で重要な面を出したいと願った。自然環境のように、流れるようにオーケストラ音楽を創っていった。武満徹は作曲家はまず、生きている生命、大いなる宇宙、自然、そこから生まれ出る命の音を最初の聴衆として心を込めて聴こうとすべきだという。それは普遍への道であろう。

10月9日

ジョン・レノン

ぼくが　これまで　どうやってきたかは　おしえられる　けど　きみが　これからどうするかは　じぶんで　かんがえなきゃ

1940.10.9 ～ 1980.12.8

ジョン・ウィンストン・オノ・レノンはイギリスのミュージシャン、シンガーソングライター。ロックバンドであるザ・ビートルズのメンバーで、主にボーカル・ギター・作詞・作曲を担当。

さいたまスーパーアリーナの一角にビートルズのリーダーだったジョン・レノンの記念館があった。生誕60年の２０００年10月19日にオープンした。パートナーだったオノ・ヨーコの許諾を得た世界初の公認ミュージアム。２０１０年に閉館している。

ジョン・レノンの創作活動の重要なテーマは「愛(Love)」であるが、１９７０年にはそれは「リアルであること、感じること、触れること」と定義してあった。

少年時代から優れた文章力をみせたジョン・レノンは、「自分に見える世界がほかの人には見えないらしい」と気づき、「僕は狂っているか、天才か、どちらかにちがいない」(I must be crazy or a genius.) と思った。ジョンはビートルズを結成し、20世紀を代表するアーチストになっていく。

妻のオノ・ヨーコは、１９３３年生まれ、ジョンより７つほど年上である。『グレープフルーツ』というヨーコの本が展示されていた。「この本は読み終わったら燃やしなさい」という強烈なメッセージが書かれており、後の名曲「イマジン」のきっかけとなった。イマジンは、詩がいい。「想像してごらん、天国なんてないんだ」「みんないまこの時を生きているんだ」「想像してごらん、国境なんてないんだ」「想像してごらん、財産なんてないんだ」「みんなで世界を共有しているんだ」……。ヨーコと出会ったジョン・レノンは、しだいにヨーコとのより幅広い多様な活動に軸足を移していく。二人は平和を求める若者たちの新しいリーダーになっていく。

　ビートルズはヨーコの出現によって終わりを迎えた。「私は、ヨーコのほうをとったのです。私の選択は、間違っていませんでした」「私たちふたりの関係以上に重要なものは、なにもありません、ぜったいになにも」とジョンは語っている。ヨーコの次の言葉が印象に残った。「ビートルズとして存在していたために、ジョンは、ほんとうのジョンよりもスケールが小さくなってしまっていたようなものです」。ジョンは、ジョンになっていったのである。

　冒頭の言葉は記念館のフィナーレ・ルームで、透明なボードにジョン・レノンからの日本語と英語で書かれているメッセージである。伝記、自伝、記事、映像、言葉などで先達の人生を眺めることはできる。しかしジョンが言うように、どうやってきたかを教えてもらうことはできるが、これからどうするかは自分で考えねばならない。

清河八郎（きよかわ・はちろう）

回天。

江戸時代末期（幕末）の庄内藩出身の志士。

天保元.10.10（1830.11.24）～1863.5.30

本名は斉藤元司である。生れ故郷の清川を使おうとするが、川は小さいので大きな河の文字を用いることにした。また鎮西八郎為朝を尊敬していたので八郎を名乗った。

清川村の素封家に生れた八郎は家出をし、江戸へ出る。22歳で神田お玉が池の千葉道場で千葉周作から北辰一刀流の免許を受け、25歳のときに神田三河町で文武指南を行う塾を開く。この時代、文を教える塾と武を教える道場を一緒に兼ねた塾は極めて珍しかった。教育者を本分としていた清河は桜田門外の変に衝撃を受ける。その名簿を見て、年齢の若さや身分の低さに驚き、時代の変化と自らの役割に目覚める。

清河は「虎尻之会」または「英雄の会」と呼ばれる会を結成し盟主となり、幕府を倒し天皇の親政に変える回天の大事業を画策し、水戸、仙台、京都、九州を遊説した。平野國臣ら各地の志士に会っている。寺田屋事変で挫折するが、その後も活発に活動を重ねるが、34歳の時に刺客に襲われ志し半ばに倒れる。

山形県庄内町清川の記念館内には「維新　回天　偉業之魁」と書いた徳富蘇峰の書がある。全国の記念館には蘇峰の書が多い。他には井伏鱒二か。こういう人々は旅をしているのだ。また頭山満の「尊皇攘夷」という書もあった。明治維新を高く評価し信長時代から明治時代までを「近世日本国民史」という百冊の本を書いた徳富蘇峰と右翼陣営の頭目であった頭山満の書である。金屏風の「智信　仁勇　厳」という清河の書は、寺田屋事変の数日前に薩摩屋敷で書いたものだった。

　清河は少年時代から日記をつけていた。「日起私乗」という名前の日記には天・地・人の3巻がある。「日起」とは、朝早くおきて勉強するという意味で、「乗」とは記録のことである。天は18歳の日記、地は19歳の日記、人は20歳の日記であるが、すべて漢文で書かれており、清河の学識の高さが偲ばれる。「私乗後編」も展示されていた。こちらはメモ帳に小さな字でぎっしり書かれていた。

「西遊八冊」という旅行の記録がある。母親を連れて伊勢参りを行った１６９日間の旅の記録である。善光寺、伊勢参り、奈良、京都、大阪、四国の金毘羅、安芸の宮島、京の祇園、大阪天神、天橋立、石山寺、三井寺、江戸の芝居と壮大な観光旅行である。母は駕篭、自分は徒歩であった。この克明な記録は、自分のためではなかった。母が後に思い出せるようにかな文で書いている。

　鶴岡出身の作家・藤沢周平は、清河八郎を『回天の門』という小説で描いている。清河八郎は、家を飛び出し、遊女を妻に迎え、革命に奔走し、書や歌を詠み、全国を駆け巡って、短い人生を駆け抜けた。「回天」とは清河八郎の革命思想をあらわした言葉である。その革命思想と強固な意志は、「魁がけて　またさきがけん　死出の山　まよいはせまじ　皇《すめらぎ》の道」「砕けても　また砕けても　よる波は　岩角をしも　打ち砕くらむ」などの歌にあらわれている。

　弛み衰えた勢いを盛り返す、時勢を一変させる。そしてすべてが改まって新しくなる。吉田松陰と同い年で、自身の名前に歴史と地理を入れ込んだ英雄的気概の持ち主・清河八郎は、この回天という大事業に魁けたのだ。

　一大絵巻図のように幕末から維新にかけては英雄豪傑が数多く登場したのだが、そういう時代のうねりをつくりだす一人となった。社会や政治の革新もそうだが、衰えた組織も「回天」の気迫で起死回生をはかろうとする様々な人々の存在が必要である。

10月11日

榎本健一（えのもと・けんいち）

喜劇を演ろうと思ってやっても、喜劇にはならないよ。

1904.10.11 ～ 1970.1.7

日本の俳優、歌手、コメディアンである。当初は浅草を拠点としていたが、エノケンの愛称で広く全国に知られていった。「日本の喜劇王」とも呼ばれ、第二次世界大戦期前後の日本で活躍した。

高等小学校卒業時、「僕にとって学問をするということは、あんまり好きでないそばを食わされるようなもので、それから解放されたんだから世間がいっぺんに花が咲いたように明るくなった」。いろいろ回り道をして17歳でようやく浅草の根岸歌劇団に入る。ワンパクで運動神経がよかったエノケンは、水を得た魚のようになじみ頭角をあらわし、オペラ、無声映画へ出演していく。

この間、毎日の新聞で関心を集めたニュースなどを舞台に取り入れている。歩いていてもそうだし、いろいろの職業の人の仕事ぶりを観察するなど、日頃から熱心な研究家だった。浅草の客は目が肥えていて厳しい。勉強している俳優はどんどん人気が出る。スピーディで気の利いたギャグを次々に考え出して舞台にぶつけたエノケンは人気がでた。

松竹座で座員150人、オーケストラ25人という日本一大きなエノケン劇団が発足する。そこからエノケンの全盛時代が始まる。エノケンはどんな芝居でも基礎を真剣に勉強して、それから自己流にくずしていった。だから長続きしたのだ。

浅草の松竹座で常打ちの喜劇を公演し、下町で人気があったエノケン。学生などインテリ層をターゲットとしたモダンな喜劇の古川ロッパ。両者が競い合う「下町のエノケン、丸の内のロッパ」の時代となった。

飛んだり、ハネ足り、スベッタリ、転んだり、人の頭を叩いて笑わせるのは本物ではない。喜劇はまともな芝居である。まともな芝居の中から、自然に笑いが湧いてくる。それが本当の喜劇である。これがエノケンの喜劇観である。最後の言葉は「ドラが鳴ってるよ、早くいかなきゃ」だったという。

10月12日

馬越恭平（まこし・きょうへい）

元気、勇気、長生き、腹のおちつき。

天保15.10.12（1844.11.21）～1933.4.20

日本の実業家。三井物産に勤務し、大日本麦酒（日本麦酒、朝日麦酒、札幌麦酒の合併会社）の社長を務めた人物。大日本麦酒の大合同合併を画策し、「日本のビール王」とよばれた。

四歳年上の益田孝（後の三井物産社長）から、『セルフ・ヘルプ』（西国立志編）を勧められ、感激した馬越はこれを座右の書とした。その後、岡山から上京し三井物産に入り大活躍し朝吹英二らと三井の三羽がらすと呼ばれる。

53歳で三井を去って業績不振の日本麦酒（恵比寿ビール）の経営を任され、4時間睡眠で一日20時間近く働き、コスト削減と「ビールの売り込みは四者（学者・医者・役者・芸者）に集中すべし」と号令するなど営業・宣伝に知恵を絞る。1899年8月に日本初の「ビヤホール」（和製英語）を銀座に開店し東京の名所となった。日露戦争後には、渋沢栄一・大倉喜八郎の札幌麦酒、外山修造らの大阪麦酒（朝日麦酒の前身）と馬越の日本麦酒が大合同し、大日本麦酒が誕生し、麒麟麦酒を抜いて日本一、東洋一になった。馬越は社長に就任した。

89歳で亡くなるまで生涯現役で、関係した企業は90余に及んだ。仕事に打ち込む一方で、関係した女性は1600人を数えた。100人目ごとに当たった芸者を落籍して一軒家や料亭を持たせたという。スタミナの秘訣は「居眠りの名人」であったことだった。

馬越のモットーは、四つあった。信仰心を養うこと。平常、心を若くし、老成を気取らず、愉快に活動すべし。心配すべし、心痛すべからず。四気（元気、勇気、長生き、腹のおちつき）が原点である。この四気を心掛けて、取り組む事業をことごとく成功させた豪快な人生だった。

元気、勇気、長生きはわかるが、「腹のおちつき」とは何か。フラフラせずに、腹を据えて、目前の課題に邁進する気概のことではないだろうか。

10月13日

サッチャー

私は意見の一致を求める政治家ではない。信念の政治家だ。

1925.10.13 ～ 2013.4.8

マーガレット・ヒルダ・サッチャーは、イギリスの政治家、一代貴族。イギリス保守党初の女性党首（在任1975～1990年）、イギリス初の女性首相（在任1979～1990年）。1992年からは貴族院議員。

サッチャーは26歳で結婚。34歳で下院議員に当選。45歳、ヒース内閣で教育科学大臣、50歳、保守党党首、54歳、女性初の英国首相、65歳（1990年）、首相辞任。

「今日の、そして日々の自分の仕事を計画しなさい。そうすれば、あなたの計画は上手く行く」

「考えは言葉となり、言葉は行動となり、行動は習慣となり、習慣は人格となり、人格は運命となる」

「幸運だったのではない、私はそれだけの努力をしてきた」

以上、人生に関する言葉は、努力し自身を磨き上げてきた人の言葉だ。

「成功とは何か。それは、自分がやっていることに才能があること。そしてまだ十分でないということをわかっていること。一生懸命に働き、確かな目的意識を持っていなくてはならないということを知っていること。これらをすべて併せたものだと思います」

「危機の克服で重要なことは、最終的には私がどれほど本気であるかという、真剣さの質にかかっていたのであり、私はだれ一人として疑いをもたないようにしてきた」

「明るい未来を構想できなければ、明るい未来はやってきません」

「物事は決断しなきゃだめよ。政治家のエクスタシーは決断にあって、決断がない政治家はだめ。それができない政治家は政治家に値しない」

以上、政治に関わる名言は政策の実現と成功への示唆に満ちている。

私は20代でＪＡＬの駐在員としてロンドンに1年2カ月ほど滞在し青春を謳歌したが、この時の前半は労働党のキャラハン政権、そして後半はサッチャー首相の登場の時期だった。ストライキ全盛で英国の凋落が誰の目にも見えていて、「英国病」という言葉に世界中が納得感を持っていた時だったので、鮮明に覚えている。福祉を切り詰め、景気を刺激し、国有企業を売り払い、炭鉱を閉鎖し、労働組合を攻撃し、ＩＲＡのテロにも屈せず、フォークランド紛争にも勝利したサッチャーは見事なリーダーとして英国を立て直した。近年の映画「マーガレット・サッチャー、アンアンレディ」は認知症のサッチャーの晩年を描く傑作だった。

10年という長期政権で英国を英国病から救い、チャーチル、ロイド・ジョージと並ぶ、英国初の女性首相となったサッチャーの好んだ言葉は、才能、勤勉、目的、本気、真剣、構想、決断、などだ。女には首相はつとまらないとの当初の批判もあったが、「家庭の問題を理解できる女性ならば、国家を運営する問題をより理解できる」と考え実行したサッチャーの勝利となった。『サッチャー回顧録』には、圧巻の迫力で危機に敢然と立ち向かう、凜々しく品格のあるレディの姿がある。サッチャーはまさに信念の政治家だった。

アイゼンハワー

指揮官はまず楽観的であることが重要である。指揮に自信と情熱と楽観の匂いがなければ、勝利はおぼつかない。

1890.10.14 〜 1969.3.28

アメリカの軍人、政治家。連合国遠征軍最高司令官、陸軍参謀総長、NATO軍最高司令官、第34代大統領を歴任した。

アイゼンハワー一家は貧しかったが、「努力しなければ何も得られない」を信条にする母親は、「溺れたくなければ泳ぎなさい」というような示唆に富む言葉で息子たちを厳しく教育した。

3人の師との出会いが凡人であったアイゼンハワーを変えた。フォックス・コナー少将からは古典の勉強を教わる。反面教師でもあったマッカーサー参謀総長からは信頼する部下にすべてを任せるやり方を学ぶ。マーシャル陸軍参謀総長からも影響を受けている。そして1953年にはアメリカ大統領に就任。2期18年間の副大統領はニクソンである。「物腰は優雅に、行動は力強く」をモットーとしたアイゼンハワーは、アメリカ国民からアイク（Ike）の愛称で親しまれていた。

1957年の岸信介首相のアメリ初訪米では、アイゼンハワーはゴルフを岸と楽しんだ。「大統領になると嫌なやつともテーブルを囲まねばならないが、ゴルフは好きなやつとしかできない」と語り信頼関係を築いた。1960年の来日計画は日米安保反対闘争の東大生・樺美智子の圧死によって中止された。

偉大なる凡人・アイゼンハワーは常に笑顔であった。リーダーには、彼の心を消耗させる悲観的な報告が部下から間断なく次々と届く。その重圧は胸に突き刺さる。強固であったはずの自信は揺らぎがちだ。しかし「決断とは、目的を見失わない決心の維持にほかならない」というように、指揮官たるリーダーは揺るぎない自信と勝利への強い情熱と、戦況を大局的にそして楽観的に観る態度を失ってはならない。それをアイゼンハワーは教えてくれる。アイゼンハワーの記念館は彼が成長したカンザス州アビリーンにある。

10月15日

渡部昇一（わたなべ・しょういち）

儒教の教えでも仏教の教えでも神道の教えでも何だって構わない。あらゆるものが磨き砂になるんだ。

日本の英語学者、評論家。上智大学名誉教授。専攻は英語文法史。

1930.10.15 〜 2017.4.17

渡部昇一先生の本は１９７６年のベストセラー『知的生活の方法』（講談社現代新書）以来、翻訳もの、歴史もの、時事ものなど、ずっと読み続けてきた。またビジネスマン時代には韓国での先生の講演にアテンドしたこともある。空の上から富士山を見て喜んでおられたことを思いだした。ソウルでは天気がよかったが「ソウルの秋」という言葉があるとおっしゃっていたことを思い出す。

20代から始めた著作は、生涯に６５０冊を超える。代表作は『知的生活の方法』。50年以上コンスタントに売れており総販売部数は累計で２４００万部になる。定年前の65歳で上智大学を退職したのだが、それ以降の方が刊行数が多い。手書きと口述筆記で量産している。「インディペンデント」という言葉にこだわっている。それは稼がなくても食えるという意味。１８０坪の土地、そのうち書庫は１００坪。喜寿の77歳で2億円の借金をして巨大な書庫をつくり全蔵書を書棚に飾っている。音楽家となった娘や息子の高額な楽器を買うために若い頃から借金生活だった。

「私としても、恥など多くてもかまわないから、95歳以上は生きたいと思っている」

「この先やることが何も思い浮かばない人は、仏教に手を出すのも一つの道だと思うのだ」
「時間は20歳の時には時速20キロで流れ、60歳では時速60キロで流れると感じられると考えればいいだろう」
「ある国を知るひとつの方法は、その国でどんな本がベストセラーになっているかを見ることだと思う」
「人の上に立つ人間ほど、朗らかで大らかで、寛容でなければならないと思う」

文科系は蓄積であり、高齢者に適しているのは、修養、人間学がいいと言う。私の人物記念館の旅も、その線上にあると思う。

向上心が高く、そして何より素直な人だと思う。人がいいといいものは何でも試してみている。健康についても関心が強く、あらゆるものに手を出している。また先人のいうことには素直に従ってみている。この人が、米寿、卒寿、白寿と年齢を重ねて、その都度何を言うか、楽しみにしていたのだが、86歳で永眠された。

冒頭の言葉にあるように、どういう分野でもいいから深入りすることだ、それが磨き砂になって、人は成長する。

10月16日

オスカー・ワイルド

落款主義者はドーナツを見るが、悲観主義者はドーナツの穴を見る。

1854.10.16 〜 1900.11.30

オスカー・フィンガル・オフラハティ・ウィルス・ワイルドは、アイルランド出身の詩人、作家、劇作家。

ワイルドは若い時代から華々しい才気と派手な振る舞いで、ダンディの典型といわれた。当意即妙の洒落と警句にあふれる喜劇は成功した。また、座談と講演の名人でもあった。

１８８８年に息子達のために書いた『幸福な王子』は、ワイルドの人生観を寓意的に反映し、奇想天外な比喩、色彩と音楽性に富む文章であった。

１８９１年のゴシック風のメロドラマ『ドリアン・グレイの肖像』の序文では「書物に道徳的も不道徳もない。よく書けているか否かっただけが問題なのだ」と主張し、当時は非難されている。

同性愛をとがめられ2年間の投獄、破産。服役後は世間から見放された。46歳で脳髄膜炎で死亡する。葬儀は淋しいものだった。

オスカー・ワイルドの文業と生き様は、日本でも森鴎外、夏目漱石、芥川龍之介、谷崎潤一郎らに影響を与えた。「生きるとは、この世でいちばん稀なことだ。たいていの人は、ただ存在しているだけだ」

「一貫性というのは、想像力を欠いた人間の最後のよりどころである」

「ほとんどの人々は他の人々である。彼らの思考は誰かの意見、彼らの人生は模倣、そして彼らの除熱は引用である」

「男は最初の恋人になりたがるが、女は最後の恋人になりたがる」

「誰でも友人の悩みには共感を寄せることができる。しかし友人の成功に共感を寄せるには優れた資質が必要だ」

アランは「悲観主義は気分によるものであり、楽観主義は意志によるものである」と言った。ワイルドと同じイギリスの名宰相チャーチルは「悲観主義者はあらゆる機会の中に問題を見出す。楽観主義者はあらゆる問題の中に機会を見出す」と言う。ワイルドの冒頭の言葉は、楽観主義者と悲観主義者の見る目を教えてくれる。問題の中に機会を見いだし、その機会の中に次の問題を見いだすという連鎖が成功を生むのだから、気分を意志で克服し、楽観的に構想し、悲観的に準備し、そして楽観的に始めよう。

10月17日

益田孝（ますだ・たかし）

眼前の利に迷い、永遠の利を忘れるごときことなく、遠大な希望を抱かれることを望む。

日本の実業家。三井物産初代社長。男爵。佐渡出身。函館、江戸で少年期を送り、ヘボン塾などで英語を学ぶ。幕府の通訳となり、1863年に使節団の一員として渡欧。大蔵省入り造幣権頭となるが、井上馨とともに退官。世界初の総合商社・三井物産の設立に関わり、1876年に29歳で初代社長となった。わずか17人のベンチャー企業としての出発であり三井は資本を出さず、債務保証というスタートだった。1909年には三井合名を設立し理事長として財閥体制を確立した。

1914年の退任後は小田原に隠棲。茶人として鈍翁と号し、茶人、茶器の美術品収集家として名を残している。90歳という長寿であった。

嘉永元.10.17（1848.11.12）～1938.12.28

「貿易というものは、自国の物を外国に売り、外国の物を自国に買うのではまだまだである。外国の物を買って外国に売るのでなければ、本当の外国貿易とは言えない」

三井物産という社名の「物産」とは、物を産すという意味である。英語名のMITUI&CO.は「三井と仲間たち」を意味している。また日本経済新聞の前身である中外物価新報を創刊した。これは世界の物価や世界の動向を伝えるためであり、経営における情報の価値を知っていた。「永遠の利と遠大な希望」という益田孝の志が現在に続く総合商社の雄と経済新聞という分野を創ったのである。また、益田は退任後は茶人として大師会・光悦会などの大茶会を催すなど茶道復興に大きく寄与している。茶道具をはじめ、仏教美術・古筆などの蒐集や、懐石研究でも知られ、「千利休以来の大茶人」といわれるなど数奇者として名高い。太平洋戦争末期に米軍が小田原を空襲しなかったのは早雲台益田邸の美術品の価値を知っていたからともいわれている。

66歳までの実業の世界と、その後の24年間の数奇者としての時代、その両方を究めた生き方と人生観に興味を覚える。

10月18日

アンリ・ベルクソン

生存するということは変化することであり、変化するということは経験を積むことであり、経験を積むということはかぎりなく己れ自身を創造していくことである。

1859.10.18〜1941.1.4

フランスの哲学者。

1927年にノーベル文学賞を受賞。20世紀半のフランスの知的世界の中心人物。

「どこまで行けるか、確かめる方法は唯一つ。すぐにでも出発して、歩き始めることだ」

「持続とは変化を続けることである。変化とは自己の中に『非自己』を取り込むことである」

すぐに始めること、経験を積むこと、それを続けること、そして変化を持続すること、それが自分を創造することだ。この哲学者の人間観には賛成だ。人間とは進化を重ねる者であり、自分自身を創造する者である。

10月19日

高橋荒太郎（たかはし・あらたろう）

私は機会があれば何度でも経営方針を話します。なぜなら経営方針というものは、一度聞いただけではわからず、何回も何十回も聞いて分かるからです。

1903.10.19～2003.4.18

昭和時代の経営者。

小学校卒業後、商店で丁稚として働きながら神戸商業補習学校を卒業。朝日乾電池にはいり、常務。業務提携先の松下電器（現パナソニック）に途中入社し、専務、副社長をへて、会長。松下幸之助の片腕として、フィリップス社との提携、経営管理体制の整備につとめた。

戦後のベンチャーから始まり、日本を代表する大企業となったリーダーには彼を支えるサブリーダーがいた。例えばソニーの創業者である井深大には盛田昭夫がいた。本田技研工業の創業者、本田宗一郎には藤沢武夫がいた。同じように松下幸之助には高橋荒太郎がいたのである。

高橋荒太郎が言うように、リーダーは、方針について常に同じ話を繰り返し語り続けねばならない。繰り返し聞きながら、少しづつ理解が増していく。その都度、腑に落ちる部分が違う。自分の仕事や社会の動きの中で、自分の組織と自身の立ち位置が明らかになり、次第に確固たる信念として固まってくる。逆境を迎えた時、その確信がよりどころとなるのだ。「松下電器の大番頭」と呼ばれた高橋荒太郎は「会社を訪問したらトイレを見る。トイレが汚かったら、取引はしない」とも言う。そういった人柄に心酔する人は今も多い。

10月20日

河上肇（かわかみ・はじめ）

人はパンのみに生きるものに非ず、されどまたパンなくして生きるものに非ず。

1879.10.20〜1946.1.30

日本の経済学者。
美術人名辞典では「経済学者・社会思想家。山口県生。東大卒。ヨーロッパに留学中法学博士号を受け、帰国後京大教授となる。またマルクス主義の研究と紹介に努め、青年層に多大の影響を及ぼした。のち大山郁夫らと実践運動に入り新労農党を結成したが、理論的誤りを認め大山らと別れた。獄中生活の後、自叙伝等の執筆に専念した。昭和21年（１９４６）歿、68才」と人生を総括されているが、よく調べると河上肇の心の軌跡が滲んでいない感じがする。この人の人生こそ、波瀾万丈だった。

故郷の山口県岩国から上京し東京帝大に入学するが、東京における貧富の差にショックを受ける。足尾鉱毒事件の演説会で感激し、その場で外套、羽織、襟巻きを寄付し話題になる。帝大卒業後は経済学によって人々の幸福に貢献しようと考える。京都帝大教授時代に書いた『貧乏物語』がベストセラーになる。河上のマルクス主義解釈の批判を受けてそれを認める自己批判を行い発憤して『資本論』などの翻訳をすすめる。京都帝大を辞職し労働農民党の結成に参加するが、批判し決別。その後、共産党に入党。１９３３年に治安維持法違反で検挙され、獄中で転向を発表。出所後は『自叙伝』を執筆。終戦後、活動への復帰を予定したが体調不良のため果たせなかった。戒名は天心院精進日肇居士だった。日々の精進と名文家であった河上肇の人柄を彷彿とさせる。

1907年には沖縄における舌禍事件があった。河上は沖縄の独自性を発揮せよとの論陣を張ったが、日本本土との画一化を志向する当時の沖縄のリーダーたちには響かなかった。

人道主義的情熱が強く感激グセのあった河上肇の人生は傾倒と批判と自己批判の連続であり、紆余曲折とアップダウンがまことに激しいが、「貧乏」を無くそうという志は一貫していたことがうかがえる。その思想遍歴の支えは、宗教的真理を信じることと社会科学としてのマルクス主義であった。河上自身も「辿りつつふりかへりみれば山川を越えては越えてきつるものかな」という歌を詠んでいる。

『貧乏物語』では石川啄木の「働けど働けどわが暮らし楽にならず、じっと手を見る」を引用し格差社会の改革を貧困側から描き、格差を解消すべきとした。冒頭の「人はパンのみに生きるものに非ず」は広く人口に膾炙したが、続く「されどまたパンなくして人は生きるものに非ず」との対であったことを忘れてはならない。人の世のこの真実を念頭に生きていかねばならない。

10月21日

江戸川乱歩（えどがわ・らんぽ）

運命の鬼は、甘い獲物を与えて、人の心を試すのだ。そして、ちょっとでも心に隙があったなら、大きな真っ黒な口を開いて、ガブリと人を呑んでしまうのだ。

1894.10.21 〜 1965.7.28

大正から昭和期にかけて主に推理小説を得意とした小説家・推理作家。戦後は推理小説専門の評論家としても健筆を揮った。日本推理作家協会初代理事長。探偵小説『怪人二十面相』、評論『幻影城』など。

中学卒業の年に父が破産し、単身上京。苦学しながら早大政経学部を卒業後は貿易会社社員や古本屋、支那ソバ屋など職業を転々。ペンネーム（江戸川乱歩）はアメリカの作家、エドガー・アラン・ポーに因んでいる。ダーク・ロマンチシズムのアメリカのエドガー・アラン・ポーは、アメリカにおいて文筆だけで身を立てようとした最初の著名な作家であった。

「ぼっ、ぼっ、ぼくらは少年探偵団……」で始まる、子供の頃に聞いたラジオドラマ「少年探偵団」の作者が乱歩であった。名探偵明智小五郎が主役の探偵小説には高い人気があった。『D坂の殺人事件』のD坂（千駄木の団子坂）には、ファンの店主が開いた「乱歩」という名前の喫茶店もあるという。

「探偵小説家たるものは日々夜々、ただもう、如何にして前人未到の大構想を構想すべきかに、心を砕きます」という乱歩は実際に探偵として探偵事務所に勤務していた経歴も持っている。

生涯引っ越した数は46回といわれているが、終の棲家となった池袋の旧・江戸川乱歩邸は、今では立教大学江戸川乱歩記念大衆文化研究センターになっている。2階建ての土蔵が厖大な蔵書をおさめる書庫になっている。

「うつしよは夢、夜の夢こそまこと」と、色紙や短冊への揮毫によく書いた乱歩の作品には、衆道の少年愛・少女愛、男装・女装、人形愛、草双紙、サディズムやグロテスク、残虐趣味などが織り込まれている。

乱歩には休筆期間が多い。「大正十四年に専業作家になってから現在まで満三十一年余だが、そのうち十七年休筆していたのだから、正味十四年あまりしか働いていない勘定になる。書いているより休んでいる方が多かったのである」。と語るように、作品に満足できず休筆宣言をし、各地を放浪した。長編小説を書くにあたって大まかなプロットを書く作家が多いが、この作家は場当たり的に執筆し、途中でストーリーが行き詰まり、途方にくれることもあったそうだ。

「探偵小説界に一人の芭蕉出でよ」という乱歩は、新人発掘にも熱心で、知り合った横溝正史に上京を促し二人で探偵小説の時代を築いていく。そして高木彬光、筒井康隆、大薮春彦などを育てている。日本探偵作家クラブ（後の日本推理作家協会）の創立と財団法人化に尽力し、寄付した私財１０００万円の使途として１９５５年に江戸川乱歩賞が制定され、第3回より長編推理小説の公募賞となる。２０１７年現在まで63回で、森村誠一、東野圭吾、桐野夏生などが受賞している。晩年には大乱歩と「大」という尊称をつけて呼ばれるようになった。文学者で「大」がつくのは大谷崎こと谷崎潤一郎くらいだろう。

さて、冒頭の運命をめぐる警句には凄みがある。得意の絶頂にあるときこそ、危険などん底の割れ目に落ちる危険が待ち構えている。その鬼に呑まれた屍を私たちは人の世に無数にみることができる。

10月22日

清水達夫（しみず・たつお）

みんなが賛成するのは危険だ。それは新しくない。みんなが反対するから新しいのだ。

1913.10.22 ～ 1992.12.28

東京府出身の編集者。マガジンハウス創業者。

立教大学予科で学生劇団や同人誌に参加。電通に入社してからは『宣傳』誌を編集したが、のち左遷されたので退職し、大政翼賛会宣伝部に入る。そこで知り合った岩堀喜之助と１９４５年、凡人社を創立。『平凡』誌を創刊する。次いで『週刊平凡』『平凡パンチ』『anan』を創刊し、戦後を代表する大雑誌に育て上げて、清水は雑誌の神様と呼ばれた。

新雑誌創刊によって「社会の文化の質や構造、大衆の生活内容まで作りかえてしまう」、マーケティングよりは「身近な誰かをモニターにする」「雑誌は表紙だ」など、のちに雑誌などの常識になっていくことを天才・清水達夫は打ち出していく。

雑多な情報を一つの体系的にまとめているから雑誌と呼ばれるから、雑然とした編集に陥りがちな雑誌の世界であるが、新雑誌を明快なコンセプトで未開のマーケットに打ち込んで成功させ、雑誌の王国を創りあげた。

平凡社から社名変更をしたマガジンハウスとはＪＡＬの広報担当として木滑良久、石川次郎と続く編集人脈が主導した『ポパイ』（都会型の若者に焦点を絞った20代のメンズファッション雑誌）、『ブルータス』（徹底的な特集主義で読者の興味を引くものの入り口を探す）、『ターザン』（カラダづくりの教本！　快適なライフスタイルの追求雑誌）などの雑誌で縁があった。コンセプト、読者ターゲット、斬新な企画などに感心しながらつきあったことを思い出す。

清水は清水凡亭という俳号を持つ俳人でもあり、１９５１年から「淡淡」という句誌を主宰していた。１９９１年には私設の俳句美術館を滋賀県大津市に開設している。大津には松尾芭蕉の墓所や句碑があることで有名な「義仲寺」がある。俳句と美術を組み合わせたのも新しい。生き生きとしたキャッチコピーはマガジンハウスの特徴だが、それは清水が俳人であったことも関係しているのではないだろうか。

驚きの提供、ワクワク感、常識破り、企画の切れ味、時代の波がしらの投影……。まさに雑誌は新しさが勝負であり、企画編集には革新的な若い感性が不可欠だ。その精神を「みんなが反対するから新しいのだ」と名編集者は喝破したのだ。

10月23日

土井晩翠（どい・ばんすい）

天上影は替らねど
栄枯は移る世の姿
写さんとてか今もなほ
嗚呼荒城のよはの月

日本の詩人、英文学者。

明治4.10.23（1871.12.5）〜1952.10.19

質屋という商売には学問は要らぬという祖父から進学を止められた晩翠は、日本最初の和英辞典をつくった斉藤秀三郎の仙台英語塾に入る。その後、第二高等学校から東京帝大文学部にすすむ。30歳で故郷に帰った晩翠はその後3年間のヨーロッパ留学期間を除き、仙台で生活をする。64歳で定年になるまで続けた第二高等学校での優れた教師としての仕事と、影響力のある著作の執筆

にその生涯を費やした。1949年には仙台名誉市民、1950年には詩人として初めての文化勲章を受章している。2005年に晩翠草堂を訪れたとき、仙台には晩翠の教え子たちで構成された晩翠会という会がまだ健在であると聞いて驚いた。事務局は仙台近代文学館にあるとのことだ。

晩翠草堂に掲げてある写真の中で、もっとも惹かれたのは「晩翠と教え子たち（二高教室にて）」という写真だ。壮年の晩翠を真中に50名ほどの高等学校生が笑顔で取り囲んでいる。敬愛された素晴らしい先生であったことをうかがわせる写真である。「教師・土井晩翠（吉岡一男）」というエッセーには「全国から来る学生の面倒を見たり、卒業してからの相談にのるなど学校内外でも尊敬される先生でした」、「人生を教えてくれる名物先生でした」とある。晩翠の自宅は太平洋戦争の空襲で3万冊の蔵書とともに焼けてしまった。それを見かねた弟子たちがお金を集めてつくってくれたという曰くつきの家だ。今日の晩翠草堂である。

晩翠草堂には二部屋あり、ベッドのある寝室には「酒という文字を見るさえうれしきに　のめといふ人　神か

仏か（読み人知らず）」という自ら書いた書があった。酒好きだったのだろうと親しみを覚えた。築館出身の白鳥省吾の書いた額が飾ってあり晩翠に「詩聖」という言葉を贈っている。晩翠は求めに応じて２００以上の校歌の作詞もしている。昭和35年からは、晩翠賞と児童賞（東北６県）が続いている。

ガイドのおじさんは的確な知識とあふれる熱意で説明してくれて感心したが、この草堂は仙台市の持ち物でもあり、「窓口サービスアンケート」の結果を張り出してあった。５点満点で４・８７という高得点であり、そうだろうと納得した。

晩翠には第一詩集『天地有情』、『曙光』、『暁鐘』、『那破翁』、『東海遊子吟』などの優れた作品がある。一番なじみが深いのは「荒城の月」の作詞だろうか。その４番を自分なりに訳してみよう。

「空の月は永遠にかわることなく存在している。栄枯は盛衰するという人の世の姿。月はそれが真の人の世の姿であると示そうとしているのであろうか。今は荒れ果てた城には栄えた時代の光はなく、ただ夜半の月だけがみえる」

10月24日

渡辺淳一（わたなべ・じゅんいち）

鈍さも見方を変えれば才能で、それこそが誠実や、一途さ、信念といったものを生み出す原動力となるはずである。

1933.10.24 〜 2014.4.30

日本の作家。

渡辺淳一が65歳のときに建てられた札幌・中島公園の近くにエリエールスクエア札幌「渡辺淳一文学館」は２００９年に訪ねている。１階の書棚が司馬遼太郎記念館に似ていると思ったら、やはり設計・デザインは同じ安藤忠雄だった。１９６９年から２００８年までの39年間で著書は１３９冊。年間3冊から4冊ずつ、たゆまず生み続けていることになる。『ひとひらの雪』、『化身』、『失楽園』、『愛の流刑地』などのベストセラーや話題作が途切れることなく出ているのは凄い。テーマは、恋愛。男女の愛。愛と性。

先輩の伊藤整から「君ね、できたら一度でいいから、ベストセラー作家になりなさい。ベストセラーを出すと人が寄ってきて、『書いてくれ、書いてくれ』とせかされ、追われて、そこで初めて隠れていた自分の能力を引き出される。ベストセラーを出した人間とその経験のない人間では力のつき方が違う」「だから、一度はスターに、時代の寵児になりなさい」と言われた。「これ（『ひとひらの雪』）を書いていて間違いない。男女ものでいいんだ。生涯これを書いていこう」と確信したのです。ちょうど50歳目前のときだった。

「たとえ才能が貧しくても、それを乱費せず、実感をベースに、自分がのめりこんでいけるものだけを書いていこうと」

「日々、締め切りに追われて、気がついたらここまできていた、というのが本音である」

『渡辺淳一の世界2　1998—2008　失楽園から鈍感力まで』（集英社）を読む。

「前夜酒を飲んでも、朝早く起きて原稿を書き始めます。厚めの原稿用紙と鉛筆と消しゴムを使って、行きつ戻りつしながら書くのが男女ものに合うのです。」

私がまだ20代で北海道にいた頃、講演会を企画したことがある。渡辺淳一の名前を出したら交渉役になってしまい、何度か接触した縁もある、この作家の『鈍感力』（集英社）を２００７年に読んだ。この小説家は男女の機微を描いた作品が多くファンも多いが、今回のタイトルはいつもの小説のニュアンスとは違うので、不思議に思っていた。妻がこの本を買ってきて読んだあと、「どんな本なんだ？」という私の問いかけに「そうねえ。女性の鈍感力以外のところは、お父さん（最近はそう呼ばれている）のことを書いているようです」との答えだったことを思い出した。「鈍感力」でゆこう！

10月25日

花森安治（はなもり・やすじ）

美しいものは、いつの世でもお金やヒマとは関係がない。みがかれた感覚と、まいにちの暮らしへの、しっかりした眼と、そして絶えず努力する手だけが、一番うつくしいものを、いつも作り上げる。

1911.10.25 〜 1978.1.14

日本の編集者、グラフィックデザイナー、ジャーナリスト、コピーライター。

世田谷美術館で開催中の「花森安治の仕事　デザインする手、編集長の眼」をみてきた。２０１６年のＮＨＫ連続テレビ小説「とと姉ちゃん」で唐沢寿明が演じた花森安治は、『暮らしの手帖』という前代未聞の雑誌を成功させ、戦後の日本女性の暮らしを変えた。花森は、絵も写真も文章も達人で、挿絵も挿画もレイアウトも、すべて超一流だった。創刊号以来、この雑誌の表紙は１５３号まで、パステル画、油絵、水彩画、写真などですべて手がけた。『暮らしの手帖』の取り上げたテーマは多岐にわたっている。アイロン、鉛筆、カメラ、クレパス、マッチ、ミシン、やかん、洋服ブラシ、扇風機、中性洗剤、電気あんか、石油ストーブ、くず箱……。主婦の立場に立った「商品テスト」が特色である。創刊以来、広告を一切入れず、やがて発行１００万部に迫るまで成長した。

おかっぱ頭を貫き、毎日新聞の新春企画で大石ヨシエ代議士が花森と対談して、最後まで女だと思いこみ、意気投合して、「おたがい、女性のためにがんばりましょう」と握手までして帰った、というエピソードも残している。

二等兵としての満州体験、その後の20代後半から30代前半にかけての大政翼賛会実践局宣伝部、文化動員部副部長としての仕事ぶりについては語ることがなかった。

「仕事のできる目立つ」「なにをやらしても、できる」「朝から晩まで、仕事してる」人であった。戦時中の「欲しがりません、勝つまでは」「買はないで、すませる工夫」「この一戦、何がなんでもやり抜くぞ」「家庭も小さな鉱山だ　鉄・銅製品を総動員！」などの宣伝物は花森がつくったのではないか。そういった体験と反省を踏まえて、贖罪の意味もあり、戦後は『暮らしの手帖』に没頭したのではないだろうか。

　辛口評論の大宅壮一が「文春の池島新平、暮らしの手帖の花森安治、朝日の扇谷正造」を戦後マスコミの三羽がらすと評していた編集の名人だった。自身はアーチスト（芸術家）ではなく、アルチザン（職人）と考えていた。アーチストは自由であるが、アルチザンには目的がある。

　国家の起こした戦争のために優れた能力を酷使した花森安治は、戦後の民主主義の世の中では、市井の人々の「暮らし」の向上のために、持てる能力と技術を余すところなく燃焼させた。「しっかりした眼と努力する手」とは、花森自身とそのチームの眼と手、そして女性読者の眼と手であろう。それらがもっとも大事な「暮らし」の美しさをつくりあげるのだ。

10月26日

ミッテラン

あらゆる権力に、対抗勢力が必要だ。

1916.10.26～1996.1.8

フランソワ・モリス・アドリヤン・マリー・ミッテランは、フランスの政治家。社会党所属（第一書記）。第21代大統領（第五共和政）を2期14年にわたって務めた。

ミッテランは１９６５年のド・ゴール、１９７４年のカール・デスタンとの大統領選に敗れたが、１９８１年にはジスカール・デスタンを破り、大統領に就任し、社会主義政策を実行した。１９８８年の大統領選ではシラクを下し再選を果たし、１９９５年5月、2期14年の任期を終えた。死刑廃止、生活保護費・年金の充実、週39時間労働制などの政策への評価が高い。この間、ドイツのコール首相とともに、欧州連合とユーロの創設を提唱した。戦後の大統領では、国民からド・ゴールに続く高い評価を受けている。

多くの愛人がいると噂されたが、１９８１年の大統領就任直後には記者から婚外子の娘について質問されたとき、「Et alors ?」（「エ・アロール それが何か？」という意味のフランス語）と切り返したことは有名だ。フランス国民はむしろ好意的に受け取ったという。

「よく知っていることしか話さないように心がけるべきだ」

「政治とは本来、科学に仕え、哲学を謙虚に具現するだけのものだ。そして政治が、大自然の智恵や人々の日々の営みを忘れ去った時、それはもう一本の切り花にすぎない。切り花はすぐに枯れる」と言うミッテランは人々の日々の暮らしを忘れたとき、根を持たない切り花となって、政治はすぐに枯れると洞察し、そして冒頭の言葉のように権力についても鋭く真実を言いあてる。

資本主義には革命を主張する共産主義、企業経営には強い労働組合、政治には批判的なマスコミ、そして与党には強力な野党、大統領や首相などのトップにはその座を脅かす対抗馬が必要だ。あらゆる権力は敵対する勢力が弱ければ、緊張感が欠けて、必ず堕落し、腐敗するからだ。

10月27日

ジェームズ・クック

これまでの誰よりも遠くへ、それどころか、人間が行ける果てまで私は行きたい。

1728.10.27 〜 1779.2.14

イギリスの海軍士官、海洋探検家、海図製作者。通称キャプテン・クック。

(When someone tells you no, that is just the beginning. The art of overcoming the word no is something you must master.)

クックは一介の水夫としてイギリス海軍に入るのだが、数々の業績をあげて、勅任艦長に昇進する。人生で3回の太平洋への大航海を行なった。1回目では史上初めて壊血病による死者を出さずに世界周航を成し遂げた。柑橘類やザワークラウトなどを食べるように部下に促したことがその奇跡を生んだ。2回目はオーストラリア東海岸に到達、ハワイ諸島を発見し、自筆原稿による世界周航の航海日誌を残し……ニューファンドランド島とニュージーランドの海図を作製した。第3回航海の途上、ハワイで客死した。

ニュージーランドのクック山やクック海峡、アラスカのクック湾など、クックを名祖とする地名は数多い。小惑星番号3061のクックや月の豊かの海にあるクレーターにもその名が付けられている。

「誰かに『ダメだ』と言われたとしても、それは最初の一歩にすぎない。習得しなければならないのは、その『ダメだ』と言うことばに打ち勝つことだ」というクックは、探検精神の持ち主であり、不撓不屈の人であった。

10月28日

嘉納治五郎（かのう・じごろう）

人に勝つより、自分に勝ちなさい。

万延元.10.28（1860.12.10）〜1938.5.4

日本の柔道家、教育者である。

柔道の創始者で、「体育、勝負、修心」を目的とした講道館の設立者。学習院では教頭をつとめるなど華族教育を行なった。第五高等学校校長、第一高等学校校長、そして東京高等師範学校校長を累計25年の長きにわたって務めており、教育界における人材輩出に大きな功績がある。日本体育協会を設立。

また、友人だったクーベルタン男爵から頼まれてアジア人初の国際オリンピック委員会委員として１９４０年のオリンピックの日本招致を成功させた。

しかし、嘉納は１９３８年5月4日、エジプト・カイロで開かれたＩＯＣ総会の帰り道、氷川丸の船中で肺炎にかかり、命を落とす。享年77歳。日中戦争の激化により政府が嘉納の死後わずか2カ月後に日本は決まっていたオリンピックの開催権を返上し、幻のオリンピックとなった。

意外なことに、嘉納は体が弱く子どもの頃には常に人の下風に立たざるをえないことで発奮し、心身の鍛錬で克服しようと柔術の世界に入っていく。そして様々の流派から学び、それらを総合して心技体を磨くという「柔道」を開発し、人を集め、道場を開き、形を整え、雑誌を発行し、会をつくって、柔道を世界的存在にした。

「自分は永年、高等師範学校長の職にあって、その職務上、道徳教育をもっとも大切に考えておった」

「道徳教育が人の一生の行動を支配する」

「師範教育についてのもっとも大切な点は、生徒をして教育の力の偉大なるものであるといいうことの信念を確立せしむることと、さらにこれを楽しましむることである」

「教育は、一人の人のなせることが、その一生の間にさえ何万人にもその力を及ぼし、さらに、その死後、百代ののちまでも、その力を及ぼすことが出来る」

「自分の成功は同時に、他人の成功をも助けて、その満足を得るのである、それが教育の愉しいことの一つである」

　講道館新館2階の資料室は柔道の誕生から世界200カ国に伝播するまでの歴史の資料が展示されている。殿堂には、柔道界を担った先達の写真と経歴が記してある。そして「師範室」は、柔道の父・嘉納治五郎の記念室である。慶応が先生と呼ぶのは福沢諭吉だけなのと同様に、ここでは師範と呼ぶのは嘉納治五郎だけのようだ。

　勝海舟が小石川の107畳の大道場ができたときに来賓として招かれ、嘉納の模範技を見て詠んだ言葉がある。

「無心而入自然之妙　無為而究変化之神」

　創設した宏文学院の関係者にも柔道の指導を始めているのだが、この名簿の二人目に周樹人の名前が見える。後の文豪・魯迅である。魯迅も嘉納の指導を受けたのだ。

　このビルの8階に道場での稽古を自由に見ることができる見学席があるので覗いてみた。日本人の指導者が外国人の団体を指導している。始める時に「嘉納師範に礼」ということろから始まる。また外国人に英語で指導していたり、かなりレベルの高い外国人同士で柔道の型を練習している風景もあった。

「教育のこと、天下にこれより偉いなるはなし。一人の徳教、広く万人に加わり、一世の化育、遠く百世に及ぶ。教育のこと、天下にこれより楽しきはなし。英才を陶鋳して兼ねて天下を善くす。その身、亡ぶといえども余薫とこしえに存す」

「柔道とは、心身の力を、最も有効に使用する道である。その修行は、攻撃防御の練習により、精神身体を鍛錬し、その道の真髄を、体得する事である。そして、是によって、己を完成し、世を補益するのが、柔道修行究極の目的である」

　嘉納治五郎は、柔術を柔道に昇華させ、その柔道が多くの俊秀を生み、それが世界に広がって、目の前の道場の光景になっている。。

「人に勝つより、自分に勝ちなさい」と教えた嘉納治五郎の人生と業績をみると、この人こそ、自分に勝った人だと思わざるを得ない。教育者・嘉納の教えがここに凝縮されている。

10月29日

井伊直弼（いい・なおすけ）

一期一会

文化12.10.29（1815.11.29）～1860.3.24

幕末の譜代大名。近江彦根藩の第15代藩主。幕末期の江戸幕府の大老。

直弼は17歳で３００俵のあてがい扶持をもらい北の御屋敷に住む。ここを埋木舎《うもれぎのや》と名付け、15年間の部屋住み時代を過ごす。この時代に、禅、居合い、兵学、茶道、国学、歌道、古学などの教養を積んだ。藩主の死去によって36歳で彦根藩主となり幕閣で頭角をあらわす。13代将軍家定の継嗣問題で幕府は揺れたが、１８５８年に直弼は大老に就任し家茂を将軍と決定し、勅許を得ないまま日米修好通商条約に調印し、反幕府運動を徹底的に弾圧する。大政委任を受けた幕府が「臨時の権道」をとるのは当然であり、「重罪は甘んじて我等一人に受候決意」だった。大雪の日、江戸城外の桜田門外で水戸浪士によって暗殺される。享年44。不忠の臣とも、開国の恩人ともいわれ、時代によって評価には振幅がある。井伊直弼の人生を眺めると「運命」という言葉が浮かんでくる。

「安政の大獄」を断行した非情の大老・井伊直弼は、明治維新の成立というその後の歴史の展開のなかで、悪役として描かれるが、家来たちからの信望、抜擢人事にみえる慧眼、芸術に対する深い理解、一人で罪をかぶる決意など、やはり尋常な人物ではない。

「井伊の赤鬼」と恐れられたし、明治政府からすれば大罪人ということになり厳しい評価にさらされているのだが、NHK大河ドラマの第一作「花の生涯」（尾上松緑主演）で描かれたように第一級の教養人であった。「一期一会」は井伊直弼の『茶湯一會集』の巻頭に出てくる井伊直弼の造語として知られているが、もともと千利休の弟子山上宗二の著書にあったものだ。それを井伊直弼は自分の茶道の心得とし、井伊の言葉が広まったと言われている。

世に埋もれている時期も、そして幕府の要職をつとめる時も、「人は上なるも下なるも楽しむ心がなくては一日も世を渡ることは難しい」という心持ちで過ごしたのである。「一生に一度」の決意でものごとに当たる心構えの井伊直弼は暗殺で斃れることはもとより覚悟の上であった。「一期一会」は厳しい言葉であると改めて思う。

10月30日

ドストエフスキー

他人のために自分を忘れること、そうすればその人たちはあなたを思い出してくれます。

フョードル・ミハイロヴィチ・ドストエフスキーは、ロシアの小説家・思想家である。レフ・トルストイ、イワン・ツルゲーネフと並び、19世紀後半のロシア小説を代表する文豪である。代表作は『罪と罰』、『白痴』、『悪霊』、『カラマーゾフの兄弟』など。世界中に愛読者がおり、文学者以外でもアインシュタイン、フロイト、マーラー等は、それぞれ大きな影響を受けている。日本では、江戸川乱歩、黒澤明、手塚治虫、村上春樹、三島由紀夫などに影響を与えており、北杜夫はドストエフスキーを世界最大の作家だと憧れていた。

ユリウス暦 10.30（1821.11.11）～ 1881.2.9

25歳、処女作『貧しき人々』が激賞されデビュー。28歳、空想的社会主義のサークルに参加したかどで死刑の宣告を受けるが、処刑直前に特赦を与えられシベリアに流刑。6年後の38歳で帰還。兄ミハイルと『時代』を創刊。『虐げられし人々』『死の家の記録』で文壇に復帰。45歳『罪と罰』、51歳『悪霊』、54歳『未成年』と意欲作を数年おきに刊行する。57歳、『カラマーゾフの兄弟』を発表するが、その数カ月後に亡くなった。著作は35篇。

ドストエフスキーが亡くなった59歳で人は何をしたかを調べてみた。コペルニクスが『天球の回転について』を執筆した。バッハが『ゴルトベルク変奏曲』を作曲した。カントが『純粋理性批判』を刊行した。ワシントンがアメリカ合衆国初代大統領に就任した。サドが『悪徳の栄え』を刊行した。日本人では、鴨長明が『方丈記』を執筆した。山本常朝が『葉隠』を完成した。島崎藤村が『夜明け前』を書き始める。

この世界的作家の著作では、『罪と罰』を大学生の時に読んだ。殺人を犯した大学生ラスコーリニコフが、娼婦ソーニャのキリスト的愛と献身によって再生していく感動的な物語で、ドストエフスキーの深い世界に触れた。

名声とは裏腹にドストエフスキーは賭博好きのため生涯を通じて貧乏であり、借金返済のため過密なスケジュールで小説を書くはめになった。名作『罪と罰』は口述筆記だった。速記係のアンナ・スニートキナは後に妻となった。

「家庭の不幸はどんなときでも、一つだけではすまないものである」とドストエフスキーはいう。確かに病気、貧乏、離婚、など不幸は一緒に訪れるから、始末が悪い。

ドストエフスキーは、自分を忘れて他の人のために尽くせ、そうすれば他人はお前に感謝するだろう、という。自分のためだけであると、人は頑張りがきかないらしい。他人のためという目的が入ると、最後までものごとを遂行する力が湧くのだ。

10月31日

蒋介石（しょう・かいせき）

他人のために自分を忘れること、そうすればその人たちはあなたを思い出してくれます。

1887.10.31 ～ 1975.4.5

中華民国の政治家、軍人。

１９２５年、孫文が死去。21歳年下の後継者の蒋介石は共産党の支援を受けて全国統一を視野に北伐を開始し、各地の軍閥を破り広州に広東政府を樹立し、国家元首の地位につく。しかし、国共内戦で毛沢東率いる中国共産党に敗れ、１９４９年より台湾に移る。大陸反攻が叶わず、台湾で、89歳で没した。

２００５年に青島《チンタオ》の蒋介石が住んだ洋館を訪ねたことがある。２０１０年に訪問した上海孫中山故居紀念館には孫文が可愛がった蒋介石の写真もあった。涼しい目とりりしい口もとが印象的だった。２０１４年に訪れた台湾の孫中正紀念堂は孫文の記念館なのだが、6mの巨大な蒋介石像は国父・孫文像よりも大きかった。１９４０年代に毛沢東を殺すチャンスはあったのだが、蒋介石は躊躇して実行できなかった。優柔不断で部下に仕事を任せられなかったという評価もある。

１９４５年8月15日の終戦の日に蒋介石が出した布告文が「仇に報いるに徳をもってせよ（以徳報怨）」であった。「我々は、敵国の無辜の人民に汚辱を加えてはならない。彼等がナチス軍閥に愚弄され、駆使された事に対し、むしろ憐憫の意を表し、錯誤と罪悪から自ら抜け出せる様にするのみである。銘記すべき事は、暴行を以って暴行に報い、侮辱を以って彼等の過った優越感に応えようとするならば、憎しみが憎しみに報い合う事となり、争いは永遠に留まる事が無いという事である。それは、我々の仁義の戦いが目指すところでは、決してないのである」

この儒教思想によって台湾は日本に対する賠償を放棄した。しかし、日本兵として戦って亡くなった当時の植民地の台湾の軍人8万人（戦死者3万人）・軍属軍夫13万人には、日本国籍を有しないという理由で遺族年金・軍人恩給等の「戦後補償」は行なわれていない。この点は深掘りしたい。

11月

霜月

中江兆民（なかえ・ちょうみん）

民主の主の字を解剖すれば、王の頭に釘を打つ。

弘化 4.11.1（1847.12.8）〜 1901.12.13

日本の思想家、ジャーナリスト。

土佐藩の留学生として長崎（坂本竜馬と出会う）、江戸でフランス学を学ぶ。1871年、司法省から留学生としてフランス留学。1874年帰国。東京外国語学校長、元老院権少書記官。1877年辞職。1881年西園寺公望らと「東洋自由新聞」を創刊（主筆）し自由民権論を唱え、ルソーの社会契約・人民主権論を『民約訳解』で紹介し「東洋のルソー」と呼ばれるなど、自由民権運動の理論的指導者となった。保安条例で東京追放の後は1888年以降、大阪の「東雲新聞」主筆として、普選論、部落解放論、明治憲法批判などを展開した。

「剣をふるって風を斬れば、剣がいかに鋭くても、ふうわりとした風はどうにもならない。私たちは風になろうではありませんか」

アバタ面で背は高くなかった。性格は豪放磊落で日常生活は無頓着であり、狂人や乞食、賭博の親分などと間違われたエピソードがあるなど、奇行が多かった。「秋水」とも名乗っていたが、この号は弟子の幸徳秋水（伝次郎）に譲り渡している。

「自由はとるべきものなり、もらうべき品にあらず」と自由の本義を語る兆民は、民が王の頭に釘を打つのが民主であると喝破した。冒頭の言葉はリズムがよく覚えやすい。

11月2日

岸田國士（きしだ・くにお）

一人では何も出来ぬ。だが、まず誰かがはじめねばならぬ。

1890.11.2 ～ 1954.3.5

日本の劇作家・小説家・評論家・翻訳家・演出家。

陸軍士官学校に入るが、反発して退役し、東京帝大仏文科に学ぶ。演劇研究のために渡仏。在来の新劇運動を批判しフランスで学んだ演劇観を日本の土壌に移植することを志す。１９３２年、築地座を指導。１９３７年、久保田万太郎らと文学座を創設。第二次大戦中は大政翼賛会文化部長。公職追放を経て、戦後には芸術家集団「雲の会」を結成し幅広い運動を展開する。１９５４年、文学座の上演「どん底」（原作マクシム・ゴーリキー）の演出に携わっていたが、舞台稽古中に脳卒中に襲われ病院に運ばれたが翌日死去。63歳。文字通り「演劇」に殉じた人生だった。芸術派運動の理論的指導者としての功績は大きく、新潮社は「岸田演劇賞」を創設し、新人劇作家の登竜門となっている。

長女は詩人岸田衿子、次女は女優の岸田今日子で、この劇作家の血を引いて活躍している。

岸田国士はペンを武器に演劇の世界を変えようとした。冒頭に掲げた言葉の「始める誰か」は岸田自身だった。なにごとも自分から始めたい。そこに人生の栄光がある。

武田信玄（たけだ・しんげん）

一日ひとつずつの教訓を聞いていったとしても、ひと月で三十カ条になるのだ。これを一年にすれば三百六十カ条ものことを知ることになるのではないか。

大永元.11.3（1521.12.1）～1573.5.13

戦国時代の武将、甲斐の守護大名・戦国大名。

越後国の上杉謙信と五次にわたると言われる川中島の戦いで抗争しつつ信濃をほぼ領国化し、甲斐本国に加え信濃、駿河、西上野、遠江、三河と美濃の一部を領し、領国を拡大したものの、西上作戦の途上に三河で病を発し、信濃で病没した。

希代の名将であり、また信玄堤をつくるなど領国経営の達人でもあった信玄には、人心を集めるにあたっての名言が多い。「人は濠《ほり》、人は石垣、人は城、情けは味方、仇《あだ》は敵なり」「四十歳より内は勝つように、四十歳よりは後は負けざるように」「戦での勝ちは、五分をもって上とし、七分を中、十分をもって下とする」「いくら厳しい規則を作って、家臣に強制しても、大将がわがままなる振る舞いをしていたのでは、規則などあってなきがごとしである。人に規則を守らせるには、まず自身の言動を反省し、非があれば直ちに改める姿勢を強く持たねばならない」。こういう言葉を眺めていると、武田信玄は、相当な人間通であったと思わざるを得ない。

軍師・山本勘助が書き、信玄自らが加筆して成立した心得集で、若い武士を対象とした日常生活の心得や守るべき常識を平易に記した『武田家百目録』（甲府の武田神社で購入）などで、信玄の人生観はわかる。「朝の目覚めの方法。胸から臍の下まで3回なでおろし、臍下三寸の丹田をしっかりおさえてから起き上がれ」「寝床の上にあぐらを組み、その日の用事を心に描き、整理し、順序を立てて、寝床を出よ」「目の中はよく洗え」「寝る前に便所へ行って、その日一日の仕事の内容を書く印紙忘れていることは記録して枕元へ置き、翌日真っ先に区切りをつけよ」「晴れ晴れとした気持ちで丹田を押さえ気持ちを落ち着かせて寝る」「枕元に干し飯、金銭、梅干し、樫の棒、草鞋2足をそろえよ」「得意の仕事を申しつけよ」「身辺の出来事をむやみに語らず慎み深くせよ」「金を貸すときは助け与える気持ちで」「一歩一歩歩みを踏み固め、段々と稽古に励め」……。

そういった心得のなかでも私が気に入っているのは、1日1つを続ければ1年で365になるということの教訓である。ものごとは一気になるものではない。「一日一つ」ということの凄みを信玄はよく知っていたと思う。心したい名言だ。

11月4日

泉鏡花（いずみ・きょうか）

恨めしいって化けて出るのは田舎のお化けに限る。……江戸っ子の幽霊は、好いた奴の処のほか出やしない。

1873.11.4 〜 1939.9.7

日本の小説家。

金沢生まれ。1889年4月、友人の下宿において尾崎紅葉の『二人比丘尼　色懺悔』を読んで衝撃を受け、文学を志すようになる。上京し紅葉門下に入り、尾崎家にあって、原稿の整理や雑用にあたり、紅葉の信頼をかち得る。1900年に代表作『高野聖』を発表。江戸文芸の影響を深く受けた怪奇趣味とロマンティシズムあふれる幻想文学の先駆者である。1939年逝去。1999年生家跡に泉鏡花記念館が開館した。

生誕100年を記念して1973年に設けられた泉鏡花文学賞は、小説や戯曲などの単行本で「ロマンの薫り高い作品」が対象。以下受賞した人々。半村良、色川武大、唐十郎、澁澤龍彦、筒井康隆、宮脇俊三、倉橋由美子、吉本ばなな、山田詠美、村松友視、田辺聖子、久世光彦、丸谷才一、桐野夏生、小川洋子、横尾忠則、瀬戸内寂聴……。

「予は目撃せり。日本軍の中には赤十字の義務を完うして、敵より感謝状を送られたる国賊あり。しかれども敵愾心のために清国の病婦を捉えて犯し辱めたる愛国の車夫あり……」

「一草一木の裡、或は鬼神力宿り、或は観音力宿る」

「人間よくなるも悪くなるも一寸の間だ」

同郷・同窓・同門ではあるが紅葉にやや批判的であった徳田秋声とは、紅葉をめぐってトラブルも起こしているのも可笑しい。鏡花は紅葉の信奉者であった。

中島敦は「日本人に生れながら、あるいは日本語を解しながら、鏡花の作品を読まないのは、折角の日本人たる特権を抛棄しているようなものだ。ということである」と語っている。この言葉を読んで、特権を使わねばならないと改めて思った。

鏡花は「要するにお化けは私の感情の具現化だ」というのだが、お化けと幽霊の比較は面白い。「完全なる愛は『無我』のまたの名なり」ともいう鏡花の説によれば、お化けの恨みや幽霊の未練の両方とも「我」を忘れていないから、不完全な愛ということになるだろうか。

11月5日

入江泰吉（いりえ・たいきち）

花は究極の美。

1905.11.5 〜 1992.1.16

日本の写真家。

奈良市生まれ。画家を志すが断念するも、長兄からベスト・コダック・カメラを譲りうけ、写真に打ち込む。26歳、大阪で写真店「光芸社」を開業。文楽人形を撮影した「春の文楽」で世界移動写真展一等賞を受賞。文楽の写真家として活躍。40歳、疎開先から戻される東大寺法華堂四天王像を目撃し、アメリカに接収されるとの噂を聞き、写真に記録することを決意し、以後、奈良大和路の風景、仏像、行事等の撮影に専念する。『古色大和路』『万葉大和路』『花大和』で菊池寛賞を受賞。２００９年には平城遷都３００年記念・入江泰吉賞が設けられる。

全作品のフィルム８万点を奈良市に寄贈、１９９２年に「入江泰吉記念奈良市写真美術館」が奈良市高畑にオープンした。高畑の志賀直哉旧居の近くにある美しい写真美術館を２０１４年に訪ねた。

入江の風景写真はしっとりした情感がふれており、山本健吉は「ミスター・ウエット・イリエ」と評した。また薬師寺の高田好胤管長は入江の表現を「入江節」と呼んでいる。土門拳がシャッターを数多く切るのに対し、入江は納得のいくまで対象と対話し、「よし」と思ったときに、一度だけシャッターを切ったという。

53歳の初の本格写真集『大和路』以来、『仏像の表情』『お水取り』『古色大和路』『東大寺』『唐招提寺』『萬葉大和路』『阿修羅』『室生寺』『花大和』『仏像大和路』『四季大和路』『大和路有情』『万葉の花を訪ねて』『大和路巡礼』『新撰大和の仏像』『法隆寺』などの写真集が続々と刊行されている。まさに「大和」が入江のライフワークであった。

入江は、晩年は『万の花』シリーズの撮影に時間を費やしている。風景や背景の入った大和路の作品とは違って、万葉時代に咲いていた「花」という芸術の原点そのものの美に迫っていった。入江は「自然造形にこそ美の根源があり、そこから芸術が生まれ育ってきたのではないだろうか」と考えたのだ。『万葉の花』は最晩年に入江が辿りついた美の境地であった。

11月6日

川喜田半泥子（かわきた・はんでいし）

陶芸は余技だから売る必要がない。ゆえに自分の理想とするものを、他人のことなど気にせずに自由に自分の好きなように作ることができる。

1878.11.6 〜 1963.10.26

日本の陶芸家・実業家・政治家。

１９０３年に百五銀行の取締役に就任。１９１９年に第6代頭取となり、１９４５年2月まで頭取を務めた。彼の時代に百五銀行は三重県有数の金融機関に成長した。頭取以外にも、三重県財界の重鎮として活躍した。50歳を過ぎてから本格的に作陶する。自由奔放で破格な作風であった。

２０１０年に銀座松屋の「川喜田半泥子のすべて」展で名前だけは知っていたこの人物に触れた。「東の魯山人、西の半泥子」と並に称された一流の風流人。伊勢の豪商の家に生まれ、百五銀行頭取、地方議員などの要職をこなしつつ、書画、茶の湯、絵画、写真、建築、俳句と多芸ぶりを発揮する。とりわけ陶芸では破格の才を示し、自由奔放ななかにも雅趣に富む世界を創造、「昭和の光悦」と声価を高める。１８７８年生まれで、魯山人より5歳上、加藤唐九郎より20歳上。84歳まで風流の道に生きた。

36歳から号として用いた「半泥子」は、「半ば泥《なず》みて、半ば泥まず」という意味である。「半泥子は、なににでも没頭し、泥んこになってしまう。泥んこになりながら、冷静におのれを見つめることを忘れない。大胆なふるまいをし、ハメをはずしているようでも、芯となる風雅の要諦は、けっして踏みはずさない」（美術評論家・吉田耕三）

　無茶法師と名乗った連載随筆が本になっている。それが『泥仏堂日録』で、連載中から人気があった。この日録の冒頭には、「此の無茶法師無茶苦茶が、是から記される日記である。読む人こそ災難である」とあり、単行本になるときのあいさつでは「……それにしてもこれを読まされる方々こそお気の毒さまである」と書いている。人柄や処し方がわかる気がする。

　芸術は遊びであり、生活の手段ではない。本阿弥光悦も自分も同じ考えだと半泥子は言う。趣味と本業の関係をどうするかは、いつの世も難題である。趣味が本業となれば、自由は消える。半泥子は昼は本業の銀行業務に正攻法で精を出し、余暇を存分に使って余技の陶芸の世界を自由奔放に満喫している。半分どろんことという意味の半泥子という名はこの人の生き方そのものだ。

11月7日

久保田万太郎（くぼた・まんたろう）

湯豆腐や　いのちのはての　うすあかり

1889.11.7～1963.5.6

大正から昭和にかけて活躍した俳人、小説家、劇作家。生粋の浅草生まれの江戸っ子。慶応義塾予科時代に森鷗外や永井荷風に学び、運命が決まった。小説では伝統的な江戸言葉を駆使して滅びゆく下町の人情を描いた。

１９３４年４月、水原秋桜子や富安風生らによって「いとう句会」が発足、その宗匠として招かれ、死の年まで続けた。晩年には日本全国各地を旅して紀行を執筆する。

戦後に俳誌「春燈」を主宰し文人俳句の代表作家となる。

神田川祭の中をながれけり
竹馬やいろはにほへとちりぢりに
さびしさは木をつむあそびつもる雪
あきかぜのふきぬけゆくや人の中
水中花咲かせしまひし淋しさよ
時計屋の時計春の夜どれがほんと
あきくさをごつたにつかね供へけり
叱られて目をつぶる猫春隣

句碑も多い。

桑名「獺に燈をぬすまれて明易き」
浅草神社「竹馬やいろはにほへとちりぢりに」
駒形どぜうの庭「みこしまつのどぜう汁すすりけり」
慶應義塾大学構内「しぐるるや大講堂の赤煉瓦」

１９５７年に文化勲章を受章しており、同時に文化功労者にもなっている。

戸板康二『あの人この人　昭和人物誌』は、交流のあった人物のエピソードを語る名作である。この中に何度も久保田万太郎が脇役で登場する。以下、記してみる。

徳川夢声と同じく久保田万太郎もスキャンダルや猥談をしなかった。明治の人のたしなみだった。川口松太郎は10歳年長の久保田万太郎のいちばん古い弟子で師匠としていた。『久保田万太郎と私』は名著。

渋沢栄一の末子渋沢秀雄は田園調布の生みの親であるが、久保田万太郎を俳句の宗匠にして渋亭と号していた。渋亭が「俳句なんて一向に進歩しないものですね」と言うと、ニコリともせずに「いえ、あなたの俳句は退歩しております」といったという。秀雄はこの話を嬉しそうに話していたという。

「茶の間の会」という親しい後輩が集まる会の席上で、１９６２年の11月に銀座「辻留」での誕生会で「死後の著作権一切を、ぼくの慶応義塾に贈与する」とつげる。そして翌年5月に急逝。慶應義塾では「久保田万太郎記念講座」があり、内外の著名人を招いている。

晩年に酒を飲むと泣く癖があった。小泉信三が「君の作品は戦争中に書いたものにも嘘はない」というと、突然泣き出したと小泉は追悼文に書いている。

以上、久保田万太郎という人物が匂うようなエピソードだ。自身は俳句は余技だとして位置づけていたのだが、そもそも俳句という文芸は本来は本業の合間に親しむ余技なのではないか。冒頭の俳句は久保田万太郎の人生をうたった傑作だ。

11月8日

団藤重光（だんどう・しげみつ）

死刑の存続は一国の文化水準を占う目安である。

1913.11.8 ～ 2012.6.25

日本の法学者。東京大学名誉教授。1974～83年最高裁判所判事。1981年日本学士院会員。1987年勲一等旭日大綬章。1995年文化勲章。岡山県出身。

師の道義的責任論とその師の性格責任論を止揚して人格責任論を提唱するなど、戦前に新派と旧派に分かれていた刑法理論の止揚を目指し、発展的に解消、継承し、戦後刑法学の学説の基礎を築いた。

最高裁判事として強制採尿令状を提唱。大阪空港訴訟では深夜早朝の差し止め却下に対して反対意見を述べている。自白の証拠採否については共犯の自白も本人の自白と解すべきだという反対意見を述べた。学者時代は共謀共同正犯を否定していたが、実務家としては肯定説に立った。

もともとは死刑に賛成の立場であったが、ある裁判の陪席として出した死刑判決に疑念を持ったことから、その後は死刑廃止論者の代表的人物となった。退官後も死刑廃止運動などに関与した。

晩年にはイエズス会から洗礼を受ける。洗礼名はトマス・アクィナスだった。『神学大全』で知られる中世・イタリアのスコラ学の代表的神学者をもじった名である。団藤は老衰のため2012年に98歳で没している。

私も法学部だったので団藤「刑法」の教科書を読んでいたが、著書リストを眺めると、刑法学以外の『反骨のコツ』（朝日新書）が目に入った。典型的なエリート街道を走ってきた団藤は、実は反骨の人であったのだ。「人間の終期は天が決めることで人が決めてはならない」という団藤重光の死刑廃止論を改めて読みたい。

11月9日

ツルゲーネフ

時が過ぎるのが早いか遅いか、それに気づくこともないような時期に、人はとりわけ幸福なのである。

1818.11.9 〜 1883.9.3

19世紀ロシア文学を代表する文豪である。ロシア帝国の貴族。

25歳、ロシア公演に来たオペラ歌手ポリーヌ・ヴィアルド夫人に一目惚れし、彼女の住むパリで生涯の大半を過ごし、祖国ロシアと西欧を往復する。

ロシアの奴隷制を批判した『猟人日記』を始め、『余計者の日記』、『貴族の巣』、『処女地』などを発表し、社会論争を巻き起こす。理想主義的な父の世代と、唯物論的な子の世代の相克を描いた『父と子』(1862年)は、19世紀ロシア小説の最高傑作である。『初恋』(1860年)は自伝的作品。64歳で没。

ドストエフスキー、トルストイと並ぶこの文豪の作品は、日本ではいち早く二葉亭四迷によって翻訳・紹介され、特に国木田独歩や田山花袋らの自然主義に大きな影響を与えた。

「我われは泥にまみれて座っている。されど星を求めて手を伸ばす」

「疲れた人は、しばし路傍の草に腰を下ろして、道行く人を眺めるがよい。人は決してそう遠くへは行くまい」

「私はだれの意見にも賛成したいと思わない。私は自分の意見を持っている」

「相手を愛する者だけが叱りつけて矯正する権利がある」

「詩はいたるところに溢れている。美と生命のあるところに詩がある」

時間を忘れるように何かに取り組んでいる今、現在、この瞬間こそが、幸福そのものなのだ。幸福であることに気づかない状態を幸福というのである。

11月10日

マルティン・ルター

たとえ明日、世界が滅びようとも、私は今日、リンゴの木を植える。

1483.11.10 ～ 1546.2.18

ドイツの神学者、教授、作家、聖職者。

ＮＨＫの「カルチャーラジオ歴史再発見」のシリーズ「ルターと宗教改革５００年」を聴いてルターという人物の生い立ちから宗教改革に至る人生の軌跡を知った。「95カ条で宗教改革は始まった」「宗教改革前史」「落雷体験から修道院へ」「塔の体験」「改革運動の前進」「恵みの神学――ルターの思想」……。

「神の義（正しい）」は、罪多き自分にとっての神は怒り、裁きの神であるととらえられていた。神は正しく生きよと律法を要求している。しかし神は正しいことができない自分をご存じであるから、正しさを贈り物としてプレゼントしてくれているのではないか、人間はその恵みをうけとめればいい。神は赦し、福音を賜うのだ。この「塔の体験」で、ルターはこのような深い理解に達し覚醒を果たす。回心体験である。

ローマ教皇の免罪符への懐疑をきっかけとして、１５１７年にヴィッテンベルクの教会へ向けたルターのキリスト教の教義に関する「95カ条の論題」がきっかけとなって、宗教改革の幕が切って落とされた。１５２９年の帝国議会は、「聖書に書かれていないことは認めることができない」というルターを支持する諸侯の立場を認めながらカトリックの立場を保全する決定を行なう。それに抗議したルター派諸侯と諸都市はプロテスタント（抗議者）と呼ばれ、それがルター派の総称となった。「私は話すとき、自分を最も低く引きおろす。聴衆のインテリを見ないで、子供を見て話す」というルターの新しい教えはグーテンベルクの活版印刷技術の発明・普及と相まって全ヨーロッパに燎原の火の如く広がり、近代の夜明けとなった。

41歳のルターは26歳の元修道女と結婚し3男3女をもうけ円満な生活を送っている。

「酒と女を愛さぬ者は、生涯馬鹿で終わる」

「恋なき人生は死するに等しい」

「良い結婚よりも、美しく、友情があり、魅力的な関係や団体、集まりはない」

という言葉も残している。これに対し聖職者の独身制を採っていたローマ・カトリック側は「異端者」「好色家」「犯罪人」と呼んで厳しく弾圧し破門する。

「死は人生の終末ではない。生涯の完成である」というルターは、新興のヴィッテンベルク大学において教授として聖書講義を続け、63歳の劇的な生涯を閉じる。

「やがて成長して作物が得られるという希望がなければ農夫は畑に種を蒔かないだろう。子供が生まれるという希望がなければ人類に結婚という仕組みは出来なかっただろう。利益を得ることができるという希望がなければ商人は商売を始めないだろう。この世を動かしているのはすべて希望なのだ」

ルターの教えの通り、収穫という希望を胸に、リンゴの木を植えていこう。

11月11日

乃木希典（のぎ・まれすけ）

うつし世を神さりましし大君のみあとしたひて我は行くなり。

嘉永2.11.11（1849.12.25）～1912.9.13

日本の武士（長府藩士）、軍人、教育者。

日露戦争の英雄・乃木大将を祭った神社は全国にある。下関、萩、京都、名古屋、北九州、熊本、仙台、香川、台湾、東京と、縁のある土地には必ず乃木の神社やゆかりの施設がある。

16歳までを過ごした山口県下関の長府にある質素な家を従えた乃木神社（1919年12月竣工）。この長府という町は白壁の武家屋敷がのこる町並みが見事だ。乃木神社は学問の神様となっている。子供の頃の母のしつけに従った挿話の数々や学習院の院長として多くの若者の育成に当たったたからだろう。「幸を招く基は朝晩に先祖に向かひて手をば合せよ」は乃木家の家訓である。乃木旧邸（長府宮の内町）は6畳、3畳、押入れ、2坪の土間という実に小さな家だった。家具がほとんどない。実にシンプルな生活だ。

乃木将軍謹書の「智　仁　勇」（「智―ばかげた遊びや、いやしいことをせぬよう　恩義をわきまえ目上の人をたっとぶよう。仁―よわいものいじめをせぬよう　人の上をおもいやるよう。勇―こぜりあいをせぬよう　づるけぬよう　又強きものとてもわけもなく恐れぬよう　こうと信ずることはあくまでもしおうせるよう」。これは現在、長府豊浦小学校の教育目標となっている。

栃木県那須の乃木神社にある乃木記念館には「忠孝」と達筆で書かれた乃木の文字やこの那須の地に20年住みながら農業に励んだ「農事日記」が展示されていた。国の富強の大本は農業にあり、路傍に黄金が満ちるといった詩も素晴らしかった。ロシアの敵将ステッセル将軍らとまみえた有名な水師営会見での打ち解けた写真。神社内には53坪の「乃木希典那須野旧宅」が残っていた。『名将乃木希輔』（桑原巖）という書物を神社で購入する。副題には「司馬遼太郎の誤りを正す・附　司馬遼太郎氏を偲ぶ」とある。司馬遼太郎の名作『坂の上の雲』では、乃木希典の軍事的無能を描いてあるが、本書を読めば「司馬氏の著述が如何に事実を誤解し、偏見独断に満ち満ちたものであるかを、容易に了解されるものと確信する」とある。司馬遼太郎が生前、『坂の上の雲』のテレビ化に諾と言わなかったのも記述の誤りによって人に迷惑をかけると感じたからだという。

明治天皇崩御で自刃した時の「遺言条々」（大正元年9月12日夜）では第一から第十までの遺言が書き連ねてあり、宛名は妻の静子だった。この時点では静子は殉死する予定ではなかったのだ。軍神とあがめられた乃木の葬儀には20万人という前代未聞の人々が弔問に訪れたという。十文字に割腹、妻静子が護身用の懐剣によって心臓を突き刺しての自害を見届け、その後自刃し即死。夏目漱石は小説『こゝろ』、森鴎外は小説『興津弥五右衛門の遺書』をそれぞれ書いた。葬儀には外国人も多く参列し「世界葬」ともいわれた。

冒頭に掲げた歌は乃木希典の辞世の歌である。この殉死に対しては内外から賞賛と批判があった。乃木希典は明治を創った最後の武弁であった。明治天皇と乃木の死によって明治という偉大な時代が終わったのだ。

11月12日

ロダン

天才？　そんなものは決してない。ただ勉強です。方法です。不断に計画しているということです。

フランソワ＝オーギュスト＝ルネ・ロダンは、フランスの彫刻家。近代彫刻の父。

1840.11.12～1917.11.17

ロダンは独学の人であった。35歳、イタリア旅行で目の当たりにしたミケランジェロの彫刻に衝撃を受ける。この時、「アカデミズムの呪縛は、ミケランジェロの作品を見た時に消え失せた」と語っている。以後、彫刻の世界で頭角を現していく。

ロダンは、19世紀最高の彫刻家であったが、日本人芸術家にも多大な影響を与えている。以下、私の知っているエピソードをあげてみよう。

岡倉天心「私は去年フランスに行ってきました。ロダンにも会いました。あのじいさんはそれをやっております。偉いじいさんですよ」（平櫛田中に語った言葉）

与謝野晶子の四男アウギュストの名付け親はロダンだった。

高村光太郎は、欧州留学中にロダンの「考える人」の図版に衝撃を受ける。

川上貞は音二郎とともにアメリカ、ヨーロッパを巡業し大成功をおさめる。このとき、ロダンは快活で驚くほど完璧な芸術である貞奴に彫刻にしたいと申し出たが、断られている。

朝倉文夫「今までに約四百余の肖像彫刻をつくってい

る。世界で一番だろう。ロダンは１２０くらい、ミケランジェロが80くらい、日本では１００つくった人はいない」

　佐藤忠良はロダンや高村光太郎の後継を意識していた。それは人間を中心に据えた造形であった。

　町田にある西山美術館はロダン・ユトリロ専門館で、ロダンの彫刻52点。ユトリロの絵画76点が展示されている。ナックという会社の創業者に西山由之という人が６千坪の広大な敷地に建てた美術館に驚いた。

　ロダンは24歳の時にローズ・ブーレと出会う。77歳で正式に結婚式を挙げるが、その15日後に73歳の妻は死去し、本人もその年に77歳で死去している。

　人に強い影響を与える人は偉い人である。ロダンは同時代の日本を含む世界中の芸術家に感銘を与えている。そしてその影響力は世代を超えて21世紀の今でも残っている。

　ロダンを天才と呼びたくなるが、本人はそれを拒否している。不断の計画と方法についての弛まざる勉強の継続がロダンをつくったのだ。ロダンは「考える人」を創造したが、ロダン本人は本当の意味で偉い人である。

11月13日

細川忠興（ほそかわ・ただおき）

家中の者どもは将棋の駒と思え。

戦国時代から江戸時代初期にかけての武将、大名。

足利氏の支流・細川氏の出身で、足利義昭、織田信長、豊臣秀吉、徳川家康と、時の有力者に仕えて戦国の世を生き抜き、肥後52万石の基礎を築く。

関ヶ原の論功行賞で丹後12万石から黒田豊前国中津33万9千石に国替のうえ加増した。前領主は黒田長政である。豊後杵築6万石は、そのまま細川領とされたので39万9千石の大名となった。その後中津城から完成した小倉城に藩庁を移し、小倉藩初代藩主となる。

永禄6.11.13（1563.11.28）〜1646.1.18

正室は明智光秀の娘・玉子で、細川ガラシャ夫人として知られている。父・幽斎と同じく、教養人・茶人（細川三斎）としても有名で、利休七哲の一人に数えられる。茶道の流派三斎流の開祖である。

「天下の政治は、四角い重箱に丸い蓋をするようになさいませ」。2代将軍徳川秀忠に、天下の政治をどのようにすればよいか聞かれてこのように答えている。あまり細かいことを指摘するなという教えである。

父・細川幽斎はまれにみる才人であった。忠興は「齢八十にして、親父の云うことようやく心得たり」と述懐している。忠興は努力の人であった。

冒頭の「将棋の駒」は息子へ忠隆が部下の統制について尋ねたときの回答である。つまり飛車や角などは重役陣であり、金銀は中枢を担う管理職であり。桂馬や香車は戦闘現場で働く指揮官である。それぞれが大事な役割を果たす大事な部下だ。「しかし、一番大事にしなければいけないのは歩だ。歩を大事にしない王はやがて窮地に陥る」と最後に述べている。先にあげた徳川秀忠に対する答えと同様に、トップの心構えとして出色の教えである。

11月14日

力道山（りきどうざん）

男が人の上に立って成功するには、方法はたったひとつしかないぞ。それは過去に誰もやったことのないことを、一生懸命やることだ。

1924.11.14 ～ 1963.12.15

日本のプロレスラー。

二所ノ関部屋に入門し25歳で関脇に昇進し、将来の横綱・大関と嘱望されていたが翌年突如廃業する。29歳、プロレスに転向し日本プロレス協会を設立。シャープ兄弟との連戦は、テレビ放送の開始という追い風を受けて、一大ブームを巻き起こす。１９６３年のデストロイヤとの一戦は平均視聴率64％を記録した。力道山は伝家の宝刀「空手チョップ」で日本中を熱狂させた。

力道山の死後、プロレス界を背負ったジャイアント馬場、アントニオ猪木は力道山の弟子である。日本プロレス界の礎を築いた力道山の功績は大きい。

さがみ湖リゾートプレジャーフォレスト（さがみ湖ピクニックランド）は、実業家でもあった力道山が建設しようとしたゴルフ場の跡である。１９６３年、暴力団員から登山ナイフで刺され、それがきっかけとなって死去する。享年39。

性格は粗暴で、感情の起伏が激しく、常に問題を起こしていた。しかしルーテーズ、フレッド・ブラッシー、カール・ゴッチ、ジェス・オルテガ、デストロイヤーらと名勝負を繰り広げ、子ども時代の私も熱狂した記憶が鮮明だ。

その力道山は、プロレスという「過去に誰もやったことのないことを、一生懸命」にやったのは間違いない。開拓者魂にあふれた人生であった。

11月15日

歌川国芳（うたがわ・くによし）

西洋画は真の画なり。世は常にこれに倣わんと欲すれども得ず嘆息の至りなり。

寛政9.11.15（1798.1.1）〜1861.4.14

江戸時代末期の浮世絵師。

歌川国芳は、北斎、広重と同じ江戸後期を生きた浮世絵師。広重とは同年生まれ。日本橋染物屋に生まれ、10代で歌川豊国の弟子となったが、30代で人気絵師になるという遅咲きだった。

国芳は63歳で亡くなるが、年譜を見ると48〜52歳の間が最も仕事が活発だ。

2010年に府中美術館で開催された「歌川国芳——奇と笑いの木版画」展と、その7年後に、浮世絵専門の太田美術館で「破天荒の浮世絵師　歌川国芳」展を観たことがある。

こちらの構えも違っているせいか、国芳の現代的なスタイルに感銘を受けた。歌川国芳は、豊国門下で、兄弟子は国貞（三代豊国）。41歳の頃、河鍋暁斎が7歳で入門している。国芳の画風を暁斎が展開したのだ。「最後の浮世絵師」と呼ばれた月岡芳年も弟子であり、その画系は芳年、年方、清方、深水という風に昭和期にまで続いている。

老中・水野忠邦による天保の改革では、質素倹約、風紀粛清の号令の元、浮世絵も役者絵や美人画が禁止になるなど大打撃を受けるが、国芳は、浮世絵で精一杯の皮肉をぶつけた。国芳は要注意人物と徹底的に幕府からマークされている。

「武者絵の国芳」と言われたが、武者絵以外にも役者絵、美人画、名所絵など様々な作品を世に残している。西洋画に注目してその写実技法を取り入れ、リアリティの強い作品を生んだ。「相馬の古内裏」という作品に描かれている巨大なガイコツは「西洋の解剖学の書物を研究した成果」と言われている。ユーモアに富み、気骨のある、そして進取の気象に富んだ痛快な人物像が浮かんでくる。

石田退三（いしだ・たいぞう）

金ができたら設備の方へ回せ。人間で能率を上げてはいかん。機械で能率をあげよ。

1888.11.16～1979.9.18

元豊田自動織機製作所（現豊田自動織機）社長、トヨタ自動車工業（現トヨタ自動車）の社長・会長。

石田退三は戦後のトヨタ自動車の立て直しを行なった人物で、豊田英二とともにトヨタ中興の祖と呼ばれ、トヨタの無借金経営体質を築いた。

「とにかく、世の中を生きていくには、何か一つの業界で『ああ、あの男か』といわれるところまでのしておけば、一度や二度どんな失敗があっても、かならず再び起ち上れるものだ」

「トヨタを追撃するという姿勢でなく、いい品物をつくって出すという考えでないとトヨタを追撃できませんよ」

豊田喜一郎が人員整理の責任を取り辞任した後に、大規模ストライキ中の1950年にトヨタ自動車工業社長となった。そのとき「誰もやり手がなければやってもいい。ただし、私に任せる以上は、はたからクチバシを入れるのは一切差し控えてもらいたい」と条件をつけた。

冒頭の言葉は、激しい労使交渉を経験した後に語った言葉である。能率を上げるのは機械だ、人ではない。石田退三の経営方針は人を大事にすることだった。無借金経営を実現したカネの使い方もそうだが、ヒトの使い方についても、温かい方針を貫いた経営者である。このような石田退三の精神が今日のトヨタ自動車の骨格をつくったのだ。

11月17日

イサム・ノグチ

自然が最大の彫刻である。

1934.11.17 〜 1988.12.30

アメリカ合衆国ロサンゼルス生まれの彫刻家、画家、インテリアデザイナー、造園家・作庭家、舞台芸術家。日系アメリカ人。

父親の野口米次郎は有名な英詩人、小説家、評論家、俳句研究者であった。母親のアメリカ人の作家で教師のレオニー・ギルモアについては、後年「僕の人生に、もっとも影響を与えたのは母親だった。母の苦労と、母の期待が、僕がいかにしてアーチストになったかと深く結びついているはずだ」とイサムは語っている。

２０１０年に公開された日米合作映画「レオニー」はイサム・ノグチを育てた母レオニー・ギルモアの物語である。ドウス昌代『イサム・ノグチ 宿命の越境者』に感銘を受けた松井久子監督が7年の歳月をかけて完成させた作品だ。私はこの映画の中で神奈川県茅ヶ崎での生活、不登校となったイサム、そしてイサムの芸術的才能に気づきアメリカへ送り出す母親の愛情……などを興味深く観た。

第二次世界大戦の勃発に伴い、在米日系人の強制収容が行なわれた際に、イサムは自らアリゾナ州の日系人強制収容所に志願拘留された。しかし、アメリカ人との混血ということでアメリカ側のスパイとの噂が立ち日本人社会から冷遇されたため、収容所からの出所を希望するのだが、日本人であるとして出所はできなかった。イサム・ノグチは2つの祖国を持っており、その悲哀を経験している。

「彫刻は不完全でいい。完成させるのは遊ぶ子どもたちや、季節、自然である」

「肝心なのは見る観点だ。どんな物をも、一個の古靴でさえも彫刻となるものはその見方と置き方なのである」

ノグチは多作な彫刻家であり、ユネスコの庭園（パリ、１９５８年）、チェース・マンハッタン銀行ビルの沈床園（１９６４年）、ＩＢＭ本社庭園（１９６４年）、イェール大学ベイニッケ（バイネギーレア）図書館の沈床園など世界中を舞台にした。

１９８７年にロナルド・レーガン大統領からアメリカ国民芸術勲章を受勲している。

日本でも、門（東京国立近代美術館、１９６２年）、オクテトラ丸山（こどもの国の遊具、１９６６年）、万博記念公園の噴水（１９７０年）、つくばい（最高裁判所内、１９７４年）、天国（草月会館内、１９７７年）、土門拳記念館の庭園（１９８３年）、タイム・アンド・スペース（高松空港、１９８９年）、ブラック・スライド・マントラ（１９９２年）、モエレ沼公園（１９８８～２００５年）、イサム・ノグチ庭園美術館など膨大な仕事を残しており、１９８６年には日本の稲森財団より京都賞思想・芸術部門を受賞している。

イサム・ノグチは、１９６９年からは四国香川県の五剣山と屋島の間にある庵治石《あじいし》の産地の牟礼町にアトリエと住居を構え、以降20年余りの間、ニューヨークと往き来し制作に励んだ。

１９９９年にできた「イサム・ノグチ庭園美術館」を訪ねたが予約制だったので入れず、外から見物したことがある。ノグチは「地球を彫刻した男」と呼ばれたのだが、自身は最大の彫刻は地球の自然であると語っている。ノグチの最大の師匠は大いなる自然であったのだろう。

11月18日

古賀政男（こが・まさお）

一言も褒めることなく、またけなすことなくして、私の曲を口ずさんで下さる人々だけが私の心の支え。

1904.11.18〜1978.7.25

昭和期の代表的作曲家であり、ギタリスト。明治大学マンドリン倶楽部創設メンバー。

国民栄誉賞を受賞した古賀政男の歌は「古賀メロディー」と呼ばれ愛された。「丘を越えて」（藤山一郎）、「酒は涙か溜息か」（藤山一郎）、「影を慕いて」（藤山一郎・森進一）、「ああそれなのに」（美ち奴）、「人生の並木路」（ディック・ミネ）、「人生劇場」（楠木繁夫・村田英雄）、「誰か故郷を想わざる」（霧島昇）、「娘船頭さん」（美空ひばり）、「芸者ワルツ」（神楽坂はん子）、「無法松の一生」（村田英雄）、「思い出さん今日は」（島倉千代子）、「東京五輪音頭」（南春夫）、「悲しい酒」（美空ひばり）、「浜昼顔」（五木ひろし）……。

河口湖の古賀政男記念公園の中に古賀政男記念碑がある。古賀は昭和20年8月まで河口湖で過ごした。名曲「誰か故郷を想わざる」が前線の兵士たちに熱狂的に愛誦されたことで、政府から日本の大衆文化を守るために疎開して欲しいとの要請を受けて、この地の別荘で8月15日の敗戦を迎えた。このとき古賀は慕う青年たちに「これからは新しい時代が来る。皆で古い時代の垢を洗い流し、新生日本に向かって第一歩を踏み出そう!」と語り、河口湖に飛び込み心身を清め、霊峰富士に向かって新たな誓いを立てた。この石碑の裏には古賀政男音楽記念財団の山本丈晴理事長の名前があった。この人は古賀の内弟子で、日本一の美人女優・山本富士子の夫だ。

東京代々木上原にある古賀政男音楽記念館は財団法人古賀政男音楽文化記念振興財団が運営をしている。三階建ての立派な建物だ。地下には音楽情報とカラオケ・ルームがあった。古賀は若いときはあらゆるジャンルの作曲を手がけている。「社歌・団体歌」では、大川市歌、キャノン音頭、公明選挙音頭、日本税関の歌というものを展示してある。「スポーツ・レジャーソング」では、スキーの唄、プロレスの唄、リングの王者……。校歌も多い。明大マンドリン倶楽部の歌、九州大学医学部第二外科教室歌……。「ご当地ソング」も多い。宮城県のところを見ると、鳴子おどりがあり、「鳴子恋しや　こけし娘……」という歌があった。

作曲家は膨大な数の曲を作る。65歳で亡くなる中山晋平は3千曲。浜口庫之助5千曲。服部良一3千5百曲。80歳で亡くなった古関裕而は5千曲。73歳で亡くなった古賀政男も5千曲。2、3日で1曲の計算だ。

「私は日本のようにメロディ豊かな国はないと思う」「歌や音楽は、最高のそして総合的な文明評論である」「戦争のときも平和のときも、私は一生懸命自分の心に背かないように作曲してきたつもりである」「クラッシックはきびしい父の音楽であり、歌謡曲はやさしい母の音楽だと思う」

歌曲のライトモチーフは、みな「時代」であるという古賀政男は、「人々の支持や共感とは、大衆が直感的に、その曲がその時代をどうとらえていたかということの最大公約数的な回答にほかならないと私は思う」とも語っている。美しいものに「驚く」という才能が時代を感じ取る。その時代を生きる庶民が自分の歌をふと口ずさむ、それは古賀メロディーが時代をつかまえたということであろう。歌は世に連れ、世は歌に連れ。流行歌は時代そのものである。

11月19日

ピーター・ドラッカー

21世紀に重要視される唯一のスキルは、新しいものを学ぶスキルである。それ以外はすべて時間と共にすたれてゆく。

1909.11.19～2005.11.11

オーストリア・ウィーン生まれのユダヤ系オーストリア人経営学者。「マネジメント」の発明者。

『断絶の時代』『イノベーションの条件』『プロフェッショナルの条件』『ネクスト・ソサイエティ』など、ドラッカーの名著の多くは60代以降の作品である。そういう意味ではドラッカーは遅咲きの人であったともいえる。

「いかなる事業にあろうとも、トップマネジメントたる者は、多くの時間を社外で過ごさなければならない。ノンカスタマーを知ることは至難である。だが、外へ出ることだけが知識の幅を広げる唯一の道である」

「効果的なリーダーシップの基礎とは、組織の使命を考え抜き、それを目に見える形で明確に定義し、確立することである。リーダーとは、目標を定め、優先順位を決め、基準を定め、それを維持する者である」

「貢献に焦点を合わせることによって、コミュニケーション、チームワーク、自己啓発、人材育成という、成果をあげるうえで必要な基本的な能力を身につけることができる」

「未来を予知しようとすることは、夜中に田舎道をライトもつけずに走りながら、後ろの窓から外を見るようなものである。一番確実な未来予知の方法は、未来自体を作り出してしまうことである」

「不得手なことの改善にあまり時間を使ってはならな

い。自らの強みに集中すべきである」

ドラッカーは1909年に生まれて2005年に亡くなっている。1909年生まれの日本人には、松本清張、太宰治、中島敦、大岡昇平、埴谷雄高らがいる。太宰治はずいぶんと昔の人のように思えるし、1992年まで健筆をふるった松本清張よりも10年以上長くドラッカーは活躍しているから、同時代を生きた感覚もある。やはり生年よりも没年が大事なのだと思う。

千葉市美術館で「ドラッカー・コレクション　珠玉の水墨画」展をみた。絵画を見つめる目の確かさと、絵画の本質を見抜き、それを胸に刺さるような的確な言葉で表現しており、メモを熱心にとってしまった。さすが、ドラッカーだと改めてこの知の巨人の存在感に感銘を受けた。ドラッカーの書斎には常に日本画が飾ってあった。執筆に疲れた時、ドラッカーは日本の山水画の中に入り、遊んだ。そして正気を取り戻したのである。「正気を取り戻し、世界への視野を正すために、私は日本画を見る」というドラッカーは、日本美術の愛好者であり、研究者であり、そして収集家であった。

「まず何よりも、変化を脅威ではなく機会としてとらえなければならない」「ビジネスには二つの機能しかない。マーケティングとイノベーションである」「我々は今いる人間をもって組織をマネジメントしなければならない」「成果をあげる人の共通点は、行わなければいけない事を、しっかり行っているというだけである」「成果をあげる人の共通点は、行わなければいけない事を、しっかり行っているというだけである」「成功する人に共通しているのは、ひたすらひとつの事に集中しているという点である」

経営の神様、P・ドラッカーはカリスマ型のリーダー論ではなく、手段としてのリーダーシップを論じている。そのポイントは「責任と信頼」である。言動の一致、一貫性ある発言などをリーダーシップの条件としている。それを踏まえた上で、今ビジネス現場で求められているのは、ファシリテーターという感覚で問題解決にあたっていくリーダーであると思う。そのためには、時代の変化に敏感であること、新しいものに興味を持ち続けることと、そして勉強し続けることが必要だ。自己を常に革新していこうとする気概を持つ人でなければ今からのリーダーはつとまらない。

11月20日

林達夫（はやし・たつお）

人は先ず何よりも自分自身であらねばならぬ。人のなすべきことは、自己実現であり自己拡大である。

日本の思想家、評論家。

1896.11.20 〜 1984.4.25

京都帝大文学部哲学科卒。東洋大学文化科教授。岩波書店『思想』『世界』の編集。写真家集団日本工房。昭和研究会。東方社理事長。戦後は、貸本屋「湘南文庫」から始まる。鵠沼夏季自由大学。中央公論出版局長。鎌倉大学校文学科長。日英交流のあるびよん・くらぶを創立。『文藝春秋』で共産主義批判。明治大学教授。平凡社で『世界大百科事典』の編集責任者。ファーブル『昆虫記』を翻訳。

「批評家は自らの『好き嫌い』を『是非曲直』のオブラートに包んで差し出すところのインチキ薬剤師である。人が掴まされるのは――中味は要するに彼の『好き嫌い』にすぎない」

自己実現が大事だという人は多いが、「自己拡大」という言葉を使う人は初めてだ。林達夫の生涯にわたる縦横無尽の活躍をみると、好奇心のおもむくままに、自己をあらゆる方向に拡大していこうとする強い意志が感ぜられる。錐で揉み込むようにある方向に自己を実現していくのではなく、どこまでも自己の可能性を広げていこうとする姿勢はこの人の真骨頂だ。林達夫が百科事典を編んだのは当然の成り行きだったと思う。

伊藤昌哉（いとう・まさや）

優れたリーダーには、三人のブレーンがいるということです。この三人というのは、一人はジャーナリスト、二人めは医者。そして三人めは宗教家なんです。

1917.11.21 ～ 2002.12.13

日本の政治評論家。池田総理の首席秘書官。

伊藤昌哉『池田勇人　その生と死』(至誠堂)。西日本新聞の政治記者出身で筆力があることもあり、池田勇人の総理時代の様子があますところなく描かれている出色の本である。この本は、本来「安保からオリンピックまで　在職4年4カ月」という題で池田勇人総理の回想録として出版されるという約束になっていた。一度も約束を破ったことのない池田総理ではあったが、ガンで退陣を余儀なくされ、1年を経たずして亡くなった。秘書として仕えた著者の伊藤昌哉は、ずっとつけてきた日記をもとに、この書を完成させた。最後に、鎮魂歌として伊藤は「私が本当にあなたのなかに生きれば、こんどは私のなかにあなたが生きてくる。池田あての私から、私あての池田にきっとなる。私はそう思ったのです」と書いている。

池田総理が発するすべての文章を書いていた伊藤昌哉は、後には政治評論家としてテレビで鋭い情勢分析をする人として記憶している。

池田総理の秘書官を努めている間に、お供して世界の首脳に数多く会った伊藤は彼らの共通項を3人のブレーンを持っていることとみた。批判してくれるジャーナリスト、激務を乗り切るための健康を司る医者、そして宗教家だ。宗教心の厚かった伊藤らしい見立てである。

池田勇人総理は「私心をなくして、薄氷を踏む思いでやって、なおかつ足りない。その足りないところは偉大なものにおぎなってもらうよりしかたがない」と語っていた。その偉大なものとは宗教であり、それを体現した宗教家だろう。

11月22日

アンドレ・ジッド

人の一生は長い旅行だ。書物や人間や国々を通ってゆく長い旅だ。

1869.11.22 〜 1951.2.19

フランスの小説家。ノーベル文学賞受賞者。

詩、小説、戯曲、批評等、あらゆる文学のジャンルを手がけ、いずれにおいても20世紀フランス文学の先駆者となった。中でも『背徳者』『狭き門』『田園交響曲』『法王庁の抜け穴』等小説の功績が著しい。ジッドの文学の主題も実生活も、不安との格闘の連続だった。「羅針盤の無い航行者」というニックネームを持つほど、生涯にわたって変貌し続けた人物である。従姉マドレーヌとの恋愛体験と結婚生活が後の創作のテーマとなった。

「美しく死ぬのは、さほど難しいことではない。しかし、美しく老いることは至難の業《わざ》だ」

「真実の色は灰色である」

「大芸術家とは、束縛に鼓舞され、障害が踏切台となる者であります」

「私の死んだのち、私のおかげで、人々がより幸福に、より立派に、より自由になったと認めると思うと、私の心は温まる。未来の人類の幸福のために私は私の仕事をした。私は生きた」

日本では、堀口大學、山内義雄などの手によって知られるようになった。ジッドの小説を翻訳した小説家・石川淳による批評文もあり、横光利一の純粋小説論はジッドの『贋金つくり』が影響していると言われるなどジッドの著作は当時の文人たちに多大な影響を与えた。

人生は旅である。自分を取り巻く上下左右の人々、友情と恋愛と結婚生活、生涯にわたって読み続けるあらゆる種類の書物の数々、目を開かされる自国と異国の風俗……。やはり人生は航海だ。長い坂であるとか、重荷を背負う道行きだという日本の先達もいるが、ジッド本人がそうであったように、未知との遭遇の連続であるから、確かに人生は羅針盤の無い航海だ。この長い航海を無事に進んで行く羅針盤などはない。未知に触れて勇気を出して自分を変えていこう。

11月23日

久米正雄（くめ・まさお）

微苦笑

1891.11.23 ～ 1952.3.1

日本の小説家、劇作家、俳人。

一高時代から菊池寛（3つ上）と芥川龍之介と親しかった。この3人の師匠は夏目漱石であった。「牛のように図図しく進んで行くのが大事です。文壇にもっと心持の好い愉快な空気を輸入したいと思ひます。それから無闇にカタカナに平伏するくせをやめさせてやりたいと思います」とある。これは1916年8月24日、芥川龍之介・久米正雄（25歳）宛書簡にある漱石の言葉である。久米は41歳、石橋湛山の後を継いで鎌倉市議にトップ当選。46歳、東京日日新聞学芸部長。日本文学報国会事務局長。54歳、鎌倉文庫社長。鎌倉ペンクラブ初代会長。桜菊書院『小説と読物』を舞台に、漱石の長女筆子の夫となった恋敵・松岡譲と夏目漱石賞を創設したが、桜菊書院の倒産でこの賞は1回で終わっている。

福島県郡山市の文学の森にある久米正雄記念館は、鎌倉から移設した和洋折衷の74坪という大きな邸宅だ。記念館の近くにある久米の銅像は愉快そうに笑っている顔だった。銅像が呵呵大笑しているのは珍しい。

ゴルフ、スキー、社交ダンス、将棋、花札、マージャン、俳句、絵など趣味は極めて多く、親友の菊池寛の後を継いで日本麻雀連盟の会長もつとめていた。酒席での得意芸の歌は、酋長の娘、船頭小唄などだった。ほうじ茶でウイスキーを割った番茶ウイスキーを発明したり、愉快な人だったらしい。久米が入ると座が楽しくなるという人柄だ。

久米正雄には友人が極めて多い。里見弴、大佛次郎、今日出海、佐藤春夫、広津和郎……。久米の長男昭二は昭和2年生まれだが、同年生まれの野田一夫先生の父上はゼロ戦の技術者、同じく同年生まれの私の母の父は旧制中学校の校長だったというから、その時代の空気がなんとなく見える気がする。

芥川は「その輝かしい微苦笑には、本来の素質に鍛錬を加えた、大いなる才人の強気しか見えない。更に又杯盤狼藉の間に、従容迫らない態度などは何とはなしに心憎いものがある。いつも人生を薔薇色の光りに仄めかそうとする浪曼主義……」と久米の人柄を語っている。「微苦笑」は久米自身の造語であった。小谷野敦の書いた久米の伝記『久米正雄伝――微苦笑の人』では、この微笑とも苦笑ともつかない、かすかな苦笑いを浮かべながら日々を過ごした人とその生涯を総括している。

11月24日

川合玉堂（かわい・ぎょくどう）

日曜も絵を描くし、遊ぼうと思えばやはり絵を描く。

1873.11.24 〜 1957.6.30

日本の明治から昭和にかけて活躍した日本画家。

17歳で玉堂を名乗る。岡倉天心創立の日本美術院に当初から参加した。日本画壇の中心人物の一人。67歳、文化勲章。戦時中は東京都西多摩御岳に疎開。その住居を「偶庵」、画室を「随軒」と命名していた。日本の四季の山河と、人間や動物の姿を美しい墨線と彩色で描いた画家である。

御岳《みたけ》にある日本画の巨匠・川合玉堂美術館に到着した時、突然の豪雨に襲われた。「滝のような雨」という表現があるが、まさにそのとおりの雨が降ってきた。日傘をさしながら美術館まで走る。すぐそばを走る多摩川上流の渓谷に水があふれて激流となって流れている。川合玉堂は19歳ほど年下の吉川英治とも親しかったそうだ。枯山水の庭に雨が降り注ぐ。閃光と落雷の轟音が鳴り響く。この景色も玉堂は何度も目にしたのだろうと思いながら、雨に煙る庭と林とその先に見える川の流れを眺める。この玉堂も国民的画家といわれた。この奥多摩には同時期に国民的作家吉川英治と国民的画家が住んでいたことになる。

玉堂は書も、俳句、短歌も巧みであった。「河かりに孫のひろひしこの小石　すずりになりぬ歌かきて見し」。これは孫が拾った石を硯にして、座右の珍としたときの歌である。また「武蔵小金井」という駅名にひっかけて、「あの剣豪の宮本武蔵には子供があったかね」と尋ねていたという。玉堂はしゃれの名人でもあった。

冒頭の詩は、晩年のインタビューで「先生、日曜日はどうしていらっしゃいますか、絵をお描きにならないときは何をしていらっしゃいますか」と聞かれたときの玉堂の答えだった。1年365日、絵のことを考え、ひたすら絵を描くという一直線の生涯であった。

11月25日

銭屋五兵衛（ぜにや・ごへえ）

世人の信を受くるべし。機を見るに敏かるべし。
果断勇決なるべし。

安永2.11.25（1774.1.7）～1852.12.31

江戸時代後期の加賀の商人、海運業者。金沢藩の御用商人を務めた。姓名の略から「銭五」とも呼ばれる。

石川県金沢市の銭屋五衛兵記念館。五衛兵は加賀藩の財政に大きな貢献をした豪商で、「海の百万石」と言われた傑物である。39歳から海の商いに入り、廻船で大商いをし、すぐれた経営手腕を発揮した人物だ。この人は桐生悠々『銭屋五兵衛』、海音寺潮五郎『銭屋五兵衛』、舟橋聖一『海の百万石』、津本陽『波上の館』などの小説に描かれている。陰謀にかかり、80歳で獄死するという数奇な運命となった。

藩の御用金調達などに尽力し、河北潟干拓事業に着手するが、反対派の中傷による無実の罪で獄中死。80歳であった。

「初鶏や家家けっこうな八重の年」が辞世の句である。

北前船の豪商・銭屋五兵衛の「信」「敏」「勇」は、空間と時間の交点に立って、勇気を持って決断することの重要性を教えてくれる。

11月26日

梅屋庄吉（うめや・しょうきち）

君は兵を挙げたまえ。我は財を挙げて支援す。

明治元.11.26（1869.1.8）〜1934.11.23

日本の実業家。

梅屋庄吉は香港、シンガポールなどでも写真業を営む国際的実業家であり、そこから発展して映画興行を大々的に行なった人物だった。日本活動写真、後の「日活」を創業したメンバーの一人で、創業時には取締役を引き受けている。１９１１年にはカメラマンを中国各革命の戦場へ送り出し、１９１２年には白瀬中尉の南極探検の記録映画をつくり全国で上映するなど熱血漢だった。美男、おしゃれ、美食家、早起き、そして書斎にこもる人だったそうだ。そして映画の黎明期の主役の一人であり、アイデアマンだった。

１９１５年には、東京大久保の梅屋邸で孫文と宋慶齢の結婚披露宴を行なっており、この時の写真は、上海の孫文記念館でも見たことがある。孫文49歳、慶齢は22歳だった。慶齢は孫文亡き後は中国共産党で活躍し、国家副主席にまでなっている。北京の宋慶齢記念館で、毛沢東や金日成と談笑する慶齢の写真を見たことがある。２００８年の上海万博でも「孫文と梅屋庄吉展」が開催されていた。

孫文死去の後も、１９２５年には東京で孫文追悼会を開き、１９２９年には南京で孫文の銅像を建てている。この時の写真では梅屋の隣は孫文の後継者・蒋介石とその妻・宋美齢だった。

中国と台湾双方から国父と呼ばれている孫文は、日本との縁が深い。中国革命がなった後、革命に貢献した日本人として、幾人かの人物を挙げている。資金援助は、久原房之助と犬塚信太郎。奔走したのは、山田良政、山田純三郎兄弟。宮崎弥蔵、宮崎寅蔵（滔天）兄弟。菊池良士。萱野長友。不思議なことに梅屋庄吉の名前は出てこない。それは、孫文と梅屋庄吉が１８９５年の双方が20代後半の若いときに交わした「孫文の革命を梅屋が資金援助する。このことは一切口外しない」という盟約のためだった。「ワレハ中国革命ニ関して成セルハ　孫文トノ盟約ニテ為セルナリ。コレニ関係スル日記、手紙など一切口外シテハナラズ」というノートを梅屋は残している。迷惑を受ける人のことを案じたのだ。そのことが梅屋の名があまり知られていない原因だった。梅屋は孫文の南京での国葬の時には、日本人としてただ一人孫文の柩に付き添っている。

孫文が梅屋に送った「同仁」という書は、すべてのものを平等に愛するという意味がある。また、梅屋は、「積善家」といういい書を書いている。積善の家には必ず余慶ありという意味である。

梅屋庄吉は、関東大震災に避暑のために滞在していた千葉の別荘で遭っている。13日には大久保の留守宅に向かった。

「東京市民の惨害は酸鼻の極に達し到底筆紙のよくする所ではない。……この世ながらの修羅地である」

「最近の鮮人騒ぎの○○に顧みるときは、負けいくさに対しては、国民は必ずしも頼もしき国民ではないとの観念を一般外人に抱かしむるに至ったことを残念に思ふものである。……朝鮮人騒ぎの経験は日本国民性の最大欠点を遺憾なくばく露したるものとして切に国民的反省を促さんとするものである」

中国革命は日本人の支援者無くしては為し得なかったという説もあるほど、孫文の支援者は多かった。清朝は倒れたが、孫文が遺書で言っているように「革命はいまだならず」で、中国は共産党の国になっていき、日本とは戦争状態になっていった。このため、日中双方とも、こういった日本人の存在について触れないことになってしまった。梅屋のほかにも、熊本出身の宮崎滔天などももっと知られていい人物だと思う。

「中国の未来のためには革命を起こして清朝を倒すしかない」と話す若き孫文に対して、梅屋は「君は兵を挙げたまえ、我は財をあげて支援す」と誓った。映画事業で手にした巨万の富は、中国革命の支援と、孫文の銅像の制作などで、きれいさっぱりなくなった。この銅像は文化大革命で紅衛兵の攻撃にあったとき、周恩来が「日本の大切な友人である梅屋庄吉から贈られたもの。決して壊してはならない」ととめて難を逃れたというエピソードがある。日中関係の古層にはこのような物語があることを忘れてはならない。

11月27日

藤田嗣治（ふじた・つぐはる）

今までの日本人画家は、パリに勉強にきただけだ。俺は、パリで一流と認められるような仕事をしたい。

1886.11.27 ～ 1968.1.29

日本生まれの画家・彫刻家。

第一次大戦と第二次大戦の間に挟まれた1920年代のエコール・ド・パリの華やかな時代を藤田はパリで多くの天才芸術家たちと過ごす。酒と議論と女に彩られた狂乱の時代である。モディリアニ、スーチン、キスリング、パスキン……モデルのキキなど。その中心にいつも藤田はいた。

第二次大戦の前後、日本に滞在した藤田は、軍部からの要請で戦時意識を高揚させる戦争画を数多く描いている。パリ時代の繊細に女性を描く画法とはまったく違う新しい領域だった。このため、戦後は戦争協力者ということで、画壇から排斥される。しかし、若くしてフランスに住み名を挙げた藤田は、日本の国難にあたって日本人としての務めを自分の領域でひたすら果たそうとしたのだ。そしてあげて戦争協力を行なった画壇の責任を一人でとって日本を離れたのである。

藤田は68歳の時にフランスに帰化する。日本を捨てたと日本人から非難の声が起こる。策動、嫉妬、迫害……。しかし、あらゆる場面で陰湿な策謀がパリの藤田を襲っている。藤田は日本に捨てられたのだ。

藤田はそのパリでカトリックの洗礼を73歳で受ける。そしてレオナルド・フジタと改名する。レオナルドは、ダ・ヴィンチからとった。これも日本では、思いあがってい る、不遜であるとの非難を受ける。藤田はレオナルド・ダ・ヴィンチを尊敬していたのだが、この改名は日本との告別の意味があった。

こうやって並べてみると、「乳白色の肌」とパリ画壇の絶賛を浴びた才能とは裏腹に、生涯を通じて誤解と中傷の中にいたと気の毒になる。

2002年に『藤田嗣治――異邦人の生涯』(近藤史人)が出て、この謎に包まれた画家の姿に迫った。この労作は、大宅壮一ノンフィクション賞を受賞している。一冊の伝記が、一人の歴史的人物の姿を明るく照らしている。

油絵に流麗な黒の輪郭線という日本画の技法を持ち込んだことが藤田の独創だった。そしてパリで絶賛された「乳白色の肌」は、下地であるキャンバスの3重構造などの工夫の所産であった。そしてその秘密は今でも完全には解明されてはいない。日本画と洋画の融合の所産であった。藤田は画業に関してはまことに勤勉だった。どんなときにも絵を描く時間だけは死守していたし、一日の仕事をすべて終えてから騒ぎに繰り出すようにしていた。

「モデルの瞳に感動したら瞳から描け、首筋に感動したら首筋から描くのだ」

松濤美術館の「藤田嗣治と愛書都市パリ」挿絵を中心とした展覧会をみた。『日本昔噺』、外交官のクローデルの『東方所観』、海軍士官のピエール・ロティの本、『HAIKAI』、ジャン・コクトー『四十雀』……。

様々な人たちの書籍の表紙や中の挿絵を描いたのが藤田嗣治だった。こういったブックワークの仕事も多く行っている。「本の仕事」に深い愛情を持っていたのである。

藤田を尊敬する国吉康雄も祖国日本からは理解されない苦悩を背負っているのだが、アメリカで高く評価された。国吉と藤田の姿は対照的だ。

「日本に帰って成功したとて日本の中だけの成功で桃太郎だけでは私は満足できません」ともいう藤田嗣治は、グローバルな世界で活躍するという高い志を果たしたのであるが、その代償はローカルな日本画壇の無理解と迫害であった。

11月28日

桂太郎（かつら・たろう）

天が私を試しているのだ。

弘化4.11.28～1913.10.10

日本の武士（長州藩士）、陸軍軍人、政治家。

明治末～大正初めに首相を3度務める。首相在任日数2886日はこれまでで最も長い。2位は佐藤栄作元総理の2798日間。

参謀本部にはいり、山県有朋を補佐して陸軍の軍制改革に着手。日清戦争に出征。第3次伊藤内閣などの陸相として軍拡政策を推進した。明治34年第1次桂内閣を組織。以後は、政友会の西園寺公望と交互に政権を担当し桂園時代と呼ばれた。大正2年第3次桂内閣は護憲運動により2カ月で総辞職する。

第1次桂内閣では、日英同盟を締結し、日露戦争を遂行した。第2次内閣では韓国を併合、大逆事件で幸徳秋水らを死刑に処す。第3次内閣では護憲運動に屈して辞任し、その後に病没する。増上寺で行われた葬儀の会葬には桂内閣を糾弾した民衆も含め数千人が押し寄せた。墓所は生前の桂の遺言により、吉田松陰を祀る松陰神社（東京都世田谷区）に隣接して建立されている。

長州の山縣有朋の直系で出世を果たしたが、山縣は、桂は如才がなく世渡りが上手と評しており、後には桂を評価しなかった。徳富蘇峰は人格上の欠点をあげている。気品の欠如した通俗一点張りの代物と手厳しい。大阪の売れっ子芸者は、一定の考えはなく情勢に応じて変わる、才子だが日和見主義者とみていた。また、ニコニコ笑って肩をポンとたたくことで、政治家や経済人を巧みに手なずけることから「ニコポン宰相」と呼ばれている。

「一日に十里の路を行くよりも、十日に十里行くぞ楽しき」と語った桂は、一日一里を着実に歩いたのであろう。世間の評判はあまり芳しくはないが、現実家で手堅くなければ、歴代最長の内閣という記録の達成と実績は残せないはずだ。「天が私を試しているのだ」は長男の訃報に接したときの桂太郎の言葉である。逆境の中で何を信じどうすべきかを熟考している人の言葉だと思う。

11月29日

柏戸剛（かしわど・つよし）

阪神・柏戸・目玉焼き。

山形県東田川郡山添村（現・鶴岡市）出身の元大相撲力士。第47代横綱。

1938.11.29 ～ 1996.12.8

未来の横綱、各界のサラブレッドといわれていたとおり、横綱昇進の最年少記録を同時昇進した大鵬とともに更新した。柏戸の座右の銘は、「前進」であり、その通りの豪快な取り口でファンを魅了した。日本の高度成長の時代は、大鵬と柏戸の「柏鵬時代」でもあり大相撲の黄金時代であった。昇進後は次第に大鵬とは差が開いていき、幕内優勝回数は大鵬の32回に対し、柏戸は5回であった。

「巨人・大鵬・卵焼き」という人口に膾炙した言葉は、堺屋太一が通産官僚時代に記者会見で子供が好きなものの紹介の中で、卵が物価の優等生という意味を込めて巨人と大鵬の後に続けたのが最初だということだ。考えた本人は、卵を主役としたのだが、巨人や大鵬の方に目がいってしまった。２０１１年の12月に訪れた山形県鶴岡市の「横綱柏戸記念館」では、「阪神・柏戸・目玉焼き」という言葉が掲げてあったのには思わず笑ってしまった。派手ではあるが、ライバルにかなわない様子をうまくあらわしてると感心した。この言葉は柏戸本人のものではないが、横綱柏戸の相撲人生をあらわす名言であることは間違いない。

11月30日

ウィンストン・チャーチル

凧が一番高く上がるのは、風に向かっている時である。風に流されている時ではない。

1874.11.30 ～ 1965.1.24

ウィンストン・レナード・スペンサー＝チャーチルは、イギリスの政治家、軍人、作家。

20世紀を代表する政治家であり、文筆家、歴史家としても一家をなした人物。画家としても才能があり、ピカソが画家としても食っていけると評したという。

チャーチルは1940年5月10日という最悪の時期に首相に就任している。66歳だった。その時の父の言葉は「国民を信じよ。それがデモクラシーだ」だった。そしてチャーチルは80歳でも首相の地位にあった。ヒトラーもスターリンも、会ってすぐに「ああ、この男は信用できない」と見切っているように、人物眼も的確だった。チャーチルの人生の軌跡を眺めると、書き留めるべきことがあまりにも多い。その特徴は学業不振も含め、アップダウンが激しいことである。百戦錬磨のチャーチルの持つ慧眼は、本質に迫る多くの名言を生んでいる。

「人間は事実を見なければならない。事実が人間を見ているからだ」

「人は得るもので生計を立て、与えるもので人生を築く」

「金を失うことは小さく失うことである。名誉を失うことは大きく失うことである。しかし勇気を失うことはすべてを失うことである」

「人間が歴史から学んだことは、歴史から何も学んでいないということだ」

「悲観主義者はすべての好機の中に困難をみつけるが、楽観主義者はすべての困難の中に好機を見いだす」

「選挙に出るヤツなんて、金儲けしたいか、目立ちたがりか、ろくでなしばかり。まっとうなヤツは選挙になんかでない。選挙とは、今の世の中の状況で、ろくでなしのなかから誰に税金を分配させたら相対的にマシになりそうか、消去法で選ぶ行為のことなのだ」

「勇気がなければ、他のすべての資質は意味をなさない」

「成功とは、失敗に失敗を重ねても情熱を失わない能力のことだ」

２００２年にＢＢＣが行なった「１００名の最も偉大な英国人」の世論調査では1位であり、また２０１６年発行の5ポンド紙幣の表面はエリザベス女王、裏面はチャーチルの肖像である。イギリスでは救国の英雄チャーチルは今でも人気が高い。

また、チャーチルは第一次世界大戦を描いた『世界の危機』、ヒトラーのドイツを破った『第二次世界大戦』などの名著を書いた。「歴史を作る最良の方法は、それを書くことだ」というチャーチルは１９５３年にはノーベル平和賞ではなく、ノーベル文学賞を受賞している。チャーチルは歴史に主役として参画し、歴史を書いた。まさに歴史をつくったのだ。

凧が一番高く上がるのは風に向かっている時である。そうだ、逆境に立ち向かう勇気が大事なのだ。それをチャーチルの人生は教えてくれる。

12月

師走

12月1日

荻原碌山（おぎわら・ろくざん）

愛は芸術なり。相克は美なり。

1879.12.1 ～ 1910.4.22

明治期の彫刻家。本名は守衛《もりえ》、「碌山」は号である。

1904年、フランスのパリでロダンの「考える人」をみて「人間を描くとはただその姿を写し取ることではなく、魂そのものを描くことなのだ」と気づかされ、彫刻を志す。1907年にはロダンに面会している。「女の胴」「抗夫」などを制作。帰国し1908年には「文覚」で第二回文展に入選。1909年には「デスペア」を制作。1910年「女」は、絶望と希望が融合した作品だ。このシリーズは人妻への許されぬ恋の軌跡が宿っており、人々に感動を与えた。モデルとなった女性は「胸はしめつけられて呼吸は止まり……自分を支えて立っていることが、出来ませんでした」と語っている。その年に荻原は30歳で急逝する。荻原の日本での活躍はわずか2年に過ぎないが、友人の高村光太郎は「日本の近代彫刻は荻原守衛から始まる」という説に賛同している。同郷の作家・臼井吉見は『安曇野』で碌山を巡るストーリーを描いている。

民間人30万人が設立に参加したと言われる長野県安曇野の夭折した彫刻家・荻原守衛美術館。そのシンボルである「碌山館」はキリスト教の教会堂を思わせるたたずまいだ。高村光太郎が絶賛した「坑夫」「文覚」が素晴らしい。荻原が「東洋のロダン」と呼ばれていたのもうなづける。

碌山は「蕾にして凋落せんも　亦面白し　天の命なれば　之又せん術なし　唯人事の限りを尽くして　待たんのみ　事業の如何にあらず　心事の高潔なり　涙の多量なり　以て満足す可きなり」と人生観を書いている。そして「愛は芸術なり。相克は美なり」という碌山の言葉も、彼の短い人生と彫刻シリーズ制作の軌跡を追うと、納得することができる。美は愛の相克から生まれる。それを描くことが芸術なのである。

12月2日

ヴェルニー

政治的事件のとばっちりを受けたものの、事業中断はできない。

1837.12.2 ～ 1908.5.2

フランソワ・レオンス・ヴェルニーはフランスの造船技術者。１８６５年から１８７６年にかけて横須賀造兵廠、横須賀海軍施設ドックや灯台、その他の近代施設の建設を指導し、日本の近代化を支援した。

　馴染みのない名前だが、ヴェルニーはフランスの造船技術者で、幕府の招きで明治維新の前年１８６５年に来日し、横須賀製鉄所（のちの横須賀造船所）、横須賀海軍工廠を建設するなど活躍した人物である。１８６９年には観音崎に日本最初の様式灯台を設置している。横須賀には今でも海上自衛隊司令部があり、そして米国第七艦隊の母港でもある。

　この横須賀製鉄所建設の日本の幕府側の責任者は、小栗上野介忠順（１８２７～１８６８年）だった。世界に肩を並べるには、日本の海軍力・海軍力整備が急務という考えから、資金難を乗り越えて、実行した。この製鉄所には、フランス人25人、日本の判任管72人、等外吏１２１人、番人20人、筆算雇27人、職工１３４４人、請負職工等１００ないし４５０人を抱えていた。

　小栗は薩長への主戦論を唱え、１８６８年に斬首されるのだが、造船と修理にあたった横須賀製鉄所建設の功績は大きく、司馬遼太郎は小栗を「明治の父」と記している。後年日露戦争の英雄東郷平八郎は、「日本海海戦に勝利できたのは製鉄所、造船所を建設した小栗氏のお陰であることが大きい」とし、地方の山村に隠棲していた遺族を捜し出し、礼を述べた。

戊辰戦争の勃発によって、フランス人には退去の指示がでたが、冒頭の言葉でヴェルニーは拒否し横須賀に留まった。新政府に接収されてフランス人の解雇と工事中断を要請されたが、ヴェルニー等は強硬に反対し、継続し完成させている。この江戸幕府が着手して築いた財産が明治新政府の重要な資産となって近代国家の建設が軌道に乗ったのである。

大隈重信が後年、「明治政府の近代化政策は、小栗忠順の模倣にすぎない」と発言しているように、ヴェルニーは小栗と二人三脚で大事業を完成させた。今でも横須賀湾に面したところにヴェルニー公園があり、ヴェルニーと小栗の銅像が並んで建っており、２人の功績をたたえている。そしてその一角に瀟洒なヴェルニー記念館が建っている。日本にとって意義の高いプロジェクトを中断させなかったお雇い外国人の心意気には感謝しなくてはならない。

12月3日

津田梅子（つだ・うめこ）

何かを始めるのはやさしいが、それを継続するのは難しい。成功させるのはなお難しい。

元治元.12.3（1864.12.31）〜1929.8.16

日本の教育者。日本における女子教育の先駆者。岩倉使節団に6歳の梅子は随行し渡米。2度の留学後、1900年に女子英学塾（現・津田塾大学）を設立し、塾長。

梅子と同時に渡米した女性には山川捨松（後の大山捨松）、永井繁子（後の瓜生繁子）がいる。米国滞在中、梅子は英語、ピアノを学び、キリスト教の洗礼を受ける。ラテン語、フランス語、英文学、自然科学、心理学、芸術なども学んだ。

10数年の後に、帰国するが、儒学の価値観に染まっている日本では、なかなか十分な活躍の場が得られなかった。下田歌子から不自由になった日本語を学んだ。伊藤博文と再会し、華族女学校で3年あまり教えるがなじめなかった。

1889年に再び渡米。フィラデルフィアのリベラル・アーツ・カレッジで生物学を学ぶ。教授法は師範学校で学ぶ。1892年に帰国後は、華族女学校、明治女学院講師、女子高等師範教授も兼任。1900年には、女子英学塾の設立を申請、進歩的で自由なレベルの高い授業が評判となるが健康を損ない、1919年には塾長を辞任。

何かを思いついて始めるが、いつのまにか霧消。気がつけば、やりっ放しの痕跡だらけ。常に困難が襲ってくるし、自分の側にも様々な事情が降ってくる。だから何ごとも続けるのはまことに難しい。誰の目にも見えるように成功させるには、長い時間をかけてさらに幾多の困難を克服していかねばならない。津田梅子の女子英学塾の設立は、周囲の無理解と自身の無力感を克服していく難事業であっただろうことがわかる。冒頭の言葉は、その津田梅子の言であるだけに心打たれるものがある。

12月4日

リルケ

現在持っている最上の力より以下の仕事をしてはならない。

1875.12.4 ～ 1926.12.29

ライナー・マリア・リルケは、オーストリアの詩人、作家。シュテファン・ゲオルゲ、フーゴ・フォン・ホーフマンスタールとともに時代を代表するドイツ語詩人として知られる。

リルケは、ロダンとの交流の中で芸術観に感銘を受けて「言語」を通じて対象に迫ろうとした。ロダンの対象への肉迫と職人的な手仕事は影響を与え、抒情を捨てさせた。リルケはロダンの私設秘書となって講演旅行に付き添った。それを『ロダン論』にまとめている。

「旅はたった一つしかない。自分自身の中へ行くこと」

リルケは日本では森鴎外によって紹介された。堀辰雄、立原道造ら「四季」派の詩人に影響を与えている。

詩人・村野四郎に圧倒的な影響を与えたのはリルケである。それはハイカラ趣味の源泉でもあった。「リルケの詩はその都度、いつも私が辿ってきた各段階にふさわしい新鮮な示唆を与えてくれた」と村野は言う。

小説家・野上弥生子は「現在もっている最上の力より以下の仕事をしてはならない、とするリルケの言葉は私たちも死ぬまで忘れてはならないものであろう」と述べて仕事に没頭している。「後日に思いを残す未練が生じないように、その時点において思い浮かべるすべてを書き尽くすつもりで集約の気分に発してとりかかる姿勢を常に私は基本方針としていた」と、谷沢永一がいうのと同じ厳しく固い決意である。最上の仕事の連続が生きている証となって結実するのだ。持てる力を最大限に発揮した仕事をしよう。

12月5日

吉本せい（よしもと・せい）

笑わせなあきまへんで。

吉本興業創業者、芸能プロモーター。

明石家さんま、ダウンタウンなど、人気芸人の宝庫ともいうべき吉本興業。日本の「お笑い界」を席巻する吉本興業の創業者が吉本せいである。山崎豊子の小説『花のれん』のモデルである。

20歳で老舗荒物問屋「箸吉」の息子の吉本吉兵衛と結婚。22歳、「第二文芸館」を買収し寄席の経営を始める。変化する入場料、物販のアイデア。機転と気配りの天才。複数の寄席を「花月」と改名。寄席以外にも、ものまね、

1889.12.5 ～ 1950.3.14

義太夫、娘義太夫、剣舞、曲芸も興業に加えていく。客を呼べる看板芸人にはサラリーマンの10倍以上の破格のギャラを出す。吉本せいは、優れた事業家であった。

落語に比べ歴史は古いが地位の低かった万歳に目をつけ、エンタツ・アチャコのインテリ万歳で成功をおさめる。万歳を新しい名前「漫才」に変えて芸能の世界を変えていく。ラジオ時代に乗って客をどんどん増やしていく。ついにせいは「女今太閤」「女版小林一三」と呼ばれるまでになり、吉本せいは、大実業家となっていく。

「心許すときはしっかりその人を観なはれ。時代を先取りして、誰の意見でも有り難く聴くことです。実行する、せんはこちらが決めればよろしい。失敗は何にでもつきもんです。恐れてては何もできまへん」

吉本興業の使命は大衆を「笑わせる」ことだった。人を観る。時代を先取りする。意見をよく聞く。そしていいと思ったものは失敗を恐れず断固実行する。お笑いに人生を賭けた女大将は、「笑わせなあきまへんで」と常に言いながらお笑いの集団を組織していった。吉本せいをモデルにしたＮＨＫ朝ドラ「わろてんか」（２０１７年10月～3月）でその人生ドラマを楽しんだ。

12月6日

仁科芳雄（にしな・よしお）

環境は人を創り、人は環境を創る。

1890.12.6～1951.1.10

日本の物理学者。日本に量子力学の拠点を作ることに尽くし、宇宙線関係、加速器関係の研究で業績をあげた。日本の現代物理学の父である。

岡山県浅口市に、仁科芳雄を顕彰した仁科会館を訪問した。岡山中学、第六高等学校、東京帝大電気工学科を首席で卒業した秀才で、理化学研究所で活躍した。文化勲章受賞者。仁科は湯川秀樹と朝永振一郎という2人のノーベル賞受賞者を育てていることも特筆すべきだ。仁科は親方と呼ばれていた。仁科の師は理研の長岡半太郎である。

スポーツ万能で絵も上手、音楽も得意だった。故郷では浜中の神童と呼ばれていた。

基礎科学の研究の重要性をいつも語っていた仁科は「終始一貫」という書を残している。

「しかし、爆弾の形にせよ、原子炉の形にせよ、原子核エネルギーを取り出すことは、非常に興味があります。おそらく、それは世界中の物理学者の野望であるはずです」と言った仁科は、１９３５年には原子核実験室で円型加速器サイクロトロンを完成させた。１９４０年に広島に新型爆弾が落ちた時、これを原子爆弾であるとすぐに断定した。しかし戦後、仁科が開発した「サイクロトロン」はＧＨＱから軍事研究の嫌疑を受け、東京湾の海中に投棄されてしまう。

長岡半太郎、仁科芳雄、湯川秀樹、朝永振一郎、そしてノーベル賞受賞者が今日まで続いているという日本物理学の輝かしい伝統をみると、人をめぐる環境というものの大きな影響を感じる。人は時代の子であり、環境の子である。しかし一方で人は自分を巡る環境を創ることもできる。この循環の中で、人も時代も進歩していく。

12月7日

俵萠子（たわら・もえこ）

肝心なのは、より高く高くと、自ら求めて変わっていくこと。

1930.12.7 〜 2008.11.27

日本の評論家・エッセイスト。

1965年の産経新聞退社後は、女性、家庭、老人、教育を中心とした評論活動で名を知られた。「政治を変えたい女たちの会」設立、東京都中野区の教育委員に就任。また自身がガンに冒されたことで、「1・2の3で温泉に入る会」を設立、がん患者団体支援機構の理事長をつとめるなど活動は多彩であった。ガンに関する本は100冊以上読み、良寛の「死ぬ時節には死ぬがよく候」という言葉にも励まされている。『癌と私の共同生活』（海竜社）という本も書いた。

著書一覧を眺めると、親、離婚、子ども、性教育、教師などがテーマである。その俵萠子は保守派の論客で産経の同僚・俵孝太郎と結婚し1男1女を設けるが、思想的に相容れずに離婚している。

俵萠子は50代になり陶芸と絵画に熱中する。陶芸の師匠から「自己満足のものを何千個つくっても上達しない」と言われ、本気で打ち込み、父の故郷である群馬県赤城山麓に1995年65歳で美術館を建てる。そして仲間を募って陶芸工房を主宰する。「私はね、103歳まで生きるねん。77歳の今日まで25年かけて、赤城山の原生林を開いて美術館を建てて、花いっぱいの庭も整えたんよ。その年数以上は心ゆくまで楽しまなくちゃ」と語った。原稿料を元手にした小さいが個性的な美術館は、年間1万5000人ほどが訪れている。しかし、本人にはそれほどの時間は残されていなかった。

「より高く高くと、自ら求めて変わっていくこと」という俵萠子の生き方に学びたい。

12月8日

嵐寛壽郎（あらし・かんじゅうろう）

この世界には、一つきり思想あらしまへん、ウンおもろいやないか、よっしゃ、それゆこう、と。

1902.12.8 〜 1980.10.21

日本の映画俳優、映画プロデューサーである。

戦前・戦後期にわたって活躍した時代劇スターで、３００本以上の映画に出演し、「アラカン」の愛称で親しまれた。

時代劇の三大スター。バンツマ（阪東妻三郎）の立ち回りは悲愴豪壮、大河内傳次郎八方破れ、これに対しアラカンは「さばきの美事さ」と定評がある。

代表作は「鞍馬天狗」といわれるが、新東宝の超大作「明治天皇と日露大戦争」で明治天皇を演じた。この映画は戦前戦後を通じて日本映画の最高興業収入を記録。アラカンの鞍馬天狗の姿と明治天皇の姿は、日本人の記憶に残っている。

「死ぬまで役者」であった寛寿郎はプライドを捨てて、晩年にはヤクザ映画の脇役やテレビに挑戦する。昭和44年には今村昇平監督「神々の深き欲望」で毎日映画コンクール助演男優賞をとっている。

私生活では5回の結婚と4回の離婚とを繰り返したが、別れるたびに前妻に全財産と家屋敷を譲り渡していた。金銭面には無頓着で、生涯遊べるだけの金を稼ぎながら、財産はほとんど残さなかった。贅沢が嫌いで、衣装道楽も縁がなく、和服も2、3着より持たず、背広も靴も既製品、煙草はマッチ派だった。全盛期でも自宅から撮影所まで自家用車を使わず京福電鉄嵐山線を利用、戦後はもっぱら円タクを使った。

嵐寛寿郎は俳優の仕事も私生活も「ウンおもろいやないか」の思想で過ごしたのである。

12月9日

濱田庄司（はまだ・しょうじ）

願は大きく立てよ。立てたら向きは変えるな。
あとは非妥協一本やりでいけ。

1894.12.9 ～ 1978.1.5

主に昭和に活躍した日本の陶芸家。

栃木県益子の浜田庄司記念益子参考館を訪問した。浜田は30歳で益子に入り20年経って50歳でほぼ完成の域に達した。３万坪の敷地の中に立つ参考館は１９７７年開館している。益子は浜田の理想の陶郷であった。

陶磁器、漆器、木工、金工、家具……など濱田が16歳から生涯にわたって蒐集したあらゆる民芸が存在している。地理的には、日本はもとより、中国、朝鮮、太平洋、中近東、ヨーロッパ、南北アメリカ、アフリカ……。歴史的には、紀元前から近現代まで。集めた生活工芸品は４０００点に及ぶ。これらを人々に参考にしてもらいたいという意味で参考館と名付けた。これらの蒐集品は浜田の仕事の水準を落とさないように監視する役目も持っている。自分を感動させ、自分をはるかに超えているものに浜田は惹かれた。自分に語りかける物や自分の及ばない物に浜田は昂奮した。この参考館は訪問者や芸術家が未来を準備すること助けるためにある。浜田の方法は、

「相手に聞く。土に聞き、釉に聞き、火に聞く」であった。

濱田庄司は東京高等学校窯業科で河井寛次郎と出会う。卒業後は河井のいた京都市立陶磁器試験場に就職。知り合ったバーナード・リーチに誘われ、3年間イギリスのコーンウェルに滞在する。関東大震災で混乱の中、日本に帰り、河井宅で過ごす。当時の河井寛次郎は方向感を失っていた。京都で知り合った柳宗悦と河井寛次郎と濱田庄司の3人組は日本の美の新しい方向を見いだした。英国で田舎暮らしを知った濱田は、栃木県の益子に居を構え、作家活動に入る。益子焼きは1852年大塚啓三郎によって始められた。まだ歴史は浅い。「土は粘着性と可塑性（肉体と骨格）を持ち、火に強い必要がある。一番単純な土が最良だ」。

片足を都会に置き、必要な時はいつでも都会に出て共同体の一翼を担う。そういう田舎暮らしを楽しむ生活にあこがれた。田舎に家を持ち、しかも都会の活動から切り離されずにいられる益子を選んだ。寒い季節は焼き物の伝統のある沖縄（壺屋）に、暖かい時期は益子というように往ったり来たりを考えた。健やかさと正しさを大事に考えた。そのために焼き物の伝統が生き続けている田舎に仕事を場所を探したのだ。

最初絵描きになろうと考えていた濱田は15歳で「用の美」の工芸を目指すことになった。隣に住む木村荘八の蔵書の中からルノワールの「美術志望者が少しでも工芸に進めば工芸の質が向上する」という言葉を見つけたのである。「民芸」という言葉は、1925年頃に生まれた。当時濱田は31歳あたりだ。濱田は83歳で没しているから、70年近くの年月を工芸に励んだ。その成果は、悠々たる大きさ、堂々とした形姿、地味ながらこくのある釉色、生き生きとした絵付け、温かく親しみに満ちた味わい……という作品に結実している。志を早く立てたことの成果であり、そして長く仕事をした成果でもある。「私の陶器の仕事は、京都で見つけ、英国で始まり、沖縄で学び、益子で育った」と濱田は人生を総括している。

「良い土から悪い物をつくるよりも、劣った土で良い仕事をする方を選ぶ」という濱田庄司は「願は大きく立てよ。立てたら向きは変えるな。あとは非妥協一本やりでいけ」というそのままの人生を送った。願とは志のことだ。大きく高い志を立てて、自分に妥協せず、方向感を大切に歩むことが大切だであることを教えてくれる。

12月10日

武智鉄二（たけち・てつじ）

芸術は表現であるが、表現は制約があって初めて成り立つ。制約のないところに表現はありえない。

1912.12.10 〜 1988.7.26

大阪市出身の日本の演劇評論家、演出家、映画監督。役者の型や口伝に影響されない狂言作者の意図に忠実な武智歌舞伎を世に問うたことで知られる。歌舞伎のみならず、能や文楽、オペラ、舞踏、映画の演出も手がけ、わいせつ図画公然陳列罪で起訴された「黒い雪裁判」の被告人の一人としても知られる。

武智は40歳前後を境にして前半生と後半生とでは評価が１８０度違う。前半は古典芸術の保護育成者、新しい芸術理論の提唱者・実践者として高い評価を得た。後半は「白日夢」などのポルノ映画の監督、サブカルチャーの仕掛け人として評価する向きはない。

武智が取り組んだ映画、武智歌舞伎、劇評雑誌などは全て自己負担だった。最上の席で何度も納得のいくまで舞台をみた。「劇評」は鋭く独創的な眼力で、価値を判定し評価が高く、演劇評論家として認められた。身銭を切って劇場通いをした。そして消費を重ね最高の芸術家と交流していく。武智工務店で得た巨額の利益で父の築いた昭和43年当時の３千万円(今になおすと２００億円)をきれいさっぱり使い切ったのである。

　早稲田大学文学部演劇学科で学び、大学院で博士論文を書き、松竹に入った今井今朝子は、演劇記者、武智の演出助手を経て近松座の座付き作者となった。武智はこの今井を後継者に指名している。松井は『吉原手引草』で平成19年度下半期の直木賞を受賞している。私はこ本を読んでその知識量に驚いたことがあるのだが、武智の後継者だと知って納得した。

　武智演出の「鳴神」を観たノグチ・イサム(彫刻家)が「これが歌舞伎だ！」と叫んだという。論理的に鍛えられたせりふの言い回しが、経験的職人芸的な歌舞伎役者のそれを、十分に上回ったのだ。これは武智理論の実証的勝利であった。

　歌舞伎からハードコアまでの「革命」という両極端を歩んだ鬼才・武智鉄二の存在の意味はまだ明らかにされていない。

12月11日

小田野直武（おだの・なおたけ）

下手ですが、断り切れないので描きました。

寛延2.12.11（1750.1.18）～1780.6.19

江戸時代中期の画家。秋田藩士。通称を武助。平賀源内から洋画を学び、秋田蘭画と呼ばれる一派を形成した。

小田野直武の名と絵画は、秋田の角館で聞き、観たことがある。どうして秋田の地で蘭画が栄えたのか、不思議に思ったことを思い出す。小田野直武は秋田藩の角館で生まれ狩野派の絵画を学んでいたが、１７７３年に銅山開発（長崎のオランダ貿易では銅が用いられていた。半分は秋田藩）のために招聘された平賀源内と出会い、西洋画の理論と手法（遠近法、陰影法）を教えられる。線よりも色彩や明暗によって自然の形態を正しく表現すべきであるという考え方である。

それが縁で、25歳で江戸に派遣され、8カ月後には杉田玄白らが刊行した『解体新書』の挿絵を任されるまでになる。直武は毛筆によって挿絵を丹念に模写していった。玄白42歳、直武26歳であった。１７７０年には徳川吉宗が洋書の解禁を断行した蘭学の風が、医学、物産、そして絵画の世界にも吹いていた。

直武は西洋と東洋の美術の融合した蘭画を生み出した。その画風は、秋田藩主の佐竹曙山（１７４８年生まれ）や角館城代の佐竹義躬（１７４９年生まれ）らへ波及し、秋田蘭画と呼ばれる画風となった。当世の絵画は写実性にかけていた。調度品としての観賞性と博物学的な西洋式写実性（遠近法）を融合させたのである。この秋田蘭画は後に銅版画や油彩画を描いた司馬江漢に引き継がれた。

秋田蘭画は近代の夜明けのひとときの光芒を放ったのである。歴史の中で忘れられていたが、日本画家・平福百穂の『日本洋画の曙光』（岩波新書）で評価された。近代美術の始まり、日本の洋風画のさきがけという位置づけになった。

１７７９年には藩主から遠慮（謹慎）を命じられ、また病を得て帰郷し、翌年に32歳で亡くなっている。君公に直諫したための沙汰であった。内容は藩の財政、あるいは君公の御行跡に関することであったといわれている。直武の没した翌日に沙汰が解け出府せよとのご沙汰があり、解けたことを知った父は残念のあまり発作的に精神の異常をきたしたという。

前野良沢・杉田玄白らによる『解体新書』の翻訳作業は、図版を印刷するため、『ターヘル・アナトミア』などの書から大量に図を写し取る必要があった。旧知の源内の紹介によって、直武がその作業を行なうこととなる。冒頭の言葉は、若き直武が『解体新書』の序文に書いた言葉である。

12月12日

エドヴァルド・ムンク

私は病気を遠ざけたくはない。私の芸術が病気に負うところは、実は大きいのだ。

1863.12.12 〜 1944.1.23

19世紀〜20世紀のノルウェー出身の画家。「叫び」の作者。

パリ留学時代には、「もうこれからは、室内画や、本を読んでいる人物、また編み物をしている女などを描いてはならない。息づき、感じ、苦しみ、愛する、生き生きとした人間を描くのだ」という「サン=クルー宣言」を書き残している。

生への不安はムンクをアルコール依存症にし、暴力性や対人恐怖症があらわれ、1908年には精神病院に入院した。1909年には健康と精神の落ち着きを取り戻して退院するのだが、作品自体は緊張感が失われてしまう。

自然を描くことを至情とした芸術ではなく、ムンクをはじめとする世紀末の芸術家たちは、不安に満ちた「内部の世界」を追求した。「芸術は自然の対立物である。芸術作品は、人間の内部からのみ生まれるものであって、それは取りも直さず、人間の神経、心臓、頭脳、眼を通して現れてきた形象にほかならない。芸術とは、結晶への人間の衝動なのである」と、ムンクは述べている。

「僕は、2人の友人と散歩していた。日が沈んだ。突然空が血のように赤く染まり、僕は憂鬱な気配に襲われた。立ち止まり、欄干に寄りかかった。青黒いフィヨルドと市街の上空に、血のような、炎を吐く舌のような空が広がっていた。僕は一人不安に震えながら立ちすくんでいた。自然を貫く、ひどく大きな、終わりのない叫びを、僕はその時感じたのだ」。それが代表作「叫び」である。個人所有の「叫び」は、96億円で落札されてニュースとなった。

体を痛めつける病魔と、心を痛めつける狂気は、ノルウェーの国民的画家・ムンクを育てた黒い天使だった。そのことをムンクは自覚していた。「僕の芸術は自己告白だった」というムンクという船の舵は不安と病魔だったのだ。

12月13日

大谷竹次郎（おおたに・たけじろう）

わが刻はすべて演劇。

1877.12.13 ～ 1969.12.29

兄・白井松次郎とともに松竹を創業した日本の実業家。

小学校卒。13歳、九代目団十郎に感激し演劇事業への夢を持つ。25歳、明治座の座主、松竹剛明。27歳、代表社員。33歳、東京は竹次郎、大阪は松次郎の体制。46歳、関東大震災で映画館22館を失う。48歳、松竹キネマ、社長は松次郎、専務が竹次郎。78歳、文化勲章。85歳、勲一等瑞宝章。この両賞をもらった芸能関係者は大谷のみである。

歌舞伎の保護者・大谷竹次郎は、挨拶・スピーチの名人だったと多くの人が回顧している。知仁勇の三徳を備えた人という評価もあったが、猜疑心と嫉妬心の強い人だったと回顧している人もいたのは面白い。

１８７７年生まれの白井松次郎と大谷竹次郎という双子の兄弟が創立した「松竹」という会社の名前は、この兄弟の松と竹からとったものである。この2人は「東の大谷、西の白井」と並び称されていた。

銀座1丁目の松竹スクエア3階に松竹大谷図書館がある。大谷竹次郎が文化勲章を受章したのを記念して１９５８年に開館した、演劇・映画専門図書館である。演劇（歌舞伎・文楽・新派・商業演劇）、映画、日本舞踊、テレビ等に関する書籍、雑誌、台本、写真、プログラム、ポスターなどを収蔵しており、資料数は45万点にのぼる。ミニ展示「渥美清――没後20年」展をみた。この図書館も経営が苦しいらしく、リストラを避けるために、クラウドファンディングで２３８名から２８７万８０００円を集めたと貼り出してあった。

「私の事業的信念は、それが世に価値のあるものならば、数字的に自信がなくとも、正しく行えば成し遂げられるということである」

「同じ事業をやるなら、人間は自分が好きな事業に手を出すべきだ」

13歳から92歳まで、全生涯にわたって演劇に邁進した大谷竹次郎。「わが刻はすべて演劇」と言い切っているのはすがすがしい。こういう言葉を吐けるか？

12月14日

阪東妻三郎（ばんどう・つまさぶろう）

ツケ髭では演技もウソ髭になる。

1901.12.14 ～ 1953.7.7

日本の歌舞伎俳優、映画俳優。

1925年、全国の熱狂的なファンに応え、阪妻は「自由制作」を標榜し、25歳で阪東妻三郎プロダクションを京都に設立。勉強のために今東光を顧問に据え、自ら陣頭に立ち、映画製作を開始する。11年後に解散。その後、日活、大映、松竹へ。

端正な顔立ちと高い演技力を兼ね備えた二枚目俳優として親しまれ、「阪妻（バンツマ）」の愛称で呼ばれた。ダイナミックな立ち回りで人気を博し「剣戟王」の異名をとった銀幕の大スターで、大正末期から昭和初期にかけて剣戟ブームを生み出した。阪妻（阪東妻三郎）、千恵蔵（片岡）、右太衛門（市川）、アラカン（嵐寛寿郎）は「四大スタア」と呼ばれていた。

「サイレント映画では、虚無的な浪人者をやらせては妻三郎の右に出るものなし」と言われた。死後35年を経た1989年に文春文庫ビジュアル版『大アンケートによる日本映画ベスト150』という書の中の投票では「個人編男優ベストテン」の一位は阪妻だった。その11年後の２０００年に発表された『キネマ旬報』の「20世紀の映画スター・男優編」では日本男優の7位、「読者が選んだ20世紀の映画スター男優」では第8位になった。いかに人気が高かったか、そして持続していたかがわかる。
「阪妻が一代の剣豪スタアとして絶大な人気を博したのは、眇目《すがめ》に構えた独特のポーズにあった。それは青眼でない眇目の阪妻が見事に表現したからであろう。このように人生論的意味を身を持って表すことのできる俳優にして、はじめてスタアの座を確保できるのだ」（林屋辰三郎、加藤秀俊、梅棹忠夫、多田道太郎）
　１９４３年、軍徴用にひっかかるが、「役者の阪妻がお国の役に立たなくて、田村伝吉（本名）に何の用がおます」と啖呵を切り、出頭せずじまいで済ませてしまったという豪快なエピソードも残っている。
　冒頭の言葉は、映画『地獄の蟲』に出演するにあたって、述べた言葉である。「妻さんは命がけでやっているのがよくわかりました。泣きながら一人で頑張っていました」という環歌子の証言もある。阪妻は人生においても俳優としても真剣勝負の人であった。

12月15日

いわさきちひろ

自分がやりかけた仕事を一歩づつたゆみなく進んでいくのが不思議なことだけれど、この世の生き甲斐なんです。

1918.12.15 ～ 1974.8.8

いわさきちひろ（本名・松本知弘、旧姓岩崎）は、子どもの水彩画に代表される日本の画家、絵本作家。

岡田三郎助、中谷泰に学ぶ。なじみのある淡彩画は「ちひろ調」とよばれ、ファンも多い。没後、「ちひろ美術館」がつくられた。「ちひろ美術館・東京」は、西武新宿線上井草から徒歩10分ほどの住宅地の一角にある。最後の22年間を過ごし数々の素晴らしい絵や絵本を描いた自宅跡にバリアフリーの、いい雰囲気の私設の美術館として建っている。訪ねたのは日曜日だったが、女性を中心ににぎわっていた。入って右がちひろの作品の複製や本などを売るショップで、左には窓沿いに小さなテーブルと椅子が並べてあり、軽食やの飲み物を摂ることができる。従業員たちはファンなのだろう、よくみるとみんな子どもと花を好んで描いたちひろの絵のイメージのように、いかにも人柄の良さそうな若い人たちである。開館25周年の２００２年には公開スペースを2倍に広げている。

55歳で亡くなるまで９５００点の作品を描き続けた。ちひろの作品は酸性紙に描いた作品が多いが、時間と共に色が変化するから、セイコーエプソンの協力でデジタル化した作品も展示してあった。それはピエゾグラフという。

展示室1は、ちひろの作品を展示している空間である。「ちひろ　花の画集」出版記念で、80種類以上の花の絵がある。チューリップ、バラ、あやめ、あじさい、ひまわり、シクラメン……。以下、好きな絵のタイトル。「野草とスイートピー」は水墨画風。「春と花のこぎつね」「花のダンス」「あざみと子どもたち」「秋の花と子どもたち」「春の庭」。すべて「花と子どもたち」をモチーフとしており、花を前方に描き、子供を後方に配した作品が多い。「赤いシクラメンノの花」。添えてあるちひろの言葉は「去年もおととしもその前の年も　ベトナムのこどもの頭の上に　爆弾は降った。……。あたしたちの一生は　ずーっとセンスの中だけだったのよ」。

2本のビデオを観る。1本には、はちきれそうな若さのちひろの写真、人柄の良さがわかる笑顔。ちひろの願いは、子どもの幸せと平和だった。意外なことにちひろは共産党員だった。絵という手段で平和の大切さを訴えた人だった。「子どもの四季」「戦火のなかの子どもたち」などの解説があったが、流れる童謡とのハーモニーはよかった。「戦火……」の方は、煙の中の子どもの目の表情が切ない。

もう1本、長野県にある「安曇野ちひろ美術館」のビデオでは、両親の故郷にある素晴らしい美術館を紹介している。絵本を美術の一ジャンルにしようと世界28カ国127人の画家の絵を蒐集している美術館である。入口の正面の山も建物の景色の中に取り込んでいるのも斬新だ。「立てひざの少年」という絵がよかった。2012年にこの安曇野の美術館を訪問した。その日に開催されていたのが「日中国交正常化40周年　中国の絵本画家展」だった。日中関係がこじれていた時期でイベントが次々と中止されたのだが、7人の中国人絵本画家を紹介する企画は行なわれていた。

2階の展示室2では、ミュンヘン国際児童図書館の架空の絵本展をやっていた。世界の絵本画家72人が描いた本のない絵が展示されている。2階には、図書室があり、その向かい側には子どものへやがあり、若いお母さんのために子どもを遊ばせておくことができるように配慮されている。一階に降りると、「ちひろの庭」がある。さまざまの花が咲く心地よい場所である。ちひろは、いつもここで過ごす時間を大切にしていた。

展示室3は、「ちひろのアトリエ」。絵を描く仕事場である。意外なことにちひろは左利きで、採光は右側からとっていた。大きな机に絵の具などの道具を広げて、小さくなった隙間を使って絵を描いていた。

31歳で再婚した8つ年下の相手の松本善明（衆議院議員）は、ちひろはどのようなひとだったかと問われると、「ちひろの描く絵のような人だった」と答えている。どこかで見た名前だと思ったら、この人は日本共産党の有名な幹部だった。ちひろも共産党員だったのには驚いたが、絵という武器で平和の尊さをアピールしていくのがちひろ流だった。32歳で長男が生まれ、48歳で夫が衆議院議員になる。この松本善明が書いた『ちひろ』という本は、亡き妻・ちひろを深い愛情を持って語っている。「鉄の棒を真綿でくるんだような人」といいうのが妹たちのちひろ評である。そのちひろは、「我は人の世の痛苦と失望とをなぐさめんために生まれ来つる詩の神の子なり」と述べた樋口一葉に深い共感を寄せていた。黒柳徹子の空前のベストセラー『窓際のとっとちゃん』の挿絵は、いわさきちひろの絵だった。

「私の若いときによく似た欠点だらけの息子を愛し、めんどうな夫がたいせつで、半身不随の病気の母にできるかぎりのことをしたいのです」

混んでいるのでもなく、閑散としているのでもなく、ちょうどいい具合に人が訪ねてきて、それぞれが穏やかな顔をしてこの空間を楽しんでいる。いわさきちひろと一緒に幸福な思いに浸れる美術館である。

冒頭に掲げたのは1972年に書いた「大人になること」という文章の中で見つけた言葉である。いわさきちひろは、天が恵んでくれた技を用いて、自分しか描けない作品を通じて、平和を守ろうとする天命に生きた人だ。

12月16日

島木赤彦（しまき・あかひこ）

歌の境地は山、川であり、材料は雲・樹・鳥である。

1876.12.16 ～ 1926.3.27

明治・大正時代のアララギ派歌人。

諏訪湖に臨む地に諏訪湖博物館と並置されて島木赤彦記念館が建っている。平成5年に開館したが、設計者は伊東豊雄である。「湖面に沿って緩やかに湾曲する細長い平面を持ち、湖上からの姿は大きな船を逆さまにしたように見えるかもしれない。曲面を多用して軽快で優雅な空間を作り出そうとした結果である」と設計を語っている。この伊東豊雄は、仙台のメディアテークの設計者でもあり、優れた作品を作り続ける建築家だ。

赤彦は日本の短歌の本流の一つ「アララギ」の編集に生涯をかけたアララギ派歌人だが、長く信州の教育の大きな影響を与えた教育者であり、そして「万葉集」をライフワークとした優れた研究者であり、また百篇に及ぶ童謡を書いた詩人でもある。

長野県の尋常師範学校を卒業し、教育者として出発した赤彦は33歳で尋常高等小学校の校長、36歳には諏訪郡視学となり、順調に仕事をする。一方で31歳で南信日日新聞、長野新聞の歌壇の選者にも選ばれているように、歌でも知られていた。雑誌『アララギ』を7歳年上の伊藤左千夫と創始したが、左千夫の死去で『アララギ』が存亡の危機に落ち入ったとき、郡視学という要職を投げうって上京し、それ以降、活発に活動を開始する。

39歳、第二歌集『切火』。40歳、アララギを1000部にする（赤彦と同郷の岩波茂雄の岩波書店が『アララギ』の発行を引き受けてくれた）。41歳、信濃教育会『信濃教育』編集主任。44歳、第三歌集『氷魚』、童謡を作り始める。45歳、斎藤茂吉と交流。46歳、『赤彦童謡集』、『万葉集燈』。47歳、『万葉集僻案抄』、『第二赤彦童謡集』。48歳、第四歌集『太虚集』。上京してほんの10年余であるが、雑誌編集の責任者という実務と併行して創作に余念のない姿を感じる。50歳で没したが、長く生きたら歌史にもっと大きな重みをもって存在していただろう。

教育実践者としては、作文の言文一致や写生主義を図画、つづりかた教育にいれる。理科では、継続観察や植物、鉱物の標本採集や登山など、形式的な教育から創造的教育への流れをつくっている。写真をみると、本籍は歌人というより、信念固き教育者という風貌である。赤彦は、柿人、柿の村人などの歌名を使っていたし、住居は「柿蔭山房」とも称していた。いずれも柿の赤が好きだったことからつけた名前である。37歳から赤彦という名前で通す。

近代短歌の歴史は、正岡子規の根岸短歌会から始まるが、「馬酔木《あしび》」によった伊藤左千夫をその流れを引き継ぎ、「アララギ」を舞台に、斎藤茂吉、土屋文明、中村憲吉、石原純、釈沼空などの多彩な歌人が出て、この派が重きをなしていく。その中心にいたのが島木赤彦だった。アララギは、ブナ科の常緑樹・イチイの別名である。

後に書簡類を整理した矢崎孟伯氏によれば、書簡数が非常に多く1000通に近い。交友人関係が広かったことを示している。あげられた名前は、徳富蘇峰、森林太郎（鴎外）、阿部次郎、佐々木信綱、岩波茂雄、小宮豊隆、田辺元、安部能成、菊池寛、西田幾多郎、倉田百三、金田一京助、与謝野寛……。山国信州人の律義さと教育者としての誠実さをもって、几帳面に多くの人に接した人生だった。

隣室に書よむ子らの声きけば 心に沁みて生きたかりけり、などいい歌が多いのだが、赤彦は歌論も活発に論じ、「歌の境地は山、川であり、材料は雲・樹・鳥であるが、現れる所は、作者心霊の機微である」と説明している。悠久の大地を背景に、生きとし生けるものを見つめ、自らの心の動きを詠ずる。それが歌である。

12月17日

勅使河原蒼風（てしがはら・そうふう）

花は、いけたら、花でなくなるのだ。いけたら、花は、人になるのだ。

1900.12.17 〜 1979.9.5

日本の芸術家。いけばな草月流の創始者。１９２７年草月流を創流。「草月」は、勅使河原家の家紋「根笹に三日月」に由来する。（１９５３年、財団法人草月会を発足し理事長に就任）

草月流を創流すると勅使河原は、いけ花の近代化につとめる。観客側を正面として、観客に向かい作品の背後から手探りでいけていく「後ろいけ」など斬新な手法を多く提供した。１９５５年のパリ個展が盛況で、フランスのフィガロ、米タイム誌等で「花のピカソ」と賞賛された。創作はいけばなに留まらず、彫刻、絵画、書にもわたる。映画「切腹」や「怪談」では題字をてがけている。

１９６０年、フランスの芸術文化勲章、１９６１年にはレジオンドヌール勲章、１９６２年には芸術選奨を受賞。

「若しこの世の中に、植物が一つもなかったとしたらどうだろう。どっちを見ても花はない。そういうとき私たちは、一体何をいけるだろう。私は、そこに石があったら石、若しくは土があったら、土をいけるだろう」

「いけばなは生きている彫刻である」と喝破する勅使河原蒼風は、「花」を突きつめていく。「求めていなければ授からない。だから、いつでも求めていなければならない。自分だけが授かるものがどこかにある。それを授かるのはいつなのか。ついに授からないかもしれないが、求めていなければ授からないのだ」。そして、いけた花は花ではない、いけた花は人になる。そういう境地にまで達している。

12月18日

志賀潔（しが・きよし）

なにごともまじめに　しんぼう強く元気よく
やりとおせば　きっと　りっぱなしごとを
なしとげることが　できます。

明治3.12.18（1871.2.7）〜1957.1.25

日本の医学者・細菌学者である。

志賀潔は帝国大学医科大学を卒業し、大日本私立衛生会伝染病研究所に入所、北里柴三郎に師事する。27歳で赤痢菌を発見。赤痢菌の属名は志賀に因んでShigellaとされた。再度のドイツに留学後には、恩師・北里柴三郎の伝染病研究所退職に伴い自身も退職し、新たに創設された北里研究所に入所する。慶応義塾大学教授を経て、朝鮮総督府医院長・京城医学専門学校長、新設の京城帝国大学医学部長、そして58歳で総長に就任した。

１９４４年文化勲章。仙台市名誉市民。

「人が病気にならない研究をしよう」
「先人の跡を師とせず、先人の心を師とすべし」
「自ら信ずる所篤ければ、成果自ら到る」

宮城県の亘理町の東日本大震災で被災した中浜小学校を２０１６年10月に訪問したことがある。わずか20分の間に津波が４波襲来した。１ｍの地盤かさ上げ、適切な誘導、屋根裏部屋の存在が小学生全員の命を救った。この津波で倒れたままになっている碑には、１８７６年には６尺（約１ｍ82㎝）、１９３３年には７尺５寸（約２ｍ27㎝）の津波が襲ったとの記述がある。今回の３・１１は10ｍという高さだった。

この亘理は志賀潔が晩年の１９４９年以来過ごした温暖な地である。高台にあった志賀潔の別荘（貴洋翠荘）は最近の火事で燃えてしまったのだが、中浜小学校にある倒れた碑には志賀潔の素晴らしい言葉が刻まれていた。それが１９５８年５月５日のこどもの日の日付の冒頭の言葉である。どのような仕事も「まじめに、しんぼう強く　元気よく　やりとおせば」、成果はあがる。世界的細菌学者・志賀潔は、そういう当たり前だが、深い真実の言葉を故郷の小学生たちに贈ったのである。

井上成美（いのうえ・しげよし／せいび）

日露戦争で勝った発想で、現在の軍備を考えているとは、時代錯誤そのものである。

1889.12.19～1975.12.15

日本の海軍軍人。海軍大将となった最後の軍人。

井上成美は宮城県仙台市生まれ。仙台二中を卒業し、江田島の海軍兵学校に学ぶ。海軍兵学校の入学時の成績は180名中8番、卒業時は2番だった。

1937年、海軍省軍務局長となった井上は、米内光政海軍大臣と山本五十六海軍次官と共に、同年「日独伊三国軍事同盟」に対し、「集団防衛というけれど、日本にドイツからどれだけの援助があるのか。またできるのか。強い国と仲良くしていかなけりゃならんのに、アメリカとも仲が悪くなるし、イギリスとも悪くなる。一方で、ドイツからは何等の恩恵もこうむらない。日本にとって何のメリットもなく、得するのはドイツだけです」と最後まで反対し、日米開戦にも強硬に反対した。

「敗戦は亡国とはちがう。古来いくさに勝って国が滅亡した例は少なくない。逆に戦いに破れて興隆した国がたくさんある。無謀の戦争に此の上本土決戦の如き無謀をかさねるなら、日本は本当に亡国になってしまう」は、早期講和を主張して米内大臣と対立した時に、井上成美が言った言葉である。

東郷元帥については「人間を神様にしてはいけません」と言い、また山本五十六神社建立の動きに対しては「軍人を神格化するなどもっての外の沙汰だ」と戦後の阿川弘之のインタビューに答えている。阿川は『井上成美』を書いた。敗戦直後から住んだ三浦半島長井の旧井上邸が記念館になっていたが、東日本大震災で被災し閉館になっているようだ。

海軍では自らをラジカル・リベラリストと称していた井上成美、そして米内、山本などの軍人が枢要な地位にいたのだが、歩兵中心で精神力を基盤とする陸軍と、合理主義の技術者集団である海軍とは相容れなかったようである。世界は日々進歩を重ねており、科学と技術の分野は目覚ましいものがあるが、しかし日本だけが戦略と戦術に関しては進歩というものがないとして、日露戦争勝利の成功体験から抜け出せない時代錯誤の体質を井上は危惧していた。そして、その危惧は現実のものになった。成功体験に酔って過信して、変化している現実を見ることができなくなる、心したい教訓だ。

12月20日

藤本定義（ふじもと・さだよし）

おい哲（川上哲治監督）！　うちの豊（江夏豊投手）を乱暴に使いやがって！　この馬鹿野郎！

1904.12.20 〜 1981.2.18

愛媛県松山市生まれのプロ野球監督。東京巨人軍初代監督（1936年〜）。

9シーズンで7度の優勝という巨人軍第一次黄金期を築き、1942年シーズン終了後に辞任。1946年にパシフィックの監督として球界に復帰。選手の待遇改善のために日本野球選手会（現：日本プロ野球選手会）を発足させ初代会長に就任した。1948年から1956年まで金星スターズ（1949年からは大映スターズに球団名変更）の監督。1957年から1959年の阪急ブレーブス監督。1960年阪神のヘッド兼投手コーチ、1961年途中から阪神監督に就任。1962年には「打倒巨人」を掲げて1962年と1964年にリーグ優勝。1968年勇退。監督としての実働期間29年は歴代最長である。「先発ローテーション」を本格的に導入。エースの連続起用を指して「30勝投手を出すのは監督の恥」と批判した。通算成績は3200試合で1657勝1450敗93分。勝率.533。リーグ優勝9回。

「（自分は監督として）誠実、愛情、根気、この三つで選手に対峙してきた」

「敵を知り、味方を知って勝つのは『一流』。敵を知り、味方を知らず勝つのは『二流』。敵も知らず、味方もしらずに勝つのは『三流』。全部しらずに負ける奴は『四流』だなあ」

オールスターで川上監督が阪神の江夏を3連投させたため、阪神巨人戦の試合前において、阪神の藤本監督は巨人の川上監督を阪神ベンチに呼び出し、ものすごい剣幕で叱った。ライバル球団の監督を叱るという出来事に名監督であった川上は直立不動で藤本の話を聞いていたという。江夏の回想である。この事件は、2017年12月現在、江夏が連載中の日経新聞「私の履歴書」に出てこなかった。

12月21日

松本清張（まつもと・せいちょう）

疑いだね。体制や学問を鵜呑みにしない。上から見ないで底辺から見上げる。

1909.12.21 ～ 1992.8.4

日本の小説家。

北九州の小倉城脇に立つ地上2階、地下1階の松本清張記念館を訪ねる。床が磨きこまれていて、手入れの行き届いた素晴らしい記念館である。自宅を模した建物が1階と2階から見られるようになっている。放映しているビデオは、縁のあった編集者たちが語る松本清張を流していて興味深い。この作家の作品は映画化されたものが多いが、そのいくつかを上映もしている。読書コーナーも設けてある。作品もたくさん用意されており、好きなものを買うのに困らない。今までみた記念館でも最上の記念館のひとつである。

作家活動40年の間に書いた作品は長編・短編を含め実に１０００編に及ぶ。著書は７００冊。全著作がステンドグラスのように展示されている趣向にも感心した。42歳という遅い出発だったにもかかわらず、この量と質だから、常に時間との戦いということを意識していたのもうなずける。出来合いの分野の垣根を軽々と越えてあらゆるジャンルに関わりながら書き続けた。分類では、歴史・時代小説、自伝的小説、評伝的小説、推理小説、自伝・エッセイとなっていた。邪馬台国論争などにも関わり、歴史学者の心胆を寒からしめたり、とにかく守備範囲が広い。

清張の文学を「脱領域の文学」という評もある。主題によって小説の形式を決定し、表現方法を考えるという作風で、フィクション、ノンフィクション、評伝、古代史、現代史とあらゆる分野を跨《また》いでいった国民作家である。堅固な構造のストーリー・スピード感のある展開・絶妙に語られる人間や風景の描写・これらの要素が織り成す小説的リアリティ。

松本清張は、昭和55年から日記をつけ始めた。清張71歳の時である。内容は旅の記録、人との交遊、歴史上の事件に対する懐疑、人物批評、などさまざまだが、清張らしい緻密な内容だ。この年齢での行動力に感心する。

「小説も正式に勉強したことがないし、何をやっていいかわからない。ただし人の足跡のついていないところを歩いてみたい」

「疑問のところをとらえて、それを深く突っ込む。だから調べていく。探索していく。これがまた、自分の好奇心を満足させるわけです」

「歳をとって、よく人間が涸れるなどといい、それが尊いようにいわれるが、私はそういう道はとらない。それは間違っているとさえ思う。あくまで貪欲にして自由に、そして奔放に、この世をむさぼって生きていたい。仕事をする以外に私の涸れようなんてないんだな」

北九州市小倉の松本清張記念館で「1909年生まれの作家たち」という企画展が行なわれており再訪。中島敦、太宰治、大岡昇平、埴谷雄高、そして松本清張という並べられた作家たちの生きた時代に興味を持った。1909年という年は、伊藤博文が朝鮮で暗殺された年であり、文学誌『スバル』が創刊された年でもある。年譜をみると、彼らの少年時代は大正デモクラシーの時代で、自由主義教育、大正教養主義の盛んな時期で、教育の現場では「綴り方」が行なわれていた。この同年生まれの5人の作家の全集が並べてあった。中島は3巻、太宰は12巻、埴谷は19巻、大岡は23巻、そして清張は実に66巻と圧倒的な仕事量だった（それぞれ別巻がある）。

5人の年表を並べて掲示してあった。中島は33歳で『山月記』、34歳で没しているが、死後『李陵』が発表された。

太宰は、35歳で『津軽』を刊行。大岡は39歳で『俘虜記』。埴谷は39歳で『死霊』。そして松本清張は44歳で『ある小倉日記伝』で芥川賞を受賞して世に出ている。清張はこの中でも遅咲きである。清張は83歳で亡くなるまで膨大な仕事をしたし、88歳で亡くなった埴谷はその直前まで作品を発表している。全体を眺めてみると、活躍した時代がずいぶんと違う。生年ではなく、没年が重要なのだ。

この松本清張記念館は第56回の菊池寛賞を受賞している。「水準の高い研究誌を刊行しつつ、多彩な企画展を催すなど、健闘しながら開館十年を迎えた」と評価されている。女性館長藤井康栄さんが「作家・松本清張らしく運営することにいたしました」と述べているように、仕事の鬼だった清張にならって年中無休で開いている。

清張は「好奇心の根源とは?」との問いに、「疑いだね。体制や学問を鵜呑みにしない。上から見ないで底辺から見上げる」とビデオの中で語っている。体制、学問、権威、通説、大家、常識、こういうものに敢然と挑戦するこの作家の神髄を表す言葉だ。幅の広さと奥の深さと圧倒的な仕事量で時代に屹立した大小説家の姿勢に感心した。

12月22日

神永昭夫（かみなが・あきお）

人並みにやっていたら、人並みにしかならない。

1936.12.22 ～ 1993.3.21

日本の柔道家（講道館9段）。

全日本選手権を3度制した神永は、ライバル猪熊功と1960年代初頭に神熊時代を築いた。柔道がはじめて採用された1964年の東京オリンピックでは無差別級に出場するも、決勝戦でオランダのアントン・ヘーシンクに敗れて銀メダルに終わった。母校の明治大学柔道部監督に就任し、上村春樹を育てあげた。1976年のモントリオールオリンピックで、上村が無差別級で金メダルをとる。その上村は、1978年の第1回嘉納治五郎杯の決勝で山下泰裕にやぶれ、引退を決意する。上村は後に第五代講道館館長となり、日本柔道界を牽引している。

「敵に勝つには、まず、負けないことだ」

「全力を尽くしてやりました。それで負けたのですから、自分としては悔いはありません」。1964年の東京オリンピックの無差別級で、オランダのヘーシンクに敗れたときの記者会見で神永が語った言葉である。神永は日本柔道の敗北という批判にさらされた。当時中学生だった私もこの敗戦に衝撃を受けたことを思い出す。実は試合直前に左膝の靭帯を断裂していたという。

東北高校時代から柔道を始めた遅い出発の神永は猛稽古で精進を重ねた。確かに「人並みにやっていたら、人並みにしかならない」。神永の残した言葉をみると、明治大学柔道部監督として後進を育てたように、教育者的資質にあふれた柔道家であり、「勝負はいつでも負けから始まる。弱さを知ったときから技の工夫が始まるんだ」との言葉どおり、神永、上村、山下……へとつながる柔道界の道筋をつけた功績には大きいものがある。

12月23日

森戸辰男（もりと・たつお）

何といっても教育の中心は教師です。いかによい制度ができても、いくらよい指導精神が紙の上ででき上がりましても、いくらよいカリキュラムや教育方法が考案されましても、よい教師がいなければよい教育は行えません。

1888.12.23 〜 1984.5.28

日本の学者、社会思想家、教育者（初代広島大学学長）、政治家（文部大臣）。

第一高等学校時代に新渡戸稲造校長の倫理の講義に感銘を受ける。東京帝大法科大学経済学科を卒業後、大学に残った。大内兵衛編集の機関誌『経済学研究』にロシアの無政府主義者クロポトキンの論文の翻訳を発表し、学内から排撃を受け、大審院で有罪となり失職。森戸事件と呼ばれる。出獄後、大原社会問題研究所に迎えられる。戦後は日本社会党の代議士に当選、片山哲・芦田内閣で文部大臣をつとめた。教育を志し1950年政界を去り、原爆の惨禍の残る広島の広島大学学長として13年間尽力する。

大原社会問題研究所。労働科学研究所理事長。全国放送教育研究会連盟理事長。ＮＨＫ学園高等学校校長、能力開発研究所理事長。日本図書館協会会長。国語審議会会長。松下視聴覚教育研究財団理事長。日本教育会会長。森戸は教育界の役職をほとんど独占した観があるほど、戦後教育改革の手直しで活躍した人物である。

１９６６年には中教審会長として愛国心や遵法精神を説いた「期待される人間像」を答申している。世間の話題にもなっており、当時高校生の私はこの答申を題材にした作文を書いた記憶がありよく覚えている。また１９７１年には文部大臣の諮問機関・中央教育審議会会長として明治、戦後に続く「第三の教育改革」を答申（四六答申）している。

その森戸の教育論の中心は「よい教師」を創り出すことだった。制度、カリキュラム、教育方法などのインフラも重要だが、やはり教育は現場の教師の教育力に依るところがもっとも大きい。いかにして「よい教師」になるかは、教育現場にいる者の最大のテーマだ。

12月24日

鈴木貫太郎（すずき・かんたろう）

永遠の平和、永遠の平和。

日本の海軍軍人、政治家。

海軍士官として海軍次官、連合艦隊司令長官、海軍軍令部長などの顕職を歴任した。予備役編入後に侍従長に就任。２・２６事件では襲撃されるが気丈な妻たかの機転で一命を取り留めている。小磯國昭の後任として内閣総理大臣（第42代）に就任し、陸軍の反対を押し切って、本土決戦を回避し、第二次世界大戦を終戦に導き、国が滅ぶのを阻止した。総理辞任の挨拶をしたときに天皇陛下から「鈴木、ありがとう、と言われて感激した」と息子にいつも語っていた。

慶応 3.12.24（1868.1.18）～ 1948.4.17

鈴木貫太郎の「正直に 腹を立てずに 撓《たわ》まず励め」という遺訓は、母校である前橋市立桃井小学校の基本目標になっており、校歌の歌詞にも採用されている。

「死ぬということは、最も容易な方法で、なんでもないことだ」。いつでも身も、地位も捨てる覚悟で難局にあたった鈴木貫太郎の身の処し方を示している。敗戦の責任は身を捨てることではなく、復興を見届けることと考えていたのだ。

死の直前には「永遠の平和、永遠の平和」と非常にはっきりした声で二度繰り返したという。関宿町の実相寺に葬られた遺灰の中には2・２６事件の時に受けた弾丸が混ざっていた。総理退任後に住んだ千葉県野田市の質素な家が記念館になっている。そこで永遠の平和のために尽力した鈴木貫太郎を偲びたい。

12月25日

白隠慧鶴（はくいん・えかく）

煩悩即菩提

貞享 2.12.25（1686.1.19）～ 1769.1.18

臨済宗中興の祖と称される江戸中期の禅僧である。

「駿河には過ぎたるものが二つあり　富士のお山に原の白隠」、と富士山と並び称される白隠という禅坊主がいた。白隠という号も富士山に因んでいる。「富獄は雪に隠れている」とのたとえからとったものである。

臨済宗中興の祖白隠は沼津生まれ。15歳で出家し諸国行脚し、41歳で大悟する。禅宗を広める手段として書画を用いた。絵解き説法である。禅宗の開祖達磨を、300点以上を描いている。釈迦、永遠の母の面影であるしもぶくれの観音、七福神、なども多数描いている。

千万言を費やしても究極のところを表すことはできないことから、膨大な著書群に加えて数万点の禅画・墨跡を残した。この独特の禅画・墨跡が圧倒的な人気なのだ。「気迫の圧倒的なこと、旺盛な精力まで籠められている」と女流作家で仏教者でもあった岡本かの子が評している。

墨跡はグラフィック文字のような書体で、特に寿〈いのちながし〉は100の書体で書いている。禅宗では「円相」が大事なものらしい。白隠の賛は「十方、虚空無く、大地、寸土無し」である。円の解釈は見る者に委ねられているそうだが、この意味も自分なりに深掘りしてみたい。

白隠は、ほとんどの画に賛を書き込んでいる。画賛とは「画に因んで、その余白に書き添えた詩句など」（広辞苑）である。絵画と言語で表現する東洋独特のものだ。白隠はこれに宗教的メッセージを入れ込んだ。また相手に応じて描き分けた。だから、見て、読むことが大事になる。白隠の画業は後の富岡鉄斎と同じく80歳を越えてからがピークだったことも驚きだ。

中津の自性寺には白隠の作品がある。自性寺は白隠にとって特別なコミュニケーションがあった寺である。ある企画展で観た「出山釈迦」（苦行の果てにあばら骨が浮き、髭はぼうぼう、足の爪も伸びきった釈迦像）という作品は中津の自性寺の作品だったので驚いたことがある。「富士大名行列」は富士山のふもとを大名行列が通るところを描いたものであるが、「はるばる豊前の自性寺和尚にお届けする」という言葉も残っている。ダルマの賛には「直指人心、見性成仏」とある。まっすぐに自分の心を見つめて、仏になろうとするのではなく、本来自分に備わっている仏性に目覚めなさい、という教えである。

子どもの頃に聴かされた地獄の責め苦が恐ろしくこれを避けるために出家を決心し、大悟するまで、白隠は悩み、苦しむ、増上し、慢心する。その折々に励ました、また戒めた言葉がある。それが道中の工夫は静中に勝ること百千億倍であるという意味の「道中工夫」と、「煩悩即菩提」である。この意味は「大きな迷いがあれば、大きな悟りがある。問題のないところに答えはない」である。迷いのない人生は悟りのない人生だ。できるだけ大きく迷え。大きな迷いが大きな悟りを得た白隠をつくったのだ。気を楽にして大いに迷おうではないか。

12月26日

五代友厚（ごだい・ともあつ）

仕事は命がけや。死んでも仕事は残る。そういう仕事をせなあかん。

天保6.12.26（1836.2.12）〜1885.9.25

江戸時代末期から明治時代中期にかけての日本の武士（薩摩藩士）、実業家。

薩摩藩武士の次男。15歳、藩から長崎海軍伝習所の練習生に選ばれ航海術を学ぶ。慶応元年寺島宗則とともに14名の留学生を率いてイギリスに渡る。帰国後、明治新政府の参与兼外国事務掛となり、会計官権判事。その後、実業界に転じて、大阪において大阪株式取引所、大阪商法会議所、堂島米会所、大阪商業講習所などを開設するなど、大阪経済の恩人と呼ばれた。

「自分より地位の低いものが自分と同じような意見なら、必ずその人の意見として採用すること」

「勝たなあかんで。負けの人生は惨めや。負けたらあかん、他人やない自分にや」

「地位か名誉か金か、いや、大切なのは目的だ」という五代友厚は、死んでも残る仕事として、大阪経済の近代化という大きな目的に立ち向かった。「死んでも五代の築いた大阪は残る」と語り、実際に歴史に名を刻んでいる。後に残る仕事をしようとしているか、そして自分に負けずに達成したか、それが問題なのだ。五代友厚の生き方と残した言葉には、強く迫ってくるものがある。

12月27日

松平定信（まつだいら・さだのぶ）

いや、こういう時こそ、人心を一新する絶好の機会だ。不幸をかえって幸いとすべきだ。

宝暦8.12.27（1759.1.25）～1829.6.14

江戸時代中期の大名、老中。陸奥白河藩第3代藩主。定綱系久松松平家第9代当主。江戸幕府第8代将軍・徳川吉宗の孫に当たる。

奥州白河藩主となり、天明の大飢饉に際して藩政の再建と領民生活の立て直しに成功し名君と呼ばれた。その腕を買われ老中首座となり、田沼意次の政策を否定し、1787年から1793年まで、棄捐令、囲米の制、異学の禁などの寛政の改革を行った。緊縮財政への批判があり、老中を辞し、以後藩政に専念した。

詩歌、文芸、柔術、剣術、砲術など、関心が広い殿様だった。また、『花月草紙』、『宇下人言』などの著書もある。

白河藩主となった夏の浅間山の噴火による降灰、利根川の洪水、冷夏などによる凶作で餓死者があふれた状況で、家臣が「悪い時期に家督を相続されましたな」と言ったときに、定信はかぶりをふって冒頭の言葉を吐いた。そして率先垂範して質素倹約につとめ、また人口増加策などを実施し大きな成果をあげている。環境、状況が悪いときこそは、改革のチャンスなのだ。

12月28日

石原裕次郎（いしはら・ゆうじろう）

1934.12.28 ～ 1987.7.17

美しき者に微笑を
淋しき者に優しさを
逞しき者に更に力を
全ての友に思い出を
愛する者に永遠を
心の夢醒める事無く

「兄貴は、僕の尊敬する人物の一人だ。小さいときから、そうだった。遊びのことでも、スポーツのことでも、試験勉強のやり方でも、兄貴の言うとおりやれば、まず間違いないと思っていた。こうなると、もう一種の信仰だね。だから、あいつの言うことはよく訊いた。いまでもそうだ」

訪問した群馬県館林の向井千秋記念子ども科学館には、向井千秋さんの写真が掲示してあった（慶應義塾大学の医学部で活躍、後の宇宙飛行士）。石原裕次郎が患者として入院していたそうで、「内藤先生へ」（旧姓）というサインのあるレコードも飾ってあった。

裕次郎は「人の悪口は絶対に口にするな、人にしてあげたことはすぐ忘れろ、人にしてもらったことは生涯（一生）忘れるな」というポリシーを持っていたそうだ。

冒頭の言葉は、墓碑に夫人（北原三枝）の直筆で刻まれている言葉である。自身の存在と仕事で、微笑と優しさと力と想い出と永遠という素晴らしい影響を与えた裕次郎は、俳優業については、しばしば「男子一生の仕事にあらず」と語っていたというが、俳優をはるかに越える「裕次郎」という国民的存在になったのである。

日本を代表する俳優、歌手。

石原慎太郎のベストセラーに石原裕次郎のことを書いた『弟』という作品がある。作家と俳優というこの二人の年齢差は2つだ。この作品を読むと兄の目から弟や弟との関係を描いていて、共感を覚えるシーンが多々あった。私の2つ違いの弟にも読むことを勧めた記憶がある。仲間、ライバルなど微妙な2つ違いの関係や感覚を描いた傑作だ。

12月29日

グラッドストン

いつまでも若くありたいと思うなら、青年の心をもって心としなければならない。

1809.12.29 ～ 1898.5.19

ウィリアム・ユワート・グラッドストンは、イギリスの政治家。好敵手である5歳年長の保守党党首ベンジャミン・ディズレーリとともに、イギリス最盛期のヴィクトリア朝の政党政治を代表する人物である。グラッドストンはヴィクトリア朝中期から後期にかけて、自由党を指導して、4度にわたり首相を務めた。

新興ブルジョアジーが支持する自由党のグラッドストンは選挙法改正やアイルランド問題の解決に努力する平和主義だった。地主層や地方の貴族が支持するディズレーリはスエズ運河の買収やインド帝国の樹立など帝国主義政策をとった。グラッドストンとディズレーリはあらゆる面で対称の存在であり、終生のライバルであった。グラッドストンはキリスト教主義的倫理感があり、ディズレーリは現実主義者だった。同時代のアンドレ・モロワは2人の対比を次のようにしている。

「2人ともダンテの『神曲』を好んだが、ディズレーリは地獄篇を愛し、グラッドストンは天国篇を愛した」

「グラッドストンにとってディズレーリは、宗教と政治信念を持たない不信者だった。ディズレーリにとってグラッドストンは上辺だけ飾って辣腕を隠す偽信者だった」

グラッドストンは「幾多の大きな失敗をくぐりぬけてはじめて人間は偉大になるのだ」「大きな過ちを多く犯さないうちは、どんな人間でも偉人や善人にはなれない」と言っており、ライバルのディズレーリは「いかなる教育も、逆境から学べるものには、敵いません」と言っている。失敗、試練、逆境が人を偉大にする都の考えは両者とも同じである。

グラッドストンの初組閣は58歳であり、第四次内閣の最後は85歳だった。晩年の写真をみると、鷹のような鋭い目でこちらを睨んでいる表情が印象的だ。本人の言うようにグランドストンは青年の心を持ち続けていたのだろうと、納得する。

12月30日

小杉放菴（こすぎ・ほうあん）

東洋にとって古いものは、西洋や世界にとっては新しい。

1881.12.30 〜 1964.4.16

明治・大正・昭和時代の洋画家。

日光東照宮の近くにある小杉放菴記念日光美術館は樹木や建物が周囲の景観と一体化した立派な美術館である。鉄骨の構造を視覚的に生かした大屋根は優れた音響効果を発揮するため、季節ごとに室内音楽のコンサートも開催できる空間を持っている。市が出資している財団法人となっている。

日光の二荒山神社の神官の父は平田派の国学者だった。幼名国太郎は尋常中学校1年で退学し、日光の五百城文哉の内弟子となり絵を学ぶ。そして後に小山正太郎の不同学舎に入学する。ここで同窓だった萩原守衛は「天下の俊才は青木（繁二郎）と君（国太郎）と僕ばかりだった」と述べているように、国太郎の才能はずば抜けていたらしい。

20歳となった国太郎は、小杉未醒《みせい》と名前を変え、油絵を志す。彼はとても器用で、漫画家、挿絵画家などでも活躍するが、交友範囲も広い。国木田独歩、横山大観という年上の大家とも対等の関係を保持していたし、田山花袋などとも親交があった。山口昌男は「時代精神が最も望ましい形で現れるネットワークを形成する力」があったと言っている。小杉は文展で活躍するが、夏目漱石からも朝日新聞紙上で絶賛されている。また友人の芥川龍之介は「何時も妙に寂しそうな薄ら寒い影がまとわっている」と評していた。

32歳で洋画修行のため渡欧し、ピカソやマチスに傾倒する。しかし、「西洋画は体質にあわない」として日本画へ転向する。そして帰国後は二科会と日本美術院の再興運動に参加し、日本美術院の洋画部を主宰する。しかしそのいずれからも脱退し、春陽会を結成しその中心になる。ここでは中川一政、萬鉄五郎、岸田劉生、梅原龍三郎らと親交を深めている。昭和以降はもっぱら日本画を描くようになり、放菴と名を改める。そして風景から花鳥、道釈を対象とする。この道釈とは、良寛など有名な人物を描くことをさしている。

放菴は、写生は重視したが、「自己の想像的自然を創造しなくては画にならないのである」と述べている。

明治・大正・昭和という時代の流れの中で、常に美術界の中心にて、洋画と日本画の狭間で独自の境地を拓いた。洋画と邦画の二筋の道を歩いた。この人物は、短歌、随筆、批評もこなすなど、一筋の道を歩むにはあまりに興味が広く、またそれをこなす才能が備わっていたのであろう。東大安田講堂の壁画が小杉の描いた代表作のひとつで、「動意」「静意」「湧泉」「彩果」などがある。絵を見てまわったが、洋画にも和風の味がある。風景や動植物は人物画もいい。

時間的に古いものは現代に於いては新しい感覚にあふれている、ということがよくある。異質の空間の接触においては、古いものを新しいと感じることがよくある。相手の文化にないものは自分たちには古くても相手に変化を与えてくれる。時間の流れと空間の広がりの中で、対象と筆法を変化させていく、それが芸術の醍醐味だろう。芸術は進化しない、ただ変化するだけだ。

12月31日

林芙美子（はやし・ふみこ）

花の命は短くて苦しきことのみ多かりき。

1903.12.31 ～ 1951.6.28

日本の小説家。

新宿区落合の高級住宅街の一角にある女流作家・林芙美子の旧居を訪ねた6月28日は、たまたま47歳の若さで逝った林芙美子の命日だった。林芙美子は行商人の子として貧乏の中で文学を志す。1930年、27歳で書いた『放浪記』がベストセラーになって一躍スターダムにのしあがった以後活発に小説を刊行していく。この伝記的小説を菊田一夫脚本で舞台になった『放浪記』は当時の流行だったプロレタリア文学陣営からは、無思想の「ルンペン文学」と批判されるが、芙美子は「自分が産んで苦しんだところの思想こそだ。誰にも売り渡していない私自身の貞操だ」と反撃した。放浪記は『続放浪記』、文庫版と合わせて60万部が売れた。

坂に沿った300坪の土地を入手した芙美子は200冊の家造りに関する書物を読み、山口文象という設計者や大工を連れて京都まで民家や茶室を見学に行くという熱の入れ方だった。「東西南北、風の吹き抜ける家」という考えで、「何よりも、愛らしい家を造りたい」と芙美子は願ったが、満足のいく出来栄えとなったようで、自分の生きている間は少しでも手を入れてはならない、と家人に申し渡していた。客間には金をかけずに、茶の間と風呂と台所には十二分に金をかけた。また、総檜の落とし込み式の浴槽、水洗便所、見苦しくないように電線は地下に埋めている。芙美子の家造りは当時としては尋常ならざるものだどういうことがわかる。生活棟とアトリエからなり、芙美子は満足しながらここに佇んだのだろう。しかし、この家に住めたのはたった10年だった。

芙美子が書いた原稿量は原稿用紙3万枚といわれている。短い作家生活の中で100冊分の単行本に相当する文章を書いた。「50歳ころまで生きることが出来るならば、50歳になって、ほんとうの『放浪記』を書いてみたいと思っている。『放浪記』にかぎらず、本当の小説というものを書いてみたいと思っている」と言っていたから、寿命が長ければどのような作品を残したであろう。

芙美子は交友が広い。宇野浩二からは「話すようにお書きになればいいのですよ」とアドバイスをもらっているし、葬儀委員長をつとめた川端康成とも親しかった。川端は葬儀のあいさつで「故人は自分の文学生命を保つため、他人に対して、時にはひどいこともしたのでありますが……死は一切の罪悪を消滅させますから、どうかこの際、故人を許してもらいたいと思います」と語ったと伝えられている。芙美子はどのようなことをしたのだろうか。

アトリエでは、ＮＨＫ「あの人に会いたい」を流していた。この番組では空の星になった故人たちの生前の姿を見ることができるので好きな番組だ。若い女学生に問われて「本、絵、音楽、若い時代に何でも吸収してほしい」と述べている。また、このビデオの中だったか、展示している資料の中だったか、「日本人はおおゆすぎにゆすがれるのはいいことだ」と終戦直後のことを語っている。根っからの小説書きと自称した芙美子は「60、70になってほんとうのものが書けるようなきがする」、「泣いたことのない人間はいやらしいし、怖いし、つまらない人間だ。泣くだけ泣かなきゃ」、「ずいぶん絵が好きです。絵描きになりたいと長い間考えてまいりました」と語っている。

流行作家となった芙美子は、「私は、このごろ、小説を書く以外に何の興味もない。私に生きよという事は小説を書くという事とだ」といい、「このごろ、私は自分の小説に馬乗りになっている自分を感じる。まだ私という作家は吐き出せると思っている」と心境を語っている。

ＮＨＫラジオで語った晩年の言葉が残っている。「私はやっぱり庶民的な作家で終わりたいと思っています。……いつ死ぬかも分からない。だから無駄弾丸は抛《ほう》りたくない。……みんなに共感を持たれるような、そして庶民の人が読んでくれるような、仄々《ほのぼの》としたものを書きたいと思っています」。

北九州市門司の門司レトロ地区の看板的建物が、三井物産門司支店の社交倶楽部だった「旧三井倶楽部」だ。大正ロマンを感じさせる木造の優雅な西洋建築である。ここにアインシュタインメモリアルホールと林芙美子記念資料室がある。林芙美子は門司で生まれ、4歳から7歳までは北九州若松に住んでいた。ここに新宿区中井の書斎を模した部屋があり、「女学校の絵の教師になりたい」(『到る処青山あり』)という言葉を見つけた。

２０１０年2月25日に出た『ナニカアル』(桐野夏生)は驚きながら読み終えた。林芙美子の物語で、代表作の一つ『浮雲』が下敷きになっているとのことだったので、まず『放浪記』、そして『浮雲』を読んでから、この『ナニカアル』を読んでみた。林芙美子については、生地・尾道の記念館、そして新宿区落合の記念館を訪問しているので、予備知識はあった。この物語は、林芙美子記念館ができるあたりの物語だった。読み進めるうちに、主役である芙美子の考え、感情の変化、などがまるで本人自身の口から語られているような錯覚を覚えた。

林芙美子は仕事を断らない働きぶりだった。それが47歳で寿命を尽きさせた。まさに自身が書いた代表作『放浪記』にあるように「花の命は短くて苦しきことのみ多かりき」であった。芙美子の短い生涯が二重写しとなって切なくなる想いがする。林芙美子は、新聞、雑誌の連載、や短編小説以外にも、随筆、紀行文の執筆、座談会、講演など仕事が多かった仕事を断ることを知らない働きぶりだった。このことが芙美子の寿命を尽きさせていったのである。

参考文献

取り上げた人物の伝記、自伝、Wikipedia 以外には、下記を参考にした。

『367 日　誕生日大事典』（日外アソシエーツ）
『世界　人物逸話大事典』（角川書店）
『偉人暦　上下』（森銑三・中公文庫）
『日本近現代人名辞典』（吉川弘文館）
『一日一言』（関厚夫・新潮新書）
『新渡戸稲造　一日一言』（新渡戸稲造基金）

著者紹介

久恒啓一（ひさつね・けいいち）

1950年大分県中津市生まれ。九州大学法学部卒業後、1973年日本航空入社。労務担当を経て、広報課長、サービス委員会事務局次長を歴任。在職時から「知的生産の技術」研究会で活動し、「図解コミュニケーション」の理論と技術を開発し、1990年に『図解の技術』（日本実業出版社）を刊行。それがきっかけとなり1997年日航を早期退職し、新設の県立宮城大学教授（事業構想学部）に就任。2008年多摩大学教授、2012年経営情報学部長、2015年より副学長。

2005年から始めた「人物記念館の旅」はもう一つのライフワークとなり、2017年中に800館を突破。

『図で考える人は仕事ができる』（日本経済新聞社)、『図解で身につく！ドラッカー理論』(中経出版)、そして『遅咲き偉人伝』(ＰＨＰ研究所)、『団塊坊ちゃん青春記』(多摩大学出版会)、『偉人の命日366名言集』（日本地域社会研究所）監修『女流歌人が詠み解く！　万葉歌の世界』(日本地域社会研究所）など、著書は100冊を超える。

偉人《いじん》の誕生日《たんじょうび》３６６名言集《めいげんしゅう》

2018年7月2日　第1刷発行

著　者　久恒啓一《ひさつねけいいち》
発行者　落合英秋
発行所　株式会社 日本地域社会研究所
〒167-0043　東京都杉並区上荻 1-25-1
TEL　(03)5397-1231(代表)
FAX　(03)5397-1237
メールアドレス　tps@n-chiken.com
ホームページ　http://www.n-chiken.com
郵便振替口座　00150-1-41143
印刷所　モリモト印刷株式会社

ISBN978-4-89022-219-3